北京师范大学985工程二期项目资助

生成词库理论与汉语研究

宋作艳 黄居仁　主编

商务印书馆
The Commercial Press
2018年·北京

图书在版编目(CIP)数据

生成词库理论与汉语研究/宋作艳,黄居仁主编. —
北京:商务印书馆,2018
ISBN 978 - 7 - 100 - 15610 - 3

Ⅰ.①生… Ⅱ.①宋… ②黄… Ⅲ.①现代汉语—
研究 Ⅳ.①H109.4

中国版本图书馆 CIP 数据核字(2017)第 297815 号

生成词库理论与汉语研究
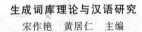

宋作艳　黄居仁　主编

商　务　印　书　馆　出　版
(北京王府井大街36号　邮政编码100710)
商　务　印　书　馆　发　行
北京市十月印刷有限公司印刷
ISBN　978 - 7 - 100 - 15610 - 3

2018年1月第1版　　　　开本 880×1230 1/32
2018年1月北京第1次印刷　　印张 16¼
定价:52.00元

作者译者

Anna Rumshisky   马萨诸塞大学卢维尔分校计算机科学系
James Pustejovsky   美国布兰代斯大学计算机科学系
Jessica L. Moszkowicz   美国布兰代斯大学计算机科学系
Olga Batiukova   西班牙马德里自治大学语言文学系

安可思（Kathleen Ahrens） 香港理工大学英文系
陈圣怡   台湾"中研院"语言学研究所
陈咏珊   香港理工大学中文及双语学系
丁 晶   华南理工大学国际教育学院
洪嘉馡   台湾师范大学应用华语文学系
黄 洁   华中科技大学外国语学院
黄居仁   香港理工大学中文及双语学系
李 强   上海大学文学院
李智尧   台湾大学语言学研究所
林淑晏   台湾师范大学迈向顶尖大学计划
林宗宏   台湾清华大学语言学研究所
刘琼怡   台湾交通大学
刘兆静   香港理工大学中文及双语学系
宋作艳   北京师范大学文学院
王洪君   北京大学中文系
王 珊   香港教育大学中国语言学系
魏 雪   北京大学中文系
谢舒凯   台湾大学语言学研究所
熊佳娟   西南财经大学经贸外语学院
许展嘉   台湾逢甲大学外语教学中心
袁毓林   北京大学中文系
张爱玲   江苏师范大学文学院
张秀松   江苏师范大学文学院
张瑜芸   台湾大学语言学研究所
赵青青   香港理工大学中文及双语学系
周亚民   台湾台北大学

前　言

宋作艳　黄居仁

生成词库（Generative Lexicon, GL）理论是美国布兰代斯大学Pustejovsky 教授于 1991 年提出的，1995 年出版专著《生成词库》（*The Generative Lexicon*），理论框架基本成形。之后 10 年间不断改进，臻于完善。

生成词库理论是目前较新的一种语义学理论，主要有两大特色：1）首次把生成方法引入到词汇语义的研究中，提出了语义生成（组合）的机制。2）与传统的以动词为中心的理论模型不同，生成词库理论强调名词在语义组合中的重要性（Pustejovsky et al. , 2013），像刻画动词一样对名词的语义进行了详细的刻画。尤其是物性结构（qualia structure）的引入，把词汇、语法、语义和百科知识结合在了一起。

近年来，生成词库理论迅速发展，已经在法语、意大利语、日语、韩语等语言研究中得到广泛应用，出版相关专著和论文集 10 余部，研究已颇具规模，成为目前较有影响力的语义理论之一。迄今为止，关于这一理论的国际性专题会议——生成词库国际研讨会（International Conference on Generative Approaches to the Lexicon）已经召

开了六届。第一届生成词库亚洲语言学专题研讨会（The First
Workshop on Generative Lexicon for Asian Languages）也于 2012
年召开。生成词库理论中的一些重要思想，比如物性结构，已经被其
他许多语言理论吸收，如概念语义学、认知语言学、构式语法、概念整
合理论等。而且，有关生成词库理论的研究不只停留在理论层面，还
包括资源建设，比较有代表性的是布兰代斯语义本体（Brandeis Se-
mantic Ontology, BSO）（Pustejovsky et al. ,2006）和面向 12 种欧洲
语言的语义本体——简单词库（SIMPLE * Lexicon）（Lenci et al. ,
2000）。

　　早在 20 世纪 90 年代，已有学者开始把生成词库引入汉语研究，
不仅揭示了汉语中的一些规律，而且修正并改进了生成词库理论。
历时十几年，相关研究成果已经比较可观，并在语言学界产生了一定
影响。很多学者想了解这一理论在汉语中的应用情况，但这些成果
多以论文的形式散落在各种期刊、论文集中，不易收集，尤其是港台
学者的论文，多是英文版。因此，我们选编了这本论文集《生成词库
理论与汉语研究》，旨在展现汉语生成词库理论研究的概貌和现状，
促进这一理论在汉语研究中的应用。

　　本论文集主体部分主要有五个专题：生成词库理论介绍、句法语
义研究、词汇语义研究、资源建设和跨领域研究。专题之前是生成词
库理论创始人 Pustejovsky 教授的特邀论文，介绍基于生成词库理
论的语义标注框架。

　　第一个专题"理论介绍"包括《生成词库》中译本（谢舒凯译）的
节选和另外三篇介绍文章。这四篇文章各有侧重，互为补充，相得

---

*　SIMPLE 是 Semantic Information for Multifunctional Plurilingual Lexica 的简缩
　　形式。

益彰，勾勒了生成词库理论的框架及其发展变化。节选的是《生成词库》第五章《语意类型系统》，在这一章里，Pustejovsky 介绍了生成词库的四个表征层面：论元结构（argument structure）、事件结构（event structure）、物性结构（qualia structure）和词汇继承结构（lexical inheritance structure）。张秀松、张爱玲的《生成词库论简介》简单介绍了以 1995 年的《生成词库》为代表的生成词库理论的早期框架。宋作艳的《生成词库理论的最新发展》主要介绍了 1995 年之后生成词库理论框架的发展，主要表现在三分的语义类型体系——自然类（natural types）、人造类（artifactual types）和合成类（complex types），以及基于论元选择的语义生成机制（Generative Mechanisms of Argument Selection）。张秀松的《关于生成词库理论的争论》介绍了相关的学术讨论，可以加深我们对这一理论的认识。

第二个专题"句法语义研究"包括八篇文章，主要探讨语义的组合问题。Frege 的组合原则（the principle of compositionality）认为，句子的整体意义是它的组成部分语义的总和及其各部分的组合方式的函数。生成词库理论（Pustejovsky，1995；Pustejovsky，2011；Pustejovsky et al.，2013）也主张语言的意义是组合性的，但同时指出，很多表达形式的语义并非直接组合（direct compositonality），不能直接满足组合性原则，语义的组合是动态的、具有生成性，受上下文调制（contextual modulation）。具体表现为论元变换（argument alternation）、多义、意义变化等。生成词库理论认为可以通过丰富词项的词汇语义表征（尤其是语义类型体系）和组合机制来实现语义生成，保持组合性。词项的词汇语义表征包括论元结构、事件结构、物性结构和词汇类型结构（lexical typing structure），其中物性结构是生成性特征的核心，可以用来生成新的类型。Pustejovsky（1995）把组合机制分成了三类：类型强迫（type coercion）、选择约束（selective binding)和协同组合(co-composition)。近年来,类型强迫纳入了语法上的论元选择机制,这样,根据论元的匹配程度,分为三种基于论元选择的生成机制(Pustejovsky,2006):纯粹类型选择(pure selection)、类型调节(type accommodation)和类型强迫(type coercion)。其中最重要的就是类型强迫,这一机制可以把论元转换成符合函项要求的类型,从而解决类型错配(type mismatch)问题。强迫(coercion)这一术语不是生成词库理论特有的,最早源于编程语言,后来被借用到形式语义学和构式语法中(Lauwers and Willems,2011),用来解决涉及句法-语义、词汇语义-语用等的接口问题,是目前语言研究中的热点问题。生成词库理论的特点在于把强迫机制纳入论元选择机制,并通过引入物性结构和丰富语义类型体系来解释类型移变(type shift)的词汇语义基础。这个专题的八篇文章中,前六篇是关于类型强迫的,后两篇与协同组合有关。

黄居仁、安可思的《"个体""类"和"事件":量词对名词的语义强迫》是较早利用类型强迫研究汉语的文章。这篇文章利用类型强迫机制分析了汉语量词对名词的强迫作用,证明了汉语量词可以强迫名词解读为个体、类或事件。接下来的两篇文章都是关于宾语强迫(complement coercion)的,即宾语位置的事件强迫现象,宾语的类型由实体转换为事件。林宗宏、刘琼怡的《强迫、事件结构与句法》通过英汉比较,发现汉语缺乏宾语强迫,比如 *John began the book* 不能直译成"约翰开始本书",必须出现动词"读""写"等。他们认为这是汉语高解析性的一种表现,并进一步提出了一种假设:丰富的次词汇事件信息(sub-lexical event information)是事件强迫的基础,汉语之所以较少使用事件强迫,是因为汉语名词中缺乏次词汇事件信息。许展嘉、谢舒凯、林淑晏的《从实体到事件:基于语料库的汉语宾语类型强迫机制研究》先是利用网络语料库找到了汉语中大量的宾语强迫动词,证明了这是一种普遍机制,在汉语中也起作用。然后对其中的 20 个动词做了更细致的分析,考察了它们在语料库中的实际表现,通过多变量分析的统计方法将这些动词分为两大类:第一类动词比第二类动词更常强迫其宾语,而第二类动词比第一类动词能够强迫更多的宾语类型。宋作艳的《逻辑转喻、事件强迫与名词动用》把事件强迫机制引入名词动用的研究,实际上是把解释类型误配(typemismatch)现象的强迫机制扩展到了范畴误配(category mismatch)现象,即一个句法范畴出现在了另一句法范畴出现的位置,句法范畴和语义功能之间出现了不匹配(Francis and Michaelis,2004)。与前人的研究视角不同,这一方法不是看源名词在名源动词的语义结构中充当什么语义角色,而是反过来,看名源动词在源名词的语义结构中充当什么物性角色。比如"百度一下"是"用百度搜索一下"的意思,"搜索"是"百度"的功用角色。研究结果证明,这一方法的解释更形式化、更概括、更准确。洪嘉馡、黄居仁、安可思的《两个摄取义动词的事件选择与强迫:基于 MARVS 理论》探讨了两个摄取义动词"吃"与"喝"在现代汉语中可能的事件强迫类型。李强的《现代汉语方位词语义强迫现象研究》主要探讨了不同方位词对名词语义的强迫,比如"间"会强迫名词做出复数义解读,"桌子间"中桌子的数量一定大于一。

　　逻辑性多义是生成词库理论要解决的主要问题之一,张秀松的《从生成词库论看汉语词的逻辑多义性》例举了汉语中部分名词和动词的逻辑性多义现象并利用生成词库理论做了解释,涉及强迫和协同组合机制。比如"我的书"在不同的语境中可能分别凸显施成角色、功用角色和书作为物体的一面。"烤"体现动词的逻辑性多义,根据宾语名词的不同,会呈现出两种语义:状态变化义(如"烤土豆")和制作义(如"烤面包")。这是动词和宾语名词协同组合的结果。张瑜芸、谢舒凯的《协同组合机制下的动词宾语特性——以汉语微博语料库中的烘焙动词为例》利用微博语料库对"烤"做了更深入的个案分析,发现工具名词和量词有助于两种语义的区分。

　　第三个专题"词汇语义研究"包括五篇文章,主要利用物性结构和语义类型来分析汉语复合名词的构词和语义关系。王洪君的《从两个同级义场代表单字的搭配异同看语义特征和语义层级》认为,生成词库理论对于语义特征和语义场层级的描写抓住了词义在组合中的关联,因而语言学的系统价值很高,并在"锅""碗"的组合搭配差异分析中利用了物性结构和自然类、人造类、合成类的区分。Johnson and Busa(1999)建议用物性修饰(qualia modification)来刻画偏正式名名复合词(词组)内部的语义关系,现在这一方法已经引入很多语言复合名词的研究。黄洁的《名名复合词内部语义关系多样性的认知理据》在名名复合词内部语义关系多样性的认知研究中引入了物性结构,认为不同复合词会激活名词$_1$的不同物性角色。例如"花蕾、花蕊、花瓣、花冠"等激活的是花的整体-部分这一组成角色信息,而"花茶、花环、花圈、花饰"等激活的是花作为材料这一功用角色信息。不同名词凸显的物性角色也不一样,比如"电"最显著的本质结构是作为动力的功用角色,所以由"电"构成的名名复合词也多是表示由电作为动力创造的物品,如"电刀、电车、电灯、电炉、电扇"。李智尧、谢舒凯的《汉语双名词复合词中的物性修饰:跨语言的考察》从跨语言的角度例举了名名复合词中的四种物性修饰关系:形式(formal)、构成(constitutive)、功用(telic)和施成(agentive)。如"手表、玻璃门、菜刀、牛奶"中的定语名词分别说明了中心语名词所指事物的分类、材料、功用和来源,体现了上述四种关系。值得注意的是,上面两篇文章虽然都用物性角色来分析名词复合词,但关注点略有差异:李智尧、谢舒凯文章中的物性修饰关系关注名名复合词中两个名词之间的物性修饰关系,即名词$_1$激活的是名词$_2$的哪种物性角色(如"电车"中"电"显示的是"车"的动力来源,因此激活的是"车"的施成角色);黄洁的文章关注名词$_1$的何种物性角色被激活(如"电车"中激活的是"电"作为动力的功用角色)。宋作艳的《类词缀与事件强迫》发现部分"NP＋类词缀"词中隐含着谓词,这些谓词基本上是名词的功用角色或施成角色。比如"面包师"中隐含的"做"是"面包"的施成角色,而"做面包"是"面包师"的功用角色;"钢琴家"中隐含的"弹"是"钢琴"的功用角色,"弹钢琴"是"钢琴家"的功用角色。

生成词库理论按其所代表的意义内容将名词分为自然类、人造类和合成类三类(Pustejovsky,2001、2006)。自然类主要与形式角色和/或构成角色相关,而人造类主要与功用角色和/或施成角色有关,二者之间最大的区别是是否有"意向性"(intentionality),合成类包含至少两个类。比如"花"是自然类、"刀"是人造类,"书"是物体和信息的合成类[phys·info],包含物质实体和信息两个类。这一分类很有创意,能解释语言中的一些现象,尤其是自然类与人造类的区分体现了语义上一种很重要的对立,两类词在语言中有系统性差异。但是这种三分的系统在方法上是有问题的,内部标准不统一,类与类之间不平行,会造成交叉。自然类与人造类的区分是偶分式的,是非此即彼的关系,但是"合成类"可能是人造类,也可能是自然类。比如"书"是合成类,但也是典型的人造物,也属于人造类。王珊、黄居仁的《生成词库理论的类型系统建构——以事件名词为例》通过一些句法格式和搭配关系证明了部分事件名词是合成类,而且由此提出合成类事件名词也有自然与人造之分,比如"雪"和"早餐"都是合成类(既指事件也指具体事物),但一个是自然类,一个是人造类。

第四个专题"资源建设"。生成词库理论是基于认知和计算的语义模型,是面向自然语言处理的,目前在中文信息处理方面的应用才

刚刚起步,本专题选的两篇文章具有代表性。袁毓林的《汉语名词物
性结构的描写体系和运用案例》提出了一个本土化的汉语名词物性
结构的描述体系。根据汉语名词在文本中基本的组合方式、搭配习
惯和语义解释,定义了十种物性角色(形式、构成、单位、评价、施成、
材料、功用、行为、处置和定位),最终结果相当于一个名词搭配词典。
生成词库理论只是给出了一个名词语义描写框架,至于物性结构到
底包含几个角色,以及哪些语义信息属于哪种角色,可以有所调整。
正如 Jackendoff(2002)所言,这些调整没有本质上的区别。此物性
结构的描写就增加了一些比较有特色的物性角色,比如"单位"(量
词)就是汉语词汇语义中很重要的一个物性角色。文章通过具体的
汉语例子说明这些名词的物性结构知识可以用来分析汉语复杂的句
法、语义,比如隐含谓词、有价名词、中动句、话题结构、准定语句等。
而且,从角色的有无以及具体角色值上可以看出名词语义的差异。
比如人造类的"椅子"具有自然类"水"所不具有的"材料"角色。魏
雪、袁毓林的《基于语义类和物性角色建构名名组合的释义模板》利
用物性结构来解决网络中名名组合(如"摩托妈妈")的自动释义问
题,构建了名名组合的释义模板,建立了释义模板库。在此基础上,
作者利用《知网》等语言资源进一步探索自动发现名词的施成角色和
功能角色的方法,从而初步创建了一个名名组合的自动释义程序。

　　第五个专题"跨领域研究"介绍两篇非常有特色的文章。一篇是
黄居仁等的《汉字所表达的知识系统:意符为基本概念导向的事件结
构》。该文章认为汉字意符具有与生成词库相似的衍生能力,单一意
符所代表的基本概念可以通过概念衍生而形成一个完整的知识体
系。衍生的方向与物性角色密切相关,比如"睑""睫"是"目"一部分,
体现了组成关系,"睹""瞻"是"目"的功能,体现了功用关系。文章以
《说文解字》意符"目、耳、口、鼻、舌"为研究对象,将含有相关意符的

字与这个意符所表达的基本概念的关联依照分类表示出来,建构了
由个别基本概念带领的意符知识系统架构。刘兆静、陈咏珊的《浅谈
物性结构对汉语儿童语言习得的影响——以名词修饰结构为例》发
现,儿童习得"修饰语＋的＋名词"结构的先后顺序受物性修饰关系
的影响。儿童最早习得表形式关系的一类,然后是表构成的一类,最
后才是功用和施成。例如,依次习得"大大的眼睛、兔子的尾巴、好玩
的东西、宝宝的声音"。一方面是因为形式和构成表达的是基本属
性,而功用和施成是派生的,多与事件有关;另一方面大概因为成人
对儿童输入的前两类更多。

参考文献

Francis, Elaine J. and Laura A. Michaelis (eds.) 2003. *Mismatch: Form-Function Incongruity and the Architecture of Grammar*. Stanford, CA: CSLI Publications.

Jackendoff, Ray. 2002. *Foundations of Language: Brain, Meaning, Grammar, Evolution*. Oxford: Oxford University Press.

Johnston, Michael and Federica Busa. 1999. Qualia structure and the compositional interpretation of compounds. In Evelyn Viegas (ed.), *Breadth and Depth of Semantics Lexicons*, 167—187. Dordrecht: Kluwer.

Lenci, Alessandro, Nuria Bel, Busa Federica et al. 2000. SIMPLE: A general framework for the development of multilingual lexicons. *International Journal of Lexicography* 13.4:249—263.

Lauwers, Peter and Dominique Willems. 2011. Coercion: Definition and challenges, current approaches, and new trends. *Linguistics* 49.6:1219—1235.

Pustejovsky, James. 1991. The generative lexicon. *Computational Linguistics* 17.4:409—441.

Pustejovsky, James. 1995. *The Generative Lexicon*. Cambridge, MA: MIT Press.

Pustejovsky, James. 2001. Type construction and the logic of concepts. In Pierrette Bouillon and Federica Busa (eds.), *The Language of Word Meaning*,

91—123. Cambridge:Cambridge University Press.

Pustejovsky,James. 2006. Type theory and lexical decomposition. *Journal of Cognitive Science* 6:39—76.

Pustejovsky,James. 2011. Coercion in a general theory of argument selection. *Linguistics* 49. 6:1401—1431.

Pustejovsky James,Havasi Catherine,Littman Jessica,Rumshisky Annaand Verhagen Marc. 2006. Towards a generative lexical resource:The Brandeis semantic ontology. In *Proceedings of the fifth Language Resource and Evaluation Conference*,1702—1705. European Language Resources Association (ELRA), Genoa,Italy Vol. 7.

Pustejovsky,James,Pierrette Bouillon,Hitoshi Isahara,Kyoko Kanzaki & Chungmin Lee (eds.). 2013. *Advances in Generative Lexicon Theory*. Berlin:Springer.

目　　录

GLML：基于生成词库的
语义标注语言 *

James Pustejovsky，Anna Rumshisky，
Olga Batiukova，Jessica L. Moszkowicz　著
赵青青　宋作艳　译

提要　本文介绍了一种给自然语言文本标注组合运算关系
（compositional operation）的方法——生成词库标注语言 GLML
（the Generative Lexicon Mark-up Language）。这种标注语言是受
生成词库理论的启发，用来识别各种组合运算关系。先前大多数标
注系统只是描写表面语义关系，而 GLML 则抓住了谓词与论元的
"组合历史"。在介绍 GLML 标注法之前，我们先对生成词库理论做
了简要的回顾。本文主要有三个任务：(i)"SemEval-2010"国际语义
处理评测中提交的论元选择和强迫关系标注；(ii)定中结构中的物
性角色选择；(iii)定中结构和动名组合中涉及点对象的类型选择。
第一个任务主要是基于原子语义类（atomic semantic type），后两个
任务则要利用物性角色中包含的更精细的语义参数。我们详述了每
个标注任务具体包含什么内容，并且给出了 XML 格式的标注例句。

---

* 英文原文出处：Pustejovsky，J.，Rumshisky，A.，Batiukova，O. & Moszkowicz，J. L.
2014. Annotation of compositional operations with GLML. *Computing Meaning*，
217—234. Springer Netherlands。标题应作者的要求做了修改。

研究表明，识别并标注这些结构中的语义类型转换和子类型转换有助于深入了解组合机制的运作方式。

一 引言：语义标注的动机及前人的研究

近年来提出了许多语义信息标注体系，用来创建数据集、训练机器学习。语义标注最初集中于标注实体类型（entity type）以及更一般的词义，后来扩展到标注句子成分间的语义关系，如谓词指派给论元的语义角色（或标签）（见 Palmer et al. ，2005；Ruppenhofer et al. ，2006；Kipper，2005；Burchardt et al. ，2006；Subirats，2004）。

GLML 比以往的标注体系更进一步，它试图捕捉谓词选择论元和定语修饰中心名词的"组合历史"（compositional history）。其重点是识别组合运算的本质，而不只是标注论元选择中涉及的表面的实体类型。

请看下面几个众所周知的例子。例（1）中两个句子的主语可以通过实体类型（"人"和"机构"）来区别，而无法通过 FrameNet（Ruppenhofer et al. ，2006）或 PropBank（Palmer et al. ，2005）中的词义标注来区别。

（1）a. Mary called yesterday.

 昨天，玛丽打电话了。

 b. The Boston office called yesterday.

 昨天，波士顿办公室打电话了。

前人研究中认为这里发生了类型强迫（type coercion）或转喻（metonymy）（参见 Hobbs et al. ，1993；Pustejovsky，1991；Nunberg,1979;Egg,2005),可关键问题是,与动词词义有关的标注框架应该同等地对待所有的句子。如果我们给(1a)的主语类型标为"人",(1b)的主语类型标为"机构",标注框架的统一性便无法实现了。

Markert and Nissim(2007)针对语义评测任务中的转喻问题做了很好的尝试。他们基于更大的数据集,对转喻关系进行了标注,涉及以下两种转喻。

(2) i. 处所类(**Categories for Locations**):处所、处所转指人、处所转指事件、处所转指产品;

　　ii. 机构类(**Categories for Organizations**):机构、机构转指成员、机构转指事件、机构转指产品、机构转指设施。

这种标注方法对这些特定的转喻关系而言是适合的,但它的局限之一就是,它的标注规范和所产生的语料库信息有限,无法有效地扩展,无法用于更广泛的论元选择标注(即无法标注新产生的转喻类型)。

事实上,(1)中的转喻属于更普遍的一种现象,即论元选择中的类型转换(type shifting)和强迫(coercion)。例如,在下面的例(3a)和(3b)中,动词 *enjoy* 的词义标注似乎应该被赋予相似的值。

(3) a. Mary enjoyed drinking her beer.

　　玛丽喜欢喝啤酒。

　　b. Mary enjoyed her beer.

　　玛丽喜欢啤酒。

可这样处理会使特定动词词义的句法实现和映射变得更加复

杂,因为同一个动词的论元可以实现为 VP 和 NP。这也对机器学习算法和识别动词的次范畴化类型提出了挑战。

本研究的目标是:(1)制定一个广泛适用的规范,用来标注涉及论元选择的组合运算关系;(2)将这种标注规范运用于自然语言文本组成的语料库中,从而对语言组合结构中隐含的选择机制进行编码。

创建可明确识别与论元选择有关的"组合历史"信息的语料库,将在以下几个方面有助于计算语义学:(1)允许类型强迫的实际语境可以被更准确地识别出来并加以归纳;(2)在训练阶段,机器学习算法可以利用丰富的特征集来实现深层的语义解释;(3)随着标注任务的不断修正和扩充,会得到一个论元选择中涉及的类型变化运算(type-changing operations)清单。

下文内容安排如下:第二部分回顾生成词库的理论假设;第三部分展示生成词库标注的整体方法和框架,这种标注方法已经在"Se-mEval-2010"国际语义处理评测训练的"论元选择和强迫任务(Argument Selection and Coercion task)"中测试过。我们将简要描述这个标注任务,并且介绍语料库开发的不同阶段。第四部分概述一种更为复杂的基于物性角色的标注方法:4.1.1 节和 4.1.2 节分别介绍以形容词为修饰语的定中结构和名词性复合词的标注;4.2 节讨论定中结构和动名组合中的合成类问题①。

二 理论准备: 生成词库理论中的组合模式

生成词库引入了一种新的知识表征框架,为词汇信息的表征提供了一套丰富且具有表现力的描写术语。之所以这样做,动因主要

---

① 关于 GLML 的规范以及相关更新内容的完整介绍,可以访问www.glml.org。

有两个。总的来说,生成词库理论关注如何解释语言的创造性用法。我们认为词库是关键性的知识库,它储存了隐藏在创造性用法背后的大量信息。具体来说,生成词库试图模拟不断变化的自然语言的词库。这与静态词库的设计理念是不同的,因为静态词库提前确定了允许词语使用的环境,而没有为词语的扩展性用法提供任何形式的机制。

理论语义学和计算语义学面临的难题之一就是如何界定语言知识和非语言知识的表达界面。生成词库理论最初是作为一种编码自然语言中选择性知识的理论框架而提出的,它需要对以往有关表征和组合的形式规则加以修正。可能生成词库理论中最有争议性的部分就是,词语中编码的知识被用来建构话语的解释。

有关句子中组合运算的理论基础早已得到很大发展。在语言的形式描写中,类型转换和类型强迫运算在保持组合性(compositionality)方面起了很重要的作用(参见 Partee and Rooth,1983;Chierchia,1998;Groenendijk and Stokhof,1989;Egg,2005;Pinkal,1999;Pustejovsky,1995 等)。生成词库理论中组合方法的创新性表现在,这种方法基于一套丰富的类型系统,这一类型体系最终又源于谓词论元精细的词汇特征(见 Pustejovsky,2006a;Asher and Pustejovsky,2006)。

这些词汇特征在物性结构(qualia structure)中描写,物性结构包括四种角色,说明了一个词义的四个基本层面(见 Pustejovsky,1991):

(4) a. 形式(FORMAL):事物在一个更大的认知域中区别于其他事物的属性;

　　b. 构成(CONSTITUTIVE):事物与其组成部分的关系;

　　c. 功用(TELIC)：事物的目的或功能(如果有的话)；

　　d. 施成(AGENTIVE)：与事物的来源或产生相关的因素。

根据突显角色的不同，Pustejovsky(2001)将个体域(the domain of individuals)分为三种不同的类型层级：

(5) a. 自然类：仅涉及形式角色和构成角色的自然类概念(如 *tree*"树"、*woman*"女人"、*arrive*"到达"、*rain*"雨"、*red*"红色"、*big*"大")；

　 b. 人造类：涉及目的和功用的概念(如 *violin*"小提琴"、*dancer*"舞蹈家"、*spoil*"破坏"、*repair*"修理"、*useful*"有用的"、*broken*"破碎的")；

　 c. 合成类：涉及类型之间内在关系的概念(如 *lunch*"午餐"的类型是"物质实体"(PHYSICAL OBJECT)和"事件"(EVENT))。

协调谓词所需信息和论元所含信息的机制，会受类型的影响。Pustejovsky(2006)、Asher and Pustejovsky(2006)区分了自然语言中以下几种语义组合机制(关于这些机制的最新讨论参见 Pustejovsky，2011)。

(6) a. 纯粹类型选择(类型匹配)：函项所需的语义类型由论元直接满足；

　 b. 类型调节：函项所需的语义类型通过继承论元的上位概念来得到满足；

　 c. 类型强迫：函项所需的语义类型被强加在论元上，可以通过以下两种方式来实现：

i. 选用：选取论元类型的一部分；

ii. 引入：将论元包装成所需要的类型。

以人造类谓词 *spoil*"变质"为例，指称人造物的名词可以直接满足谓词的要求，如 *the food spoiled*"食品变质了"。与合成类组合时，*spoil* 会通过选用机制选择其中一个类。如 *my lunch spoiled* "我的午餐变质了"指的是食物变质了，而不是事件变质了。当自然类位于主语位置时（如 *the water spoiled*"水变质了"），自然类会通过引入机制来获得功能性解释：原本是要打算用这水来做什么，结果现在水变质了，不能实现预期的功能。

三 基于动词的语义标注：论元选择和强迫任务中的标注方法

本节主要介绍为论元选择和强迫任务（Argument Selection and Coercion Task，下文简称 ASC）所做的数据准备工作，这是"SemEval-2010"国际语义处理评测中的一部分。语义评测任务主要是为了测试对文本进行语义分析的各种自动系统，这些系统会用于自然语言处理（NLP）的各个方面（如机器翻译、信息检索和信息抽取）。

3.1 MATTER 法

在介绍 ASC 任务的细节之前，我们将对有关标注在计算语言学系统中的作用的假设做简要评述。

我们假定我们用来编码某一特定语言现象的特征已经足够丰富，可以捕获设定的语言行为。这些语言学描写特征主要选自有关这一语言现象的大量理论模型,反过来又构成了描述语言(specification language)标注值的基础,其中有些本身就是用于训练和测试文本标记算法(labeling algorithm)的。最后,基于对系统表现的分析和评估,相关语言现象的理论模型可能会被修正。

上述步骤遵循 MATTER① 法(如图 1 所示),有关这一方法的具体描述可参看 Pustejovsky(2006b)和 Pustejovsky and Stubbs (2012)。

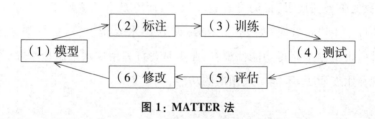

图 1: MATTER 法

模型(Model):结构化的描写提供理论上精确的属性,这些属性是对数据进行经验性观察后抽取的。

标注(Annotate):标注框架设定特征集,对输入数据的具体结构化描写和性质进行编码。

训练(Train):在一个已经用特征集标注好的语料库中训练算法。

测试(Test):在留存数据(held-out data)中测试算法。

评估(Evaluation):对结果进行标准化测评。

修改(Revise):修改模型、标注规范或算法,从而使标注系统更加强大和可靠。

PropBank(Palmer et al., 2005)、NomBank(Meyers et al.,

---

① Model、Annotate、Train、Test、Evaluation、Revise 的首字母。——译者注

2004)和 TimeBank(Pustejovsky et al.,2005)都采用了这样一种开发周期(development cycle),正致力于或者已经完成标注工作。

3.2 任务描述

ASC 任务涉及识别谓词对特定论元的选择机制,为了这一目的,谓词与给定论元之间可能的关系被限定为两种:选择(selection)(如例(7))和强迫(coercion)(如例(8))。

具体来说,对谓词的每一个论元而言,首先确定论元位置上的实体(entity)是否与谓词期望的类型一致。如果不一致,再确定该实体是如何满足动词的要求的,也就是说,识别在类型转换或强迫操作中论元的源类型(source type)和目标类型(target type)。

(7) a. The spokesman denied the statement. (PROPOSITION)

那位发言人否认了声明。(命题)

b. The child threw the stone. (PHYSICAL OBJECT)

那个孩子把石头扔了。(物质实体)

c. The audience didn't believe the rumor. (PROPOSITION)

观众不相信这个谣言。(命题)

强迫包括所有为了满足谓词类型选择要求,对补足语 NP 进行类型转换操作的所有情况(例如选用或引入,见本文第 2 部分)。在下面的例(8)中,事件名词 attack"攻击"必须被解释成命题,来满足 deny"否认"对主语论元的类型要求;the White House"白宫"的语义类型从"处所"转变为"人",来实现与 deny 的匹配;另一个事件名词 update"更新"被 call"调用"强迫,获得了类型"信息"。请注意,强迫的操作可以适用于句子中的任何论元位置,包括直接宾语(如(8a))、主语(如(8b))和介词宾语(如(8c))。

(8) a. The president denied the <u>attack</u>. (EVENT→PROPOSI-TION)

总统否认了<u>攻击</u>。(事件→命题)

b. <u>The White House</u>(LOCATION→HUMAN) denied this statement.

<u>白宫</u>(处所→人)否认了这份声明。

c. The <u>Boston office</u> called with <u>an update</u>. (EVENT→INFO)

<u>波士顿办公室</u>打来电话,提供了<u>更新的信息</u>。(事件→信息)

为了确定发生了哪种类型转换,该任务必须包括以下几个方面:(1)识别动词的词义及其相关句法框架;(2)识别动词词义强加在目标论元上的选择要求;(3)识别目标论元的语义类型。

3.3　用于标注的类型体系

我们有意为标注选择了一种比较浅的类型体系,但是我们也打算包括一些能缓解标注任务复杂性的类型。这种类型体系不存在层级性,而是呈现为一种类型集合。例如,HUMAN(人)同时是 ANIMATE(有生物)和 PHYSICAL OBJECT(物质实体)的子类,但是标注者和系统开发人员会被要求选择最相关的类型(如 HUMAN),并且忽略继承性的问题。用于标注的类型如下所示:

(9) ABSTRACT ENTITY"抽象实体"、ANIMATE"有生物"、

ARTIFACT"人造物"、ATTITUDE"态度"、DOCUMENT
"文件"、DRINK"饮料"、EMOTION"情感"、ENTITY"实
体"、EVENT"事件"、FOOD"食物"、HUMAN"人"、HU-
MAN GROUP"团体"、IDEA"想法"、INFORMATION"信
息"、LOCATION"处所"、OBLIGATION"责任" ORGAN-
IZATION"机构"、PATH"路径"、PHYSICAL OBJECT"物
质实体"、PROPERTY"属性"、PROPOSITION"命题"、
RULE"规则"、SENSATION"感觉"、SOUND"声音"、
SUBSTANCE"物质"、TIME PERIOD"时间段"、VEHI-
CLE"交通工具"

　　这些语义类型来自布兰代斯浅层本体(Brandeis Shallow Ontol-
ogy,BSO),这是一个浅层类型体系,是"基于语料库的模式分析"
(Corpus Patterns Analysis, CPA)工作的一部分(Hanks,2009;
Pustejovsky et al.,2004;Rumshisky et al.,2006)。这些语义类型
都是具有普遍性的,是对几百个英语动词选择模式进行人工识别后
挑选出来的。也就是说,它们覆盖了与很多动词选择性特征有关的
常见语义差别。

3.4　语料库开发

　　这一任务分两个阶段:数据集构建阶段和标注阶段(见图 2)。
第一个阶段包括:(1)选择需要标注的目标动词,并且为每个目标动
词编制一个义项目录(sense inventories);(2)数据提取和预处理。
准备好的数据将被加载到标注界面,在标注阶段,标注结果将进入数
据库,标注过程中出现的分歧由评判员解决。最终产生的数据库以
XML 格式输出。

英语数据集的生成遵循以下步骤：

1. 用语料库检索程序 Sketch Engine（Kilgarriff et al.，2004）检索 BNC 语料库（BNC，2000）语料库，选择合适的动词（详见 Rumshisky and Batiukova，2008）。这些动词至少有一个义项总是强制它的论元是某种特定语义类型，属于强强迫性动词（strongly coercive verbs），如 arrive(at)"到达"、cancel"取消"、deny"否认"、finish"完成"和 hear"听见"。

2. 为每一个挑选出的动词编制义项目录，尽可能与 OntoNotes①（参见 Pradhan et al.，2007）映射。利用改进的 CPA 技术（Hanks and Pustejovsky，2005；Pustejovsky et al.，2004）为每个义项编制一套类型模板（type templates）：说明动词句法模式中的每个论元的类型。下面是部分动词的类型模板：

   a. arrive(at)，"到达某一目的地或目标"：人（HUMAN）到达某个处所（LOCATION）；

   b. cancel，"取消"：人（HUMAN）取消事件（EVENT）；

   c. deny，"陈述或主张某事是不真实的"：人（HUMAN）否认命题（PROPOSITION）；

   d. finish，"完成某个活动"：人（HUMAN）完成事件（EVENT）；

   e. hear，"感知到物理声音"：人（HUMAN）听见声音（SOUND）。

3. 从 BNC 中随机抽取出一组包含目标动词的句子，先进行自动语法分析，然后根据目标动词涉及的语法关系进行编排。如果目标动词的论元仅仅是一个照应语，或者根本没有出现在

---

① 一个标注了命题、词义等多种语义信息的语料库。——译者注

句子中,句子就会被剔除。每个句子都要确定语法关系中的语义核心(semantic head)。

4. 目标谓词的词义消歧将在提取的句子上人工完成,要与义项目录和上述类型模板匹配。之后,合适的词义连同相关的类型模板一起被存储到数据库中。

5. 在标注阶段,包含目标动词强迫性义项的句子会被加载到布兰代斯标注工具(Brandeis Annotation Tool)(Verhagen,2010)上。标注工具会给标注者提供一组句子,要求标注者确定句子中的论元是否属于该动词类型模板中的类型。标注分歧通过仲裁来解决。

6. 为了保证数据的可靠性,我们还采取了两个措施。首先,只挑选最常重复出现的强迫类型(coercion type),共计 6 种。优先考虑跨域强迫,即源类型和目标类型属于不同的概念域。

(1) EVENT→ LOCATION(*arrive at*)

(2) ARTIFACT→EVENT(*cancel,finish*)

(3) EVENT→PROPOSITION(*deny*)

(4) ARTIFACT→SOUND(*hear*)

(5) EVENT→SOUND(*hear*)

(6) DOCUMENT→EVENT(*finish*)

其次,我们对纯粹类型选择和类型强迫的实例(instance)分布进行了调整,从而增加了强迫实例的数量。最终的英语数据集强迫实例约占 30%。

7. 最后,数据集被随机一分为二,形成训练集和测试集。训练数据库包含 1032 个实例,其中 311 个是强迫实例;测试数据库包含 1039 个实例,其中 314 个是强迫实例。

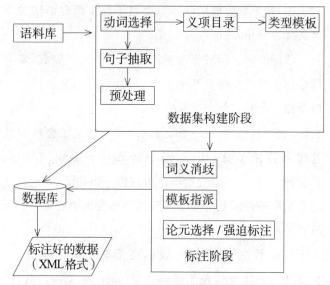

图 2：语料库开发流程图

3.5 数据格式

训练和测试数据均采用 XML 格式。谓词（被视为一个函项）和它的论元之间的关系，由组合链接成分 CompLink(composition link element)来表示（见下文）。测试数据与训练数据的不同之处在于没有 CompLink。

在发生类型强迫的情况下，源类型和目标类型不匹配，两种类型都需要识别。如 *The State Department repeatedly denied the attack*（政府部门不断否认这次攻击）：

The State Department repeatedly
<SELECTOR sid="s1">denied</SELECTOR>
the<TARGET id="t1">attack</TARGET>
<CompLink cid="cid1"

compType＝"**COERCION**"

selector_id＝"s1"

relatedToTarget＝"t1"

sourceType＝"EVENT"

targetType＝"PROPOSITION"/>

当组合操作是"选择"(selection)时,源类型和目标类型必须匹配。如 *The State Department repeatedly denied the statement*(政府部门不断否认那份声明):

The State Department repeatedly

＜SELECTOR sid＝"s2"＞denied＜/SELECTOR＞

the＜TARGET id＝"t2"＞statement＜/TARGET＞

＜CompLink cid＝"cid2"

compType＝"**SELECTION**"

selector_id＝"s2"

relatedToTarget＝"t2"

sourceType＝"PROPOSITION"

targetType＝"PROPOSITION"/>

有关标注结果的评估可参见 Pustejovsky et al. (2010)。

四　基于名词的标注：选用物性角色

正如上文所描述的,动名组合标注是基于原子语义类型的。更精细的标注可能涉及谓词作用于论元上的具体意义参数,这些意义参数就是生成词库理论中的物性角色（参见第 2 节）。

下面的例子例示了动名组合中的物性角色选择。被动词激活的名词的物性角色如括号中所示。

(10) a. Antonio Stradivari finished the violin. (AGENTIVE)

安东尼奥·斯特拉迪瓦里完成了小提琴的制作。（施成）

b. John bought a violin. (FORMAL)

约翰买了一把小提琴。（形式）

c. The audience enjoyed the violin. (TELIC)

观众喜欢听小提琴演奏。（功用）

d. Mary heard the violin. (TELIC)

玛丽听见了小提琴的声音。（功用）

注意，在 ASC 任务中，动词 finish 和 hear 分别与 ARTIFACT→EVENT 和 ARTIFACT→SOUND 两种类型强迫有关（如 3.4 节所述）。基于物性角色的标注方法解释了为什么这些类型强迫是可能的，同时也揭示了论元与特定动词之间连接的语义本质。在上面的例子中，violin "小提琴"可以被理解成制作该乐器的事件，因为这一事件信息已经编码在这个名词的词条中（在名词的物性角色中）。同样地，hear 选择的"声音"类型被编码在 violin 的功用角色中。所有上述情况均属于类型强迫中"选用"的实例，即通过选用论元类型的一部分来满足谓词的要求。

下文我们将介绍几种与名词有关的结构，它们利用的都是名词次词汇层面的语义信息。我们将展示，识别并标注这些结构中起作用的物性角色，可以帮助我们深入了解一般组合运算机制的工作方式。

4.1　定中结构中的物性角色选择(Qualia Selection in Modification Constructions)

此任务将标注说明修饰性成分以什么方式与目标成分(尤其是名词)在语义上关联。我们借鉴 Bouillon(1997)的方法,根据不同的物性角色选择来区分形容词与中心成分之间的修饰关系。

4.1.1　形容词性修饰语

本任务包括标注特定名词的物性值是如何受到形容词约束的。遵循 Pustejovsky(2000)的假设,我们认为句法上实现为形容词的这些特性"都与名词的物性结构紧紧联系在一起,选择名词语义的某一侧面"。下面这个定中结构 *large carved wooden useful arrow* 可以帮助我们更好地理解形容词的不同约束类型。

(11)

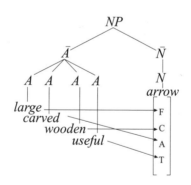

large"大"说明箭是一种物质实体("箭"的形式角色),因此,与"箭"的形式角色有关。类似地,*carved*"雕刻的"涉及箭的制造过程(施成角色),*wooden*"木头的"与箭的材料(构成角色)有关,*useful*"有用的"与箭的用途有关(功用角色)。

很多形容词都专门约束某种特定的物性角色,在这种情况下,它们可以确定相关物性角色的具体值。请看例(12)—(15)。

(12) 构成
   a. wooden house

   木屋

   b. wrinkled face

   布满皱纹的脸

   c. mountainous region

   山区

(13) 形式：heavy"重"、red"红色"、large"大"、sweet"甜"、raw
   "生"、rough"粗糙"、hard"硬"、simple"简单"、responsible
   "负责"、happy"开心"、short"短"、narrow"狭窄"、poor"贫
   穷"、bitter"苦"、new"新"

(14) 功用：useful, effective, good(knife/table/teacher)
   有用的、有效的、好的(刀/表/老师)

(15) 施成
   a. carved figure

   雕像

   b. hand-made shoes

   手工鞋

   c. synthetic material

   合成材料

   d. natural light

   自然光

定中结构的标注任务首先要做的是对目标名词进行词义消歧。

我们会给标注者提供一些问题,来帮助他们确定物性选择关系。例如,涉及名词 *woman*"女人"的功用角色的问题可能是"那个动词是否与女人的具体作用有关"。这些问题会随着名词类型的改变而改变,对于指称物质实体的名词,与施成角色相对应的问题通常涉及"制作或破坏"那个物体;而对于指称事件的名词,相应的问题会涉及事件的"开始或结束"。然后,基于标注者的回答,我们将创建物性角色选择链接 QLinks,如下所示:

<SELECTOR sid="s1">wooden</SELECTOR>

<NOUN nid="n1">table</NOUN>

<**QLink** qid="qid1" sID="s1" relatedToNoun="n1" qType="CONST"/>

4.1.2. 名词性复合词(nominal compound)

此项任务旨在探讨名词性成分之间的语义关系。Levi(1978)提出的名词性成分之间的语义关系有利于指导我们对复合词进行初步分类,但这些关系还太粗糙。Warren(1978)的全面研究为我们区分名词性成分之间的关系类型提供了宝贵的资源。

语言中的复合词可以分成三种类型(见 Spencer,1991):

(16) a. 向心复合词(ENDOCENTRIC COMPOUNDS):结构中的某个成分充当核心,如 *taxi driver*"出租车司机"、*pastry chef*"糕点厨师"。

b. 离心复合词/性状复合词(EXOCENTRIC COMPOUNDS/BAHUVRIHI):结构中的任何成分都不是核心,也就是说,任何成分都不是核心的下位词。如 *houndstooth*"犬牙花纹"是一种纺织品图案,既不是 *hound*"猎犬"也不

是 *tooth*"牙齿"。

c. 并列复合词（DVANDVA compounds）：只是两个成分的并立，两者之间不存在依存关系，如 *hunter-gatherer*"依靠狩猎和采集生活的人"。

然而，根据 Bisetto and Scalise（2005）的研究，可以将复合词分为以下三种只有细微差别的结构类型，每一类中都有向心的和离心的：

(17) a. 从属复合词（SUBORDINATING）：核心成分作为函项作用在 N_1 上，并把 N_1 作为自己的论元。

b. 属性复合词（ATTRIBUTIVE）：广义的修饰关系。

c. 并列复合词（COORDINATE）：上文提及的并列复合词。

我们重点关注前两类，在每一类中，我们将首先区分综合复合词（synthetic compound）和非综合复合词（non-synthetic compound）。前者是动源名词（deverbal nouns），作为函项时，会将姐妹节点上的名词作为论元，如 *bus driver*"公交车司机"和 *window cleaner*"窗户清洁工"。非合成复合词中的核心名词不是动源名词，如 *pastry chef*"糕点厨师"和 *bread knife*"面包刀"。尽管 Bisetto 和 Scalise 的分类很有用，但不能解释像 *chef* 和 *knife* 这样的非关系型名词是如何作为函项作用到搭配名词上的。

Johnson and Busa（1999）在生成词库的框架下对上述结构进行了考察，我们将在本任务中大量借用其中的分析。我们的基本假设是，复合词中两个词之间的语义关系与形名结构中的语义关系是相似的。唯一的不同在于，在名词性复合词中，中心名词的物性值是由另一种不同的修饰语——名词激活的。

　　请看下面英语和意大利语中对应的[N₁N₂]结构，意大利语材料引自 Johnson and Busa(1999)。

(18) a. coltello da pane

　　　　'bread knife'

　　　　面包刀

　　 b. bicchiere da vino

　　　　'wine glass'

　　　　酒杯

　　 c. foro di pallottola

　　　　'bullet hole'

　　　　弹孔

　　 d. succo di limone

　　　　'lemon juice'

　　　　柠檬汁

　　 e. porta a vetri

　　　　'glass door'

　　　　玻璃门

　　在(18a)和(18b)中，N₁ 和 N₂ 之间的关系可以通过中心语 *knife* 和 *glass* 的功用角色来确定。类似地，在(18c)和(18d)中，N₁ 和 N₂ 之间的关系是通过中心名词 *hole* 和 *juice* 的施成角色来确定的。在(18e)中，*glass* 是中心名词 *door* 的构成角色。有意思的是，Johnson and Busa(1999)还发现，意大利语中的介词 *da* 和 *di* 的选择是不自由的，受制于名词间的语义关系①。

───────────

① 具体地说，他们认为联系两个名词的物性角色决定了 *da* 和 *di* 的选用：*da* 与功用角色有关，*di* 与施成角色或构成角色有关。

利用 Johnson and Busa(1999)提出的上述物性选择策略,我们可以确定名词性复合词结构中的基于物性角色的各种语义关系。请看例(19)和(20)中的属性复合词。

(19) $[N_1 N_2]$:N_1 是 N_2 的功用角色

  a. fishing rod

    鱼竿

  b. magnifying glass

    放大镜

  c. swimming pool

    游泳池

  d. shopping bag

    购物袋

  e. drinking water

    饮用水

(20) $[N_1 N_2]$:N_1 是 N_2 的构成角色

  a. paper napkins

    纸巾

  b. metal cup

    金属杯

  c. gold filling

    黄金填充物

综合型从属复合词也可以用物性关系来描写,即使它们的作用相当于函项。(21)中的从属复合词都是选择施成角色。

（21）[N₁ N₂]：N₁是 N₂的施成角色

  a. food infection

   食物传染

  b. heat shock

   热休克

有趣的是，有些非综合复合词也相当于函项并且选择施成角色：

（22）[N₁ N₂]：N₁是 N₂的施成角色

  a. university fatigue

   大学课业疲劳症

  b. automobile accident

   车祸

  c. sun light

   阳光

  基于名词性复合词与形名结构的相似性，本标注任务与标注形容词修饰语的物性选择关系一样。如下所示，我们创建了一个 QLink。

Our guest house stands some 100 yards away.（我们的客房距离这里大约有 100 码。）

  <SELECTOR sid＝"s1">guest</SELECTOR>

  <NOUN nid＝"n1">house</NOUN>

  <**QLink** qid＝"qid1" sID＝"s1" relatedToNoun＝"n1" qType＝"TELIC"/>

4.2　点对象（dot object）中的类型选择

这个任务旨在标注形名定中结构、名名定中结构和动名组合中点对象的具体类是如何被选用的。点对象或合成类（Pustejovsky，1995）被定义为类型构造器（Type Constructor）的产物，这一构造器可以把任意两个类型 a 和 b 构造成合成类 a·b。合成类很特别，因为它们是由看似矛盾的类型组成的，例如 FOOD 和 EVENT 组成 *lunch*"午餐"（参见本文第 2 部分）。

给定一个合成类 c＝a·b，存在以下三种选择情况：

i. 修饰语/动词性谓语既适用于 a，也适用于 b；

ii. 修饰语/动词性谓语只适用于 a；

iii. 修饰语/动词性谓语只适用于 b；

下面是第一种情况的例子：

(23) a. good book(＋INFO，＋PHYSOBJ)

好书(＋信息，＋物质实体)

purchase the book(＋INFO，＋PHYSOBJ)

买书(＋信息，＋物质实体)

b. long lecture(＋INFO，＋EVENT)

漫长的讲座(＋信息，＋事件)

prepare the lecture(＋INFO，＋EVENT)

准备讲座(＋信息，＋事件)

c. new appointment(＋EVENT，＋HUMAN)

新任命/新的被任命者(＋事件，＋人)

welcome the appointment(＋EVENT，＋HUMAN)

欢迎任命/欢迎被任命者(＋事件，＋人)

下面是第 2 种和第 3 种情况的例子①：

---

① 更多的实例清单请参阅 Pustejovsky(2005)和 Rumshisky et al.(2007)。

（24）a. lunch(EVENT・FOOD)：

　　午餐(事件・食物)：

　　delicious lunch(FOOD) vs. long lunch(EVENT)

　　美味的午餐(食物)　　漫长的午餐(事件)

　　share lunch(FOOD) vs. skip lunch(EVENT)

　　分享午餐(食物)　　不吃午餐(事件)

　b. book(INFO・PHYSOBJ)：

　　书(信息・物质实体)：

　　boring book(INFO) vs. heavy book(PHYSOBJ)

　　乏味的书(信息)　　沉甸甸的书(物质实体)

　　illustrate the book(INFO) vs. close the book(PHYSOBJ)

　　阐明这本书(信息)　　　合上这本书(物质实体)

　c. rumor(ACTIVITY・PROPOSITION)：

　　谣言(活动・命题)：

　　false rumor(PROPOSITION) vs. persistent rumor(AC-
　　TIVITY)

　　虚假的谣言(命题)　　　　持久的谣言(活动)

　　spread the rumor(PROPOSITION) vs. trigger the rumor
　　(ACTIVITY)

　　传播谣言(命题)　　　　　　引发谣言(活动)

　d. lecture(EVENT・INFO)：

　　讲座(事件・信息)：

　　morning lecture(EVENT) vs. interesting lecture(INFO)

　　上午的讲座(事件)　　有趣的讲座(信息)

　　miss the lecture(EVENT) vs. write the lecture(INFO)

　　错过讲座(事件)　　　写讲稿(信息)

e. concert(EVENT · INFO)：

音乐会(事件 · 信息)：

open-air concert(EVENT) vs. orchestral concert(INFO)

露天音乐会(事件)　　　　管弦乐音乐会(信息)

host the concert(EVENT) vs. record the concert(INFO)

举办音乐会(事件)　　　　录制音乐会(信息)

f. lamb(ANIMAL · FOOD)：

羊(动物 · 食品)：

roast lamb(FOOD) vs. newborn lamb(ANIMAL)

烤羔羊肉(食物)　　　　初生羔羊(动物)

eat lamb(FOOD) vs. sacrifice the lamb(ANIMAL)

吃羔羊肉(食物)　　　　用羔羊祭祀(动物)

g. construction(PROCESS · RESULT)：

建筑(过程 · 结果)：

wooden construction(RESULT) vs. road construction
(PROCESS)

木制建筑(结果)　　　　　　　　道路建设(过程)

admire the construction(RESULT) vs. supervise the con-
struction(PROCESS)

欣赏建筑(结果)　　　　　　　　监督施工(过程)

h. appointment(EVENT · HUMAN)：

任命(事件 · 人)：

urgent appointment(EVENT) vs. troubled appointment
(HUMAN)

紧急任命(事件)　　　　　　　苦恼的委派人(人)

arrange an appointment(EVENT) vs. see the(next) appointment(HUMAN)

安排约见(事件)　　　　　　　　见下一个约见人(人)

在该任务中,所选名词的义项目录只包括同音异义的情况。也就是说,只有对立(contrastive)的词义需要分开,例如 *bank* 需要区分"河岸"和"金融机构"两个义项。互补性(complementary)词义不需要,如"金融机构"本身和"它所在的建筑物"。

为了创建合适的 CompLink,标注者要判断句子选用了点对象的哪个子类,例如下面的句子选用的是 lunch 的物质实体(食物)义:

After a while more champagne and a delicious lunch was served.(不久,更多的香槟和美味的午餐端了上来)

<SELECTOR sid="s1">delicious</SELECTOR>

<NOUN nid="n1">lunch</NOUN>

<**CompLink** cid="cid1" sID="s1" relatedToNoun="n1" gramRel="mod"

compType="SELECTION" sourceType="[PHYS_OBJ,E-VENT]"

targetType="PHYS_OBJ"/>

五　结论

本文从组合过程中的论元选择角度探讨了标注谓词与其论元之间语义关系的问题,区分了两种选择类型,一是论元可以直接满足谓词的选择要求,二是论元在一定的语境中需要通过调节或强迫类型转换来满足谓词的要求。基于生成词库理论中的类型选择运算,我们建立了一种描述语言——GLML,并用这种语言完成了三种标注任务,目的是识别论元选择模式。

语言中显然还有许多组合运算,本文尚未涉及。不过,本文提出的标注框架已经大致能描写大多数的选择模式。随着标注任务的精细化,标注框架的扩展也将变得更清楚。此外,随着标注框架在其他语言中的应用,针对特定语言结构的新的标注任务也会出现。

致谢

根据生成词库理论中论元选择的原则来标注语料库的想法,产生于巴黎 GL2007 大会期间本文作者之一 James Pustejovsky 与 Nicoletta Calzolari、Pierrette Bouillon 的讨论。我们要感谢 GLML 工作组的成员和 SemEval-2010 中 ASC 任务组织者颇有价值的反馈意见。尤其要感谢 Nicoletta Calzolari、Elisabetta Jezek、Alessandro Lenci、Valeria Quochi、Jan Odjik、Tommaso Caselli、Claudia Soria、Chu-Ren Huang、Marc Verhagen 和 Kiyong Lee。Olga Batiukova 的研究工作得到了西班牙经济和竞争力部(Ministry of Economy and Competitiveness of Spain)的资助,基金编号是 FFI2009—12191(子项目 FILO)。

参考文献

Asher, N. and Pustejovsky, J. 2006. A type composition logic for generative lexicon. *Journal of Cognitive Science* 6, 1—38.

Bisetto, A. and Scalise, S. 2005. The classification of compounds. *Lingue e Linguaggio* 2, 319—332.

BNC. 2000. *The British National Corpus*. The BNC Consortium, University of

Oxford. *http://www. natcorp. ox. ac. uk/*.

Bouillon,P. 1997. *Polymorphie et semantique lexical:le case des adjectifs*. PhD dissertation. Paris:Paris VII.

Burchardt,A. ,Erk,K. ,Frank,A. ,Kowalski,A. ,Pado,S. ,and Pinkal,M. 2006. The SALSA corpus:a German corpus resource for lexical semantics. *In Proceedings of LREC*,Genoa,Italy.

Chierchia,G. 1998. Reference to kinds across language. *Natural Language Semantics* 6(4),339—405.

Egg,M. 2005. *Flexible semantics for reinterpretation phenomena*. Stanford:CSLI.

Groenendijk,J. ,and Stokhof,M. 1989. *Type-shifting rules and the semantics of interrogatives*. Dordrecht:Kluwer.

Hanks,P. 2009. Corpus pattern analysis. CPA Project Page. Retrieved April 11, 2009,from http://nlp. fi. muni. cz/projekty/cpa/.

Hanks,P. and Pustejovsky,J. 2005. A pattern dictionary for natural language processing. *Revue Française de Linguistique Appliquée X*,63—82.

Hobbs,J. R. ,Stickel,M. ,and Martin,P. 1993. Interpretation as abduction. *Artificial Intelligence* 63,69—142.

Johnston,M. and Busa,F. 1999. The compositional interpretation of compounds. *Breadth and Depth of Semantics Lexicons*,167—167. Dordrecht:Kluwer Academic.

Kilgarriff,A. ,Rychly,P. ,Smrz,P. ,and Tugwell,D. 2004. The sketch engine. *Proceedings of EURALEX*,Lorient,France,105—116.

Kipper,K. 2005. *VerbNet:A broad-coverage,comprehensive verb lexicon*. PhD dissertation. PA:University of Pennsylvania.

Levi,J. N. 1978. *The Syntax and Semantics of Complex Nominals*. New York: Academic Press.

Markert,K. and Nissim,M. 2007. Metonymy resolution at SemEval I:Guidelines for participants. *Proceedings of the ACL 2007 Conference*.

Meyers,A. ,Reeves,R. ,Macleod,C. ,Szekely,R. ,Zielinska,V. ,Young,B. ,and Grishman,R. 2004. The NomBank project:An interim report. *HLT-NAACL 2004 Workshop:Frontiers in Corpus Annotation*,24—31.

Nunberg,G. 1979. The non-uniqueness of semantic solutions:polysemy. *Linguis-*

tics and Philosophy 3，143—184.

Palmer，M. ，Gildea，D. ，and Kingsbury，P. 2005. The proposition bank：an annotated corpus of semantic roles. *Computational Linguistics* 31(1)，71—106.

Partee，B. and Rooth，M. 1983. *Generalized conjunction and type ambiguity.* Berlin：de Gruyter.

Pinkal，M. 1999. On semantic underspecification. *Proceedings of the 2nd International Workshop on Computational Semantics*（*IWCS 2*）. The Netherlands：ilburg University.

Pradhan，S. ，Hovy，E. ，Marcus，M. ，Palmer，M. ，Ramshaw，L. ，and Weischedel，R. 2007. Ontonotes：a unified relational semantic representation. *International Conference on Semantic computing*，517—526.

Pustejovsky，J. 1991. The generative lexicon. *Computational Linguistics* 17(4)，409—441.

Pustejovsky，J. 1995. *Generative Lexicon*. Cambridge：MIT Press.

Pustejovsky，J. 2000. Events and the semantics of opposition. *Events as Grammatical Objects*，445—482. Stanford，CA：Center for the Study of Language and Information（CSLI）.

Pustejovsky，J. 2001. Type construction and the logic of concepts. *The Syntax of Word Meaning*. Cambridge：Cambridge University Press.

Pustejovsky，J. 2005. A survey of dot objects. *Technical report*. Brandeis University.

Pustejovsky，J. 2006a. Type theory and lexical decomposition. *Journal of Cognitive Science* 6，39—76.

Pustejovsky，J. 2006b. Unifying linguistic annotations：A TimeML case study. *Proceedings of TSD 2006*. Brno：Czech Republic.

Pustejovsky，J. 2011. Coercion in a general theory of argument selection. *Journal of Linguistics* 49(6)，1401—1431.

Pustejovsky，J. ，Hanks，P. ，and Rumshisky，A. 2004. Automated induction of sense in context. *COLING 2004*，924—931. Switzerland：Geneva.

Pustejovsky，J. ，Knippen，R. ，Littman，J. ，and Sauri，R. 2005. Temporal and event information in natural language text. *Language Resources and Evaluation* 39(2)，123—164.

Pustejovsky，J. ，Rumshisky，A. ，Plotnick，A. ，Jezek，E. ，Batiukova，O. ，and Quochi，V. 2010. Semeval-2010 task 7：Argument selection and coercion. *Pro-*

ceedings of the 5th International Workshop on Semantic Evaluation，27—32. Stroudsburg：Association for Computational Linguistics.

Pustejovsky，J. and Stubbs，A. 2012. *Natural Language Annotation for Machine Learning*. Sebastopol：O'Reilly Publishers.

Rumshisky，A. and Batiukova，O. 2008. Polysemy in verbs：systematic relations between senses and their effect on annotation. *COLING Workshop on Human Judgement in Computational Linguistics*（*HJCL—2008*）England：Manchester.

Rumshisky，A. ，Grinberg，V. ，and Pustejovsky，J. 2007. Detecting selectional behavior of complex types in text. *The 4th international workshop on Generative Lexicon*. France：Paris.

Rumshisky，A. ，Hanks，P. ，Havasi，C. ，and Pustejovsky，J. 2006. Constructing a corpus-based ontology using model bias. *The 19th International FLAIRS Conference*，*FLAIRS 2006*. Florida，USA：Melbourne Beach.

Ruppenhofer，J. ，Ellsworth，M. ，Petruck，M. ，Johnson，C. ，and Scheffczyk，J. 2006. *FrameNet II：Extended Theory and Practice*. Berkeley：California International Computer Sciences Institute.

Spencer，A. 1991. *Morphological Theory：An Introduction to Word Structure in Generative Grammar*. Oxford，UK and Cambridge，USA：Blackwell Textbooks in Linguistics.

Subirats，C. 2004. FrameNet Español. Una red semántica de marcos conceptuales. *VI International Congress of Hispanic Linguistics*，Leipzig.

Verhagen，M. 2010. The Brandeis annotation tool. *Language Resources and Evaluation Conference*，*LREC 2010*. Malta.

Warren，B. 1978. *Semantic Patterns of Noun-Noun Compounds*. Göteborg：Acta Universitatis Gothoburgensis.

一 理论介绍

语意类型系统[*]

James Pustejovsky 著

谢舒凯 译

5.1 表征层次

我将在本章详述生成词库的词汇讯息组织架构。先前章节中的讨论应该能够清楚地述明,我们的目标是要提供一种语言的形式表达,能兼具足够的表达力,弹性地捕捉到词汇的生成本质与词义延伸的现象。为达此目的,我把生成词库设想成一个计算系统,其中至少涉及了以下的四种表达层次,这些我们在第四章中曾经简要提及。

1.论元结构:逻辑论元的数量与类型述明,以及它们如何透过句法手段实现出来。

2.事件结构:词项与词组的事件类型定义。包括状态、历程与转变,而事件内部可以有子事件结构。

3.物性结构:解释模式,包含了形式、组成、功能与主事角色。

4.词汇承继结构:一个词汇结构如何在一个类型网格(type lat-

* Pustejovsky(1995)的 *The Generative Lexicon* 的中译本将在台湾出版发行,本文是其中的第五章。

tice）中和其他的结构相互关联，以及它如何对于整体词库系统的组
织做出贡献。

　　这四个层次由一组生成机制加以连结，以提供在语境中的组合
解释。这组机制包括了以下这些语意转型运算，所有的运算都涉及
了类型组合时该有的良构性（well-formedness）条件。

　　•类型诱迫（TYPE COERCION）：一个词项或词组在不改变句
法类型的情况下，被统辖它的词项迫改其语意类型。

　　•选择约束（SELECTIVE BINDING）：一个词项或词组在不改
变整个组合的类型的情况下，在词组中的子结构中进行的特定运算。

　　•共同组合（CO-COMPOSITION）：在一个词组之内的多个组
成成分，以作为函项的方式在组合过程中产生作用以产生新的非词
汇化词义。这亦包括了从语意待决形式变成脉络充实形式的状况，
像是方式共同组合（manner co-composition）、特征转写（feature
transcription)以及轻动词规范（light verb specification）等。

　　这三种语意转型运算，对于我们讨论一个表达如何在不同的句
法表现之间找出其语意上之相关性显得相当重要。① 论元、事件，以
及物性结构在经历语意组合运算时，必须遵守由类型系统与词汇承
继结构所定义下的良构条件。词项虽是牢固地被赋予类型，但本身
也容许了能将类型改变到新的类型环境中去的机制。这将在第七章
讨论。

　　透过定义词项在不同表达层次的函式行为，我们希望能够描绘
出词汇在句意组合中所扮演的主动与整合角色。因为这种在组合中

---

① 作为 λ-calculus 类型中的一种运算，类型诱迫（type coercion）可以看成是将一种
　　单型（monomorphic）语言转换成多型（polymorphic）的类型（参见 Cardelli and
　　Wegner，1985；Klein and Benthem，1987）。

可看出的强大表达机制,让我们可以将不同的词义合并成为一个单一的后设词项(meta-entry),而这种后设词项可以呈现词汇在语境中的规律性,从而大大地缩小词库的规模。在重构组合的运算中,词项的语意诠释待决(semantic underspecification)扮演了重要的角色。承接 Pustejovsky and Anick(1988),我称这样的后设词项为词汇概念范式(lexical conceptual paradigms,lcp)。这里的理论主张是透过如此合法的语意表达机制,我们可以限制一个词汇可能蔓生的意义。

5.2 论元结构

接续上面的讨论,我将假定一个词项的语意可以借由一组包含四个成分的结构来定义(cf. Pustejovsky,1995a):

(5.1)

$$\alpha = <A; \quad E; \quad Q; \quad I>$$

A 是论元结构,E 是事件类型,Q 是这两个参数在物性结构中的约束(binding),而 I 是嵌入性变形运算,用来将词项置入类型网格中,以决定什么样的讯息可以从全局的词汇结构承继而来。其中论元结构是目前为止被了解最完整的部分,也是我们着手研究词汇语意的合理的起点。

在一开始,论元结构只是被当成是关连到述词的一组参数,后来则发展出看待论元如何映射到句法表达的精细观点。例如 Chomsky(1981)的 论 旨 角 色 指 派 法 则(θ-Criterion)和 Bresnan(1982)的功能完备性与连贯性(functional completeness and coherence)条件论说,需要将论元表达成句法词组,而句法词组则受约(bound to)于论元结构。Chomsky 的 投 射 原 则(Projection Principle)(Chomsky,1981)①更进一步地要求这样的条件在每个语言表现层次都被满足。晚近对于句法理论的重要贡献之一,就是提出论元结构本身是独立于句法的高度化结构产物。William(1981)对于外在与内在论元的区别,以及 Grimshaw 对于论元阶层结构表达的倡议(参见 Grimshaw,1990),提供了我们关于语词意义的基本语法面向。②

一个词项的论元结构,可被视为是该词汇语意的最小规格(minimal specification)。其本身无法适当地描绘出词项的语意,但却是个必要的部分。事实上,许多儿童语言习得研究都在这样的假定上进行,亦即论元结构在动词语意习得过程中是最强的决定(或限制)因素(cf. Gleitman,1990;Fisher,Gleitman and Gleitman,1991;Pinker,1989)。

以下我将介绍关于一个词项论元结构的四种类型:

1.真实论元(TRUE ARGUMENTS):词项的句法实现的(必

---

① 投射的概念,形式上说,就是指自身透过运算转换成一个含有自身的结构的运算历程。举例来说,语言中常常需要对个别单词进行不同的修饰:

    (a) the boy

    (b) the tall boy

    (c) the tall boy from Taiwan

从(a)到(c),这一长串的修饰,基本上其功能都在于对于首成分 boy 做更细致的描述。我们可以说,这些修饰都是 boy 这个名词的"语意扩张"。在句法上,(a)到(c)都是 boy 这个首名词的投射。投射到一个程度停止投射了,所得到的结构称之为"最大投射"(maximal projection),或称之为"词组"。Chomsky 投射原则一开始指的是,一个词组的范畴是其句法核心(syntactic head)的投射。换言之,词组的句法核心决定了该词组的特性。这样的原则后来扩充到语意核心上去。——译者注

② Levin and Rappaport(1988、1995)和 Marantz(1984)皆针对直接与间接的内在论元做了更精细的讨论。这样的区分,将直接从动词接收论旨角色指派(θ-assignment)的论元和从介词指派论旨角色的论元区分出来。

要)参数。例如:John arrive late.

2.预设论元(DEFAULT ARGUMENTS):参与物性结构的逻辑表达之参数,但却不一定需要在句法上表达出来。例如:John built the house out of bricks.

3.影子论元(SHADOW ARGUMENTS):隐藏在词项的语意当中。它们仅可经由子类型(subtyping)或言谈述明(discourse specification)等运算方式表达出来。例如:Mary buttered her toast with an expensive butter. ①

4.饰语(附加语)论元(TRUE ADJUNCTS):修饰逻辑表达的参数,但为情境诠释的一部分,并且不跟特定词项语意表达绑在一起。这包括时间与空间修饰语附加表达。例如:Mary drove down to New York on Tuesday.

真实论元定义了那些句法上需要的参数。这是论旨角色指派法则及其他论元结构的表面制约的研究中所讨论的。多义动词之间的动词交替式所造成的真实论元表达,应该和那些涉及选择性词组的动词交替式区分开来。前者包含始动/使役交替环境(inchoative/causative alternation),见例句(5.2);后者则包含像是材料/产品交替环境(material/product alternation),见例句(5.3)(参见 Levin,1993)。

(5.2)(a) The window broke.

窗户破了。

(b) John broke the window.

约翰打破窗户。

---

① 此句中的 butter(用奶油涂)已经清楚表达这个事件所需要的必要论元,但是该介词词组可以用语意子类型的方式(昂贵的奶油)以影子论元的姿态进入句法表达。——译者注

(5.3)（a）Mary carved the doll out of wood.

玛丽用木头雕刻了一个娃娃。

（b）Mary carved the wood into a doll.

玛丽把这块木头刻成了一个娃娃。

（c）Mary carved a doll.

玛丽雕刻了一个娃娃。

（d）？Mary carved the wood.

？玛丽雕刻了这块木头。

因为材料来源（木头）的表达不是必须的，它作为一个论元的状态有别于所产生的物件（娃娃）。像这样材料/产品（material/product）交替式中的非必需之论元，我称之为预设论元。它们对于一个语句的逻辑良构性是必要的，但是可以在表层句法中被省略。我们将在第九章再详谈。

从语感上来说，对于（5.4a）这样带有真实论元 A,B 和预设论元 C 的表达可以用（5.4b）来图解。

(5.4)（a）A verb B with C

（b）**verb**′(A,B,C)

不过如果预设论元没被表达出来，那么该论元的存有完封（existential closure）可由（5.5）表示。①

(5.5) ∃x[**verb**′(A,B,x)]

如同预设论元，影子论元所指涉的是在句法中不一定要表达出来

---

① 所谓的"存有完封"是形式语意学中的一个静默算子（silent operator）。Diesin 主张"存有完封"是在动词短语的层次实施的一种备用装置。"……它的功能是在不得已的情况下凭空引介一个存在算子，借以保证逻辑式中的变项都受到拘束……"（蔡维天：生成语法九讲之七）。有了这样的设计，才不至于造成所谓的"徒劳量化"（vacuous quantification）。就是说逻辑式中空有一个变项而无算子；或者空有一个算子而无变项的状况。——译者注

的语意内容,像是例句(5.6)中动词 butter(涂＜黄油＞)和 kick(＜用脚＞踢)被置入的语意内容。

(5.6)(a) Mary buttered her toast.

玛丽涂黄油在她的面包片上。

(b) Harry kicked the wall.

哈利踢墙。

(5.6a)的"隐藏论元"是被涂在面包片上的材料;(5.6b)中和桌子接触的则是脚。然而不同于预设论元的是,预设论元之所以是选择性的,是因为它由来自高于句子层次的条件(亦即,论述与语境因素)决定;而影子论元只有在句子本身特定条件的许可下才具表达性。也就是说只有当表达出来的论元与影子论元处在一种子类型(subtyping)的关系下时才成立(cf. Wunderlich,1987)。① 见例句(5.7)之影子论元。

(5.7)(a) Mary buttered her toast with margarine/* with butter.

(b) Harry kicked the wall with his gammy leg/* with his leg.

(c) Mary and John danced a waltz/* a dance.

(d) Harry elbowed me with his arthritic elbow/* with his elbow.

因为限制这些影子论元表达的条件相当特定,之后我将用逻辑类型来把它们与更大类的预设论元区分开来。

我们所分类的论元类型的最后一个(饰语论元),比较不是从该论元类别本身的特殊性来定义,而是由补语(附属语)的角度来定义

---

① 涉及影子论元表达的运算似乎遵循 Wunderlich(1987)所描述的行为类型,他讨论的是德文派生过程(derivational process)中的合并(incorporation)。虽然 Baker 的句法运算(syntactic operations)完全可以直接转化成在生成词库中可得的语意运算(semantic operations)类型,不过与 Baker 的理论相较,Wunderlich 的建议与这里所提出的分析更为相近。

的。我对于此类不多着墨。我仅要提出它们都与动词类别关连,而不是个别的动词。举个例子来说,(5.8a)中动词 sleep(睡)能被时间副词 on Tuesday(周二)修饰,是由于该动词被归类成一个个别化的事件(individuated event)的关系。类似的说明在动词 see(看)及地方修饰词 in Boston(在波士顿)的关系中也成立(见例句 5.8b)。

(5.8)（a）John slept late on Tuesday.

约翰周二都睡得很晚。

　　　（b）Mary saw Bill in Boston.

玛丽在波士顿看到比尔。

以上的分类是改良论元与附加语的区分工作的第一个尝试。这种改变所带来的理论潜力是相当显著的;也就是说,不仅仅是一个词项作为特定型态的论元时它的词汇特征会决定所处短语的逻辑地位。组合运算可以藉由在短语的语意组合,在短语的句法投射上产生或遮蔽一个论元。然而在一些情况下,真实论元也可能经由补语的语意而变成预设论元。例如对句(5.9a)中的动词 show 而言,表达目标(GOAL)论元的真实论元可经由补语语意使然而变成预设论元,从而变成了非必要的论元(见句 5.9b)。

(5.9)（a）Mary showed her paintings to John.

玛丽展示她的画本给约翰看。

　　　（b）Mary showed a movie(to John).

玛丽放一部影片(给约翰看)。

也就是说 show a movie(放一部影片)这个短语会以某种方式,将原来是真实论元的目标论元降级(demote)成预设论元,让它在句法上处于非必要的状态。我在第七章会回到这个主题上来。

这样的论元类型分类观点下的另一个结果是,预设论元可被完整的短语表达(如介词短语)(见句 5.10a),或作为一个短语置入真实论元中(见句 5.10b):

（5.10）（a）Mary built a house <u>with wood</u>.

玛丽<u>用木头</u>盖了一栋房子。

（b）Mary built a <u>wooden</u> house.

玛丽盖了一栋<u>木制</u>的房子。

事实上如果发生上述的情形，材料部分则会以影子论元的方式出现，如句（5.11）所示：

（5.11）Mary built a wooden house out of pine.

玛丽用松木盖了一栋木制的房子。

在（5.10b）中预设论元很有效率地间接地"充盈"（saturated）成直接受词（object）的修饰语，而在（5.11）中的短语 out of pine 则像影子论元般的方式被特许。①

---

① 若从预设和影子论元的观点来看，我们则可能倾向重新思考某些结构的分类。例如，若从动词如何进入结构中的角度来看，在第二章中简短讨论过的动结结构（resultative construction）在语意上就并不属于同质的类别。虽然看起来所有的动词在结构上皆是很类似历程事件（也可参考 Levin and Rappaport（1995）和第七章的讨论），但其论元的本质却因动词不同而有差异。对 hammer 和 wipe 这样的动词而言，其结果状态的语意是由附加形容词述词（adjunct adjectival predicate）所贡献的。对此述词类型的限制既来自补语本身，也来自动词。但须注意的是某些动词是以一种更严格的方式来限制其结果短语（resultative phrase）。此类动词就逻辑而言，其谓词成分是受到此动词的影子论元与次类型间的关系所限制。

- Mary painted the house white.
  玛丽把房子漆成白的。
- John dyed his jeans purple.
  约翰把他的牛仔裤染成紫的。
- Zac colored the dragon green.
  札克把龙涂成绿的。

对 paint（漆）、dye（染）和 color（涂）这些动词而言，都各有影子论元置入其语意。从一选择性的观点来看，我们会得到下面的关系：white≤pain_color、purple≤dye_color，以及 green≤color。在 Pustejovsky（1991b）的讨论中，这些似乎都可被定位于纯粹性和强调性的结果补语之间。

基于以上的讨论，我将假定一个词项的论元，$\mathrm{ARG_1}$，$\mathrm{ARG_2}$，...
$\mathrm{ARG_n}$，系由一个串行结构表达，而论元类型则直接编码在论元结构
ARGSTR 之中，如（12）所示，D-ARG 表预设论元，S-ARG 表影子
论元。

$$(5.12)\ \alpha \left[\mathrm{ARGSTR} = \left[\begin{array}{l} \mathrm{ARG_1} = \cdots \\ \mathrm{ARG_2} = \cdots \\ \mathrm{D\text{-}ARG_1} = \cdots \\ \mathrm{S\text{-}ARG_1} = \cdots \end{array} \right] \right]$$

我们之前讨论过的动词词汇语意的论元结构，现在就可以部分
地用（5.13）—（5.15）表达出来。

$$(5.13)\ \left[\begin{array}{l} \textbf{build}（建造） \\ \mathrm{ARGSTR} = \left[\begin{array}{l} \mathrm{ARG_1} = \mathrm{animate\_individual} \\ \mathrm{ARG_2} = \mathrm{artifacte} \\ \mathrm{D\text{-}ARG_1} = \mathrm{material} \end{array} \right] \\ \cdots \end{array} \right]$$

$$(5.14)\ \left[\begin{array}{l} \textbf{butter}（涂黄油） \\ \mathrm{ARGSTR} = \left[\begin{array}{l} \mathrm{ARG_1} = \mathrm{human} \\ \mathrm{ARG_2} = \mathrm{phys\_object} \\ \mathrm{S\text{-}ARG_1} = \mathrm{butter} \end{array} \right] \\ \cdots \end{array} \right]$$

$$(5.15)\ \left[\begin{array}{l} \textbf{kick}（踢） \\ \mathrm{ARGSTR} = \left[\begin{array}{l} \mathrm{ARG_1} = \mathrm{animate\_individual} \\ \mathrm{ARG_2} = \mathrm{phys\_object} \\ \mathrm{S\text{-}ARG_1} = \mathrm{leg} \end{array} \right] \\ \cdots \end{array} \right]$$

我尚未讨论这些论元被批可（licensed）或可表达之形式条件，但
是从目前这些讨论中应该已清楚地知道，不管描述性地从构造类型
的涵盖面来看，还是理论性地从词汇语意形式映设原则的形式表达

来看,论元类型的逻辑区分都是很有用的。

5.3 延伸的事件结构

现在大家都已能普遍承认事件在动词语意学中的角色。不过传统的事件语意学是把一个动词的事件变项列成一个单独论元,并与其他由特定述语或关系所定义的逻辑参数放在一起。例如动词 build 的词汇表达,融合 Davidson(1967)和 Parsons(1990)的分析,应该是如下所示:①②

---

① 不熟悉形式语意学的读者可能需要先了解兰姆达演算(λcalculus)这个十分重要的语义运算。它将贯穿本书的逻辑表达式。演算最早由 Church(1941)提出,后由 Montague(1970)引入形式语意学,补足了谓词逻辑(predicate logic)在表达自然语言语意上的不足。λ 演算有两个主要的计算过程。λ 抽象(λabstraction)将语义逻辑式的某个成分抽象化,并约束原来位置上剩下的变项,得到的是更能反映谓语的逻辑语义表征。相对于此的是 λ 还原(λreduction),则将语言成分跟一个 λ 式子合并,用该成分取代其中的变项,消去 λ 算子,得到完整的式子。——译者注

　　至于动词意义的表达,在早期 Montague 语意学中,动词是作用于论元上的关系(a relaiton over its argument),以 λ 演算来表达,像是 λxλy[stab(x,y)]。而戴维森式(Davidsonian)的事件语意表达,则把动词作用于事件上(a predicate of events),因而在述词表达上,多了一个事件论元,变成 λxλyλe[stab(e,x,y)]。以例句 Brutus stabbed Caesar 来说,[BrutusstabbedCaesar]=∃e. stab(e,brutus, caesar)。新戴维森主义者(neo-Davidsonian)(Parsons,1990;Schein,1993)进一步主张和事件有关联的论元应透过题旨角色(thematic roles)连结起来,并将事件用存在量词约束。所以[stab]=λe[stab(e)],[BrutusstabbedCaesar]=∃e. agent(e,brutus)∧stab(e)∧theme(e,caesar)。——译者注

② 精确一点来说,在纯然的戴维森式的表达(Davidsonian representation)中,动词 build 涉及了下面的表达。在这些表达中,事件直接被当成论元加进关系中:
　　(i) λyλxλe[build(e,x,y)]
Parsons(1990)则藉由 $\theta_1(e,x)$,$\theta_2(e,y)$ 此组函式来掌握此动词的关系结构。这与 Chomsky(1981)所使用的论旨-roles,以及这些角色在 Dowty(1989,1991)的研究中所具有的形式解释大致相符。
　　(ii) λyλxλe[building(e),∧θ,(e,x)∧θ,(e,y)]
在此观点下,事件在本质上就像是在逻辑中的任何其他个体一般,由谓词作用(predication)所断言。

$$\lambda y \lambda x \lambda e [build(e,x,y), \wedge \theta_1(e,x) \wedge \theta_2(e,y)]$$

这里默认的是原子观点下的事件结构,由单一事件变项所指涉的事件之内部面貌就此表达是看不出来的。Moens and Steddman (1988)和 Pustejovsky(1991)曾主张,为了能捕捉一些与体貌(aspect)与动相(Aktionsarten)相关连的现象,对于事件描述我们需要更细致的区别。假设真是这样,我们就需要一个工具,既能表达词项的子事件结构,也能表达出动词事件与论元间的必要关系。Pustejovsky(1995a)提出一个正交参数约束(Orthogonal Parameter Binding)机制,能够让我们将分别独立在论元结构与事件结构里的参数列绑在一起。设若给定一组论元以及用一组事件变项表达出来的事件结构如下:

$$[ARGSTR = ARG_1, ARG_2, \ldots ARG_n]$$

$$[EVENTSTR = EVENT_1, EVENT_2, \ldots EVENT_n]$$

我们即可以将动词语意核心视为是以物性成分为核心,但受约于来自两个参数列的类型讯息。用以表示此物性成分的述词则直接地指涉了那些参数:

$$[QUALIA = [\cdots[Q_i = PRED(EVENT_j, ARG_k)]\cdots]$$

我将在下个小节回到物性结构的特殊性上。我们先来讨论上述事件论元串行的本质,以及此结构的设计动机。

接续我们在第二章的讨论,我假定事件可以至少被分成三种类别(sort):过程(PROCESSES)、状态(STATES)与转移(TRANSITIONS)。[①]

---

① 这个观点是来自 Dahl(1973)、Comrie(1976)、Mourelatos(1978)、Desclés(1989)及 Guentcheva(1990)。不过我在这里对于事件结构分解的主张未必就被这些作者所接受。

此外我亦假定这些事件皆有子事件结构(subeventual structure)之存在。这样的好处是可以容许述词-论元约束(predicate-argument binding)原则,也可指涉到语意表达的子事件讯息,这能引发显著的理论结果(参见 Grimshaw,1990 和 Pustejovsky,1991b)。然而如 Pustejovsky and Busa(1995)指出的,从非宾格(unaccusativity)及不同致使结构得到的证据显示,这个事件概念无法完整地捕捉住非宾格结构之底层语意,特别是涉及子事件如何投射至句法的部分。

在事件语意学中所定义的不仅是类别,也包括事件的内部组态特质。我们需要把事件和其子事件的关系适当地表达出来。从Benthem(1983)和Kamp(1979)介绍之构造式延伸出来,我们将"延伸事件结构"解释成一个"元组"(tuple),$<E, \leq, <, \circ, \subseteq, ^* >$,其中,E 是事件集合,$\leq$ 是"部分-整体"的偏序关系(partial order),$<$是严格偏序关系(strict partial order),$\circ$是迭合关系(overlap),$\subseteq$是包含关系(inclusion),* 指的则是事件的"核心"①。带有子事件的事件结构,如 Pustejovsky(1988、1991)提出的,可以被建构成以下(5.16)之模式。

(5.16)

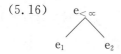

让我们用$<\alpha$这样一种"穷尽的偏序关系"("exhaustive ordered

---

① 这里的偏序关系,是集合论与代数学中的概念。指的是,如果一种作用在某集合上的关系,其代数性质是自反的(reflexive)、非对称的(antisymmetric)及递移的(transitive)的话,对该集合而言,就被称为是一种偏序关系。——译者注

part-of")①来定义一个事件树状结构(event tree structure)。②

(5.17) (a) $[_{e3}\ e_1 <_\infty e_2] =_{def} <\infty(\{e_1,e_2\},e_3)$

(b) $\forall e_1,e_2,e_3[<_\infty(\{e_1,e_2\},e_3) \leftrightarrow e_1 \leq e_3 \wedge e_2 \leq e_3 \wedge e_1 < e_2 \wedge \forall e[e \leq e_3 \rightarrow e = e_1 \vee e = e_2]]$

此定义说明了事件 e_3 是由两个子事件 e_1 与 e_2 所组成的复杂事件结构。e_1 与 e_2 则是依先后的时间顺序排列，e_1 的发生和结束都在 e_2 之前，但是两者分别都是 e_3 的一个逻辑部分，而且 e_3 再也没有其他的逻辑部分。可以用此来分析的动词，包括了致使动词(causative verb)③以及初始动词。我们在第九章将有所讨论。

事件树状结构除了能够表达子事件之间的严格的时间接续关系，也同样能够表达出其他的时间组合排序。比方说，如果一个事件是由两个完全同时进行的子事件所组成的，就可透过我们称之为穷尽的迭合(exhaustive overlap part of)o∞ 的关系来词汇化。定义如

---

① 事件结构在词汇语意学中，关涉到词项所表达的事件结构与特征。在生成理论的主张中，这个事件表达可以用四个内在成分特征来说明，也就是事件的子事件集合，事件的动相类型(Aktionsart type)，加诸在子事件上的时间与序的限制(temporal and order restrictions of their subevents)，以及子事件中的首要事件(head subevent)。时间与序的不同限制，使得子事件在生成词库模式中可以有三种可能的关系：穷尽的偏序关系(exhaustive ordered part of,(<α))，穷尽的(有序)迭合关系(exhaustive overlap part of,(∘α))，以及穷尽的有序迭合关系(exhaustive ordered overlap(<∘α))。——译者注

② Landman(1991)对于 Kamp(1979)的系统与 Van Benthem(1983)对事件逻辑的想法具有何种差异提出了很有帮助的讨论。在 Kamp 的事件结构中，优先性(precedence)和重迭(overlap)两者皆为原始关系(primitive relation)。我们遵照 Landman 的建议，用时序包含的概念(temporal inclusion)来定义时序迭合(overlapping)，这使我们同时也可以进一步去定义所谓的穷尽的迭合关系("exhaustive overlap part of")。

③ 致使动词(causative verb)指的是一种动词类型，其表达了一个造成实体(entity)的状态或活动的行动(action)。以"把 X 插入 Y"这个致使动词来说，指的是"造成 X 在 Y 之中"。——译者注

下:(参见 Kamp1979 及 Allen,1984)

(5.18) (a) $[_{e3}\ e_1\ o_\infty\ e_2]=_{def} o_\infty(\{e_1,e_2\},e_3)$

(b) $\forall e_1,e_2,e_3[o_\infty(\{e_1,e_2\},e_3)\leftrightarrow e_1\leq e_3 \wedge e_2\leq e_3 \wedge e_1$

$\subseteq e_2 \wedge e_2\subseteq$

$e_1 \wedge \exists e[e\subseteq e_1 \wedge e\subseteq e_2 \wedge e=e_3] \wedge \forall e[e\leq e_3 \rightarrow e=$

$e_1 \vee e=e_2]]$

指涉这样事件结构的动词像是 accompany(陪)就涉及两个同时发生的子事件。我们可以用以下的事件结构树来图示:

(5.19)

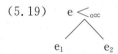

这样的动词有趣之处在于它参照到一个不明说的事件,因此是体貌未决的(aspectually underspecified),从而依据语境不同而容许有界(telic)与无界的(atelic)的解读:[①]

(5.20) (a) John will accompany you to the store. (telic)

约翰会陪你到商店去。(有界解读)

(b) Mary accompanied me while I was walking. (atelic)

我在散步时,玛丽陪着我。(无界解读)

在此意义下,它在体貌的表现上类似动词 go,因为它也允许事件的多重解读。

最后,我们来看一下两个基本上同时存在的子事件的词汇化问题,若它们的发生是一前一后,即后一子事件比前一子事件晚发生却早完成,则称之为穷尽的有序迭合(exhaustive ordered overlap,$<_{o\infty}$),

---

① 这里的"有界"(telic)与"无界"(atelic)的区分,是以动词意义中是否含有内在终点为标准。有内在终点的动词,如"杀""眨"等,皆是属于有界动词;无内在终点者,如"看""知道"则是无界动词。——译者注

可以如下定义。其中 init 是作用于事件的函项,回传该事件的初始部分,而 end 则是回传事件末尾部分的函项:

(5.21) (a) $[_{e_3} e_1 <_{\circ\infty} e_2] =_{def} <_{\circ\infty}(\{e_1, e_2\}, e_3)$

(b) $\forall e_1, e_2, e_3 [<_{\circ\infty}(\{e_1, e_2\}, e_3)] \leftrightarrow e_1 \leq e_3 \wedge e_2 \leq e_3$

$\wedge e_1 \circ e_2 \wedge init(e_1) < init(e_2) \wedge end(e_1) = end(e_2)$

$\wedge \forall e[e \leq e_3 \rightarrow e = e_1 \vee e = e_2]]$

以上谈的关系 $<_{\circ\alpha}$ 定义了一个含有两个子事件 e_1 与 e_2 的事件,其中 e_1 比 e_2 早开始。事件结构树可以用下图表示:

(5.22) $e <_{\circ\circ\circ}$

$e_1 \qquad e_2$

因为这种偏序关系,我们将看到在子事件中存在着一种和 $<\infty$ 关系不同的使役关系(causative relation)。像是 walk(散步)这样的动词就会被分析成涉及这样的事件结构,两个动作历程(motion processes)时序迭合的关系结构起来;亦即腿的移动引起最后的整体身体移动。我之后会主张这样的关系也存在于体貌述词(aspectual predicates)——如 begin(开始)——的“控制解释”上。

就我到此所谈的,对于词汇结构的表达需求而言,一个事件树形结构有两个面向:事件集及其类型,以及这些事件之间的时序限制。见(5.23)之图示:

(5.23) $\begin{bmatrix} \alpha \\ EVENTSTR = \begin{bmatrix} E_1 = \cdots \\ E_2 = \cdots \\ RESTR = \cdots \end{bmatrix} \\ \cdots \end{bmatrix}$

举例来说,动词 build(盖)的分析通常涉及发展历程(develoemnt process)与结果状态(resulting state)。(参见 Dowty,1979;

Moens and Steedman,1988；Pustejovsky,1991b)，两者由穷尽的偏
序关系<∝来定其事件时序。

$$(5.24) \quad \begin{bmatrix} \textbf{build} \\ \text{EVENTSTR} = \begin{bmatrix} E_1 = \textbf{process} \\ E_2 = \textbf{state} \\ \text{RESTR} = <_{\propto} \end{bmatrix} \\ \cdots \end{bmatrix}$$

然而不同于 build 所要求的是历程与状态两个子事件，动词 ac-
company 则允许有界事件(telic event)，转移事件(TRANSITIONS)
或者是历程事件(PROCESSESS)。不过它在类型上的限制，则是很
类似于并列结构中所链接的两边的事件，必须是相同的类型。

$$(5.25) \quad \begin{bmatrix} \textbf{accompany} \\ \text{EVENTSTR} = \begin{bmatrix} E_1 = T_i \\ E_2 = T_i \\ \text{RESTR} = o_{\propto} \end{bmatrix} \\ \cdots \end{bmatrix}$$

当然在子事件中存在的各种可能关系是远多于实际上在自然语
言中词汇化出来的部分；[①]语意理论的目标之一，就是必须去约制
(constraint)理论模式以反映出这些限制。

目前所讨论关于事件结构的结构讯息尽管是必要的，对于捕捉
词汇的区别来说仍有不足。特别是当关涉到一个大事件中的子事件
之间的相对优势与重要性的时候。Talmy(1975、1976)及其他学者
长久以来就注意到，动词所携带的事件讯息可能远比这种事件序列
(sequence of events)的表达式更为丰富。然而这些在句法行为上的

① Allen(1983、1984)说明了给定一组事件，存在着什么样可能的排序。Crouch and
Pulman(1993)则探讨在自然语言界面(natural language interface)中提供给言谈
(discourse)的事件计划(planning of events)之限制。

观察,可以用一种我称之为事件核心(event headedness)的概念加以
说明(参见 Pustejovsky,1988)。事件核心的概念,提供了一种标示
事件论元的前景(foregrounding)与后景(backgrounding)类型的方
式。一个事件结构提供一个组态,事件在其中不仅由时间先后顺序
来定序,也透过之间的相对重要性来定序。一个具有优势性的事件
e,由 e^* 来标记。在句法表达中,核心(中心语)的传统角色是指出优
势与区别性。对协规则(rules of agreement)、①管辖(government)
等机制也得利于以短语核心方式标示结构。当事件的解释被视为一
种结构性或组态性的方式时,指涉事件的核心便成为可行的。以比
较不形式的方式来说,核心事件可定义为述语的事件结构中最重要
的子事件,用来带出语意诠释的焦点。我们可视 $*$ 为事件之间的关
系,$^*(e_i,e_j)$(e_i是 e_j的核心事件"),而 $e_i \leq e_j$:

(5.26) $^*(e_i,e_j) =_{def} [_{e_j} \cdots e_i{}^* \cdots]$

核心是所有事件类别的一个特性,但它的作用在于区别事件间
的转移关系,指定出在所谈论的词项中的事件矩阵里被聚焦的部分。
把此特质加入事件结构中可得出以下的表达式:

(5.27)
$$\begin{bmatrix} \alpha \\ \\ EVENTSTR = \begin{bmatrix} E_1 = \cdots \\ E_2 = \cdots \\ RESTR = \cdots \\ HEAD = E_i \end{bmatrix} \\ \\ \cdots \end{bmatrix}$$

假定事件至多有二元事件结构与三种时间排序关系($<_\infty$, o_∞,

---

① 语言学中的对协(agreement),指的是在一特殊的构造中,两个成分之间的兼容
性关系。在英语中,是以词形变化来表达。如当主语是第三人称单数时,动词的
现在式要加上-s 以与主语之数相呼应。——译者注

$<o_\infty$),那么在只考虑单一核心的情况下就有六种可能的首要事件组态;如果也把非核心及双核心的情况纳入考虑的话就有十二种可能性。

以下用线性排列的方式条列出每个类型的例子,首事件则用星号标示:

(5.28) (a) $[_e{}^\sigma e_1{}^* <_\infty e_2]$ — build

(b) $[_e{}^\sigma e_1 <_\infty e_2{}^*]$ — arrive

(c) $[_e{}^\sigma e_1{}^* <_\infty e_2{}^*]$ — give

(d) $[_e{}^\sigma e_1 <_\infty e_2]$ — UNDERSPECIFIED

(e) $[_e{}^\sigma e_1{}^* o_\infty e_2]$ — buy

(f) $[_e{}^\sigma e_1 o_\infty e_2{}^*]$ — sell

(g) $[_e{}^\sigma e_1{}^* o_\infty e_2{}^*]$ — marry

(h) $[_e{}^\sigma e_1 o_\infty e_2]$ — UNDERSPECIFIED

(i) $[_e{}^\sigma e_1{}^* <o_\infty e_2]$ — walk

(j) $[_e{}^\sigma e_1 <o_\infty e_2{}^*]$ — walk home

(k) $[_e{}^\sigma e_1{}^* <o_\infty e_2{}^*]$ — ??

(l) $[_e{}^\sigma e_1 <o_\infty e_2]$ — UNDERSPECIFIED

从语感上判断(5.28a)表达出完结动词,起始的事件是核心事件,聚焦在产生状态的行动;(5.28b)表达出瞬成动词,终态的持续是诠释的焦点;(5.28c)则表达了涉及关系述词的事件,并描绘了三个论元间的单向转移。述词词对像是 buy(买)与 sell(卖)则分别由(5.28e)与(5.28f)表示,其中在交易的事件中涉及了两个同时存在的事件,但只有一个由词项所聚焦。

最后,偏序迭合关系(ordered overlap)则造就了结构(5.28i),其中一个事件先开始,接着引发其他的历程事件,并在第一个起始事件未停止前继续进行。

请注意(5.28d)、(5.28h)、(5.28l)是核心未决的(unheaded),因

此在未对表层结构做进一步分析前不是完构的(参照第九章)。语意未决在分析动词多义现象时将扮演相当重要的角色。以事件结构来说,当词汇表达核心未决时多义问题随即产生。无核心(headless)的事件结构容许两种可能之解释。更一般地说,一个述词有更多可能的核心语,就会产生更多的歧义。这样的核心事件表征设计提供了一个连结多型动词逻辑词义的机制:使役/非宾格(causative/unaccusative)述词,像是(5.28d)的 break 及 sink;论元倒置(argument inversion)述词像是(5.28h)的 rent;以及提升/控制(raising/control)述词像是(5.28l)的 begin 和 stop。①

主张核心事件作为事件结构的一部分源于各种不同的动机,这在 Pustejovsky(1988)以及 Pustejovsky and Busa(1995)曾有讨论。如果我们转去谈用于指称转移的述词时,就可以发现介词与副词短语不仅可以修饰整个事件,也可以辖域于个别的子事件。特别的是核心似乎可以特许某些修饰类型。观察(5.29)中的时段状语(durative adverbials),它修饰的是事件的指定核心而非整个事件结构。

(5.29) (a) John ran home for an hour.

约翰跑回家一个钟头了。

(b) My terminal died for two days.

我的屏幕坏两天了。

(c) Mary left town for two weeks.

玛丽离开城镇两个星期了。

此事件树状结构图标如下(5.30)。在下一节介绍物性形式结构前,我先在树状结构中比较非正式地谈论与每一事件相关连的表达。

① 与此新的事件类型学(event typology)相关之丰富性讨论。[译注]:原书中,此批注并未完成。

(5.30)

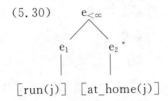

一般都假定只有历程与状态能够接受时段状语的修饰，而在(5.29)中尽管语句指称的是有界事件，其状语修饰却是合法的。这明显地可以解释成状语所修饰的是终态的延续；像是在(5.29a)"约翰在家一个钟头了"，在(5.29b)"屏幕坏了两天"，在(5.29c)"玛丽则不在城内两周"。

类似的现象发生在当核心左向事件(例如，转移性事件)被特定的方式副词如 carelessly(粗心大意地)和 quietly(安静地)修饰的时候。亦即，修饰作用在初始的核心子事件上。

(5.31) (a) John built the house carelessly.

约翰粗心大意地盖了这栋房子。

(b) Mary quietly drew a picture.

玛丽安静地画了一张图画。

(5.31a)的 carelessly 修饰产生房子的建造行为；类似的论说也适用于句(5.31b)①。在以下的事件树形结构中，对于在历程 e_1 中被画出的对象与 e_2 中产生的图画之间的关系，我假定了一个述词性的进路，这类似于 Burge(1972)对于不可数名词的处理。组成(consti-

---

① 就像 Higginbotham(1985)和 McConnell-Ginet(1982)所指出的，有些副词本身容许较宽域(wide-scope)的修饰解释，例如在(i)中：

(i) Mary rudely departed.

玛丽很唐突地离开。

(ii) Mary departed rudely.

玛丽离开得很唐突。

Higginbotham(1985)观察到，在上面(ii)中的事件部分的指涉造成方式的解读(指离开事件的方式很粗鲁)，而宽域的解读则造成主体取向的解释(玛丽这个人的粗鲁)(参见 Jackendoff,1972)。

tutive)关系(CONST),以下将被定义为一种必要的物性结构,对此两变量给出如下的关系。

(5.32)

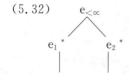

$$\exists y [draw(m,y)]\quad \exists x [picture(x) \land Const(y,x)]$$

有许多论证方式都倾向于参照事件结构中的聚焦机制,这里所谈的来自事件修饰的证据只是其中之一(但是请参考 Pustejovsky(1988)中更多的讨论)。

对于词项如何参照事件的初步讨论在此告一段落。我们将会在之后的章节中看到这种事件结构的观点,对于捕捉动词语意的多型行为具有足够的表达力,同时也充分地受到限制而不致于过度蔓生语意表达出来。

5.4　物性结构

本节中我将概述赋予词项关系表达能力的结构表征,我称之为物性结构。就某个意义而言,生成词库理论将所有词项解析成某种程度上是相互关连着的,但是此特质在功能上如何表达当然因范畴不同而有差异;不同的语意类别之间亦是如此。第六章将会就物性结构有更细部之讨论。在此简单地说,物性结构指明了一个词汇意义的四种本质面貌(或称物性(qualia)):[1]

---

[1]　在汉语文献中,对于词汇的物性结构较好的阐述是"物性结构实际上是说明与一个词项相关的事物、事件和关系,表达的是一个词项中典型的谓词和关系,是范畴交叉的表征工具,物性结构为词提供功能标签,把词与概念网络联系起来,是概念逻辑的组织原则。"(宋作艳,2009,北京大学中文系博士学位论文《现代汉语中的事件强迫现象研究》,27 页。)——译者注

构成性的(constitutive)：物件及其组件之间的关系；

形式性的(formal)：在一个更大的认知域中得以和其他对象区分开来的；

功用性的(telic)：它的用途以及功能；

主事性的(agentive)：涉及它的起源，或导致它产生的因素。

这种词汇意义观点，部分是启发自 Moravcsik(1973)对于亚里士多德解释模式(modes of explanation(aitiae))的诠释。这样的词汇意义观点下所强调的词义面貌，是长期以来被形式词汇语意学研究所忽略的。透过解释模式看待词汇使得一个更丰富的意义表达系统成为可能，这比起单纯的组合进路或是单纯关系取向都来得丰富。事实上这些物性要素相当类似于句法分析的词组架构，容许类似句法的变形运算以捕捉到多型行为以及词义创生现象。后者在第六章之生成机制中会谈论到。

以下有两个重点，在论及物性角色时必须被注意到：

1. 每一个范畴都表达出一个物性结构；

2. 不是所有的词项，对于它每个物性角色都带有值。

对于生成词库理论如何提供一套一致的语意组合表达机制而言，第一点是相当重要的。这种物性结构的观点是原初应用的自然延伸，因为在先前动词表达中物性角色未曾被讨论到。第二种观点则使得我们可以将物性结构视为可应用在特定的语意类别。

要开始我们的讨论之前，让我们先看看物性结构如何对名词做意义的编码。某个意义下，我们可将物性视为是能够最好地解释相关连词义的一组特征或事件集合。例如要了解像是 cookie(饼干)和 beer(啤酒)等名词的意思，我们会辨识到它们分别是"食品"与"饮品"。饼干这个词汇描述的是世界上一种特殊对象，而"食品"指涉的却是透过功能性的参照到我们如何"处理事物"，亦即我们如何使用它们。在此状况下,这个词汇是部分地经由食物是被吃的这个事实或是符合特定功能等所定义。同样的立论也适用于和名词 beer 相关连的讯息。名词 food 的功能物性(TELIC quale)编定了这样的功能意义,这可以用非形式化的方式表达成[TELIC＝eating]。同样地对于那些语意相关的名词,像是 novel(小说)和 dictionary(字典)的区别,也是源自我们如何处理这些不同对象。这也就是说尽管两者一般地说来都是书,但是我们如何使用它们却是不同的:我们"读"小说,但是字典却是让我们"参考咨询"的。因此编定这些功能性讯息的物性角色值分别是[TELIC＝reading]及[TELIC＝consulting]。当然这不是区分这些不同概念的唯一方式;小说的文本结构典型上来说是叙述或故事,而字典则就定义上来说是语词的序列。这种区别由构成角色(CONST,constitutive role)所捕捉,表达的是它们内在的结构差异。最后,尽管这两者因其整体相似性而有相同的形式角色(FOR-MAL role),小说与字典还在它们如何产生的这个地方有所区别(cf. Aristotle,Metaphysics),这是表达在主事者(AGENTIVE)[①]的物性角色之中。也就是说,小说是被写的,字典则是被编纂的。[②] 如同我们

[①] 语言学里的主事者,原本指的是在一事件中,扮演动作者或执行者的句法成分。——译者注

[②] 这些词汇或搭配上的差异(collocational difference),当然只是一个反映出它们如何在语意上有所不同的地方。虽然也许会有人认为这些区分很难加以维持,然而即便如此,这些仍具有信息上的区分(informative distinction),并且造就了我们对世界本体论中的对象所给予的类别分类(sortal classification)。例如,我们当然有可能阅读一本字典(上面所提到的 Malcolm X 的例子),或参考一本小说(比方说,为了某一特定的段落或引言);另外,也可能有人主张字典也是用某种特别的方式所"写"成,所以主事角色必须特别描述产生小说时的特殊行动。不过,我在第八章中将会提出论证说明我们对字典此一词的使用,比较多的意思在于基于编纂策略来建构字词列表目录(list)的结构。因此,存有许多种的字典,例如术语字典、视觉字典、音乐字典等。德语 Lexikon 一词更是被广义地看成是某类信息的一种结构式列表。

将看到的,物性结构不仅仅是列出一个对象或是词项的一些有趣的事实,它更提供了语意重构运算与类型改变的起点。这转而贡献了我们描绘自然语言多型行为之整体目标。

如同我们先前的讨论所提,我将用一个通用的特征结构(feature structure)作为物性结构的初始表示式。对一词项而言,让我们先用(5.33)的方式描述其物性角色:

$$
(5.33) \begin{bmatrix} \alpha \\ \cdots \\ \\ \text{QUALIA} = \begin{bmatrix} \text{CONST} = \cdots \\ \text{FORMAL} = \cdots \\ \text{TELIC} = \cdots \\ \text{AGENT} = \cdots \end{bmatrix} \end{bmatrix}
$$

不过上述的特征表列并没有告诉我们到底一个特殊的词项指涉为何。举例来说,尽管一本小说的目的是阅读活动,且它系因某人创作而生,我们也不想要宣称说这个一般名词"小说",实际上指涉了这样的活动。因此就一个词项而言,我们不能就如同(5.34)单单只把物性的值给列出来,就算它们在无适当约束下对我们的语感来说是对的。

$$
(5.34) \begin{bmatrix} \text{novel} \\ \cdots \\ \\ \text{QUALIA} = \begin{bmatrix} \text{CONST} = \text{narrative} \\ \text{FORMAL} = \text{book} \\ \text{TELIC} = \text{reading} \\ \text{AGENT} = \text{writing} \end{bmatrix} \end{bmatrix}
$$

这不仅从谓语作用(predication)的角度来说是有问题的,[1]它也忽略了在先前章节中提到的那些得以促进语意多型理论的语料。也

---

[1]　predication("陈述"或"谓语作用")是句法分析中的常用概念,说的是两个句法单位的关系,最常见的是谓语对于主语的陈述。——译者注

就是说,名词"小说"应当以某种普通的方式参与谓语作用(参见第七章),但是在一些特殊语境中,它应该容许一些由局部句法与语意语境,甚或词语语意重构的特许之下的诠释。就像是 Mary enjoyed the novel(玛丽爱(读)小说)这样的句子。

关于此论题之解决办法,是将物性结构值(qualia value)视为具完备定义类型(well-defined types)以及关系结构(relational structures)(参见 Pustejovsky,1991;Copestake and Briscoe,1992)之表达。例如 read 述词关系的论元明显地在(5.35)可看出,指出了述词词项的适当约束(proper binding):

$$(5.35)\begin{bmatrix} \text{novel} \\ \cdots \\ \text{QUALIA}=\begin{bmatrix} \text{FORMAL}=\text{book(x)} \\ \text{TELIC}=\text{read(x,y)} \\ \cdots \end{bmatrix} \end{bmatrix}$$

作为"小说"之名词语意的部分指涉,这和以下的λ表达是等值的。

$$(5.36)\ \lambda x[\text{novel(x)} \wedge \cdots \text{TELIC}=\lambda y[\text{read(y,x)}]\cdots]$$

给定(5.35)之表达,现在至少是可以看出为了导出"语境中的词义"效应,脉络讯息是从哪里来的,以下的动词 begin 及 finish 可以当作例子。至于决定这些意思究竟是如何导出的,第七章将有讨论。

(5.37)(a)Mary began a novel.

玛丽开始(读)小说。

(b)John finished the cigarette.

约翰(抽)完香烟。

(c)John began his second beer.

约翰开始(喝)第二杯啤酒。

物性结构促使名词以及包含此名词之名词组,去编制和它们相关连的特殊性质与活动讯息。这转而也替管辖补语名词组的动词提供了那些脉络化词义所需要的讯息。我稍后将在第九章的讨论回到这个论题上来。

　　现在让我简短地回到动词语意学,以及物性为本的语意表达的问题上。详尽的动词物性结构将迟至第九章才来讨论。接续在5.3所开始的延伸事件结构,我将大略地区分解释模式是如何映像到动词事件结构去的。直觉上来说,状态述词(stative predicate)呼应于物性结构中的形式角色,例如所存在的事状(state-of affairs)①不参照到它如何产生。举例来说,述词 tall(高)在暂时忽略论元结构细节的状况下可以表示成(5.38):

$$(5.38)\begin{bmatrix} \text{tall} \\ \text{EVENTSTR}= \begin{bmatrix} E_1=e_1:\text{state} \end{bmatrix} \\ \text{QUALIA}= \begin{bmatrix} \text{FORMAL}=\text{tall}(e_1,x) \\ ... \end{bmatrix} \end{bmatrix}$$

乍看之下这似乎显得无正当理由,仅仅是很表面的将述词 tall 用另一个特殊的命名空间来表达。这样一种策略能捕捉到什么样的普遍语意结构?我在(10.1)主张,瞬时性(stage-level)和恒常性(individual level)述词两者的差异事实上并不是一种事件类型的差别,而毋宁说是一种物性为本的差别。瞬时性述词涉及参照结果状态的产生,也就是主事物性。

　　接下来考虑和致使述词(causative predicate(i. e.,TRANSITIONS))相连的物性结构。这些动词一般都被分析为涉及一个初始行为或历程,然后接续着一个结果状态。这两种阶段,分别直接地映像到主事(AGENTIVE)与形式(FORMAL)物性角色。动词break(打破)的及物形式可以用(5.39)说明如下。

---

① 　一个基要命题代表一种事态(state of affair)。——译者注

$$(5.39)\quad \begin{bmatrix} \text{break} \\ \text{EVENTSTR} = \begin{bmatrix} \text{E}_1 = \text{process} \\ \text{E}_2 = \text{state} \\ \text{RESTR} = <\infty \end{bmatrix} \\ \text{QUALIA} = \begin{bmatrix} \text{FORMAL} = \text{tall}\,(\text{e}_1,\text{y}) \\ \text{AGENTIVE} = \text{break\_act}\,(\text{e}_1,\text{x},\text{y}) \\ \cdots \end{bmatrix} \end{bmatrix}$$

　　直觉上来说,这是把特殊的事件与关系表达关联到特殊的物性角色上去。这大略地对应到带标记的事件树形结构,只是表达式现在是由命名的物性所类型化。

　　最后,历程述词则是根据其与何种解释模式相关连而区分开来的。我在这里只考虑到主事和形式历程的区别。如同 Talmy(1975、1985)所指出的,许多语言皆对于涉及历程的主动类别与被动类别有所分别:前者包括动作动词,例如 run 及 move;后者则包括诸如 sleep 及 snore 等动词。这里必须要指出的是,这样的区别并不必然地同构于(isomorphic)语言中非宾格/非作格(unaccusative/unergative)的区分。① 主动历程类别的物性结构,以下用动词 run 来例示。例如动词 run 携带(5.40)的物性结构,而被动历程动词 sleep 则有(5.41)的结构。

$$(5.40)\quad \begin{bmatrix} \text{run} \\ \text{EVENTSTR} = \begin{bmatrix} \text{E}_1 = \text{e}_1 : \text{process} \end{bmatrix} \\ \text{QUALIA} = \begin{bmatrix} \text{AGENTIVE} = \text{run\_act}(\text{e}_1,\text{x}) \\ \cdots \end{bmatrix} \end{bmatrix}$$

---

① 不及物动词可以再细分成"非作格动词"(unergative verb)和"非宾格动词"(unaccusative verb)。在非作格动词的句子,语法主语(subject)就是语意主事(agent),非作格动词描述了外部论元(即主语)的实现事件的主观意志。如英文的 He ran. 等。在非宾格动词的句子中,语法主语(subject)并不是语意主事(agent)。非宾格动词描述了非主观意志能控制的活动,如英文的 He died.(他不能决定自己要不要死)。——译者注

$$(5.41) \begin{bmatrix} \text{sleep} \\ \text{EVENTSTR} = \begin{bmatrix} E_1 = e_1 : \text{process} \end{bmatrix} \\ \text{QUALIA} = \begin{bmatrix} \text{FORMAL} = \text{sleep}(e_1, x) \\ \dots \end{bmatrix} \end{bmatrix}$$

这个在物性约束上做区分的价值,在于历程是可以用不同方式量化约束的,方法之一就是透过共同组合(co-composition)去具体说明在形式角色中的结果状态。这可能对主动历程才有可能,类似 run to the store(跑去店里)以及 run home(跑回家)的结构(参见 Hinrichs, 1985;Verkuyl and Zwarts,1988;Jackendoff,1990)。至于被动历程的量化则通常并不容许同源构造(cognate construction),并且仅限于受时段状语如 sleep for an hour(睡一小时)、cough all night(整晚咳嗽)的修饰。在稍后的讨论中,我会展示出过程如何与较复杂的事件结构相关连,即如上述动词 walk 同时受约于主事和形式之物性角色。

在这个段落里我已非正式地概述,物性结构如何有助于描述名词和动词词义的不同面向。为了能够说明此种表达层次的基本描述力,我仅将讨论限定在这两种范畴中。在后面第十章以及在 Pustejovsky(1995b)的研究中,我会指出物性结构可以恰当地延伸到所有的范畴。

5.5 语意层次之互动

本节中我将整合论元结构、事件结构与物性结构等三个层次,以便建构一个表达词汇语意结构之一致性语言。为讨论之便我将采用类似 Carpenter(1992)的类型化特征结构(typed feature structures),并追随 Copestake et al.(1993)一文中所描述的对于词汇语义的应用。类型系统有两个部分:类型阶层本身,以及运作于类型之上的限制系统(constraint system)。除非它们关联到语料和生成性的问题,否则我将不讨论类型语言中关于限制的细节。此外我与

Sanfilippo(1993)一样假定,语意类别讯息可以由子类型所承继,用
以提供论元的类型限制①。为了解释在前述章节所提到的,三个层
次如何运作而得以提供一个整体性的表达,让我们再回头看看 build
这个动词的语意问题。我们已经分别提供了每个层次的表达,现在
我们需要将它们以一种连贯的方式表达出来。记得我们曾提到有三
个论元关联到这个动词:两个真实论元和一个预设论元。此外我们将
此动词分析成完结性词汇(lexical accomplishment),包含了历程和结
果状态两个子事件。这些都和以下表达式中的物性结构紧密相连。

$$(5.42) \begin{bmatrix} \text{build} \\ \text{EVENTSTR} = \begin{bmatrix} \text{E}_1 = \text{process} \\ \text{E}_2 = \text{state} \\ \text{RESTR} = <\infty \\ \text{HEAD} = e_1 \end{bmatrix} \\ \text{ARGSTR} = \begin{bmatrix} \text{ARG}_1 = \boxed{1} \begin{bmatrix} \text{animated\_ind} \\ \text{FORMAL} = \text{physobj} \end{bmatrix} \\ \text{ARG}_2 = \boxed{2} \begin{bmatrix} \text{artifact} \\ \text{CONST} = \boxed{3} \\ \text{FORMAL} = \textbf{physobj} \end{bmatrix} \\ \text{D-ARG}_1 = \boxed{3} \begin{bmatrix} \text{material} \\ \text{FORMAL} = \textbf{mass} \end{bmatrix} \end{bmatrix} \\ \text{QUALIA} = \begin{bmatrix} \text{Create-lcp} \\ \text{FORMAL} = \text{exist}(e_2, \boxed{2}) \\ \text{AGENTIVE} = \text{build\_act}(e_1, \boxed{1}, \boxed{3}) \end{bmatrix} \end{bmatrix}$$

---

① 为了便于说明,我采用 HPSG 的一种特征概念(feature notion)和形式(参见 Pol-
lard and Sag,1987、1994)。此外,我也不予讨论 Sanfilippo(1993)所讨论的句法
变异(syntactic variation)之特定面向。这些在 Pustejovsky 和 Johnston(即将出
版)的研究中有更详细的说明。这里所呈现出来的观点与 Sanfilippo(1993)对于
动词交替环境的处理相近。我们在下面第十章中对此会有更完整的讨论。

历程得以被辨识,在于主事作用同时涉及深层句法主词 ARG_1 以及预设论元 $D\text{-}ARG_1$,而后者与 ARG-2 构成角色的逻辑受词相关连。形式角色表达出存在着如是 ARG-2 受词的结果状态。因为这个个体是被定义为由预设论元 $D\text{-}ARG_1$ 的物质所组成,并且如同在上述(5.3)建议的在逻辑上有所区分,就这样的事件结构来说,存在着两个存有完封(existential closure)的可能性。这可由(5.43)及(5.44)来加以阐明。

(5.43) (a) John is building a house.

约翰正在盖一栋房子。

(b) $\exists z\,[\text{build\_act}(e_1,j,z) \land \text{material}(z)\ldots]$

(5.44) (a) John built a house.

约翰盖了一栋房子。

(b) $\exists z\,\exists y\,[\text{build\_act}(e_1,j,z) \land \text{material}(z) \land \text{exist}(e_2, y)\ldots]$

这样的表达会造成许多我们在此书不会讨论的结果。一个结果是(5.44)的非完成貌(imperfective)的约束问题可以用一个相当自然的方式克服。也就是说并不用去宣称有一个以这种有界形式的事件存在着的房子。此表征仅仅主张用来建造某些(未来的)房子之材质被持续作用着。

当然,概念藉由某种外在表列与其他概念而相互关连的这种想法,并不是很新或有所争议的。事实上许多在人工智能及计算意义的研究中,都关注着如何提供词汇意义的“挂钩”(hooks on word meanings)以方便机器推理。在某些面向,物性结构与这些研究传统在捕捉意义上有着共同的目标,从较广的角度看它们皆关联到推理处理。但是物性结构的主要动机,并非仅在于对于一个词提供一组特质,而不如说是它的重要性,在语言系统中生成机制的语境之下更容易被察觉到,因其提供说者能够无限创生地使用语言。

参考文献

Allen,J. 1983. Maintaining knowledge about temporal intervals. *Communications of the ACM*,26:832—843.

Allen,J. 1984. Towards a general theory of action and time. *Artificial Intelligence*,23:123—154.

Bresnan,J. , ed. 1972. *The Mental Representation of Grammatical Relations*, MIT Press,Cambridge,MA.

Burge,T. 1972. Truth and mass terms. *Journal of Philosophy*,69:263—282.

Cardelli,L. and P. Wegner. 1985. On understanding types,data abstraction,and polymorphism. *ACM Computing Surveys*,17:471—522.

Carpenter,B. 1992. Typed feature structures, *Computational Linguistics*,18:2.

Church,A. 1941. *The Calculi of Lambda-Conversion*. Princeton:Princeton University Press.

Chomsky,N. 1981. *Lectures on Government and Binding*. Foris Publications, Dordrecht.

Comrie,B. 1976. *Aspect*,Cambridge:Cambridge University Press.

Copestake,A. , A. Sanfilippo, T. Briscoe, V. de Paiva. 1993. The ACQUILEX LKB:An introduction,in T. Briscoe,V. de Paiva,and A. Copestake (eds.), *Inheritance,Defaults,and the Lexicon*,Cambridge:Cambridge University Press.

Crouch,R. and S. Pulman. 1993. Time and modality in a natural language interface to a planning system. *Aritifical intelligence* 63:265—304.

Davidson, D. 1967. The logical form of action sentences. *Essays on Actions&Events*:105—149.

Declés,J. -P. 1989. State,event,process,and topology. *General Linguisitics* 29: 159—200.

Fisher,C. , Gleitman, H. , &Gleitman, L. R. 1991. On the Semantic Content of Subcategorization Frames. *Cognitive Psychology*,23.

Gleitman,L. R. 1990. The structural sources of verb meaning. *Language Acquisition*,1,3—55.

Grimshaw,J. 1990. *Argument Structure*,Cambridge,MA:MIT Press.

Guentcheva,Z. 1990. L'oppostion perfectif/imperfectif et la notion d'achècement. In J. Fontanille (ed.) *Le discours aspectualisé*, Paris: Collection Nouveaux Actes Sémiotiques,Benjamins.

Higginbotham,J. 1985. On semantics. *Linguistics Inquriy* 16:547—593.

Hinrichs,E. 1985. *A Compositional Semantics for Aktionarten and NP Rerence in English*. PHD Dissertation,Ohio State University.

Jackendoff, R. 1974. *Semantic Interpretation in Generative Grammar*. Cambridge,MA:MIT Press.

Jackendoff,R. 1990. *Semantic Structures*. Cambridge,MA:MIT Press.

Kamp, H. 1979. Some remarks on the logic of change: Part 1. in C. Rohrer, (ed.), *Time,Tense,and Quantifiers*. Tübingen,Niemeyer.

Klein,E. &J. Van Benthem. 1987. *Categories,Polymorphism and Unification*. Centre for Cognitive Science& Institute for Language Logic& Information.

Landman,F. 1991. *Structure for Semantics*,Kluwer Academic Pubilishers,Dordrecht.

Levin,B. 1993. *Towards a Lexical Organization of English Verbs*,Chicago:University of Chicago Press.

Levin,B. and T. R. Rapoport. 1988. Lexical subordination. Proceedings of CLS 24:275—289.

Levin,B. and M. Rappaport Hovav. 1995. *Unaccusatives:At the Syntax-Lexical Semantics Interface*. Cambridge,MA:MIT Press.

Mcconnell-Ginet S. 1982. Adverbs and logical form:a linguistically realistic theory. *Language* 58:144—184.

Matantz, A. P. 1984. *On the Natural of Grammatical Relations*. Cambridge, MA:MIT Press.

Moens,M. and Steedman, M. 1988. Temporal ontology and temporal reference. *Computational Linguistics* 14:15—28.

Montague,Richard. 1970. The proper treatment of quantification in ordinary English. Reprinted in R. M. Thomason (Ed.), *Formal Philosophy*, 247—270. Yale University Press,New Haven,1974.

Parsons, T. 1990. *Events in the Semantics of English*. Cambridge, MA: MIT Press.

Pinker, S. 1989. *Learnability and cognition*: *The acquisition of argument structure*. Cambridge, MA: MIT Press.

Pustejovksy, J. The geometry of events. in *Studies in Generative Approaches to Aspects*, C. Tenny, ed. , Lexicon Project Working Papers 24. Cambridge, MA: MIT Press.

Pustejovksy, J. 1991. The syntax of event structure. *Cognition* 41: 47—81.

Pustejovsky, J. 1995a. Linguistic constraints on type coercion. in P. Saint-Dizier and E. Viegas (Eds.), *Computational Lexical Semantics*, Cambridge University Press.

Pustejovsky, J. 1995a. Extensions to qualia structure. ms. , Computer Science Department, Brandeis University.

Pustejovsky, J. and P. Anick. 1988. On the semantic interpretation of nominals. Proceedings of COLING 88: 518—523.

Pustejovsky, J. and F. Busa. 1995. Unaccusativity and event composition. In Marco Bertinetto et al. (eds.), *Temporal Reference*: *Aspect and Actionality*, Rosenberg and Sellier, Turin.

Sanfilippo A. 1993. LKB Encoding of lexical knowledge. in T. Briscoe, V. de Paiva, and A. Copestake (eds.), *Inheritance, Defaults&the Lexicon*: 190—222. Cambridge University Press.

Schein, B. 1993. *Plurals and Events*. MIT Press, Cambridge, MA.

Talmy, L. 1975. Semantics and syntax of motion. in J. P. Kimball (eds.), *Syntax and Semantics* 4: 181—238. New York: Academic Press.

Talmy, L. 1976. Semantic causative types. in M. Shibatani (eds.), 43—116.

Talmy, L. 1985. *Lexicalization Patterns*: *Semantic Structure in Lexical Form*. in T. Shopen (eds.), *Language Typology and Syntactic Description* 3. *Grammatical Categories and the Lexico*n. Cambridge University Press.

Verkuyl, H. and Zwarts, J. 1988. Time and space in conceptual and logical semantics: the notion of Path. Linguistics 30: 483—512.

Williams, E. 1981. Argument structure and morphology. *The Linguistic Review* 1: 81—114.

Wunderlich, D. 1994. Models of lexical decomposition. in E. Weigand and F. Hundsnurscher (eds.), *Proceeding of the International Conference on 'Lexicology and Lexical Semantics'*, Münster, Tübingen, Niemeyer.

生成词库理论简介 *

张秀松　　张爱玲

提要　本文对 Pustejovsky(1995)提出的生成词库理论的基本主张、研究目标、研究方法、理论框架和具体应用进行简介。根据 Pustejovsky(1995),生成词库由语义结构系统、语义运作系统、语义向句法的投射三部分组成。语义结构系统涉及论元结构、物性结构、事件结构和词汇承继结构四个层面;语义运作系统涉及类型强迫、类型转换、选择约束和共组等机制;语义向句法的投射由核心性原则控制。

关键词　论元结构　物性结构　事件结构　类型强迫　共组核心性原则

生成词库理论(Generative Lexicon Theory,GLT)的正式形成,是以 1995 年 James Pustejovsky 著《生成词库》(*The Generative Lexicon*)一书的出版为标志的。该书出版不久,就在语言学界引起了不小的震动,并且这种震动一直持续到近年。先是 Fellbaum

---

* 本文初稿发表于《当代语言学》2009 年第 3 期。本稿与原稿相比,改进了相关术语的翻译,完善了对相关观点的阐释。

(1997:597)评论道:"自从 Chomsky 出版《句法结构》一书以来,语言的生成性已经得到认可。但是,只有到 Pustejovsky 提出他的生成词库理论,人们才意识到词库也有生成性。于是,计算语言学家和理论语言学家才纷纷把他们的研究兴趣转向身份卑微的词库。而 10年前,词库,作为语法的组成部分之一,总体上说,是被忽视的。"此后,Fodor 和 Lepore(1998)以"生成词库的空虚——对 James Pustejovsky 著《生成词库》的反思"为题,对 GLT 进行了猛烈批判。对此,Pustejovsky(1998)以"语义的生成性与语义学中的解释——对 Fodor 和 Lepore 的回应"为题,为 GLT 做出辩护。这场关于 GLT 的讨论旷日持久,近期仍在继续进行。比如,Fodor(2001)、Pustejovsky(2001)、Rakova(2004)、Willems(2006)等。下面我们就 GLT 的基本主张、研究目标、研究方法,理论框架,GLT 的应用等方面做一个简介。关于对 GLT 的评论,详见张秀松(2007)。为尽量客观、全面地介绍 GLT,本文多数用例采自 Pustejovsky(1995)原著,个别为笔者自拟。为节省篇幅,略去了引例的具体出处。

一　GLT 的基本主张、研究目标与研究方法

　　GLT 主张词汇学不仅要研究词语指谓什么,还要研究词语如何指谓。以往的计算语言学家和理论语言学家很大程度上只满足于对词语指谓什么的研究,把词库当作一个静态的词义的集合,没有深入研究词义的生成和语境实现。比如,传统的意义列举词库(Sense Enumeration Lexicon,SEL)通过为多义词每一类用法列举近义词来对词语进行释义。Pustejovsky 认为,这种做法有两大问题:第一,SEL 不能说明词语在新语境下的创新用法。这是它的最大局限。

第二,SEL 不利于反映出多义词各个义项之间的联系。SEL 的这种做法对人工智能和自然语言处理,比如机器翻译、信息抽取,没有多少作用。因而,Pustejovsky 主张用 GL 取代 SEL。GLT 认为词库具有生成性,词库中词条的意义应该是概括的,词语的具体"语境意义"是这些概括与其它因素互动生成的。GLT 就是要揭示这种生成机制。

GLT 追求的目标就是:通过对词语的语义结构做多层面的更详尽的描写,以及对数量有限的、捕捉词语呈现无数语境义的机制的建构来解释词义的生成。这样,就既能限制词库中实际储存的意义数量,又能实现句法和语义的最大同构(maximal isomorphism)。为了实现这一目标,GLT 采用的方法就是把一部分百科知识和逻辑推理机制写入词义或词法。

二　GLT 的理论框架

GLT 主张对词条做出更丰富的语义说明,以便解释词库的生成性。这也便于把不同的表层意义合并为单一的元词条(Rakova,2004:125—126)。这种对语义的更详细的说明分为四个层次:论元结构(argument structure,ARGSTR)、物性结构(Qualia structure,QUALIA)、事件结构(event structure,EVENTSTR)和词汇承继结构(lexical inheritance structure)。例如,词项 α 的词义可以描写为:$α=<A,ε,Q,I>$。括号中的 A、ε、Q、I 分别代表论元结构、事件类型(event type)、物性结构中论元和事件类型之间的相互约束(the binding of these two parameters in qualia structure)、嵌入转换(embedding transformation)。嵌入转换的作用就是把 α 放入类型网格。词义说明的四个层面是静态的语义类型系统。它们是为下文所述的动态的语义运作系统服务的。

2.1　语义类型系统(semantic type system)

2.1.1　论元结构

论元结构规定论元的数量、类别及其句法实现。论元的类别有真论元(True Arguments)、缺省论元(Default Arguments, D-ARG)、影子论元(Shadow Arguments, S-ARG)和真附接语(True Adjuncts)四种。真论元是句法上的必有成分,由 θ-准则和关于论元结构的其它表层条件所管辖。缺省论元参与物性结构的逻辑表达,但没有句法强制性;影子论元已经包含在词项的词义中,只有通过一些操作,比如子类化(subtyping)或话语表达的精细化(discourse specification),才能体现出来;真附接语对词义的逻辑表达进行润饰,是事件场景说明的一部分,但并不是具体词项词义描写的固有部分。真附接语通常是时间、地点等修饰语。下面各举一例:

(1) John arrived late.

(2) John built the house out of the bricks.

(3) Mary buttered her toast with an expensive butter.

(4) Mary drove down to New York on Tuesday.

例(1)中,John 是句法上的必有成分,因而是真论元。例(2)中,the bricks 参与词语 build 的逻辑表达,即建筑总是用一定的材料(缺省材料是砖头)造出一个建筑物。因而 the bricks 语义上是必需的,但句法上出现不出现是可选的(optional)。因此,例(2)中的 the bricks 是缺省论元。例(3)中,butter 的词义是[用黄油涂抹],已经包含了[用黄油]这个信息。但是,我们需要对这个信息进行细化,进一步指定所用的黄油是昂贵的黄油。因此,例(3)中的 an expensive butter 是影子论元,从它是动词 butter 词义一部分的投影得名。例(4)中的 Tuesday 是表示时间的真附接语。如用 ARGSTR 表示论元结

构,词项 α 的论元结构可表示为:

$$
\begin{bmatrix}
\alpha \\
\text{ARGSTR} = \begin{bmatrix} \text{ARG}_1 = \cdots \\ \text{ARG}_2 = \cdots \\ \text{ARG}_3 = \cdots \\ \cdots \end{bmatrix} \\
\cdots
\end{bmatrix}
$$

如果用 D-ARG 表示缺省论元,则 build 的论元结构可以表示为:

$$
\begin{bmatrix}
\text{build} \\
\text{ARGSTR} = \begin{bmatrix} \text{ARG}_1 = \text{animate\_individual} \\ \text{ARG}_2 = \text{artifact} \\ \text{D-ARG}_1 = \text{material} \end{bmatrix} \\
\cdots
\end{bmatrix}
$$

其中 animate-individual 表有生个体,material 表材料,artifact 表人造物。需要特别说明的是 artifact 要作广义理解。比如,动词 clean(打扫、弄干净)能导致一种形容词 clean 所表示的结果状态(干净)。在这种情况下,"干净"这种状态就可以看作一种人造物。如果用 S-ARG 表示影子论元,kick 的论元结构可以表示如下:

$$
\begin{bmatrix}
\text{kick} \\
\text{ARGSTR} = \begin{bmatrix} \text{ARG}_1 = \text{animate\_individual} \\ \text{ARG}_2 = \text{phys\_object} \\ \text{S-ARG}_1 = \text{leg} \end{bmatrix} \\
\cdots
\end{bmatrix}
$$

根据这种思想,例(5)中 break 句法上的交替变化(alternation)与例(6)、(7)中 carve 句法变化是不同的。前一种导致真论元 John 的出现,后一种则导致影子论元 wood 的出现。前一组涉及自动/使动的交替变化;后一组涉及材料/产品的交替变化。但材料表达是可选的,它们的出现只是为了句子逻辑上的合式性(well-formedness),在句法上可以不表达出来。因此,John 是真论元,the wood 是影子论元。

(5) The window broke. /John broke the window.

(6) Mary carved the doll out of wood. /Mary carved the wood into a doll.

(7) Mary carved a doll. /? Mary carved the wood.

2.1.2 物性结构

物性结构说明事物的性质结构。它从形式角色、构成角色、功用角色和施成角色四个方面反映物体的性质。这里的"物体"要作广义理解,不仅包括事物,还包括作为事物看待的动作,甚至性状等。因此,并不像 Rakova(2004)所误解的那样,只有名词才有物性结构。

2.1.2.1 形式角色

形式角色(Formal role,FORMAL)负责从一个区域中把物体与周围事物区别开来。包括物体的方位(orientation)、数量(magnitude)、形状(shape)、维度(dimensionality)、颜色(color)、位置(position)。说明位置的,比如,x arrived in y 中动词 arrive 的形式角色就是 x 最终位于 y 这个目的地。因此,arrive 的物性结构中形式角色就可以描写为:FORMAL＝at(e, x, y)。再如,作为 build 真论元的 house 其指称对象是由建筑材料(即一种物质)构成的。那么,house 的形式角色就可以描写为:FORMAL＝mass。再如,newspaper 的指称对象在形式上表现为承载一定信息(information,info)的纸张,即一种物体(physical object,phys)。因此,newspaper 的指称对象是个物结(dot object),结合了信息和物体两个子概念,可以用 info·phys 这个词汇概念范式(lexical conceptual paradigm,lcp)来表示。词汇概念范式中的不同语义类型在语境中可以得到不同凸显,形成 newspaper 的不同义面(semantic facet)。例如:

(8) She put up a piece of newspaper as an umbrella. (凸显 phys)

(9) She is reading the newspaper. (凸显 info)

(10) She turned over the newspaper and read page 5. (凸显 phys 和 info)

这样,book 的物性结构中形式角色可以描写为 FORMAL = hold(e,x,y)。其中,x=info,y=physobj。再如,动词 purchase 的形式角色可以描写为:FORMAL = have(e,x,y)。其中,x=animate_physobj,y=artifact。

2.1.2.2 构成角色

构成角色(Constitutive role,CONST)不仅说明物体与其构成成分或特定部分之间的关系,即物体是由什么物质构成的、由哪些部分组成的;还说明物体在更大的范围内是哪些物体的组成部分。构成角色包括物质(material)、部分(parts and component parts)和重量(weight)等。比如,HOUSE 的构成角色为 brick 等建筑材料,说明房子是由砖头等物质构成的。又如,a three-leg table 中 THREE LEGS 就是 TABLE 的构成角色,说明桌子的组成部分之一是桌腿。再如,hand 的物性结构中有一个构成角色,说明手是更大范围内的物体(身体)的一部分。因此,hand 的构成角色可以写成:CONT = part_of(x,y:body)。

2.1.2.3 功用角色

功用角色(Telic role,TELIC)说明物体的功能或用途、施事执行某种行为的目的或某种特定活动的固有功能。功用角色有两种:一是直接功用角色(direct telic),一是目的性功用角色(purpose telic)。前者是人们直接对它发生作用,比如,beer(啤酒)是供人喝的;后一种是人们通过它间接对其它事物发生作用,比如,knife(刀)是供人砍/切/削东西的工具。功用角色要作广义理解。不仅人造物有,有时自然物(甚至人)也有功用角色。GLT 区分了场景定义型名词(如"乘客、顾客、旅客、游客、被告、原告"等)和角色定义型名词(如"语言学家、小提琴家、打印员、服务员"等)。用场景定义型名词指称特定个体时离不开相关特定场景的支撑,而角色定义型名词不需要相关特定场景的支撑就可以用来指称某特定个体,因为后者在自己的物性结构中有一个功用角色。这个功用角色说明其指称对象有什么特定的作用。比如,打印员是专门提供打印服务的人。"打印员"的部分物性就可以描写如下:

$$
\begin{bmatrix}
\text{typist} \\
\text{QUALIA} = \begin{bmatrix} \text{FORMAL} = x \\ \text{TELIC} = \text{type}(e, x, y : \text{file}) \\ \cdots \end{bmatrix}
\end{bmatrix}
$$

在汉语中,功用角色常实现为中动句的第一动词(当然,中动句的第一动词表示的不一定是主语名词的功用角色)。例如:

(11) 这种自行车骑起来很费劲。

(12) 那把刀切起来挺顺手的。

(13) 青岛啤酒喝起来有种别样的酸味。

2.1.2.4　施成角色

施成角色(Agentive Role, AGENTIVE)指物体的形成或产生所涉及的要素。施成角色涉及创造者(Creator)、创造物(Artifact)、自然物(Natural Kind)、因果链(Causal Chain)。比如,book 是作者写出来的。那么,book 的施成角色就可以描写为:AGENT = write(e, w, x, y)。其中,w = writer, x = info, y = physobj。同样,施成角色要作广义的理解。不仅人造物,而且自然物(甚至人)也有施成角色。像上文说的场景定义型名词的指称对象就有施成角色。比如,之所以可以用"乘客、顾客、旅客、游客、被告、原告、路人……"这些词来指称某些个体,一定是因为这些个体参与了相应的场景活动。比如,乘车/飞机、买东西/接受服务、旅游、(被)控告、走路,等等。那么,这些活动就是这些个体的施成角色。即是乘车使得某个体成为乘客,是买东西或接受某种服务使得某个体成为顾客……。因此,"行人"的部分物性可以这么描写:

$$\begin{bmatrix} \text{pedestrian} & \\ \text{QUALIA} = & \begin{bmatrix} \text{FORMAL} = x \\ \text{AGENTIVE} = \text{walk\_act}(e, x) \\ \dots \end{bmatrix} \end{bmatrix}$$

再如,angry 的施成角色就是 anger 表示的行为。因此,可以描写为:$\text{AGENTIVE} = \text{exp\_act}(e, x, y)$。其中,exp_act 表示某种体验行为(experience act),x 表示体验主体,y 表示体验对象。通俗地说,是某特定体验活动使 x 生气了,该体验活动就是形容词 angry 的施成角色。

在汉语中,施成角色常实现为状态词充当补语的状态补语句的中心动词。例如:

(14) 每天的日程<u>排</u>得满满当当的。

(15) 油罐车<u>装</u>得满满当当的。

2.1.2.5 综合描写

下面就词语的论元结构和物性结构的描写,分别举一个名词、动词加以说明。比如,名词 beer 的词义可以描写如下:

$$\begin{bmatrix} \text{beer} & \\ \text{ARGSTR} = [\text{ARG}_1 = x : \text{liquid}] \\ \text{QUALIA} = & \begin{bmatrix} \text{FORMAL} = x \\ \text{TELIC} = \text{drink}(e, y, x) \\ \text{AGENTIVE} = \text{make}(e', z, x) \end{bmatrix} \\ \dots \end{bmatrix}$$

从上图可以看出,beer 的论元结构中只涉及一个论元 ARG_1,说明 beer 表示的是一种液体 x;beer 的物性结构中形式角色就是这种液体 x,功用角色是某个体 y 饮用该液体 x 的事件 e,施成角色是另一个体 z 制作 x 的事件 e'。再如,动词 build 的词义可以描写如下:

$$
\begin{bmatrix}
\text{build} \\[2pt]
\text{ARGSTR} =
\begin{bmatrix}
\text{ARG}_1 = [1] & \begin{bmatrix} \text{animate\_ind} \\ \text{FORMAL} = \text{physobj} \end{bmatrix} \\[8pt]
\text{ARG}_2 = [2] & \begin{bmatrix} \text{artifact} \\ \text{CONST} = [3] \\ \text{FORMAL} = \text{physobj} \end{bmatrix} \\[8pt]
\text{D-ARG}_1 = [3] & \begin{bmatrix} \text{material} \\ \text{FORMAL} = \text{mass} \end{bmatrix}
\end{bmatrix} \\[6pt]
\text{QUALIA} =
\begin{bmatrix}
\text{create\_lcp} \\
\text{FORMAL} = \text{exist}(e_2, [2]) \\
\text{AGENTIVE} = \text{build\_act}(e_1, [1], [3])
\end{bmatrix} \\[4pt]
\ldots
\end{bmatrix}
$$

从上图可以看出,build 的论元结构表明它有三个论元,其中第三个为缺省论元,这三个论元分别表示建造者、建成物和建筑材料。每个论元又各有自己的物性角色。比如,第二个论元 ARG_2 的构成角色 $\text{CONST} = [3]$。这表示它是由第三个论元构成的。即建成物是由建筑材料构成的。build 的物性结构表明它有形式角色和施成角色。形式角色表明 build 在形式上表现为建成物的存在 e_2(人们是看到建筑物的从无到有才确认某行为是建造而非其他行为[如拆除]的),施成角色是一种建造行为,它使得 e_1 成为建造行为。

　　物性结构并不是想简单地列举物性信息,而是要给出一个语义约束集。根据这个语义约束集就可以对语言中的词语进行解读。传统认为词义及其解释不必与词的语法表现发生关系。词只表示指谓,它与其它词在意义上的组合来自一般逻辑推理机制,后者词汇语义学就不需要去管它了。物性结构实际上就是提供一种结构平台,让各种语义转换在这个平台上得以实现。语义转换是用来改变词语的指谓的(Pustejovsky,1995:86)。它是通过词语之间的支配关系来实现的。也就是说,是由相关词语出现的句法和语义环境来调节的。比如,当我们把一个名词的物性结构和支配这个名词的动词组合起来的时候,我们就会看到一些更丰富的组合意义。

2.1.3 事件结构

在事件语义学内,通常是把动词的事件变量当作一个论元列出。比如,根据 Davidson(1967)和 Parsons(1990),动词 build 的事件结构可以描写为:$yxe\ [build(e,x,y)_1(e,x)_2(e,y)]$。他们在事件结构上采用的是原子主义观,各事件变量所示事件的内部细节就不管了。Moens 和 Steedman(1988)、Pustejovsky(1991)认为对事件进行更精细的区分是必要的,这便于处理与体和行为方式(aspect and Aktionsarten)等相关的现象。Pustejovsky(1995)提出一种叫"正交参数约束"(*Orthogonal Parameter Binding*)的机制,这种机制允许我们用独立的参数列表(即论元结构表和事件结构表)来管住表达式。论元结构表和事件结构表的形式如下:

$[ARGSTR = ARG_2,\dots,ARG_n]$

$[EVENTSTR = EVENT_1, EVENT_2,\dots, EVENT_n]$

我们可以认为动词的词义主要是由物性来定义的,但这种定义受到来自上面两个参数列表给出的类型信息的约束,表示如下:

$[QUALIA = [\ \dots[Q_i = PRED(EVENT_j, ARG_k)]\dots]$

Pustejovsky(1995)的"正交参数约束"可以允许谓词与论元之间的约束原则参照语义描写中的子事件,但这仍然无法捕捉作格结构的底层语义和致使结构在句法表现上的多样性。所以,还需要描写整个事件和其特定子事件之间的关系。这就需要引入"扩充的事件结构(extended event structure)"。GLT 提出的扩充的事件结构是个三元组，内含三个元素，一个是 E，表示事件集。事件集中写出词项涉及的不同类型的事件。这些事件在类型上有过程（process）、状态（state）和转变（transition）三种；一个是 ＊，它标在哪个子事件上就表示整个事件的核心是哪一个子事件；另一个是表示复合事件内部各个子事件之间相互关系的。复合事件内部各子事件之间的相互关系有严格偏序关系（$<_\infty$）、交叠关系（o_∞）、穷尽有序交叠关系（$<o_\infty$）三种。下面分别加以说明。

$<_\infty$ 表示严格偏序（strict partial order）关系，即：前一个事件的发生和结束都在第二个事件发生前。比如，像 begin 这样的动词涉及的两个子事件之间就存在这样的关系。严格偏序关系的事件结构树如下：

可以用"穷尽有序部分"[①]（exhaustive ordered part of）来定义这种事件结构。

. a. $[_{e_3}\ e_1 < e_2] =_{def} <(\{e_1, e_2\}, e_3)$

b. $\forall e_1, e_2, e_3 [<_\infty (\{e_1, e_2\}, e_3) \longleftrightarrow e_1 \leqslant e_3 \wedge e_2 \leqslant e_3 \wedge e_1 < e_2 \wedge$

$\forall e [e \leqslant e_3 \rightarrow e = e_1 \vee e = e_2]]$

上述定义表明事件 e_3 是由两个子事件 e_1、e_2 复合而成。e_1、e_2 存在先后顺序，e_1 先于 e_2。但 e_1、e_2 在逻辑上都是 e_3 的组成部分，并且 e_3 没有 e_1、e_2 以外的其他组成部分了。

有时，一个复合事件的几个子事件可能不一定存在严格的先后次序，它们可能几乎同时进行。这种关系就是交叠关系（o_∞）。

---

① "穷尽有序部分"是说事件的各部分（即各子事件之间）有严格的时间顺序关系。

像 accompany① 这样的伴随动词涉及的两个子事件之间的关系就是这种关系。其事件结构树如下：

$$e \; o_\infty$$
$$e_1 \quad\quad e_2$$

可以用"穷尽交叠部分"（exhaustive overlap part of）把这种事件结构定义如下。

a. $[_{e3} e_1 o \, e_2] =_{def} o \, (\{e_1, e_2\}, e_3)$

b. $\forall e_1, e_2, e_3 [o_\infty (\{e_1, e_2\}, e_3) \longleftrightarrow e_1 \leqslant e_3 \land e_2 \leqslant e_3 \land e_1 \subseteq e_2 \lor e_2 \subseteq e_1 \land \forall e [e \leqslant e_3 \to e = e_1 \lor e = e_2]$

上面的定义表明事件 e_3 是由两个子事件 e_1、e_2 复合而成，e_1、e_2 的发生几乎是同时的，并且 e_3 没有 e_1、e_2 以外的其他组成部分了。

有序交叠（$<o_\infty$）表示后一事件的发生时间晚于前一事件的发生，但早于前一事件的完成。致使动词（causatives）、起始动词（inchoatives）涉及的子事件之间的关系就是这种关系。用事件结构树表示就是：

$$e \; <o_\infty$$
$$e_1 \quad\quad e_2$$

可以用"穷尽有序交叠"（exhaustive ordered overlap）把这种事件结构定义如下：

a. $[_{e3} e_1 < e_2] =_{def} < (\{e_1, e_2\}, e_3)$

b. $\forall e_1, e_2, e_3 [<o_\infty (\{e_1, e_2\}, e_3) \longleftrightarrow e_1 \leqslant e_3 \land e_2 \leqslant e_3 \land e_1 < e_2 \land \forall e [e \leqslant e_3 \to e = e_1 \lor e = e_2]$

---

① accompany 这样的动词既可以作完结解读（telic），也可以作非完结（atelic）解读。具体要参照句中的另一个动词。这种情况与 go 相似。比如：（1）John will accompany you to the store.（完结解读）（2）Mary accompanied me while I was walking.（非完结解读）

上述定义表明事件 e_3 是由两个子事件 e_1、e_2 复合而成，e_1 先于 e_2 发生，并且 e_3 没有 e_1、e_2 以外的其他组成部分了。

综上所述，在词汇结构中，事件结构的三个方面要得到描写。一是具体的子事件和它们的类型；二是各子事件之间的顺序关系（RESTR）；三是事件核心（HEAD）。比如，词项 α 的事件结构可以描写如下：

$$
\begin{bmatrix}
\alpha \\
\text{EVENTSTR} =
\begin{bmatrix}
E_1 = \cdots \\
E_2 = \cdots \\
\text{RESTR} = \cdots \\
\text{HEAD} =
\end{bmatrix}
\end{bmatrix}
$$

其中的 RESTR 表示子事件之间的关系。HEAD 表示作为整个事件核心的那个子事件。

2.1.4　词汇承继结构

词汇承继结构旨在说明词汇结构如何在类型网格（type lattice）中与其它结构相关联以及对整个词库系统的组织做出贡献。比如，下面的类型网格中 dictionary 继承了 book 的形式角色（字典也是一种书），但却没有继承它的功用角色（书的功用角色是［供阅读］，而字典的功用角色是［供查检］），play（剧本）继承了 book 的功用角色。

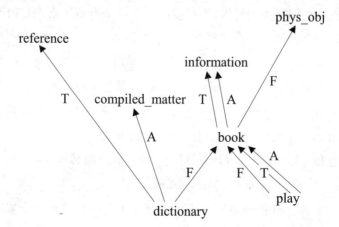

另外,词汇承继还有一层意思,即支配成分从被支配成分的物性中临时获得一些意义,以便于推导出支配成分和被支配成分形成的整体格式的语义。例如,a good knife 中 good 从 knife 的功用角色中继承了 for cutting 的意思,begin a book 中 begin 从 book 的功用角色中继承了 to read 的意思。

2.2 语义运作系统

GLT 设计了一种语义生成模型,贯通论元结构、物性结构、事件结构等各描写层面,从而捕捉词语呈现出无数语境义的过程,并最终揭示语义向句法的投射。该模型包括:类型转换(type shifting)、类型强迫(type coercion)、选择约束(selective binding)和共组(co-composition)等机制。

2.2.1 类型转换和类型强迫

根据 Rooth 和 Partee(1982)、Partee 和 Rooth(1983)、Klein 和 Sag(1985)等,类型转换是允准任何表达式在特定语境中改变其语义类型和指谓的一种机制。简言之,任何一个表达式都表示一个默认的语义类型。类型转换模型就规定了该表达式可以从这个默认语义类型向哪些语义类型转换,不可以向哪些语义类型转换。最初引入类型转换是为了允许否定和合取算子在语境中改变其语义类型(参见 Partee 和 Rooth,1985)。Strachey(1967)把这一现象称为"参数性变异现象(parametric polymophism)",因为这些词类型上的多样性可以看作是参数赋值不同引起的变异。引入类型转换使我们既能保住语义组合性原理,又能用一种概括的方式对表达式的语境表现做出解释。Pustejovsky(1993)讨论了类型转换的具体运用。比如,

(11) John considers Mary a fool.

例(11)中的名词组"a fool"的语义类型本来是 e,但是在句中被转换

成了<e, t>型。转换过程如下：

$$a\ fool: \lambda P \exists x\ [fool(x) \wedge P(x)], <<e,t>,t> \rightarrow\ <e,t>$$

$$Mary: \in e$$

这样，Mary 和 a fool 的语义类型才相匹配，因为正如 Partee(1985)所指出的，动词 consider 要选择<e,t>型谓词短语作其第三论元。证据是 consider 可以带不定式补语，例如：

(12) John considers [Mary]$_e$[to be a fool]$_{<e,t>}$。

组合时一方对另一方语义类型上的这种选择要求得不到满足时，主导方就可能表现出类型上的强迫力，强迫另一方作语义类型上的转换，是为"类型强迫"。据 Cardelli 和 Wegner(1985)，类型强迫就是表达式强迫其论元做出类型转换，以满足自身语义选择需要的一种语义运作。如果被强迫方自身的物性结构等规定了它不能发生相应的类型转换，这两方的组合就不合法。类型强迫和类型转换既可以解释一系列句法变异现象，也可以解释动词的逻辑多义现象。例如，Klein 和 Sag(1985)揭示了 believe 的提升式和非-提升式是如何形成的以及如何对 prefer 的等式句和非等式句进行解释。他们对 believe、prefer 这些动词的多重句法属性做出了解释。又如，动词 want 的宾语具有句法类型的多样性，其宾语可以是名词(组)、不定式、无定小句等(参见 McCawley 1979、Dowty 1982)。例如：

(13) a. John wants to have a car until next week.

(14) b. John wants a car until next week.

Dowty(1982)虽然意识到(13b)中 until next week 修饰一个隐性谓词，而(13a)中它修饰显性谓词 have，但仍然认为 want 是多义词，他提出空假设(the null hypothesis)，即认为词是原子性的，没有可分析的内部结构。这也是 Fodor 和 Lepore(1998)的观点。Dowty 是通过意义公设(meaning postulates)把 want 的多个意义联系起来的。在他看来,这些不同的 want 分属不同的语义类型。

(15) a. want$_1$ ∈ <S,<NP,S>>

　　 b. want$_2$ ∈ <VP,<NP,S>>

　　 c. want$_3$ ∈ <NP,<NP,S>>

Dowty(1985)继续支持 SEL 的做法,认为:正是 want 有不同的语义类型才导致下面句子中 want 的意义各不相同。所以,SEL 把这些不同的 want 分成不同词条是对的,因为它们意义不同。

(16) a. John wants a beer. (to drink)

　　 b. Mary wants a book. (to read)

　　 c. Harry wants another cigarette. (to smoke)

这样,Dowty 让意义公设把 want 类动词的主要意义关联起来,然后再让特定语用因素选择不同意义的 want 进入语境。根据蒙塔古语法中的一个限制——来自宾语的信息绝对不会对整个短语的组合起作用,Dowty 的解决方案似乎是合理的。但是,Dowty 没有意识到意义公设似乎神通太大,也没意识到这些意义差异与动词的宾语差异存在系统关联。所以,GLT 不认为是动词的语义类型发生了转换,从而导致它可以带不同的宾语,而是动词宾语的类型发生了变化。Partee 和 Rooth(1983)提出:语言中所有表达式都可以被指派一个基础类型,同时也可以被与一个特定的类型阶梯相连。Pustejovsky(1993)对这种提议进行了补充,主张每个表达式都有一套可以利用的转换算子。它们可以对与之组合的表达式进行操作,改变这个表达式的语义类型和指谓。函数运算和组合规则(the rules of function application and composition)可以直接参照这些算子,这样就可以处理各语义功能在句法表现上的多样性,而函数的主目就是转换类型。GLT 给出了一个初步的包含类型强迫的泛函贴合运算:

类型强迫作用下的泛函贴合运算（Function Application with Coercion，FAC）：如果表达式 α 的语义类型是 c 型，β 的语义类型是＜a，b＞型，那么：

(i) 如果 c＝a，则组合式 β(α) 的语义类型是 b 型；

(ii) 如果有一个 σ，σ∈∑_a，且 σ(α) 组合能生成 a 型表达式，则 β(σ(α)) 表达式的语义类型是 b 型。

(iii) 其他情况下，α 与 β 的组合式不合法。

现在让我们以 want 为例说明上面的函数运算规则。关于 want 首先要解释两点：一是 want 的宾语的句法多样性。例如：

(17) a. Mary *wants* John to leave. (S [+INF])

　　b. Mary *wants* to leave. (VP [+INF])

　　c. Mary *wants* a beer. (NP)

二是 want 的宾语的不同相伴随着 want 语境义的不同。我们知道，want 选择的宾语的默认语义类型是命题。如果出现在 want 的宾语位置的论元就是表达命题的常规句法形式（关于常规句法形式，详见 2.3），即小句，那么整个结构是合法的。如果出现在宾语位置的论元不是表达命题的常规句法形式，比如是 NP，那么，want 就会强迫宾语 NP 发生类型转换来满足动词自身的类型选择限制。但正如(ii)所示，转换是有条件的，即 σ∈∑_a。对于 want 的表层句法宾语 NP 来说，就是 NP 属于命题 p 的一部分。这样，在解读 NP 的语义时，才能实现从常规的 e 型到 p 型的转换。下面的树形图展示了"深层语义类型"和句法实现之间的关系。

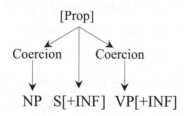

再如,下面的句子中的 begin 在语境中解读出 begin to read 的意思。

(18) He *began* the book at 3 o'clock.

其类型强迫的过程就是 began 逼着 book 从自己的物性结构中搜索可以与 begin 相匹配的语义类型。begin 是<<e,t>,<e,t>>型,要选择<e,t>与之匹配,结果搜得 read 正好是<e,t>型。两者一拍即合。这种类型强迫的过程可以表示如下:

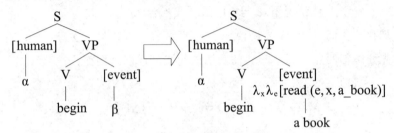

此外,在类型转换过程中可能还要用到"类型抽吸"(type pumping)机制。先看下例:

(19) a. Mary believes that he left. (S [+TNS])

b. Mary believes him to have left. (S [+INF])

c. Mary believes the book. (NP)

d. Mary believes John. (NP)

例(19)c 中,book 是如何解读出命题义以满足 believe 的选择需要的呢? book 的物性结构告诉我们:book 的指称对象是个物结,其语义类型是 info・physobj,即[书是传达信息的载体]义。而与命题义相关的显然是 info 义,所以,在 believe 的类型强迫下,为了成功实现类型转换,必须有一种机制从 info・physobj 中抽吸出 info 义。这种机制就是类型抽吸。全过程可以表示如下[其中,∑表示类型抽吸算子,θ表示语义类型上的"被包含于"关系]:

$$\frac{\sum_1(\text{info} \cdot \text{physobj}):\text{info}, \theta[\text{info}\leqslant\text{prop}]:\text{info} \rightarrow \text{prop}}{\theta[\text{info}\leqslant\text{prop}](\sum_1(\text{info} \cdot \text{physobj})):\text{prop}}$$

也可以把每一步显示如下：Mary belives the book.

a. believe($^{\wedge}\theta(\sum_{1}$(the-book)))(Mary)→

b. believe$'$($^{\wedge}\theta$(the-book : info))(Mary)→

c. believe$'$(the-book : pro)(Mary)

除了上面提到的真宾语强迫（true complement coercion）外，类型强迫还有小类强迫（subtype coercion）。例如：

（20）a. Mary drives <u>a Honda</u> to work.（Mary 开着本田去上班。）

b. Tom read <u>*the Tractatus*</u> on holiday.（Tom 度假时读了 Tractatus。）

要理解例（20）a、（20）b，必须建立句中划线 NP 指称的类型和 drive、read 选择的类型之间的联系。换言之，如果一个函数选择 t_1 作主目，而实际出现的是 t_2，那么，只有 t_2 是 t_1 的子集，它才能被作为函数的合法主目。因此，例（20）a 要合格，指称范围上一定存在 Honda（本田）≤car（汽车）≤vehicle（交通工具）这样的关系。

综上所述，从句法范畴的角度来看，一个句法表达式并不指谓某一固定的语义类型。这导致了同一语义类型在句法实现上的多样性。一个表达式指谓的常规语义类型在语境中可以在类型强迫下发生语义类型转换，而保证这种转换成为可能的就是词项涉及的物性结构等。

2.2.2　共组

共组运作的提出最初是为了解决动词的逻辑多义性问题。它对一个表面上看能表达多种语义的结构进行描写。例如，下面例子中 bake 似乎有两个意义，一个是状态改变（change of state），一个是制作（creation）。

（21）John baked the potato.

（22）John baked the cake.

同样,下面的 hammer、wax 等词,SEL 也是当作多义词处理的,说它
们存在表示瞬间动作和表示过程的区别。

(23) John hammered the metal. (过程)

(24) John hammered the metal flat. (结果)

(25) Mary waxed the car. (过程)

(26) Mary waxed the car clean. (结果)

为了在不增加词条的情况下解释上面这些多义现象,Pustejovsky
(1991a)提出,宾语携带的物性信息作用于支配该宾语的动词。具体
地说,宾语把动词作为函数的主目,改变它的事件类型(event type)。
假设动词 bake 的词汇结构如下:

$$
\begin{bmatrix}
\text{bake} \\
\text{EVENSTR} = \begin{bmatrix} E_1 = e_1 : \text{process} \\ \text{HEAD} = e_1 \end{bmatrix} \\
\text{ARGSTR} = \begin{bmatrix} \text{ARG}_1 = [1] \begin{bmatrix} \text{animate\_ind} \\ \text{FORMAL} = \text{physobj} \end{bmatrix} \\ \text{ARG}_2 = [2] \begin{bmatrix} \text{mass} \\ \text{FORMAL} = \text{physobj} \end{bmatrix} \end{bmatrix} \\
\text{QUALIA} = \begin{bmatrix} \text{state\_change\_lcp} \\ \text{AGENTIVE} = \text{bake\_act}(e_1, [1], [2]) \end{bmatrix}
\end{bmatrix}
$$

那么,bake 只有一种意义,其它任何意义都是它与论元组合时根据
生成机制生成的。为什么 bake 与 cake、bread、cookie 搭配时,会"改
变"动词 bake 的意义,而与 potato、garlic 等搭配时就不"改变"动词
的意义? 因为 cake、bread、cookie 表示的物体经常是通过某种活动
产生出来的,表示这种活动的词经常与表示该物体的词搭配使用。

因此,GLT 认为在 cake 的物性中有一个施成角色,可以把 cake 的词库结构图示如下:

$$
\begin{bmatrix}
\text{cake} \\
\text{ARGSTR} =
\begin{bmatrix}
\text{ARG}_1 = \text{x:food\_ind} \\
\text{D-ARG}_1 = \text{y:mass}
\end{bmatrix} \\
\text{QUALIA} =
\begin{bmatrix}
\text{CONST} = \text{y} \\
\text{FORMAL} = \text{x} \\
\text{TELIC} = \text{eat}(e_2, z, x) \\
\text{AGENTIVE} = \text{bake\_act}(e_1, w, y)
\end{bmatrix}
\end{bmatrix}
$$

cake 的施成角色所参照的过程恰恰就是被当作函数主目的动词所表示的过程。所以,bake a cake 的意思来自好几种运作。首先,规约函数运用把宾语约束进动词 bake 的论元结构。随后,出现一种物性特征合并(qualia unification.),这种合并是由动词中的施成物性值与其论元的施成物性值相等决定的,即:QA(bake) = QA(the cake)。共组运作的结果是形成整个 VP 的物性结构,它要能反映其组成成分的物性结构的各个方面。这种物性合并运作使用的条件如下:带有物性合并作用的函数运算(Function Application with Qualia Unification):对于由 α、β 组合而成的表达式来说,如果 α、β 的类型分别是 <a,b> 和 a,它们的物性结构分别为 QS_α、QS_β,且 α、β 有一个物性值相同,即 $_{QS_\alpha}\lambda\, Q_i = \gamma$、$_{QS_\beta}\lambda\, Q_i = \gamma$,那么,αβ 的类型是 b,因为 $QS_{\alpha\beta} = QS_\alpha \cap QS_\beta$。所以,GLT 认为动词本身不是多义的,bake 所谓的创造义是由其论元 cake 表示人造品造成的。动词看上去好像是多义的,是因为与动词相互说明的那些论元通过共组运作,在动词身上加上了些东西。共组后,整个 bake a cake 的语义描写如下:

$$
\begin{bmatrix}
\text{bake a cake} \\[2pt]
\text{EVENTSTR} = \begin{bmatrix} E_1 = e_1 : \text{process} \\ E_2 = e_2 : \text{state} \\ \text{RESTR} = <_\alpha \\ \text{HEAD} = e_1 \end{bmatrix} \\[4pt]
\text{ARGSTR} = \begin{bmatrix} \text{ARG}_1 = [1] \begin{bmatrix} \text{animate\_ind} \\ \text{FORMAL} = \text{physobj} \end{bmatrix} \\ \text{ARG}_2 = [2] \begin{bmatrix} \text{artifact} \\ \text{CONST} = [3] \\ \text{FORMAL} = \text{physobj} \end{bmatrix} \\ \text{D-ARG}_1 = [3] \begin{bmatrix} \text{material} \\ \text{FORMAL} = \text{mass} \end{bmatrix} \end{bmatrix} \\[4pt]
\text{QUALIA} = \begin{bmatrix} \text{create-lcp} \\ \text{FORMAL} = \text{exist}(e_2, [2]) \\ \text{AGENTIVE} = \text{bake\_act}(e_1, [1], [3]) \end{bmatrix}
\end{bmatrix}
$$

共组运作的结果是 VP 层面 cake 的语义描写很像 build 这样的创造动词。也就是说,bake 通过系统的组合规则把状态改变义解读包含在了创造义解读中。再如,Talmy(1985)和 Rapoport(1988)对 float 这样的动词既可表状态,又可表动作的多义性进行了研究。比如:float under the bridge(浮到桥下)中 float 动作性强,而 float in the river(浮在河里)中 float 状态性强。他们分别把这种现象叫"词汇合并"(the lexical conflation)和"词汇从属"(lexical subordination)。这种表面差异是由与 float 发生共组的介词短语的不同导致的。这说明不仅动词的宾语,而且介词短语也可以参与共组运作。这种分析表明,合并进动词 float 的意义只在短语而非词汇平面上存在。只有共组运作才能对基础意义进行语境化,从而生成各种语境中的理解。总之,共组运作允许我们利用整个短语中的功能算符(functor,如其中的介词短语)和论元来实现对整体意义的解读。如果拓展到非功能算符上,共组运作还可以用于处理其它现象,比如,方式共组

(manner co-composition)、特征转写(feature transcription)、轻动词限定(light verb specification)。所有这些都可以看作是语法中类型搭配的合式条件。

2.2.3 选择约束

选择约束是一种使形容词能从它所修饰的中心语名词的物性结构中选择某一事件作为自己的修饰对象的生成机制。例如：

(27) a. We will need a fast boat to get back in time.

b. John is a fast typist.

c. Fast drivers will be caught and ticketed.

如果(27)b 中把 fast typist(打印快手)看作是在 fast 表示的属性集和 typist 表示的个体集中找交集,即 $\lambda x[typist''(x) \wedge fast''(x)]$。我们将无法解释它为什么会表示"John 是个打字打得快的打字员"的意思。假如从动词演变而来的名词 typist 的物性结构如下:

$$\begin{bmatrix} \text{typist} \\ \text{ARGSTR} = [\text{ARG}_1 = x : \text{human}] \\ \text{QUALIA} = \begin{bmatrix} \text{FORMAL} = x \\ \text{TELIC} = \text{type}(e, x) \end{bmatrix} \end{bmatrix}$$

则(27b)的意思可以描写为:$\lambda x [\ldots \text{TELIC} = \lambda e [\text{type}''(e,x) \wedge \text{fast}(e)] \ldots]$。意思是 fast 从 typist 的物性结构中选择功用角色 type 作为修饰对象,从而形成"type fast(打字快)"这个组合。可以旁证这种分析的是 typist 本身就是从 type 名词化而来。根据上面的论述,选择约束过程可以表示如下:

如果 α 和 β 的语义类型分别是 $<a, a>$ 和 b,且 β 的物性结构中包含 a 型物性 q,那么,$\alpha \beta$ 的语义类型就是 b 型,且$[\alpha \beta] = \beta \cap \alpha(q_\beta)$。比如,a fast typist 中 fast 的语义类型是 $<<\text{NP}, \text{S}>, <\text{NP}, \text{S}>>$,typist 的语义类型是 $<\text{VP}, \text{S}>$。typist 的物性结构中含有物性

type，且 type 和 fast 的语义类型相同，那么，整个 a fast typist 的语义类型仍然是＜VP，S＞，a fast typist＝a typist ∩ fast(type)。利用选择约束还可以解释 during dinner. a sad day/event/occasion 等的意义的生成。这种机制实际上是把形容词当作一个函数，以名词中的特定物性为其主目进行运算。所以，a good knife＝a knife that cuts well；a long record＝a record whose playing time is long。上面的 fast、good、long 都是修饰其中心语名词的物性激活的事件的。

2.3 常规句法形式和语义可获取性原则

GLT 认为，对于某一特定类型的语义，应该只有一个能够最恰当表达其语义的句法实现形式。这个句法形式叫"常规句法形式"（canonical syntactic form，csf）。比如，名词表示实体，动词表示动作行为，形容词表示属性状态，小句表示命题，等等。csf 概念最初是 Chomsky(1986) 提出的，GLT 只是对其做了引申和具体化。GLT 主张，其它句法形式要表达某 csf 表示的语义必须经过"语义可获取性原则(principles of semantic recoverability，PSR)"的核准。那么，什么叫"语义可获取性原则"呢？假设 τ 型语义的 csf 是 X'，如果把 csf 看作从语义类型到句法形式的函数运算，那么可写为"csf：τ→X'"。再假设某动词 V 要选择 τ 型论元作宾语，现在动词 V 的宾语的表层句法形式如果就是 X'，那么，在其它表层限制得到满足的条件下[V X'…] 就是合法结构，因为 csf(τ)＝X'。但若 V 的宾语表层句法形式是 Y'，而 Y' 的语义类型已知是 τ 型，那么，[V Y'…] 要成为合法结构，必须完全能从 τ 中获取出来。这样，才能使得类型强迫下的类型转换得以实现，从而最终完成共组。这就是 PSR。比如，上文所说的 believe 的宾语虽然可以是 NP，但 believe 选择的命题义必须能从 NP 表示的默认语义类型——事物——的物性中获取出来。这就是为什么 believe the book 能说,而 believe the table 不能说的原因。GLT 把表示特定类型的语义的所有句法形式形成的集合叫作"表达集束"(phrasal parassdigm)。那么,是否语言中所有类型的语义都只有一个 csf 呢? GLT 认为未必如此。例如:

(28)甲:I want to get rid of this chair. 乙:But I like/enjoy that chair!

在答句中,乙如果用 like,甲则无法再对乙的观点作出质疑或否定,因为 like 表达的是听话人对物体的一种态度。但如果乙用的是 en-joy,甲就可以用"but you never use it"来反驳他,因为用 enjoy 时激活一种说话人针对宾语所示物体施行过某种行为的意思。enjoy 和 like 的这种区别是它们选择不同底层语义类型的论元造成的。因为 like 选择的语义类型有事件、个体、命题、状态等多种。所以,like 的论元没有单一的 csf;而 enjoy 的论元有单一的 csf(即动名词),出现其他句法形式(如 NP)时,要借助类型强迫,还要通过 PSR 的核准。可以图示如下:

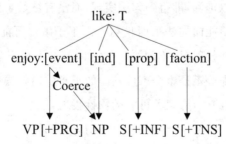

因此,like 的宾语句法形式十分多样,而 enjoy 的宾语句法形式却很有限。请看:

(29) a. Mary likes to watch movies.

b. Mary likes watching movies.

c. Mary likes movies.

      d. Mary likes(for)John to watch movies.

      e. Mary likes that John watches movies with her.

      f. Mary likes it that John watches movies.

（30）a. Mary enjoys watching movies.

      b. Mary enjoys movies.

当然,也不能据此就认为 like 对其宾语没有选择限制了。这一现象还不足以反驳任何词语都有语义选择限制的"语义选择假设的激进观(strong view of semantic selection hypotheses)"。

2.4 语义向句法的投射

GLT 中语义向句法的投射是以物性描写为基础的,故又称"物性投射"(mapping from qualia)。由于 GLT 的物性描写很丰富,所以,在语义向句法投射时要加上一些限制,以保证句法和语义的最大同构。GLT 中核心性(Headness)原则就起这种限制作用。GLT 主张复合事件中被核心性原则赋予核心地位的子事件的物性模板必须在 s-结构中得以饱和,即得到句法实现,而没有被赋予核心地位的子事件的物性则不能向句法平面投射。由于子事件可能不止一个,因而在向句法平面投射时,不同子事件之间就会形成竞争。核心性原则就是要抑制那些不是整个事件核心的子事件向句法平面投射。例如,在(31)—(32)中,有两种可能的物性投射:

（31）a. $Qi:R(e1^*,x,y) \rightarrow x:SUBJ,y:OBJ$

      b. $Qj:R(e2,y) \rightarrow$ shadowed

（32）a. $Qi:R(e1,x,y) \rightarrow$ shadowed

      b. $Qj:R(e2^*,y) \rightarrow y:SUBJ$

下面以动词 kill 为例对这种核心性原则加以说明。kill 的词汇结构可以描写如下:

$$
\begin{bmatrix}
\text{kill} \\
\text{EVENTSTR} =
\begin{bmatrix}
E_1 = e_1 : \text{process} \\
E_2 = e_2 : \text{state} \\
\text{RESTR} = <_{\infty} \\
\text{HEAD} = e_1
\end{bmatrix} \\
\text{ARGSTR} =
\begin{bmatrix}
\text{ARG}_1 = [1]
\begin{bmatrix}
\text{ind} \\
\text{FORMAL} = \text{physobj}
\end{bmatrix} \\
\text{ARG}_2 = [2]
\begin{bmatrix}
\text{animate\_ind} \\
\text{FORMAL} = \text{physobj}
\end{bmatrix}
\end{bmatrix} \\
\text{QUALIA} =
\begin{bmatrix}
\text{cause\_lcp} \\
\text{FORMAL} = \text{dead}(e_2, [2]) \\
\text{AGENTIVE} = \text{kill\_act}(e_1, [1], [2])
\end{bmatrix}
\end{bmatrix}
$$

从上图可以看出，核心性原则决定了与第二个子事件 e_2 相关的论元不能在句法平面上得到实现，因为事件结构中事件的核心是 e_1，所以，与 e_1 相关的论元被投射到句法平面。这种过程可以表示如下：

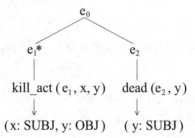

语义投射到句法平面以后，词汇表达式的物性在句法上要得到饱和，即物性结构中的变量必须在最终的句法结构中得到体现（参见 Chomsky 1981, 1986）。所谓"物性饱和（qualia saturation）"可以定义为：当且仅当物性描写中的所有语义论元都被覆盖，物性结构才能饱和。下面说一下什么叫"覆盖（covering）"。一个论元 x 被覆盖，当且仅当：

（ⅰ）x 与 s 结构中的某一位置相连；或

（ⅱ）x 在逻辑上依赖于一个被覆盖的论元 y；或

（ⅲ）x 在类型上基本是封闭的。

对于像 build 这样的动词，还有另外一个限制在起作用。因为在 build 的词义中有一个缺省论元（即材料论元），这种投射上的约束就不同于缺省性致使关系（default causative relation）。build 的物性结构可以表示如下：

$$\begin{bmatrix} \text{build} \\ \cdots \\ \text{ARGSTR} = \begin{bmatrix} \text{ARG}_2 = [2] \begin{bmatrix} \text{artifact} \\ \text{CONST} = [3] \\ \text{FORMAL} = \text{physobj} \end{bmatrix} \\ \text{D\_ARG}_1 = \begin{bmatrix} \text{material} \\ \text{FORMAL} = \text{mass} \end{bmatrix} \end{bmatrix} \\ \text{QUALIA} = \begin{bmatrix} \text{create\_lcp} \\ \text{FORMAL} = \text{exist}(e_2, [2]) \\ \text{AGENTIVE} = \text{build\_act}(e_1, [1], [3]) \end{bmatrix} \end{bmatrix}$$

由于开始的子事件 e_1 是核心，我们预期缺省论元（即材料论元）会充当句法平面的直接宾语，但事实不然。相反，由材料构成的成品论元实现为宾语。那么，这是否违反了核心性原则呢？没有！因为从形式上看，缺省的材料论元可以被看作是它依存的成品论元 y 的 Skolem 函数 $[f(y)]$。这样，e_1 的物性模板还是得到了饱和，因为材料论元被成品论元所覆盖。这种语义向句法的投射过程可以表示如下：

(33) a. $Q_A : R(e_1{}^*, x, f(y)) \to x : \text{SUBJ}, y : \text{OBJ}$

　　　b. $Q_F : P(e_2, y) \to \text{shadowed}$

另外，应该指出，被动语态能把一个事件结构从左核心结构转变成右核心结构。例如，kill 这个词表示的本是左核心事件，但被动语态有屏蔽其施事论元的作用，只允许通过附接语把这个论元表示出来。

三　GLT 的应用

　　GLT 在对名词、动词、形容词的逻辑多义性,动词宾语的句法多样性、致使结构句法形式的交替变化、词汇型情态致使结构的句法语义特性、体动词句法表现上的多样性、场景层谓词与个体层谓词句法表现上的差异、角色定义型名词与场景定义型名词句法表现上的差异、感受动词句中代词照应对约束原则的违反等一系列现象都有特别的解释力。限于篇幅,此处不赘,我们已另文以详(参见张秀松2008)。

参考文献

袁毓林　2006　词类性质的证伪性测试和本体论检讨,《语言学论丛》第 33 辑,北京:商务印书馆。

张秀松　2007　关于生成词库理论的讨论,未刊。

张秀松　2008　从生成词库理论看汉语词的逻辑多义及相关问题,《北方论丛》第 3 期。

Chomsky, N. 1981. *Lectures on Government and Binding*, Foris Publications, Dordrecht.

Chomsky, N. 1986. *Knowledge of Language, its Nature, Origin, and Use*, Praeger, New York.

Davidson, D. 1967. The logical form of action sentences, in N. Rescher (ed.), *The Logic of Decision and Action*, Pittsburgh University Press, Pittsburgh.

Dowty, D. R. 1982. Grammatical relations in Montague Grammar, in P. Jacobson and G. K. Pullum (eds.), *The Nature of Syntactic Representation*, Reidel, Dordrecht, 79—130.

Dowty, D. R. 1985. On some recent analyses of control, *Linguistics and Philosophy* 8:1—41.

Fellbaum. C. 1997. A review: *The Generative Lexicon* by Jamese Pustejovsky,

*Language*73(3),597—600.

Fodor,J. A and Lepore, E. 1998. The emptiness of the lexicon: reflections on James Pustejovsky's The generative lexicon, *Linguistic Inquiry*29(2),269—288.

Jackendoff,R. 1992. *Languages of the Mind*: *Essays on Mental Representation*, Cambridge,MA: MIT Press.

Klein,E. and I. Sag. 1985. Type-driven translation, *Linguistics and Philosophy* 8:163—202.

Marina Rakova. 2004. *The extent of the literal metaphor*, *polysemy and theories of concepts*, Peking University Press.

Moens,M. and Steedman, M. 1988. Temporal ontology and temporal reference, *Computational Linguistics* 14:15—28.

Parsons,T. 1990. *Events in the Semantics of English*, MIT Press, Cambridge, MA.

Partee, B. and Rooth, M. 1983. Generalized conjunction and type ambiguity, in *Meaning*,*Use*, *and Interpretation of Language*, Bäuerle, Schwarze, and von Stechow eds. ,Walter de Gruyter.

Pustejovsky,J. 1993. Type coercion and lexical selection, in J. Pustejovsky (ed.), *Semantics and the Lexicon*, Kluwer Academic Publishers, Dordrecht, The Netherlands.

Pustejovsky,J. 1995. *The Generative Lexicon*, Cambridge, MA: MIT Press.

Pustejovsky,J. 1998. Generativity and explanation in semantics: a reply to fodor and Lepore,*Linguistic Inquiry*,29:289—311.

Rokova,M. 2004 *The Extent of the Literal Metaphor*, *Polysemy and Theories of Concepts*. Beijing:Peking University.

Strachey, C. 1967. Fundamental concepts in programming languages, *Lecture Notes for International Summer School in Computer Programming*, Copenhagen.

Talmy,L. 1985. Lexicalization patterns: semantic structure in lexical forms, in T. Shopen (ed.),*Language Typology and Syntactic Description* 3,Grammatical Categories and the Lexicon,Cambridge University Press,Cambridge,UK,57—149.

Willems,K . 2006. Logical polysemy and variable verb valency,*Language Science*,28:580—603.

生成词库理论的最新发展[*]

宋作艳

提要　本文主要介绍并评述生成词库理论的最新发展。其最新发展一方面体现在基于物性结构信息把名词分为自然类、人造类和合成类，并把这种分类扩展到了动词和形容词，构建了其语义类体系。另一方面，改进了语义生成机制，提出了纯粹类型选择、类型调节和类型强迫三种基于论元选择的生成机制。生成词库理论已经被一些语言学理论吸收，并在许多语言的研究中得到广泛应用，本文旨在推进此理论在汉语研究中的应用。

关键词　生成词库理论　物性结构　人造类　语义生成机制　类型强迫

生成词库理论(Generative Lexicon Theory, GLT)是美国布兰

---

*　原文载于《语言学论丛》2011年第44辑，收入本书时略有修订和补充。本文得到国家社会科学基金青年项目"汉语句法语义接口研究"(10CYY032)和中央高校基本科研业务费专项资金的资助。文章修改过程中，承蒙王洪君老师和詹卫东老师提出了很好的修改意见和建议，谨致谢忱。特别感谢匿名评审专家提出的详细修改意见。文中尚存问题均由笔者负责。

代斯大学(Brandeis University)教授 Pustejovsky 于 1991 年提出的，1995 年出版专著 *The Generative Lexicon*，标志着其理论框架已经基本成形①。生成词库理论首次把广义的生成方法引入到词义和其它领域的研究中，解决了词汇语义研究中的一些难题。历经二十多年的发展和改进，生成词库理论已经逐渐发展成熟，广泛应用于各种语言的研究，越来越有影响力。近十几年来，生成词库理论的基本思想虽然没有变，但整个理论构建发生了一些根本性的变化：基于对物性结构的分析，提出了名词的三大语义类型——自然类(natural type)、人造类(artifactual type)和合成类(complex type)，并把这种分类扩展到了动词和形容词，构建了其语义分类体系，在此基础上，提出了更系统的基于论元选择的语义生成机制。本文旨在介绍并评述这些最新发展，推进这一理论在汉语研究中的应用。

文章共分五小节，前四小节分别介绍生成词库理论的基本主张、词项的词汇表征、语义类型体系和语义生成机制，最后一小节是结语部分，简述这一理论的影响、存在的问题及其在各语言研究中的应用。

一　生成词库理论的核心思想

生成词库理论是在研究了词的创造性用法的基础上建立的词义表示方法，是基于计算和认知的自然语言意义模型，关注词义的形式化和计算，试图解释词的不同用法以及在上下文中的创新性用法。生成词库理论持强组合性(strong compositionality)的观点，认为语

---

① 早期的理论框架可参考张秀松、张爱玲(2009)的介绍。

言的意义是组合性的(compositional)，是动态的、生成的。传统的静态词义描写是列举法、分义项，其缺点是不仅阻止了词义的渗透性，而且也不能说明词语在上下文中的创新性用法，不能制约词义在上下文的变化。生成词库理论的核心思想是，一个词项的意义是相对稳定的，到了句子层面，在上下文中，通过一些生成机制可以获得延伸意义。其主要目标是研究各语言中的多义、意义模糊和意义变化等现象。生成词库主要包括两大部分，一是词项的词汇表征，二是句法层面的语义生成机制。词汇表征中最有特色的就是引入了物性结构，尤其是功用角色(telic role)的引入，直接影响了整个语义类型体系的构建。生成词库理论尽量保持了词项语义的单一性，把意义的延伸放到句子层面去解决，并提出了相应的语义生成规则，不仅避免了不合理的多义处理，而且把词义与句子的意义联系在一起。

二　词项的词汇表征

一个词项的词汇表征包括四个层面：论元结构、事件结构、物性结构和词汇类型结构(Pustejovsky,1995:85—86)。

1) 论元结构(ARGUMENT STRUCTURE)：说明论元的具体数目、类型以及如何实现到句法层面。

2) 事件结构(EVENT STRUCTURE)：事件类型包括状态(state)、过程(process)和转态(transition)，like、run 和 build 分别属于这三种事件类型；事件可能有子事件(subevent)；说明哪个事件是核心事件(core event)；说明事件的组合规则，比如事件发生的先后顺序。

3) 物性结构(QUALIA STRUCTURE)：描写词项所指对象

(object)由什么构成、指向什么、怎样产生的以及有什么用途或功能。包括构成特征(constitutive quale)、形式特征(formal quale)、功用特征(telic quale)和施成特征(agentive quale)。这四个特征通常被称为构成角色(constitutive role)、形式角色(formal role)、功用角色(telic role)和施成角色(agentive role)。物性结构最早源于亚里士多德的"四因说"(Aristotle's four causes):质料因、形式因、目的因和动力因。

A. 构成角色:描写对象与其组成部分之间的关系。包括材料(material)、重量(weight)、部分和组成成分。

B. 形式角色:描写对象在更大的认知域内区别于其它对象的属性。包括方位(orientation)、大小(magnitude)、形状(shape)和维度(dimensionality)等。

C. 功用角色:描写对象的用途(purpose)和功能(function)。

D. 施成角色:描写对象是怎样形成或产生的,如创造、因果关系。

功用角色有两种,一种是直接功用角色(direct telic),人可以与某物发生直接联系,如 beer 的功用角色是 drink;另一种是间接功用角色(purpose telic),指某个事物可以用来协助完成某个活动,如 knife 的功用角色是 cut。

(1) a. drink-beer

   b. cut with a knife

以"小说"为例,它的构成角色是"故事""封面"等,形式角色是"书",功用角色是"读",施成角色是"写"。需要注意的是,不是每个词都具有所有的角色。除了上述四种角色,自然功用角色(natural telic role)和规约化属性(conventionalized attribute)也开始被纳入广义的物性结构(the extended qualia structure)①(参见 Pustejo-vsky and Jezek,2008;Jezek,2012)。自然功用表示事物的天然功能,与意图和目的无关。如"抽压血液"是"心脏"的自然功用。规约化属性指事物的典型特征,包括自然物的典型用途、与事物相关的常规活动等。比如"叫"是"狗"的规约化属性,"消化"是"食物"的规约化属性。

4) 词汇类型结构(LEXICAL TYPING STRUCTURE):说明一个词项在一个类型系统中的位置,即一个词项的类。这决定了此词项与其他词项的关联方式,也就是继承关系。这个层面的词义与常识直接相关。这一层面在早期的理论框架中(Pustejovsky,1995)叫词汇继承结构(lexical inheritance structure)。如图 1 所示(Pustejovsky,1995:145),一个词可以从多个上层继承特征,dic-tionary(词典)从 reference(参考书)继承功用角色 consult(参考),从compiled_matter(编纂物)继承施成角色 compile(编纂),从 book 继承形式角色 hold(容纳);play 从 book 继承形式(F)、功能(T)和施成角色(A),book 从 information 继承功能和施成角色,从 Phys_obj(物质实体)继承形式角色。但近十几年来,Pustejovsky 等学者对这一部分做了很大改动,主要基于物性结构中的功用角色,把词汇的类

---

①　生成词库理论只是提供了一个物性结构描写框架,至于物性结构到底包含几个角色,以及哪些语义信息属于哪种角色,不同的学者有所调整。Lenci et al.(2000a、2000b)将颜色、形状等信息放到了构成角色中,形式角色只描写语义类的上下位关系,Jackendoff(2002:369—373)也做了类似的改动。Paradis(2004)把形式和构成合并为一类,功用和施成合并为一类,分别称之为构成(constitu-tion)和功能(function)。袁毓林(2013、2014)定义了 10 种物性角色,除了Pustejovsky 提出的 4 种角色,增加了单位角色(unit role)、评价角色(evaluation role)、材料角色(material role)[原属构成角色的一部分]、行为角色(action role)[大致相当于规约化属性]、处置角色(handle role)和定位角色(orientation role)。

型分为自然类、人造类和合成类,并据此建构了其整个语义类型体系。下文将单列一节来重点介绍和评述这一体系。

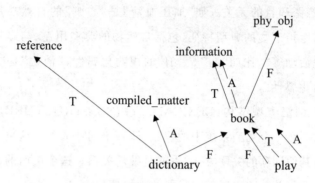

图 1:词汇类型结构中的继承关系

一个词项 α 的词汇表征式通常如(2)所示(Pustejovsky,2005):

(2)

$$
\begin{bmatrix}
\alpha \\[2pt]
\text{ARGSTR} = \begin{bmatrix} \text{ARG}_1 = \text{X} \\ \cdots \end{bmatrix} \\[8pt]
\text{EVENTSTR} = \begin{bmatrix} \text{E}_1 : \text{e}_1 \\ \cdots \end{bmatrix} \\[8pt]
\text{QUALIA} = \begin{bmatrix}
\text{CONST} = \text{what x is made of} \\
\text{FORMAL} = \text{what x is} \\
\text{TELIC} = \text{function of x} \\
\text{AGENTIVE} = \text{how x came into being}
\end{bmatrix}
\end{bmatrix}
$$

(3)是 book(书)的词汇表征式:book 有两个论元,一个指物质实体,一个指信息,book 是二者合并的一个词汇概念聚合(lexical conceptual paradigm,lcp,见第 3 节),它的形式角色是 hold,表达的是物质实体里装载着信息,功用角色是 read,施成角色是 write(Pustejovsky, 1995:116)。

（3）

$$\begin{bmatrix} \textbf{book} \\ \textbf{ARGSTR} = \begin{bmatrix} \textbf{ARG}_1 = \textbf{x} : \textbf{info} \\ \textbf{ARG}_2 = \textbf{y} : \textbf{physobj} \end{bmatrix} \\ \textbf{QUALIA} = \begin{bmatrix} \textbf{info} \cdot \textbf{physobj\_l cp} \\ \textbf{FORMAL} = \textbf{hold}(y, x) \\ \textbf{TELIC} = \textbf{read}(e, w, x. y) \\ \textbf{AGENT} = \textbf{write}(e', v, x. y) \end{bmatrix} \end{bmatrix}$$

（4）是 kill（杀死）的词汇表征式：kill 有两个论元，一个指个体的物质实体，一个指有生命的物质实体；kill 包括两个子事件，一个表过程 KILL（杀），一个表状态 DEAD（死），第一个事件是整个事件的核心。kill 是个表致使的词汇概念聚合，其施成角色是 KILL 这个动作，其形式角色是 DEAD 这个状态（Pustejovsky，1995：102）。这部分的分析与词义分解沿袭自生成语义学（Generative semantics）的分析。

（4）

$$\begin{bmatrix} \text{kill} \\ \text{EVENTSTR} = \begin{bmatrix} \text{E}_1 = e_1, \text{process} \\ \text{E}_2 = e_2, \text{state} \\ \text{RESTR} = \angle_\infty \\ \text{HEAD} = e_1 \end{bmatrix} \\ \text{ARGSTR} = \begin{bmatrix} \text{ARG}_1 = \boxed{1} \begin{bmatrix} \text{ind} \\ \text{FORMAL} = \text{physobj} \end{bmatrix} \\ \text{ARG}_2 = \boxed{2} \begin{bmatrix} \text{animate\_ind} \\ \text{FORMAL} = \text{physobj} \end{bmatrix} \end{bmatrix} \\ \text{QUALIA} = \begin{bmatrix} \text{Cause-lcp} \\ \text{FORMAL} = \text{dead}(e_2, \boxed{2}) \\ \text{AGENTIVE} = \text{kill\_act}(e_1, \boxed{1}, \boxed{2}) \end{bmatrix} \end{bmatrix}$$

三　语义类型体系

生成词库理论假设人类的认知能力反映在语言中，尤其反映在心理词典(mental lexicon)中,这个词典是复杂、动态(dynamic)而又连贯的知识系统,是结构化的语言学运算(structural linguistic operations)和生成意义的组合规则(compositional rule)之间的接口(interface)。词汇按其所代表的意义内容分为自然类、人造类和合成类(Pustejovsky,2001、2006)。

1)自然类(natural type):与物性结构中的形式角色和/或构成角色相关的原子概念,从上位类继承形式角色,是其他类的基础,相关谓词来自于物质域。例(5)中的 rabbit 就是自然类名词:

(5) The rabbit died.

2)人造类(artifactual type①):增加了功能概念,从上位类继承功用角色,是结合了物性结构中施成角色和/或功用角色信息的基础类型,谓词也与这两个角色相联系。自然类和人造类之间最大的区别是有"意向性"(intentionality),即目的和意图。good 是评价性的,与"意图"相关,(6a)可以说而(6b)不可以说就是因为 chair 是人造类而 rock 是自然类。

(6) a. This is a good chair.

　　b. * This is a good rock. ②

---

① Pustejovsky(2001)称之为 functional types,Pustejovsky(2006)中改称 artifactual types,并沿用至今。

② Pustejovsky(2001)提到,如果(6b)增加了某种意图或者功能,就可以说了,比如这块岩石很适合攀爬,对于"攀爬"这个功能来讲,这是一块好的岩石。笔者认为,这里要区分两种人造类,一种指人造物,如 chair、book,是人类为了某种目的而造的,必定有某种功能;一种原本指自然物,但为人类所用,因而具有了某种特定的意图、功能,从而成为人造类。比如"鸡肉""猪肉"本来指自然物,是自然类,但因为通常供人食用,是一种常见的食物,在这个意义上是人造类,有好坏之分。另如 weather 本无所谓好坏,但可以说 good weather,之所以有好坏之分取决于这种天气是否对人类有利,包含了人的主观意愿。

具体到一个特定的名词,都会跟自然类和人造类发生联系,人造类也需要物质继承,必然与自然类相联系。如 beer 是自然类 liquid 结合了施成角色 brew、功用角色 drink;knife 是自然类 phys 结合了施成角色 make、功用角色 cut。

（7）a. beer：(liquid $\otimes_A$ brew) $\otimes_T$ drink

　　　b. knife：(phys $\otimes_A$ make) $\otimes_T$ cut

另如 beverage(饮料),它的基础类(ground type),也就是它的自然基础是 liquid(液体),它本身是人造类,与功用角色 drink 相联系。这个类型可以记作 liquid $\otimes$ drink,是张量类型(tensor type),$\otimes$ 是张量类型构造器(the tensor type constructor),$\otimes$ 把一种物性关系引入到一个类型,使之成为这个类型的一部分。根据不同的具体功能,beverage 又可以细分为下面的小类(Pustejovsky,2001)：

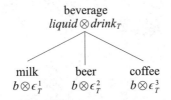

图 2：beverage 的下位类及其功用角色继承

这样,通过继承,人造类就有多个功用角色,有的离得近,有的离得远。如 coffee(咖啡)就有两个功用角色,一个是继承来的 drink(喝),一个是自身的 wake-up(提神),咖啡要喝了才能提神,继承的功用角色可以看成是根植在物性结构功用角色中的施成角色[1],如(8)所示(Pustejovsky,2001)：

---

[1]　把 TELIC 本身看成一个特征结构,有自己的 TELIC 角色和 AGENT 角色,这在计算机语言和 HPSG 等语言理论中是常用的方法。

(8)coffee：liquid $\otimes$t drink $\otimes$t wake-up

$$\begin{bmatrix} \textbf{coffee} \\ \textbf{ARGSTR}:\begin{bmatrix} \textbf{ARG}_1:x:\textbf{liquid} \end{bmatrix} \\ \textbf{QUALIA}:\begin{bmatrix} \textbf{FORMAL}:x \\ \textbf{TELIC}:\begin{bmatrix} \textbf{TELIC}:\textbf{wake\_up}(e^T,y) \\ \textbf{AGENTIVE}:\textbf{drink}(e^P,y,x) \end{bmatrix} \end{bmatrix} \end{bmatrix}$$

指人的名词也有自然类和人造类之分，如图 3[1] 所示，职业名词 doctor、surgeon 都是人造类。

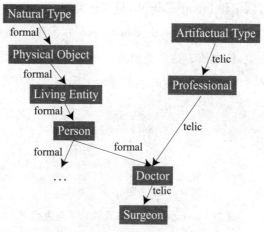

图 3：自然类、人造类的物性角色继承关系

3) 合成类（complex type）：在生词词库理论中又称为"点对象"（dot object），因为其类型构造以一个圆点为标志。合成类从两三个自然类和/或人造类继承角色，在描写中以 lcp 为标记：把一个词的不同词义合并到一个元词项（meta-entry）中，这个元词项叫词汇概

① 引自 Pustejovsky 在 Vilem Mathesius Lecture Series 21 上的系列讲座 PPT"Empirical Approaches to Compositionality"，Prague，2006 年 12 月 4—8 日。

念聚合(lexical conceptual paradigm,lcp)①(Pustejovsky,1995:91)，这样可以大大缩小词库的规模。如上文中例(3)所示，book 就是一个合成类[phys·info]，是 phys_obj(物质实体)与 information(信息)合成的，它的形式角色反映了二者之间的关系是 hold。另如：

　　[EVENT·INFO]:lecture,play,seminar,exam,quiz,test

　　[EVENT·PHYSOBJ]:lunch,breakfast,dinner,tea

　　[EVENT·(INFO·SOUND)]:concert,sonata,symphony,song

lecture 是事件和信息合成类，既指一个事件，同时带有信息内容；lunch 是事件和物质实体的合成类，既指一个有时间过程的事件，也指具体的食物。concert 既是事件，又有信息和声音。不同的语境会选择合成类的不同义面或整体的意思，例如，(9a)中的量词"摞"凸显了"书"的物质实体义，(9b)中的"有趣"凸显了"书"的信息义，而(9c)中的"书"两个意思都凸显，分别与"厚"和"有趣"组合：

　　(9) a. 那儿放着一摞书。(物质实体)

　　　　b. 这是一本有趣的书。(信息)

　　　　c. 那本厚书很有趣。(物质实体·信息)

　　三大语义类的区分是以名词为出发点的，动词、形容词根据其与名词语义类的对应关系也相应地分为三大类，如上文例(5)中的 rabbit 是自然类，die 就是自然类。图 4 是三分的概念网络(Tripartite Concept Lattice)，最上层概念被结构化成实体、事件和性质三个域，分别对应名词、动词和形容词三大范畴。每一个域又被结构化成自然类、人造类和合成类，由简单到复杂(Pustejovsky,2001)②。

---

① Paradigam 原来的意思是"词形变化表"，一个词根在与不同的词组合时会有不同的变化，这些变化形成聚合，称为词形变化表。词汇概念聚合列出了一个名词在不同语境中的义项，就像词形变化表列出了一个词的不同词形。

② 原图中用的是 functional，本文将其改为现在的通用术语 artifactual。

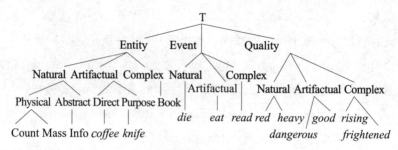

图 4：三分的概念网格

下面是三大主要范畴的分类举例：

1）名词

自然类 N：rock，water，woman，tiger，tree

人造类 A：knife，beer，husband，dancer

合成类 C：book，lunch，university，temperature

2）动词

自然类 N：fall，walk，rain，put，have

人造类 A：donate，spoil，quench

合成类 C：read，perform

3）形容词

自然类 N：red，large，flat

人造类 A：useful，good，effective

合成类 C：rising，frightened

与以往的语言学理论模型相比，生成词库理论在词汇表征方面主要有三大创新和特色。

1）丰富了名词的词汇表征。与传统的以动词为中心的理论模型不同，生成词库理论强调名词在语义组合中的重要性，认为意义变化等很多语言现象可以从名词的语义中获得解释。因此，像刻画动词一样对名词的语义进行了详细的刻画。尤其是通过物性结构说明了与一个词项相关的事物、事件和关系的基本属性,说明了一个名词中典型的谓词和关系。物性结构实际上是范畴交叉的表征工具,物性结构为词提供功能标签,把词与概念网络联系起来,是概念逻辑的组织原则。物性结构是词库生成性特征(generative property)的核心,不仅决定了词项的语义类,还为新的语义类的创造提供策略(Pustejovsky,2011)。物性结构之于名词,就像论元结构之于动词。物性结构决定了名词的语义,就像论元结构决定了动词的语义(Pustejovsky,1991;Pustejovsky and Boguraev,1993)。

2) 通过物性结构,把日常经验知识与词汇语义连接在一起。关于语言知识与非语言知识的问题一直是语义研究中的一个难题,传统语义学认为语言知识与非语言知识有明显的界限,必须加以区分,后者不是语言研究的对象(利奇,1974);认知语言学(Langacker,1987;Lakoff,1987;Taylor,1989)则认为语言知识和非语言知识没有明显的界限;框架语义学(Fillmore,1982)也认为语言的理解要引入非语言知识的背景。不是所有的日常经验知识都有语言学价值,生成词库理论通过物性结构中的构成角色、形式角色、功用角色和施成角色等把与词汇语义密切相关的经验知识引入到词义的描写中,为经验知识与语言知识提供了接口。事实证明,这些物性角色能解释很多语言现象,具有较高的语言学系统价值。

3) 区分了自然类与人造类。在与名词相关的动词中,生成词库理论更强调表功用角色的动词,并以此为依据把名词分为自然类与人造类,这种区分是根本性的,能抓住语言表达层面的差异(Pustejovsky,2006)。例如:

A. 自然类不能做联合谓项(co-predication),人造类可以。

(10)* That is a dog and a cat. (* 那既是狗也是猫。)

(11) a. That is both a pen and a knife. (那既是钢笔也是刀。)

  b. She is a teacher and a mother. (她既是老师也是母亲。)

  B. 形容词可以修饰人造类名词的内在关系,如 a long CD 指 CD 的播放时间长,而不是指 CD 的尺寸。因此形容词修饰人造类名词有可能造成歧义。如 good professor 可能指教授人好,也可能指其教学科研好,与"教授"的功用角色有关。

(12) a. such a beautiful flower

  b. a long CD

  c. a good professor

  C. 自然类从上下文获得被强迫转换的意思(coerced meaning),人造类则为上下文提供此类语义。(13a)没有默认的解释,需要从上下文获得解释,因为自然类名词 tree(树)没有施成角色和功用角色。而(13b)默认的解释是 write 或者 read,是 book 的施成角色和功用角色提供的。

(13) a. I began the tree.

  b. I began the book.

区分自然类的是反义形容词对(如 male/female、alive/dead)或自然类谓词(如 swimming、flying、walking 可以把 fish、bird 和 mammal 区别开)。区分人造类的则是功能行为(functional behavior),因此具有一定的任意性,不同的语言可能有差异。自然类与人造类的区分并不是 Pustejovsky 最早提出的,很多学者早已经注意到这一点: Labov(1973)的用品辨认实验表明,功能或用途会决定识别结果; Pulman(1983)讨论了自然类范畴(natural kind category)和名义类范畴(nominal kind category),与自然类、人造类的区分相当; Wierzbicka(1985)指出,属性不是与物体本身有关,而是与物体在特定文化中的作用有关;Taylor(1989)指出,事物的属性有时是功能的,决定物体的用途,有时是人与物之间的互动,反映人们怎样运用某物;平克(1994)认为,自然类与人造类是很重要的区分。在Word-net(词网)、HowNet(知网)的语义分类中区分了自然物与人工物(参见陈群秀,1998;姚天顺等,2001;董振东,1998、2001)。生成词库理论的贡献在于把自然类和人造类的区分与动词联系起来,并加以形式化,把动词纳入到名词的词汇表征中,进而把这种视角扩展到了指人的名词,甚至形容词和动词,从而重建了整个语义类型架构,并把这种区分渗入到了语言的各个层面。

4) 引入多重继承(multiple inheritance)。对于一个词,不是简单地在结构树中放置,而是由下往上从不同的树枝继承不同的物性角色,避免了重复放置的问题(详见图1)。

四　语义生成机制

生成词库理论认为,词汇的意义是相对稳定的,只是在组合中会根据上下文进行微调,这种微调是由语义生成机制(generative mechanisms in semantics)来实现的。所谓语义生成机制,实际上就是组合机制(compositional mechanism)。Pustejovsky(1995)提出了三种生成机制:类型强迫(type coercion)、选择性约束(selective binding)和协同组合(co-composition)。后来,生成机制有了很大改变,主要是把类型强迫与论元选择结合在了一起,根据论元选择的具体情况,有三种基于论元选择的生成机制(Generative Mechanisms of Argument Selection)可以解释词项在组合中的表现(Pustejovsky,2005、2006;Asher and Pustejovsky,2005、2006):

1) 纯粹类型选择(pure selection)或类型匹配(type matching):函项(function)要求的类型能被论元直接满足。

2）类型调节（type accommodation）：函项要求的类型是论元从其上位类继承来的。

3）类型强迫（type coercion）：函项要求的类型被强加到论元上，通过两种方式来实现：

（ⅰ）选用（exploitation）：选择论元类型结构的一部分来满足函项的要求。

（ⅱ）引入（introduction）：用函项要求的类型来包装论元。

表 1 是三种语义生成机制出现的环境：只有当论元类型（argument type）与函项要求的类型（type selected）匹配时，才可能是纯粹类型选择；类型调节只用于相同的类型域（type domain）；如果类型域不一样，类型强迫就会起作用；当论元类型比要求的类型复杂时，是选用，反之，则是引入（Pustejovsky，2006）。

表 1：三种语义生成机制的出现环境

Argument Type	Type Selected		
	Natural	Artifactual	Complex
Natural	Sel/Acc	Intro	Intro
artifactual	Exploit	Sel/Acc	Intro
Complex	Exploit	Exploit	Sel/Acc

接下来略举数例①来说明上述机制。

1）纯粹类型选择。fall 需要一个指物质实体的类型 phys，rock 能直接满足这个要求，（14）是一个纯粹类型选择的例子。

（14）The rock fell.（纯粹类型选择）

read 要求与之组合的名词是合成类 Phys·Info（物质实体·信息），

---

① 例子选自 Pustejovsky（2006）和 Pustejovsky 在 Vilem Mathesius Lecture Series 21 上的系列讲座 PPT。

book 可以直接满足这个要求,(15)也是纯粹类型选择:

(15) John read the book.(纯粹类型选择)

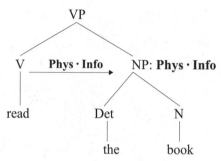

2) 类型调节。(16)中的 wipe 要求宾语论元有 surface(表面),hands 虽然不能直接满足要求,却可以从它的上位类 phys(物质实体)那儿继承一个 surface,这就是类型调节。

(16) Mary wiped her hands.(类型调节)

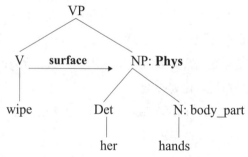

3) 类型强迫。burn 要求与之组合的名词是自然类 Phys(物质实体),合成类 book(Phys·Info)不满足要求,但其类型结构中的一部分(Phys)能满足要求,(17a)是类型强迫中的类型选用;believe 要求与之组合的名词是 Info(信息),也可以从 book(Phys·Info)中选择一部分(Info)来满足,(17b)也是类型强迫中的类型选用:

(17) a. The police burned the book.(类型强迫:选用)

    b. Mary believed the book.(类型强迫:选用)

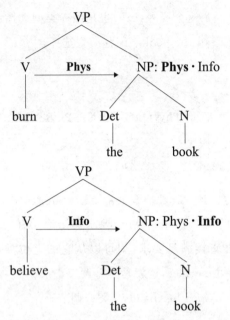

read 要求宾语论元是合成类 Phys·Info，而 rumor 的类型是 info，
不能满足其要求，类型强迫机制就会给 rumor 引入一个新的类型
Phys·Info，这是类型强迫中的类型引入。(18)中的 rumor 一定有
某种物质实体做载体，比如报纸。

　　(18) Mary read a rumor about John.（类型强迫：引入）

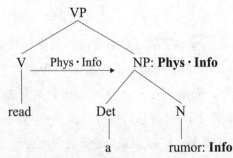

begin 是个事件动词(eventive verb)，要求其补足语(complement)是
一个事件论元，句法上通常表现为一个动词短语 VP(read the book/

write the book),(19a)和(19b)能满足这种语义选择(s-selection),
是纯粹类型选择;而(19c)在句法层面却实现为一个指事物的名词短
语 NP(the book),这样就会出现类型不匹配(type-mismatch),因此
begin 就会强迫(coerce)这个 NP 进行类型转换(type shift),变成事
件类型,这种强迫是通过名词 book 物性结构中的施成角色 write 或
功用角色 read 实现的。这也是类型强迫中的类型引入,为一个实体
类型 book 引入了一个事件类型。

　　(19) a. John began writing/reading the book.(纯粹类型选择)

　　　　 b. John began to write/read the book.(纯粹类型选择)

　　　　 c. John began the book.(类型强迫:引入、选用)

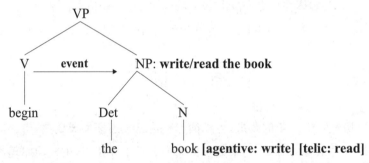

生成词库理论在语义生成机制方面的改进主要表现在,从类型
选择的角度区分了纯粹类型选择和类型强迫,分别来处理类型匹配
和不匹配的情况,尤其强调类型强迫这一机制的作用,从而可以解决
很多多义和语义模糊现象。

　　类型强迫是一种语义操作方法,可以把论元转换成符合函项要
求的类型,否则就会出现类型错误(type error)(Pustejovsky,1995:
111)。类型强迫有两种①:

――――――――――――

① 　引自系列讲座 PPT“Empirical Approaches to Compositionality”。

1) 保持域不变(domain-preserving)。如可数的 chicken(鸡)变成不可数的 chicken(鸡肉),但还在实体(entity)域内。如:

(20) There's chicken in the soup.

2) 域发生变化(domain-shifting),其中又分几个小类:

A. 实体变成事件(entity shifts to event):

(21) I enjoyed the beer. 我喜欢这啤酒(我喜欢喝这啤酒/我很享受喝这啤酒这件事)①。

B. 事件变成时间间隔(event shifts to interval):

(22) before the party started. 在派对开始前(在派对开始的时间前)。

C. 实体变成命题(entity shifts to proposition):

(23) I doubt John. 我怀疑约翰(我怀疑约翰所说/想的内容)。

五 结语

历经二十多年的改进,生成词库理论已经逐渐发展成熟,广泛应用于各种语言的研究,越来越有影响力。近十几年来,生成词库理论发展迅速,研究已具规模,到 2009 年为止,关于这一理论的国际性专题会议 International Conference on Generative Approaches to the Lexicon 已经召开了 5 届。在生成词库理论的基础上,Pustejovsky 带领其课题组,正在构建一个基于语料库的语义体系——Brandeis Semantic Ontology(BSO),目前建设的语义类型网格(Type lattice)

---

① 其实,这里的中文翻译都不准确,汉语中没有与 enjoy 完全对等的动词,"享受"通常不能直接带事物名词做宾语(*我享受这啤酒),而"我喜欢这啤酒"相当于 I like the beer,like 与 enjoy 不同,前者不一定隐含一个事件,通常用一般现在时,后者一定隐含一个事件,通常用过去时。

包括 3500 个语义类型节点，涵盖了 40000 个多义词，其中名词 29000，动词 5000，形容词 6000。此外，Pustejovsky et al.（2009）在生成词库理论的基础上创制了一套语义标注语言——生成词库标记语言（A Generative Lexicon Markup Language，GLML），并已经尝试对语料进行语义标注，与标注施事、受事等语义格不同，GLML 要标注名词的语义类型（人造类、事件等），名词与谓词之间的组合关系（类型选择或强迫），以及涉及的物性角色（形式、构成、施成和功用）等。

生成词库理论，尤其是其中的物性结构（qualia structure）和强迫机制，已经被许多语言理论框架吸收：Jackendoff（1997、2002）的概念语义学利用了物性结构、类型强迫等；Van Valin（2005）在角色指称语法（Role and Reference Grammar，RRG）中利用物性角色来分析名词语义。除了用于英语研究，生成词库理论已经广泛应用于法语、意大利语、韩国语和日语等语言的研究中（参见 Godard and Jayez，1993；Johnston and Busa，1999；Im and Lee，2002；Nishiguchi，2009 等）。汉语研究方面，Huang and Ahrens（2003）论述了汉语量词的强迫作用，如在"总统的一通电话""这场电影很花钱"中，动量词"通""场"强迫名词"电话""电影"获得事件解读，意思分别是"打电话"和"看电影"；刘琼怡（2004）、Liu（2005）在对"赶＋NP"的个案分析中引入了生成词库理论；张辉、范瑞萍（2008）在形名组合的意义建构中利用了物性结构；Lin and Liu（2005）对汉语和英语中的强迫机制进行了比较研究；Lin et al.（2009）基于网络文本考察了汉语中的类型强迫现象；黄洁（2008a、2008b）在名名复合词内部语义关系多样性的认知研究中引入了物性结构；黄居仁等（2013）将物性结构用于汉字表达知识系统的研究，例如带"口"字旁的汉字通常与"吃"和"说"相关，而这恰恰是"口"的两个重要功用角色；王洪君（2010）认为,生成词库理论对于语义特征和语义场层级的描写抓住了词义在组合中的关联,因而语言学的系统价值很高,并利用这一理论对比了"锅""碗"的组合搭配差异;袁毓林(2008、2013、2014)扩充了物性结构,并用于汉语语义知识的建设。

生成词库理论还有许多有争议的地方,学界有不同意见,比如丰富词汇语义描写的方法是否可取,功用角色和施成角色是否属于语言知识,物性结构中的特征是否需要增加,在类型强迫中是否真的发生了类型转换,等等(参见 Fodor and Lepore,1998;Godard and Jayez,1993;Egg,2003;Nishiguchi,2009 等)。这些都是有待解决的问题和需要进一步完善的地方,但不容置疑的是,生成词库理论提出了一种全新的理念和形式化操作方式,能够更好地解释一些语言现象。

参考文献

陈群秀 1998 一个在线义类词库:词网 WordNet,《语言文字应用》第 2 期。

董振东 1998 语义关系的表达和知识系统的建造,《语言文字应用》第 3 期。

董振东 2001 关系:词汇语义的灵魂,第二届汉语词汇语义学研讨会,北京大学,2001 年 5 月。

黄洁 2008a 汉英隐转喻名名复合词语义的认知研究,《外语教学》第 4 期。

黄洁 2008b 名名复合词内部语义关系多样性的认知理据,《语言教学与研究》第 6 期。

黄居仁、洪嘉馡、陈圣怡、周亚民 2013 汉字所表达的知识系统:意符为基本概念导向的事件结构,《当代语言学》第 3 期。

利奇 1974/1987 《语义学》,李瑞华等据 1981 年的修订版译,上海:外语教育出版社。

刘琼怡 2004 《动态化的生成词汇》,台北清华大学语言学研究所硕士论文。

平克·史蒂芬 1994/2004 《语言本能——探索人类语言进化的奥秘》,洪兰译,汕头:汕头大学出版社。

宋作艳　2010　类词缀与事件强迫,《世界汉语教学》第 4 期。

王洪君　2010　从两个同级义场代表单字的搭配异同看语义特征和语义层
　　级——以"锅"和"碗"为例,《世界汉语教学》第 2 期。

姚天顺、张俐、高竹　2001　WordNet 综述,《语言文字应用》第 1 期。

袁毓林 2008 面向信息检索系统的语义资源规划,《语言科学》第 1 期。

袁毓林　2013　基于生成词库理论和论元结构理论的语义知识体系研究,《中文
　　信息学报》第 6 期。

袁毓林　2014　汉语名词物性结构的描写体系和运用案例,《当代语言学》第
　　1 期。

张　辉、范瑞萍　2008　形名组合的意义建构:概念整合和物性结构的杂合分析
　　模式,《外国语》第 4 期。

张秀松、张爱玲　2009　生成词库理论简介,《当代语言学》第 3 期。

Asher, Nicholas and James Pustejovsky. 2005. Word Meaning and Commonsense
　　Metaphysics. ms. Brandeis University and University of Texas.

Asher, Nicholas and James Pustejovsky. 2006. A type cmposition logic for genera-
　　tive lexicon. *Journal of Cognitive Science* 7(1), 1—38.

Egg, Markus. 2003. Beginning novels and finishing hamburgers—remarks on the
　　semantics of *to begin*. *Journal of Semantics* 20, 163—191.

Fillmore, Charles J. 1982. Frame semantics. In The Linguistic Society of Korea
　　(ed.), *Linguistics in the Morning Calm*, 111—137. Seoul: Hanshin Publishing
　　Co. 詹卫东译,2003,框架语义学,《语言学论丛》第 27 辑,北京:商务印书馆。

Fodor, Jerry A. and Ernie Lepore. 1998. The emptiness of the lexicon: Reflections
　　on James Pustejovsky's *The Generative Lexicon*. *Linguistic Inquiry* 29 (2),
　　269—288.

Godard, Danièle and Jacques Jayez. 1993. Towards a proper treatment of coercion
　　phenomena. In *Proceedings of the 6th Conference of the European Chapter
　　of the ACL*, 168—177. Utrecht: OTS Utrecht.

Huang, Chu-Ren and Kathleen Ahrens. 2003. Individuals, kinds and events: clas-
　　sifier coercion of nouns. *Language Sciences* 25(4), 353—373.

Im, Seohyun and Chungmin Lee. 2002. Type construction of nouns with the verb
　　ha- 'do'. In *Language, Information, and Computation : Proceedings of The
　　16th Pacific Asia Conference*, 103—112. Jeju, Korea.

Jackendoff, Ray. 1997. *The Architecture of the Language Faculty*. Cambridge,

MA：MIT Press.

Jackendoff，Ray. 2002. *Foundations of Language：Brain，Meaning，Grammar，Evolution.* Oxford：Oxford University Press.

Jezek，Elisabetta. 2012. Acquiring typed predicate-argument structures from corpora. In *Proceedings of the Eighth Joint ISO - ACL SIGSEM Workshop on Interoperable Semantic Annotation*，28—33. Pisa，Italy.

Johnston，Michael and Federica Busa. 1999. Qualia structure and the compositional interpretation of compounds. In Evelyn Viegas（ed.），*Breadth and Depth of Semantics Lexicons*，167—187. Dordrecht：Kluwer.

Labov，William. 1973. The boundaries of words and their meanings. In C. -J. Bailey and R. W. Shuy（eds.），*New Ways of Analyzing Variation in English*，340—373. Washington，D. C. ：Georgetown University Press.

Lakoff，George. 1987. *Women，Fire，and Dangerous Things：What Categories Reveal about the Mind*. Chicago：University of Chicago Press.

Langacker，R. W. 1987. *Foundation of Cognitive Grammar*（Vol. 1）. Stanford：Stanford University Press.

Lenci，Alessandro，Nuria Bel，Busa Federica et al. 2000a. SIMPLE：A general framework for the development of multilingual lexicons. *International Journal of Lexicography* 13. 4：249—263.

Lenci，Alessandro，Federica Busa，Nilda Ruimy et al. 2000b. *SIMPLE Work Package 2，Linguistic Specifications，Deliverable D 2 1.* March 2000.

Lin，Shu-Yen，Shu-Kai Hsieh and Yann-Jong Huang. 2009. Exploring Chinese type coercion：a web-as-corpus study. Paper presented at 5th International Conference on Generative Approaches to the Lexicon. Pisa，Italy.

Lin，T. -H. Jonah，and Liu，C. -Y. Cecilia. 2005. Coercion，Event Structure，and Syntax. *Nanzan Linguistics* 2，9—31.

Liu，Mei-chun. 2005. Lexical information and beyond：meaning coercion and constructional inferences of Mandrain verb GAN. *Journal of Chinese Linguistics.* 33（2），310—332.

Nishiguchi，Sumiyo. 2009. Application of event semantics to qualia structure of nouns for disambiguation of Japanese postposition No. In *Proceedings of Conference of the Pacific Association for Computational Linguistics*（*PACLING 2009*），Sapporo，Japan.

Paradis, Carita. 2004. Where does metonymy stop? Senses, facets and active zones. *Metaphor and Symbol* 19(4),245—264.

Pulman, S. G. 1983. *Word Meaning and Belief*. London: Croom Helm.

Pustejovsky, James. 1991. The generative lexicon. *Computational Linguistics* 17 (4),409—441.

Pustejovsky, James. 1995. *The Generative Lexicon*. Cambridge, MA: MIT Press.

Pustejovsky, James. 2001. Type construction and the logic of concepts. In Pierrette Bouillon and Federica Busa (eds.), *The Language of Word Meaning*, 91—123. Cambridge: Cambridge University Press.

Pustejovsky, James. 2005. Introduction to generative lexicon. manuscript.

Pustejovsky, James. 2006. Type theory and lexical decomposition. *Journal of Cognitive Science* 6,39—76.

Pustejovsky, James. 2011. Coercion in a general theory of argument selection. *Linguistics* 49.6,1401—1431.

Pustejovsky, James and Branimir Boguraev. 1993. Lexical knowledge representation and natural language processing. *Artificial Intelligence* 63,193—223.

Pustejovsky, James and Elisabetta Jezek. 2008. Semantic coercion in language: beyond distributional analysis. *Italian Journal of Linguistics* 20(1),181—214.

Pustejovsky, James, Jessica Moszkowicz, Olga Batiukova and Anna Rumshisky. 2009. GLML: Annotating argument selection and coercion. In Harry Bunt, Volha Petukhova and Sander Wubben (eds.), *Proceedings of the 8th International Conference on Computational Semantics* (IWCS-8), 169—180. Tilburg, The Netherlands.

Taylor, John. 1989. *Linguistic Categorization: Prototypes in Linguistic Theory*. Oxford: Clarendon Press.

Van Valin, Robert D., Jr. 2005. *Exploring the Syntax-Semantics Interface*. Cambridge: Cambridge University Press.

Wierzbicka, Anna. 1985. *Lexicography and Conceptual Analysis*. Ann Arbor MI: Karoma.

关于生成词库理论的争论

张秀松

提要 本文首先介绍 Fellbaum(1997)对以 Pustejovsky(1995)为基础形成的生成词库理论的称赞、Fodor&Lepore(1998)、Rakova(2004)对生成词库理论的批评,以及我们的反思;然后介绍 Pustejovsky(1998)对相关批评的回应及本文的评论;最后,介绍 Vyvyan(2006)提出的词汇概念和认知模型理论对生成词库理论的继承和发展。

关键词 生成词库理论 词汇概念 认知模型理论

生成词库理论(Generative Lexicon Theory,GLT)的正式形成以 1995 年 James Pustejovsky(JP)《生成词库》(*The Generative Lexicon*)一书的出版为标志。关于 GLT 的介绍,请参看张秀松、张爱玲(2009)。GLT 提出后,学界有称赞的,如 Fellbaum(1997);有批评的,如 Fodor 和 Lepore(1998,FL)、Rakova(2004)、Willems(2006)等;有借鉴的,如 Vyvyan(2006)。本文首先介绍 Fellbaum(1997)对 GLT 的称赞、FL(1998)及 Rakova(2004)对 GLT 的批评;然后,介绍 JP 对相关批评的回应;接着,就 FL 对 GLT 的评论,提出

我们的几点思考;最后,谈谈 Vyvyan(2006)提出的词汇概念和认知模型理论(Lexical Concepts and Cognitive Models Theory, LCC-MT)对 GLT 的借鉴。

一　Fellbaum（1997）对 GLT 的称赞

Fellbaum(1997:597)发表评论,指出:"自从 Chomsky 出版《句法结构》一书以来,语言的生成性已经得到认可。但是,只有到 Pustejovsky 提出他的生成词库理论,人们才意识到词库也有生成性。于是,计算语言学家和理论语言学家才纷纷把他们的研究兴趣转向身份卑微的词库。而十年前,词库,作为语法的组成部分之一,总体上说,是被忽视的。"Jackendoff(2002:103)也认为"词库是个多组织结构,不仅包括特异部分,也包括规则部分。"换言之,词库也有生成性。由于本文主要关注对 GLT 的批评和借鉴,这里对 Fellbaum 的评论不做详细介绍。

二　FL（1998）和 Rakova（2004）对
GLT 的批评

2.1 FL(1998)对 GLT 的批评

由于 Willems(2006)对 GLT 的批评与 FL(1998)的主要观点很相近,本文只介绍 FL(1998)和 Rakova(2004)的观点。FL 对 JP 的批评是在对推理作用语义学(inference role semantics, IRS)进行批评的总体框架下进行的。IRS 虽然有很多版本,但总体认为语言表达式的意义至少部分地取决于其构成成分之间的推理关系。比如,知道 dog 的词义就必然意味着知道 dog 表示的是一种动物。同样,知道 kill 的词义就意味着知道 kill sb 将会导致 sb be dead，知道 book 的意义就必然意味着知道 book 的指称对象是供人阅读的。IRS 认为，语义词库（semantic lexicon）是语法的组成部分之一，它们应该明示出任何理解该词语的意义所必须知道的推理关系。FL 从词汇之间的语义关系问题、语义合式性问题、分布问题、生成性问题等方面对 GLT 提出了全面批判。

【1】词汇之间的语义关系问题。GLT 认为词汇语义学不仅要研究词语指谓什么，而且要研究它是如何指谓的。为了实现这一目标，就要把词汇之间的同义、反义、上下义、部分-整体、词汇继承、蕴涵与预设这些推理关系写进词义。为了在不求助于意义公设的情况下捕捉这些关系，GLT 主张对词义进行更丰富的描写。FL 认为词库本身就是"意义-内容"相匹配的符号集，学习词汇就是一个枯燥记忆的过程。至于分析性推理用到的各种语义关系是属于逻辑而非词义的。即便是必然性推理也不足以作为词义的一部分。比如，"x 是正方形→x 不是圆"。但不能据此认为，理解"正方形"的词义首先要理解"圆"的词义。如果这样，"正方形"的词义负荷就太重了，因为还有"x 是正方形→x 不是三角形""x 是正方形→x 不是六边形"……这样，要理解"正方形"岂不是首先要理解"圆、三角形、六边形"等的意思。必然性推理尚且如此，或然性推理就更不能写进词义了。比如，不能因为"x likes beer→x likes drinking beer"这种或然性推理的存在，就在"beer"的词义中写上"for drinking"这样的说明。因此，FL 认为理解词义可以运用逻辑推理，但逻辑推理不需要，也不能写进词义。JP 没有区分开语言告诉了我们什么（语义，语言知识的一部分）和我们从这个"什么"知道了哪些关于世界的知识（常识，百科知识的一部分）。比如，"My wife uses the subway every day"告诉我们的只是"我妻子每天用地铁"，至于我们理解出的"我妻

子每天乘地铁",那是推理作用的缘故。我们也可以从这句理解出"我妻子非常喜欢地铁"这样的意思。

【2】合语义性问题。JP 提出"合语义性"(semanticality),以与"语法上的合式性(即合法性)""语用上的合适性(或可接受性)"相并列。JP 认为,合语义性的作用对象是语义表达式,而不是句法结构,说的就是语义上合不合逻辑。FL 认为 JP 没有说明"合语义性"的含义到底是什么。JP 所举的有限的几个例子也不能说明问题。比如,JP 认为"Mary kicked me with her foot"不能成立是因为语义上不合逻辑,kick 的词义中已经有 with foot 部分。FL 则认为,kick 的词义就是[KICK],至于 with foot 是推理过程中加进去的。上句的不合格可以从语用上加以解释。with her foot 的出现没有增加新信息,违反了 Grice 会话合作原则下的句法表达式要传达信息的准则(informative)。再如,JP 认为"Mary began the rock."很难成立是因为语义不合式。FL 则认为,这是语用问题。该句在特定语境下可以成立。比如,理解为"Mary began to paint the rock"。所谓"不合语义性"就是没有语境支撑,它的意思不容易解读出来。因此,"合语义性"不足以作为捍卫某些句子合格、说明其它句子不合格的标准。

【3】分布(distribution)问题。JP 认为,动词或其它范畴在分布上的多样性很大程度上是由这些词本身的意义决定的。例如:

(11) a. Mary ate(her meal)quickly.

b. Mary devour *(her meal)quickly.

JP 认为,eat 的宾语可有可无,而 devour(吞食)的宾语一定要有。这是因为,eat 表示一个无界的活动,而 devour 表示一种转变,它有一种动作完成的含义,而 eat 没有。eat 可以表示无界的活动是它可以省掉宾语的原因。FL 则指出,stroke、ground、smell 也表示无界活动,却不能省去其宾语。例如:* John stroked;* John ground(this teeth);* John pound;* John smelled(the salt air)。那么,是否动词表无界活动是宾语可省的必要条件而非充分条件呢? 这也不对。win、lose、tie 的宾语可省,但这些动词都表示有界活动。例如,John won/lost/tied the race. → John won/lost/tied. 另外,FL 提出"为什么不能把 eat 理解为有界的,即为什么不能把从吃到不吃的状态改变叫'转变(transition)'? JP 的'转变'究竟是什么意思?"

【4】生成性(generality)问题。GLT 认为词库具有生成性,要解释词库的生成性必须求助于词条的复杂性。FL 则认为,虽然严格地说,我们必须承认词条往往是复杂的,但是也必须声明:词条的复杂性与词汇原子主义观以及词义就是词的指谓的观点并不矛盾。即词汇虽然可能很复杂,但不具有可分析的内部结构,词库不具有生成性。比如,JP 认为,bake a cake 和 bake a photo 中的 bake 是一个词,但具有多义性,在语境中可能表现出[制作]义和[加热]义的不同。要反映这两种语境义的生成,就要对 cake 和 photo 做复杂的语义描写,比如,前者的 FORMAL=artifact,后者的 FORMAL=phy-sobj。前者的 FORMAL 与它的 TELIC=make_act 相关联,从而使 bake 获得[制作]义。FL 则认为,宾语表示人造物时动词仍然有歧义。比如,bake a cake 有"烤制一块蛋糕"和"把一块蛋糕烤热"的歧义,正如"John is baking something""What is john baking?" 中的 bake 都有歧义一样(FL 1998:281)。所以,不必因为要说明 bake a cake 中 bake 的[制作]义的生成,就把对 cake 的词义说明复杂化,把表示人造物的和表示自然物的区分开。因为有时即便在宾语的词义说明中表明它表示 artifact(人造物)也不能确保动词有[制作]义解读。如:* bake a knife/trolley。FL 认为,bake a cake 中 bake 的制作义不是因为 bake 与 cake 组合生成的,而是原来就有的,本来就有

两个动作，一个是[烤制]，一个是[烤热]。当然，要有两个 bake 了。FL 是这样证明的：既然如上所述 bake a cake 有歧义，而 JP 也同意 cake 是单义的，那么，整个短语的歧义只能是由 bake 造成的。所以，bake 是有歧义的，它表示两个动作。

　　FL 还质疑"为什么要把'V/A＋NP'的歧义归之于 NP 的物性结构得到不同的凸显，而不把歧义（同时）归于 V 或 A 呢？既然 GLT 承认名词有多义性，那么为什么动词、形容词就不能有多义性呢？(FL,1998:287)"同样，JP 说 begin 在 begin a book 中意义为 begin reading，而在 begin a beer 中意义为 begin drinking，是因为 book、beer 的功用角色不同。FL 主张不必因为要说明 begin 在语境中的理解，就把[FOR DRINKING]、[FOR READING]加进 beer 和 book 的词义说明中。[FOR DRINKING]、[FOR READING]都是推理赋予的，不是 beer、book 词义的一部分，因为即使名词的功用角色被写进名词的词义中，在这些名词与动词组合时也不一定会被提取利用。比如，begin a car≠begin to drive、begin a thermometer≠begin to measure(FL,1998:281)？同样，enjoy NP 的释义也不需考虑 NP 的功用角色，可以统一地释为[ENJOY USING SOMETHING]。再如，enjoy a rock 和 enjoy snow，GLT 认为是不合格的，原因是 rock、snow 词义中没有功用角色(JP,1995:41)。FL 则认为，enjoy a rock 和 enjoy snow 是合格的，因为岩石可以用来砸窗户，雪可以用来制雪球。而且，GLT 不能预测出 enjoyed the doorknob、enjoyed the federal government、enjoyed the carpet 是不合格的 (FL,1998:281)。总之，FL 强调，JP 把语境中支配成分的多义性归之于它所支配的成分的词义的复杂性，这是不对的。他们提出，要理解 want a beer 需要的只是逻辑形式的观念。逻辑形式是由无多义的词串组成的一个句法过程的输出,这种句法过程对语义解读是有用的。want 指称的就是一个人和一个事件状态之间的[需求]关系。因此,"want an NP"的逻辑形式就是"want to have an NP"。据此,我们就可以得出"want a beer"的意思是"want to have a beer"。这样,把"want an NP"理解成"want to have an NP"而不是"want to [event reading from the telic role of the noun] NP"产生了那些生成词库不能产生的正确解读。总之,FL 认为物性结构没有必要存在,存在了也不能保证共组运作一定可靠。

FL 还提出了 GLT 在一些细节上的问题,包括以下几点:

【5】FL 指出,JP 虽然声称"各种事件类型都有核心性特征",但其实践却只是用于述谓性事件(denotations as represented),比如,认为"John bought the book from mary"与"Mary sold the book to John"表示的是同一事件,只不过这两句表示的是这个事件的不同核心。但是,他的声称却不用于指称性事件(denotations,things in the world)。

【6】FL 批评 JP 对"同义词"(synonym)界定不清。JP(1995:23)是这样界定同义词的:如果两个词在任何语境下都可以相互替代而不影响句子的真值条件,则它们是同义词。这是严格意义上的同义词。还有一种广义的同义词。它们只在特定语境中是同义词。FL(1998:274)反驳说,这两种关于"同义词"的定义都是不对的。一方面,任何同义词都有自己的分布条件,不可能有在任何语境下都可以相互替代的两个词。另一方面,在某些语境中任何两个词都可以相互替代,那么是否任何两个词之间都是同义关系呢? 比如,elephants(大象)和 asteroids(钙铁辉石)在下面这个结构槽中可以相互替代,但意义上几乎不相关:

(12) ＿＿ are bigger than a breadbox.

2.2　Rakova(2004)对 GLT 的批评

Rakova(2004:127—130)也对 GLT 提出了一些批评。其批评如下。

【7】GLT 主要适用于与表示人造物的名词搭配的形容词或动词，尤其适用于形容词。但对表示自然物的名词，比如，对 a good children、a good whether 缺乏解释力。

【8】GLT 试图把某些百科知识写进词库，可是没有明确语言知识与百科知识之间的界限。即：到底要把多少百科知识写进词库才能算不多不少。如果像 GLT 那样把 sad movie 理解成指使人伤感的电影，有人可能仍然要追问"到底是使人为自己伤感呢，还是使人为影片中的角色伤感呢？（看完一部战争片后，你也许会发出一个冷静的评价'it is a sad world'，但是你内心并没伤感。为别人感到伤感不同于为自己感到伤感）这种意义理解上的精细化的需要也许会无止境。但是 GLT 到底要捕捉到什么层次的意义差别为止，根据什么样的标准进行捕捉，这些还不是太清楚。求助于物性结构也不能完全消除哲学式的多义性。"(Rakova,2004:120)

【9】John wants a car 完全可以理解为"John wants to have a car"而不一定非要理解为"John wants to drive a car"。GLT 没有什么内在方法来说明"何时应该用名词的物性结构中相关角色激活的事件解读取代 have 解读，何时不用"。

2.3　JP(1998)的回应

对 FL 的批评，JP(1998:289)回应道："FL 误解了 GLT 的宗旨和具体细节。对语义研究和语义学领域固有的关于自然语言意义的研究总体上持否定态度和非建设性的观点①。FL 的批评文章最令人失望的地方就是他们没有意识到多义词这个重要因素与语言创造性之间的关系，没有意识到多义问题是考察思维生成性的窗口。结果，他们所谓的'组合性'和'能产性'的讨论偏离了正题。"Vittgenstein、Searle 等人早就告诉我们，意义是肮脏（dirty）的。但是发现言语行为中是什么东西使我们能用有限的词汇资源表示丰富、多变的意义既比 FL 的"空假设"（null hypothesise，即认为词语不具有可分析的内部语义结构）更有价值，也更能经得起实证考察的检验。JP（1998：305）指出，FL 的批评采用了双重标准（dualism），对别人的理论殚精竭虑地寻找反例，对自己的"空假设"却疏于实证。他们的要求对任何一种自然语言语义学理论来说，都高得不切实际，是任何一种有实证动因的理论框架（empirically motivated framework）都达不到的（unattainable）。对 FL 的最有效的反驳就是看看 GLT 解决了多少问题（比如，词语语境意义的生成、词语句法表现的多样性、情态型致使结构中代词照应现象对约束原则的违反，等等），再看看他们提出的空假设能解决多少问题，能否具有可验证性（JP，1998：295）。

---

① 无独有偶，Jackendoff（1990：45—48）认为，Fodor 关于思维与语言关系的研究的一个主要任务就是否定词义的组合性。但是，他并未提出另外任何一种词义描写和分析方法来代替语义特征分析或概念分解分析，后两者毕竟在追求语义描写的形式化和对具有原型效应的概念进行合适描写方面具有一定的优势。Fodor 的论据几乎都是否定性的，在如何处理词义问题上很少有自己的建设性论据。比如，他否定语义特征分析或概念分解分析的理由之一就是大多数词实际上很难做出精确的定义。既然如此，那么就没有理由相信词语有内部结构。但是，Fodor 的观察其实说明的是，假如存在词汇内部的概念组合原则，那么它们跟句子内部短语所示概念的组合原则可能不一致，因而很难用后者对前者进行精确定义。因此，Fodor 的驳斥不能成立，因为它是建立在词汇内部语素之间和句子内部短语之间的语义组合原则是一致的这个基础上的。

　　FL 的空假设实质就是既要坚持组合性（maintaining composition），又要放弃分析性（rejecting analyticity）。即，他们一方面承认词语往往是复杂的，可能由更小的元素组合而成；另一方面，认为词语的内部结构在语义上不具有可分析性①（JP,1998:305）。这就是词汇原子主义观。FL 为了能坚持词汇原子主义观，拒绝承认多义词的存在，认为都是同音词。这就无法捕捉多义词各意义之间存在的而同音的多个词的意义之间缺少的联系（JP,1998:308；Marina,2004:137）。FL 对自然语言语义学内包括 GLT 在内的多种语义框架的批评是建立在认为分析型表达（analytic expression）和综合型

---

①　Fodor 认为，如果词汇表达的概念可以分解，那么表示简单概念的词应该比表示复杂概念的词在心理处理时花费的时间更少，可是实验表明事实并非如此。Jackendoff(1990:45—48)指出，词汇所示概念的复杂性与其认知处理之间并不存在正比关系。表复杂概念的词既已被"打包"成一个整体加以学习和记忆，那么使用和理解它就未必要花费比表简单概念的词更多的时间。Fodor 拒绝承认词义的可分解性，是因为他无法找到一种能使分解出的语义特征成为界定该词指涉对象的充分必要条件的方法。Fodor 这么做的后果是，对词语之间的同义、反义、上下义、衍推等语义关系分而治之地处理。对上下义关系用经典逻辑的逻辑蕴涵处理，对衍推关系则诉诸意义公设。即：他认为，如下几种转换之间并不存在什么规律或关系，而是各个词的词义各自具有转换特征。
　　a. x killed y → y died　　b. x gave z to y → y received z
　　c. x lifted y → y rose　　d. x persuaded y that P → y came to believe that P
其实，它们可以统一成：X cause E to occur → E occur。Fodor 提出的意义公设的研究路子，错过了对词项具有的不同的推理特征（即在逻辑推理中表现出的特征）进行概括的可能，有些意义公设又是词义分解路子的翻版。
　　Fodor 采取词义的非组合性研究路子还有一个后果，那就是对词义习得问题无法做出合理解释。按照 Fodor 的观点，词义都是原子性的，这样必须都是心智中固有（天生）的。按照我们的看法，词义有复杂和简单之分。复杂词义是简单词义的不同组合。Fodor 自己也曾指出，任何计算理论都会认可学习的过程其实就是用固有的初始成分进行创造性的组合。因此，表示复杂概念的词汇的词义应该是对表示简单概念的这些初始词汇的词义进行不同组合的结果，前者的习得以后者为基础。

表达(synthetic expression)之间的区别无关紧要的基础上的。其实,这种区别是十分重要的(JP,1998:305)。比如,FL 质疑:既然,例(13a)的表语与例(13b)的表语 a rattling snake(响尾蛇)有一个共有成分 rattling,而例(13c)的表语与例(13a)的表语 a rattling snake没有任何共同成分,那么,为什么从例(13a)为真可以推导出例(13c)为真,却不能推导出例(13b)为真?

(13) a. That is a rattling snake.   b. It is rattling.

c. It is dangerous.

FL 认为,这是因为"a rattling snake"是个综合型表达,而不是分析型表达。但是,其实从例(13a)为真不能推出例(13b)为真,这并不妨碍我们说"a rattling snake"的意义具有生成性。只是在"a rattling snake"的意义的生成过程中要添加隐性成分 tail。而且,FL 把各种推理的效力完全等同起来了。

Jackendoff(1990:11)对 Fodor 等人的词汇概念的原子主义观提出了批评。Jackendoff 认为,语言中的词语表示的概念多数是合成性的。这些合成性概念是有限的概念元素和有限的组合规则互动的结果。不承认这一点,将无法说明概念使用和理解上的创造性跟存储概念的长时记忆容量的有限性之间的矛盾。

对【4】中 FL 提到的词义说明中自然物和人造物的区分无助于自然物名词和人造物名词进入语境时整个短语意义在解读上的区分,JP(1998:294)指出,人造物的功能性在表示人造物的词语个体化的过程中起了很大作用。即,当表示某类人造物的词语进入语境表示某个人造物时,它的功用角色起了很大作用。所以,表示人造物的词语进入语境参与组合时,其物性中携带的功用角色往往可以被语境激活参与整体意义的生成。根据 JP 的观点,可以认为,自然物词要使相关事件参与整个短语意义的生成过程,其物性信息必须得到改写。例如：

(14) The climber enjoyed that rock。

JP(1998:294)说，例(14)合格是 VP"enjoyed that rock"与 the climber 共组的结果，已经不只是 enjoy 与 rock 共组的问题了。整个例子正好可以说明共组运作不仅存在于动词与其宾语名词之间、形容词与其修饰的中心语名词之间，还存在于主语与宾语之间。因而，JP 提出的共组机制并不是特设的(ad hoc)。例(14)中 the climber 与 enjoyed that rock，从而间接地与 that rock 共组的结果是使 rock 的物性信息在此语境中发生了改写，多了一个功用角色——[供登山者爬山用]。按：我们认为，Croft 和 Cruse(2004:65)指出的介词 in 与 on 的区别也能说明 JP 提出的共组运作是广泛存在的。例如：

(15) a. There is milk in the bowl.　 b. There is dust on the bowl. Croft 和 Cruse(2004:65)指出，即使一只碗里只有几滴牛奶，另一只碗里却有很多灰，以英语为母语的人仍然用 in 来概念化牛奶和碗的位置关系，而用 on 来概念化碗与灰尘之间的位置关系，因为碗的缺省功能就是盛食物，而不是盛灰的。有些语境下 enjoy a rock 合格，那是有标记的。正如 JP(1998:304)所言，就算 bake something(如 bake a cake)和 enjoy something(如 enjoy a book)有多种解读，但缺省解读只有一种。同样要回答"为什么"(即：为什么缺省解读是这个而非那个？)。

2.4 我们的几点思考

FL 和 Rakova 对 GLT 提出的九条批评中，我们认为，有八条是错误的。下面逐条检讨。

关于批评【1】，我们也认为 FL 确实误解了 GLT 的总体目标和具体细节，因而对 GLT 对词库生成性的揭示视而不见，而以为 GLT

找到多少反例为己任。GLT 的总体目标就是为了对词义的生成性给予形式描写,捕捉词语在具体语境中的解读过程,以期为计算语言学的相关研究提供支撑。词库应该能够对很多与词义理解相关的系统现象做出解释或说明,不是一句"词汇是原子性的,学习词汇本来就是个枯燥记忆的过程"就可以完事的。比如,宾语所指称的物体的物性信息的不同会影响到动词的句法表现(JP,1998:301)。这些句法表现并不是像 FL 所说的那样是零星的,无法解释的。比如,例(16)、(17)中各组句子内部之间的句法差异是可以在 GLT 内部得到统一解释的:

(16) a. John read a story. →John read a book.

b. John told a story. →* John told a book.

(17) a. John gave a talk to academy today.

b. John gave a talk today.

c. * John gave a book today.

而且,FL 所谓的"反例"都是基于对 GLT 的曲解形成的。比如,FL 关于推理关系能否写进词义以及必然性推理与或然性推理写进词义时的优先等级的看法,曲解了 GLT。GLT 主张把有些推理关系写进词义说明中,但并不是像其它版本的 IRS 所主张的那样,所有推理关系都要写进词义,也不一定说在把推理关系写进词义说明时,必然性推理一定优于或然性推理。比如,"x 是正方形→x 不是圆"是必然性推理,但 GLT 并没有把[不是圆]写进对"正方形"的释义中,而"x 是书→x 是供人看的"是一种或然性推理,但 GLT 却把[供阅读的]写进对"book"的释义中。GLT 认为,是否要写进词义说明,主要看能否便于揭示词库的生成性。所以,FL 的批判不能成立。即使 GLT 在某个词或某些词的词义解释中写进的推理知识多了或者少了,也不足以否定 GLT 整个框架。另外,不能因为"x 是书→x 是供人看的"是一种或然性推理就否定把[供阅读的]写进 book 的词义说明的可能。

关于批评【2】,我们认为 GLT 提出"合语义性"这个概念是个创举。既然语法上有是否符合语法规则要求的合法性问题,语用上有是否可以接受或是否经常使用的合适性问题,为什么不能有语义上是否符合逻辑的问题。至于 JP 所举的例子也没有问题,不过 FL 从另外一个角度对这些例句的不成立做出了解释。但是,由不合语义性导致不成立的句子无法都从这"另外一个角度"得到解释。例如:

(18) a. Mary likes movies.

　　 b. Mary likes watching movies.

　　 c. Mary likes to watch movies.

　　 d. Mary likes(for)John to watch movies.

　　 e. Mary likes that John watches movies with her.

　　 f. Mary likes it that John watches movies.

(19) a. Mary enjoys watching movies.

　　 b. Mary enjoys movies.

　　 c. * Mary enjoys to watch movies.

　　 d. * Mary enjoys(for)John to watch movies.

　　 e. * Mary enjoys that John watches movies with her.

　　 f. * Mary enjoys it that John watches movies.

根据 GLT,例(19)中 c—f 不成立就是因为不合语义性而不是 FL 所说的关于 like 和 enjoy 的宾语形式的约定俗成的不同造成的,因为 like 和 enjoy 的词义决定了它们表示不同的语义关系,enjoy 表示的关系中一定含有"主体对相关客体施行过某种行为,因而喜欢"的意思(详见 JP 1998:306)。其实,杰弗里·利奇(1987:8)早就提出了"语义能力"这个概念。"语义能力"就包括对语义异常现象(即不合逻辑的语言表达)的觉知能力。语法上的合格与否、语义上的合逻辑与否与语用上的合适与否是平行的。而且,"合语义性"这个概念已经为 Vyvyan(2006)提出的词汇概念模型理论所继承,并加大了其解释力度。

对于【4】中 FL 在提到的"为什么要把'V/A＋NP'的歧义归之于 NP 的物性结构得到不同的凸显,而不把歧义(同时)归于 V/A",我们认为,JP 这么做可能是因为动作、属性状态往往依赖于事物,而非相反。语言中动词名用比名词动用要多得多(王冬梅,2003)。当然,如果两个"V/A＋NP"中的 V/A 词义存在较大差别,GLT 还是分别处理的。GLT 虽花了一章讲 NP 的词义,但却也花了一章讲致使结构,而致使结构涉及的逻辑多义性,GLT 就是把它归结于 V 的物性结构的不同的。另外,【4】中 FL 以 * bake a knife/trolley 为例证明宾语是人造物时也不能确保 bake 有创造义。我们认为, * bake a knife/trolley 不成立,并不是因为其中的 bake 没有创造义,而是因为 bake 与 knife/trolley 之间句法上不搭配造成的。如果你对一个以英语为母语的人说,假定这是正确的短语,你认为它的意思最可能是什么。他可能会告诉你其中的 bake 是[锻造]的意思。这说明 bake a knife/trolley 中 bake 仍然有[制作]义。至于 FL 指出 GLT 不能预测出有些表达的不合格,我们认为,语言学理论往往不能做到强预测,只要能对一系列语言现象做出系统解释,并做到弱预测,就不失为一种好理论。

对于【5】,我们认为 FL 所谓的"指称性事件"是被当作物体加以指称的事件。而一旦一个事件被当作一个物体加以称说时,人们已经不再关注其内部的时间信息。当然,就更不会关注这个事件内部子事件在时间上的先后顺序关系以及哪个子事件是整个复合事件的核心了。所以,指称性事件不具有核心性特征。JP 所谓"各种事件

类型都有核心性特征"中的"类型"显然不是指指称性事件与述谓性
事件这些类型，而是指述谓性事件中致使事件、体验事件等下位
类型。

【6】中 FL 批评 JP 对"同义词"的定义不正确。先看 FL 的第一
个证据：任何同义词都有自己的分布条件，不可能有任何条件下都可
以相互替代的两个词。这个论据与郭锐（2002:68）的下面几句话有
惊人的相似之处：

> 即使我们找到一种语言中所有的语法位置，以此来划分词
> 类，我们发现几乎不存在分布完全相同的词。

对这个观点，袁毓林（2006）指出，我们根据分布划分词类，显然不是
把每个词的所有语法位置都考虑在内。至于选择哪些，摒弃哪些，当
然是选择那些事关大局的，能够反映词在语法功能上的重要差别的。
比如，主语与谓语、谓语中述语与宾语的区别就事关语法全局。因为
只有把这些概念界定清楚了，讲主动句与被动句之间的转换，进行各
种语法分析才更方便。所以，主宾语、谓语等就是特别重要的语法位
置。能否充当主宾语，能否充当谓语等就是划分词类的重要依据。
同样，JP 所说的"在任何语境下能相互替代"中的"任何语境"显然是
指对辨别同义词至关重要的"任何语境"，而不是指作为比较对象的
具体词所能出现的所有语境。再看 FL 的第二个证据：某些语境中，
任何两个词（即使语义上毫不相干，也）都可以相互替代。这里，FL
与吕叔湘（2005［1979］:37）犯了同样的错误——误解了两种不同性
质的替代。吕先生讲到代词名称时说了下面的一段话：

> ……把代词分成代词和指别词（一部分兼属两类）也许更合
> 理些。如果仍然合为一类，也是把名称改为指代词较好，因为指
> 别是这类词不同于他类词的主要特征，至于称代，反而不是这类
> 词独有的功能。数量词组合也可以代替名词，"的"字短语也可

以代替名词。

吕先生的论述其实混淆了转指与直指的区别。数量词组、"的"字短语代替名词（组）是通过描写相关事物的数量或属性来转指该事物的。比如，"那三位"代替"那三位客人"，"红的"代替"红的苹果"，都是转指，有一个被修饰的中心语省略的过程。而"我"指说话人则是直指，不存在省略的问题。因而，这是两种不同性质的替代。同样，FL 把 JP 所说的"替代"曲解成了语法功能相同就可以进行的"替代"。JP 所说的"替代"必须是语义极为相关（至少是处于同一语义场内）的词之间的替代。因为我们鉴定它们是否是同义词的多个对象词本身是我们认为它们的意义有很大关联度的多个词。像 elephants 和 asteriods 这样在意义上风马牛不相及的词我们自然不会想去看看它们是否是同义词。

关于【7】，我们基本同意 Rakova（2004）的观点，GLT 虽然也能解释场景定义型名词和角色定义型名词及关系名词等表人名词句法表现上的差异，但对表自然物的词语还是缺乏充足的解释力。但必须指出，这只是 GLT 的适用范围问题，不是实质上的缺陷。

【8】与【1】中的相关批评有些不同。【1】中 FL 批评 GLT 没有区分语言知识和百科知识。而【8】中 Rakova 批评 JP 在把百科知识写进词条时没有控制好标准。从这方面看，Rakova 已经看到 JP（1995）已经注意到了百科知识与语言知识的关系，而不像 FL 甚至还没有看到 GLT 对语言知识和语言外知识是有所区分的事实。JP（1995）的第十章第一节整节都是在谈这个问题。JP（1995：233）明确指出：百科知识和语言知识之间存在连续统并不意味着在处理某些范式性的语言表现时，不能把某些百科知识（比如推理关系）语言化为语言知识。把某些百科知识写进语言有助于我们实现对词语进行更丰富的语义描写以及计算机模拟词义的生成和语境解读。通俗地

说，就是不能因为还没有找到控制百科知识写进词汇的标准，就反对把某些百科知识写进词义。这对计算语言学研究是不利的。至于控制标准，GLT 已经找到一些。比如，对意义差别的捕捉只能精细到不能用独立的词表达更细的意义差别为止。这是对第【8】中 Rakova 关于意义差别的捕捉精细到什么层次为止的有力说明。

至于【9】，Rakova 实在是冤枉了 GLT。GLT 明确指出，只有在"强迫语境"中才用相关物性信息中的功用角色或施成角色激活的事件取代物体解读。比如，与体动词 begin 共现时，a book 就处在一种强迫语境之中，即 begin 与 a book 之间无法直接生成整个短语 begin a book 的意思。[开始]只能与事件相搭配，所以，a book 物性中激活的就不是形式角色，而是功用角色。故 begin a book 表示 begin to read a book。而像 have a book 就不需要也不能理解成 have to read a book，因为 have 的论元就是物体，而不是事件。

上面我们对 FL 针对 GLT 的批评逐条进行了驳斥。我们认为任何一种理论，在新生时，肯定会有很多不成熟的地方，在看到他人提出的理论的"缺点"的同时，一定要想想该理论的优点，权衡一下两者的比例关系。当然，我们为 GLT 做出辩护并不意味着我们对 GLT 推崇备至，也并不意味着 GLT 完美无瑕。其实，GLT 的有些观点和做法还是可以商榷的。比如，GLT 没有说明在何时激活名词物性结构中的功用角色解读，何时激活名词物性结构中的施成角色解读，何时激活形式角色……从而与相关动词或形容词进行共组。例如，汉语"快餐"，根据 GLT，"快"作为形容速度的属性词，可以激活[餐(饭)]中的功用角色或施成角色，可是在汉语中"快餐"只理解为"能够迅速提供给顾客食用的饭食"而不理解为"能够供给顾客迅速食用的饭食"。这里是什么因素在抑制对"餐"的功用角色的解读，而激活对"餐"的施成角色解读的呢？再如：

(20) 雨后天空一片晴朗。（下雨后，激活施成角色解读）

(21) 饭后一支烟，快活如神仙。（吃饭后，功用角色解读；*烧饭后，施成角色解读）

上两例中，"雨后""饭后"都是"事件名词＋后"，但"雨后"激活的是名词"雨"的施成角色解读（即"雨后"表示"下雨后"），"饭后"激活的却是名词"饭"的功用角色解读（即"饭后"表示"吃饭后"）。对于"雨后"好解释，因为雨是自然物，没有相对专一的功用，故"雨后"不能激活"雨"的功用角色解读。可是，饭作为一种人造物，除了有功用，还有相对专一的成因事件，那为什么"饭后"不能激活"饭"的施成角色解读（即把"饭后"理解成"烧饭后"）呢？这时显然还要结合上下文提供的语境信息。

三 LCCMT 对 GLT 的借鉴

Vyvyan(2006) 提出的 LCCMT 对 GLT 进行了扬弃，继承了GLT 的合理内核，加大了对词语生成性的解释。LCCMT 认为词语没有所谓的"意义"(meaning)，意义都是语境的产物，是词语的语义潜力(semantic potential)的语境反映。LCCMT 中概念的认知模型思想继承了 GLT 中物性结构的思想。LCCMT 认为，一个概念具有一个认知模型(cognitive model)。每个认知模型在语境中会凸显不同的侧面。比如，[BOOK]这个概念，可以激活如下的认知模型：

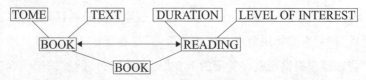

在不同的句子中，[BOOK]这个概念就可以激活上述认知模型中的不同节点。例如：

(22) That is a *heavy* book.（激活 BOOK，从而激活 TOME（卷、册、本））

(23) This book is really *long*.（激活 READING，从而激活 DU-RATION）

(24) This book is really *boring*.（激活 READING，从而激活 LEVEL OF INTEREST）

我们可以看到，LCCMT 用"激活"这样的术语把概念网络中的不同节点连接起来，而 GLT 用的是功用角色、施成角色等。其实，都是为了凸显概念的不同侧面。比如，BOOK 与 READING 的关系，在 GLT 里说 BOOK 的功用角色是 READING，而在 LCCMT 里直接说，[BOOK]能激活 READING。在 GLT 里，BOOK 的形式角色是 obj·info。在 LCCMT 里，obj 换成了 TOME，info 换成了 TEXT 和 LEVEL OF INTEREST。虽然精细程度不一，但大致意思一样。LCCMT 通过对 GLT 的改造，加大了对词语语境意义的解释。比如：

(25) a. He began the book.　　b. ? He began the dictionary.

上面两句在合格度上的差异，GLT 认为，是由于 book 和 dictionary 的功用角色不同造成的，book 是供阅读的，所以可以与 began 搭配，表示"开始读书"，而 dictionary 的功用角色是供查阅，所以，不能与 began 搭配。可是，LCCMT 认为这是 GLT 的硬性规定。为什么不能让 began 与 the dictionary 搭配，表示"开始查字典"呢？ GLT 没有做出解释。LCCMT 引进 DURATION，做出了解释。因为 DIC-TIONARY 激活的是 CONSULTION（查阅），而 CONSULTION 不能激活 DURATION（时段）。简言之，查字典是短时行为，无明显的起始时间、持续时间和终止时间；而读书，相对于查字典来说，通常是个长时行为，有明显的起始时间、持续时间和终止时间。所以，began the book 合格,而 began the dictionary 就很别扭,除非当某人把字典当成书来读,否则,不可以说 began the dictionary。同样,began the rock,JP 认为不合格,FL 认为合格,比如,表示"开始漆岩石"时就是合格的。其实,JP 和 FL 都有对有错。LCCMT 认为 began the rock 通常情况下是不合格的,除非语境设定特殊的激活条件,使得 DURATION 被激活。比如,在雕刻语境中,began the rock 用于表示"开始刻那块石头"是很自然的。相对于 Evans 所举的"开始刻那块石头"的例子,FL 所举的"开始漆那块石头"的例子显得很蹩脚,因为雕刻必有一个材料论元,它往往是石头;油漆这个动作虽然必须涉及一个对象论元,但对象论元范围很广,不一定就是石头。当然,应该看到 LCCMT 是在充分了解 JP 和 FL 关于 GLT 争论的基础上提出的。Evans 用的很多例子都是 JP 和 FL 用过的。Evans 提出的解释往往是针对 GLT 没有解决的问题的。再如,FL 质疑为什么 begin the car 不合格? 按照 GLT,car 的功用角色是 driving,完全可以与 began 搭配,整个 begin the car 应该是合格的。Evans 为 GLT 做出解释说,因为已经有 start the car 了,语言的经济原则使得 begin the car 不合格。

　　LCCMT 比 GLT 的进步之处在于通过视角化(perspectivisation)解决了概念的哪个义面(即概念激活的认知模型的哪个侧面)被凸显的问题,通过调焦(adjustment)解决如何被凸显的问题。比如,GLT 认为 a good man、a good meal 中 good 语境解读的不同是由于与 good 搭配的中心语名词对 good 进行了选择约束,从 GOOD 这个概念中选择适合自己的侧面。而 LCCMT 则认为是 GOOD 概念激活的认知模型自己根据对方的需要调整自己的位置,以恰当侧面与对方结合,是为"调焦"。所以,调焦改造并继承了 GLT 的选择约束的思想;而视角化则是针对 GLT 未解决的问题而设。此外,

LCCMT 还继承了 GLT 的共组（co-composition）和合语义性（se-manticality）的思想，把前者改称为"互选（co-selection）"，后者则直接借用。

参考文献

杰弗里·利奇　1987　《语义学》(李瑞华等译)，上海：上海外语教育出版社。

郭锐　2002　《现代汉语词类研究》，北京：商务印书馆。

王冬梅　2003　动名互转的不对称现象及成因，《中国语文》杂志社编《语法研究和探索》(十二)，北京：商务印书馆。

袁毓林　2006　词类性质的证伪性测试和本体论检讨，《语言学论丛》第 33 辑。

张秀松、张爱玲　2009　生成词库理论简介，《当代语言学》第 3 期。

Croft, William and Cruse, D. Alan. 2004. *Cognitive Linguistics*. Cambridge：Cambridge University Press.

Fellbaum, Christiane. 1997. A review：*The Generative Lexicon* by Jamese Pustejovsky, *Language* 73(3), 597—600.

Fodor, J. A and Lepore, E. 1998. The emptiness of the lexicon：reflections on James Pustejovsky's *The Generative Lexicon*, *Linguistic Inquiry* 29(2), 269—288.

Jackendoff, Ray. 1990. *Semantic Structures*. Cambridge, Massachusetts：The MIT Press.

Jackendoff, Ray. 2002. *Foundations of Language：Brain, Meaning, Grammar, Evolution.* Oxford：Oxford University Press.

Rakova, M. 2004. The *Extent Of The Literal Metaphor*, *Polysemy And Theories Of Concepts*, Beijing：Peking University Press.

Pustejovsky, J. 1995. *The Generative Lexicon*, Cambridge, MA：MIT Press.

Pustejovsky, J. 1998. Generativity and explanation in semantics：a reply to Fodor and Lepore, *Linguistic Inquiry*, No 29, 289—311.

Vyvyan, E. 2006. Lexical concepts, cognitive models and meaning-construction, *Cognitive Linguistics* 17(4), 491—527.

Willems, K. 2006. Logical polysemy and variable verb valency, *Language Science* (28), 580—603.

二 句法语义研究

"个体""类"和"事件":
量词对名词的语义强迫*

黄居仁　安可思　著

熊佳娟　丁　晶　译

提要　本研究挑战了一个传统的语言学观点,即"量词是对个体(individuals)进行分类"。该研究表明,量词可以通过语义强迫而使名词获得指称"类""事件"及"个体"的功能。这一发现有力地驳斥了"名词只指称实体(entities)"这一观点;更重要的是,我们指出,量词不仅只是与名词进行搭配,还会通过语义强迫来突显名词的其中一个特定意义。再者,中文的量词系统有其内在分类,包括"事件""类"以及"个体";而这些量词的子类别亦有其各自的分类系统。本研究结果有如下的重要性:第一,名词语义的理解应该远远超越"名词仅仅指称个别实体"这一传统观点;第二,本文首次发现并指出,抽象的语义区分,即"个体""类"和"事件"三者的区分,以及其中"类"和"事件"的内部区分,都可以在一门自然语言的其中一个特定语法系统中得以体现:汉语量词系统便是有力例证之一。

关键词　汉语　量词　(语义)强迫

＊　原文出处: Chu-Ren Huang and Kathleen Ahrens. 2003. Individuals, kinds and events: Classifier coercion of nouns. *Language Sciences* 25:353—373。

一　简介

"个体"（individuals）、"类"（kinds）及"事件"（events）是形式语义学中三个抽象但却实用的区分语义的概念。它们在形式语义学中有各自独立的研究领域，Lyons（1995）总结了关于这些概念的主流观点，如下：

> 在本书中，我采取的是朴素现实主义的观点。据此，世界的本体结构独立于人的感受、认知以及语言……据此观点，世界包含了许多有着本体类别（或自然类别）的一阶实体（first-order entities）（具有一阶特性）；同时世界也包含物质聚合体（具有一阶特性），其中，部分聚合体可以进行个体化、量化和列举——因此，它们在语言学中也被称为个体——这可由自然语言通过其词汇及语法手段加以实现。我们可以认为：所有的自然语言都能让其使用者可以指涉一阶实体以及表达对一阶特征（自然或赋予的；本身或临时的）进行描述的命题：这样的语言具有一阶形式语言的表达力（expressive power）。（p325）

Lyons 在上文中明确提出了"类型"及"个体"的存在性；同时，他也指出可进行分配组合的"个体组合体"的存在性。这些概念存在于所有的人类语言；凡拥有这些概念的语言则被称为一阶形式语言。

然而，Lyons 不太确信，"事件"的概念是否存在于所有的自然语言中。他说：

> 是否所有的自然语言都拥有更强的表达不同种高阶形式语言的能力？这是一个更有争议的问题，并且在实证上也没有得到解决。一些自然语言确有此能力，【该类语言】让其使用者可

以对一阶实体的特性，个体间的关系，个体所涉及的过程、行为、状态（及其它情况）进行具体化描述。（同上，P325）

高阶语言使其使用者可以用具体概念（比如譬喻）来理解抽象概念。高阶语言也可描述一阶个体所涉及的事件。Lyons 认为，英语便是这样一种高阶语言。

有意思的是，我们注意到，Lyons 认为"个体""类"及"事件"等概念并没有其语言或认知的驱动力（也就是，世界的本体结构独立于人类的感受、认知及语言）。再有，这三个概念在形式语义学中通常被区别对待，并不处于一个统一体系。而本文的讨论将指出，这些概念处于一个连贯的并且有着认知驱动力的语法体系；"个体""类"及"事件"这三个概念能在现代汉语的量词系统（即依赖于认知原则的语言系统）中得到体现。

这一发现与"个体""类"及"事件"等概念的讨论息息相关，理由如下：其一，该发现挑战了传统上把"个体"作为基础语义概念之一的观点。换言之，当"个体""类"和"事件"在语言/认知分类中占同等的地位，那么，把其中之一视为基础而把其余的视为衍生这样的处理方式值得重新审视。其二，该分类系统给我们一个新的视角去考察名词的语义概念，量词和名词之间的互动和语义强迫。其三，该研究可以解释为何汉语的"类"意义总与量词的一个次类联系在一起；而该次类的量词有着与光杆名词性成分共同的特性，即表达通用意义。[1]

---

[1]　请注意，本文的"类"这一术语大致遵从 Carlson（1997）的定义。在此定义中，"类"主要指名词所指涉的个体的（在特定语境下的）一个次类。例如，句子"猫比狗聪明"可以解读为"猫这个类别比狗这个类别聪明"。这一解读不会因为某个特定反例而被驳倒，如：某一只狗比某一只猫的 IQ 高。请参阅 Huang（1987）对现代汉语类别解读的讨论。

最后,对于每一种名词类型(比如"个体""类"和"事件"名词),其相应的量词均可构成一个分类系统。较抽象的名词类型(如"类"和"事件")能够通过语法化的系统而分开,这个事实就为"概念适切性"提供了最有力的经验性支持,因为"类""个体"和"事件"的语义区别首次被发现体现于一种自然语言语法的其中一个语法体系里。众所周知,语言手段确实可以用以标记"个体""类"和"事件"的区别。但过去讨论的情况与本文讨论的量词系统有两大不同点:第一,过去讨论的情形是关于有着不同认知驱动力及不同语法层级的语法手段,然而本文讨论的量词系统却是一个独立而整合的语法体系。第二,过去讨论的结构有着不同的具象性线索,这些线索通常可以(但不绝对如此)标记语义区别;然而汉语量词系统虽有语义区别,但却有同样的语法功能。换言之,语法化可以有两个不同的层次。区别在于,当其对立成分可以通过具象的语言线索表达出来,就可以进行语法化。然而,一个分类系统,只有当其整个系统都被赋予相应的语法表达形式,才可以进行语法化。①

　　本文的结构如下:第二部分,我们区分汉语的量词和计量单位词,并对本研究的语料做出概述。在第三部分,我们对名词的个体语义提出证据,同时论证名词可以与不止一种的量词搭配,而不同的搭配可以强迫带出名词的不同语义。第四部分讨论量词的"类"解读,讨论表明"类"量词会选择一种特殊类型的名词。第五部分显示现代汉语的量词系统包含了一类量词,该类量词可以使名词得到事件的解读。最后一个部分总结全文,并举例指出能分别导出"个体""类"和"事件"三种不同解读的名词;最后提出未来可进行的进一步研究。

---

① 感谢匿名审稿人指出这点。

二　研究背景

在这个部分,我们指出量词是不同于计量单位词的;同时,我们讨论本研究使用的量词的范围及来源。

2.1　量词和计量单位词

现代汉语的量词研究有两个传统。一个传统的观点是不区分计量单位词和量词。比如,Chao(1968:584—620)把量词称为个体计量单位词,并且把它们次置于计量单位词类别之下。Li and Thompson(1981:106)提出,"任何计量单位词都可以是量词"。

另一个传统基于这样一个前提,即:量词和计量单位词可以通过简单的句法测试加以区分(Kuo,1998;Tai and Chao,1994)。这个句法测试就是检测表示所属关系的"的"可否插入量词/计量单位词和名词之间。如(1)所示,"的"不能插入,因此"本"是量词。(2)所示,"的"可以插入,因此"块"是一个计量单位词。

(1a)　一本书

(1b)* 一本的书

(2a)　一块肉

(2b)　一块的肉

Tai(1990)指出,量词和计量单位词之间有重要的语义分别:量词只能把一些有限并特别的名词进行分类,而计量单位词可以为各种的名词进行计量。他的定义如下:

　　量词是通过指出一些有显著性的感知特征从而区分名词,这些特征可能是物理性的,也可能是功能性的,但这些特征与名词个体有着不可分割的关系;计量单位词不是进行分类,而是指

出名词个体的数量。(1990：312)

例如,(2b)中的"块"是一个计量单位词,因为它并未指出关于"肉"的任何显著性特征,也并未分出任何特殊类型的肉。相对地,"本"就指出了书的显著性特征(即有内容的装订的卷)。

如果一个量词是依据事物的永久性感知特征给一组名词分类,那么此概念意味着名词的基本语义是指涉典型个体,尽管现代汉语量词的一个主要功能是指涉个体,本文会指出,只把名词作为指涉典型个体的词类是不充分的。相反,名词可以根据量词的强迫效应而表达个体、类或事件。在我们讨论导致"类"解读和"事件"解读的语义强迫前(第三、四部分),我们先探究名词的个体解读相关的强迫效应,进而展示量词是如何强调同一名词的不同显著性特征。

本研究承认量词和计量单位词之间区别的概念有效性,更重要的是,我们着重强调量词系统如何与名词的语义特征相联系。换言之,我们依据 Lyons(1995),把量化性量词(mensural classifiers)看作量词的一个次类。因此,我们无须再在这两个次类间划出任何先验性的分界线。

2.2　语料的来源与范围

我们的语料来源于《现代汉语计量单位词词典》(张丽丽等,1994;黄居仁等,1995b)。该字典的语料又来自于台湾中研院平衡语料库(之后简称"中研院语料库")。此语料库是有语法标记的平衡性语料库,包含五百万字,涵盖在台使用的现代汉语口语。

《现代汉语计量单位词词典》包含 427 个量词及计量单位词的定义和例子。其中有 125 个量词出现于台湾小学教科书,另外 307 个是依据其高频而选自中研院语料库。该词典的第二部分列出 1910 个名词性结尾语素(以及相关的 12,325 个名词),也列出与这些语素共现的量词。

在该词典中,量词和计量单位词分为七个类别(词典中使用"计量单位词"指代量词和计量单位词)。依据 2.1 所讲述的句法语义定义,前三个类型相对于本文定义的量词,而后四类相当于本文定义的计量单位词。这七类有:(1)一般量词(我们称为"个体"量词),(2)"事件"量词,(3)"类"量词,(4)接近性计量单位词,(5)容器计量单位词,(6)标准计量单位词,(7)事件计量单位词。该字典中有 174 个一般量词,35 个"事件"量词及 14 个"类"量词。接下来的部分,我们会考察一般量词如何依据它们本身的语义特征强迫出一个特定的语义解读。

三　个体解读

个体解读是量词最常见的用法。已有的研究(Tai and Chao,1994;Ahrens,1994)着眼于量词如何突显出名词的显著性特征。各名词有其特定的量词,两者紧密相连,通常共同习得。如例(3)所示,量词"条常用于修饰长形、圆柱形或柔软的物体"(Tai and Chao,1994)。

(3a) 一条绳子

(3b) 一条蛇

(3c) 一条鱼

(3d) 一条鲨鱼

Tai 认为,我们可以根据同一量词所修饰的名词在感知上的相似性推导出该量词的特性。Tai and Chao(1994)依据 Tai and Wang(1990)的研究,进一步假设:"张"修饰平面的、矩形的、二维空间的或水平的物体(例如,纸张、桌椅等)。

名词除了与包含特定感知特征的量词连用之外,还可与量词

"个"连用。因为"个"可与不同语义类型的名词共现，它通常被视为中性量词。Meyers(1990)则认为，"个"是依据缺省原则而插入的空语素；与之不同的是，其它量词的使用是依据相似性原则而与名词进行搭配。这种说法或许言之有理，但 Ahrens(1994)随即指出一个关键点："个"的使用（不论是以缺省规则还是以相似性原则为其理据）并不适合于所有的名词。

　　Ahrens 针对母语使用者的语言产出实验表明，如果一个量词与其所修饰的名词之间具有独特且具体的联系（参见 Langacker，1987），该名词与"个"共现的几率就低；反之，如果名量之间的关系不够独特或具体，该类名词更倾向于选择中性量词"个"，而非某个具体的个体量词（the more specific individual classifier）。例如，在一项实验中，受试者被要求描述他们所看到的事物，其中："条"与"绳子"共现的几率高达 83％；而对于"蛇""鱼"和"鲨鱼"而言，"条"的使用几率却分别只有 47％、23％和 16％。

　　Ahrens 对此实验结果的解释是："蛇"因符合了"纤细、柱形及柔软"的特征，因此与量词"条"之间存在着紧密联系；同时，专属于动物的量词"只"可与量词"条"进行竞争，使得"蛇"与"条"之间缺乏搭配的独特性。同理，"鱼"也可受到"只"的修饰；加之，由于"鱼"不一定具备"柱形"特征，因此与量词"条"的联系减弱；这便可解释"鱼"与"条"的共现几率较"蛇"与"条"的共现几率低。而"鲨鱼"因不具备"条"所要求的"纤细"及"柱形"特征，且可接受动物类量词"只"的修饰，它和"条"的共现几率则为最低。由此可知，尽管个体量词系统依赖于认知规则，但其他因素，如名词和量词之间是否具有独特联系，以及该名词是否可以受到其他量词的修饰等，都会一并参与决定该名词和某个特定量词共现几率。

　　接下来我们讨论名量搭配的非唯一性，这在以往的文献中较少讨论到。名词除了可与空语义量词"个"搭配之外,还可与其他不同的具体量词进行搭配。比如,例(4)中的量词"本"是修饰书籍类名词的一般量词。除此之外,其他量词也可修饰书籍。从(4a)和(4b)中,我们可以观察到,不同量词的使用会造成语义差别。

(4a) 张三买了三本书/笔记本。

(4b) 张三买了三部书/*笔记本。

"本"用于修饰作为物件个体的书;而"部"除了指书的物理个体外,还指代书的内容。因此,(4a)中的"三本书"可以(但不必然)指三本《战争与和平》;同理,"本"的物理特性使得"三本笔记本"获得物理个体的解读。而(4b)中的"三部书"则必然是三本内容各异的书;与"书"不同的是,"笔记本"不一定包含任何内容,因此,"笔记本"通常不与量词"部"共现。

句(5)例示了一个由个体量词引发的语义类型转换(semantic type shifting)的有趣例子。

(5a) 办公室里有三具电话。("三台电话机")

(5b) 办公室里有三线电话。("三个不同的电话号码")

"具"和"线"都是个体量词:"具"倾向于修饰机械类物体,而"线"多用于修饰线状物体,其中包括抽象意义上的通讯线路。

量词对于名词的选择是有限度的。以"书"为例,一本书即使内容和动物相关,或者其外形与某种动物类似(如少儿读物),也不能受到动物量词"只"的修饰。量词所能选择的名词特性只能是该名词的所有成员所共有的属性,而非某一个体成员的特性。比如,所有的电话都有听筒和接听线,所有的书都由纸张构成(或电子书的"纸")并负载一定的内容,所有的笔记本都只有纸张(却不一定有内容)。正是通过量词的使用,名词的相关特性才得到突显;这种特性是通过语义强迫而得以突显的,与此同时,相关名词获得适切意义。

Pustejovsky(1995)提出物性结构(qualia structure)的概念用于编码"一套语义约束(semantic constraints)，而(语义约束)使我们可以理解一门语言中的词汇"(p. 86)。语义约束包括构成(Constitutive)、形式(Formal)、功用(Telic)和施成(Agentive)四个方面。构成约束是指物体及其组成部分之间的关系，主要包括物体的材料(material)、重量(weight)和组成部分(components)。形式约束主要用于把一个物体从较大领域中区分出来，其中包括物体的方位(orientation)、大小(magnitude)、形状(shape)、维度(dimensionality)、色彩(color)及位置(position)等。功用约束指向物体的用途(purpose)和功能(function)。施成约束指"与物体的来源相关的因素"(Pustejovsky 1995:86)。再以"书"为例："书"的构成定义即是"包含信息"；其形式定义是"由纸张装订而成"；其功能限制则是"阅读功用"；最后，其施成约束表明书是"由写作而产生"。

据此分析，名词"电话"便可有不同解读：(5a)中的量词"具"指出电话的"形式角色"，即作为一个物理个体；而(5b)中的量词"线"则体现了电话作为交流工具的"功用角色"。在"书"的例子中，量词"本"凸显书作为装订体的"形式角色"，而量词"部"反映的却是"构成角色"，即书体现了具有完整性和结构性的知识。由此可见，个体量词强迫了名词的语义类型，而语义强迫可以从编码完备的物性结构中得以预见。

在意义表达方面，Pustejovsky(1995)暗示，一个完整的物性结构代表该名词的一个语义，藉由这一语义，可以生成不同的解读。与之不同的是，根据我们的理论(Ahrens et al.,1998)，一个语义可允许其不同的语义侧面得以凸显。同一语义的不同语义侧面则可以通过 Pustejovsky 提出的类型转换规则亦或 Allen(1977)理论中的语用规则而得以生成。依照我们早期对语义单位的定义，本研究的核心是探究分散的语义体究竟如何和谐地代表同一语义。我们假定

（未加进一步说明），当涉及不同语义类型（如个体，个体集合，特征，特征集合等）时，我们可运用 Chierchia 等（1989）的类型转换规则。然而，不管类型转换规则是否有效，对于理解一个编码丰富但定义不详的词语，语境信息都会通过排除其它可能的语义信息而"强迫"得出一个适切的意义。因此，对我们来说，最重要的事实是语义转换通常适用于名词的一整类（Ahrens et al.，1998）。如例（6）所示，量词"朵"指的是植物或花的"芽"，而量词"株"则是指"植物本身"。

（6a）一朵花

（6b）一株花

例示的语义转换适用于所有以"花"结尾的名词，比如"玫瑰花"和"梅花"等。在这些例子中，所区分及突显出的名词特性是其"形式属性"。

以上讨论已例证了量词能够对名词进行语义强迫，这即是：量词根据自身携带的信息而使名词获得相应的个体解读。量词的差异可体现于构成、形式、功用和施成四大角色中。据此，量词可促使名词进行语义类型转换，这种转换使得量词所携带的显著性特征随即被视为该量词所修饰的名词的显著性特征（即使这些特征本非名词自身的显著性特征）。

接下来的讨论，我们将指出，语义类型转换并不限于名词的"个体"解读。依据类似的类型转换，名词亦可获得"类"解读或"事件"解读。

四　"类"解读

4.1　类别量词及其语义

如（7）所示，类别量词明确标示了其所选择的名词要素，从而给

予该名词一个"类"解读:①

（7）那种狗很坏

如果仅有一个类别量词,那么,我们或许可以主张:"类别"的概念,正如"形状"或"维度"一样,只是语言量词系统中诸多显著性感知概念中的一个而已。在此认知框架下,"类"解读不过就是量词从名词语义特征中所选出的其中一个特征而已。可事实上,正如下文将显示的,不同的类别量词构成一个整体的集合,选择不同的语义类别。换言之,类别量词是量词系统中的一个子系统,该子系统是对"类"这一概念再进行分类。也就是说,"类"是名词的一种基础语义类型,而该类型允许量词对其进行再分类。据此,现代汉语的量词系统首次提供证据证实"量"的语义概念可以语法化到一门语言中。

除了使用最为广泛的"种"之外,图表 1 还例示了 13 个其它的类别量词。

表格 1 "类"量词

1.种	类型
2.般	（关于相似外貌的）类型
3.派	（关于某种潮流、学派的）类型
4.码	（关于事件的）类型
5.码子	（关于事件的）类型

---

① Downing(1996)在对日语量词系统的研究中曾提出"类别量词"(kind-classifier)和"特质量词"(quality-classifiers)两个概念。不过,她研究的量词的功能是选出自然类别,而自然类别通常在名词系统中已经存在。在她的研究中,一个关键的区分则是一个类别究竟是通过归纳还是通过演绎产生。换言之,Downing 的"类别量词"功能是挑选出一个"业已自然存在的类别"。这与本文的"类别量词"有本质区别,因为我们的"类别量词"是对不同的类别进行分类并通过语义强迫使得名词获得"类"解读。因此,Downing 的"类别量词"只是本文的"个体量词"的一种。

续表

6.	档	(关于事件的)类型
7.	档子	(关于事件的)类型
8.	等	等级
9.	类	类型的聚合
10.	款	关于设计的
11.	号	(关于风格特点的)类型
12.	式	样式
13.	色	(和视觉效果更加相关的)类型/样式
14.	样	(从更大类型中划分出来的)类型

所有的类别量词都有一个共同的语法特征:它们选择名词的一个大类。这点不同于个体量词,个体量词的选择是高度独立及个体化的。语义上讲,类别量词选择的是名词所代表的类别,而非名词所代表的个体。因此,一个特定名词所界定出的自然类别是由一个合适的类别量词所选出。例如,量词"类"选出由具体物体特征而定义出的类别;同时,量词"类"也可指小类别聚合而成的稍大类别,如例(8)所示。例(9)中的量词"样"是指由外型形状所决定的类别。例(10)中的量词"式"与"样"类似,强调外观;不过,此例中的外观必是人工造型。例(11)中的量词"款"所指的是精细设计下的类别。最后,例(12)中的量词"码"和(13)中的"档"选择的是事件类型。相较之下,量词"种"是一个中性的类别量词,其地位正如中性个体量词"个"。其实,"种"的缺省性应比"个"更为显著,因为"种"几乎可与所有的或具体或抽象的名词进行搭配。

(8) 这三类食物都是日常必须的。

(9) 他带了三样水果来看你。

(10) 餐桌上摆满了各式菜肴。

(11) 丰田今年推出了两款新车。

(12) 训练和比赛完全是两码（子）事。

(13) 求学和教学完全是两档（子）事。

以上六例中的类别量词都可用量词"种"（而不是量词"个"）替换。这进一步说明，类别量词可以形成一个由语义驱动而产生的语法类别，这一语法类别应独立于个体量词。加之，(8)到(13)所示的类别量词都可构成数量结构，该特征与现代汉语的其它量词无异：这充分显示"类"的概念也可以进行个体化和量化。

4.2　光杆名词词组①的解读

现代汉语的光杆名词词组可有多种语义解读。其中，"类"解读是最难解释的一种（见例 14）。

(14) 狗比猫大。

　　"狗类比猫类大"（类解读：显著解读）

　　"这只狗比这只猫大"。（附加解读）

在(14)所例示的"类"解读中，光杆名词词组"狗"既非指代任何特定个体，也非指代该类别包含的所有个体。因此，逻辑上讲，(14)的语义并不蕴含"某一只特定的狗比某一只特定的猫大"。这样的解读并非理所当然，因为（动物）光杆名词词组通常被认为是指代动物个体（狗的个体）或者动物中的某一子类（动物中狗的全体）：这显然与(14)的"类"解读相违背。更有趣的是例(14)的附加解读，即"某一只特定的狗比某一只特定的猫大"。这样的解读绝不适用于英语的类属（generic）表达结构。如果我们把汉语的"类解读"理解为"在名词指代的个体中选择出依语境而定义的一个次类"的话，(14)的附加

---

① 原文为"bare NP"，其中的 NP 包括名词及名词词组，此处一并译为"光杆名词词组"。——译者注

解读便获得充分解释：一定有某个语境使得只有一个特定个体被选出。这样的分析使得"类"解读和"个体"解读获得统一的解释（黄居仁，1987）。

其实，类别量词的使用也可以达到"类"解读的语义效果。尽管"类"解读通常被认为是类属（generic）表达的一个次类，常见于光杆名词词组（Carlson，1977；Chierchia，1982）；但现代汉语的"类"解读是可以通过（除了光杆名词组外的）类别量词所表达的，如（15）所例。

（15）这种马在华北很常见。（黄居仁，1987）

例（15）既非表达"该类马中的任何一匹特定的马在华北"，也非表达"该类马的大多数成员个体在华北"。实际上，（15）应理解为"这种特定类型的马有一个通过语境而定义的次类，该次类在华北很常见"。这样的语料还使我们对量词的结构分析产生怀疑：比如，Tang（1990）在管辖与约束理论框架下把量词分析为指示语词（specifier）；其实，指示语位置是否有词汇填充已不能作为名词短语有定性的判断理据。[①]

例（16）是对例（14）的释义，这正好支持了我们的观察："种"这类量词的存在可以达到"类"解读的语义效果。

（16）这种动物比那种动物大。

现代汉语的光杆名词词组能同时表达"类"解读和"个体"解读，两者的关系可以通过类型转换（黄居仁，1987；Chierchia et al.，1989）加以解释。更有趣的是，我们观察到：量词"种"的使用（如例15和16）一定会引发类型转换，从而使得"类"解读成为唯一可能的

---

① 量词与名词词组的有定性之间的关系是依语言不同而有差异的。比如，在粤语中，量词是有定性解读的必要但不充分条件；在普通话中，量词既非有定性解读的必要条件也非充分条件（Matthews and Pacioni，1997）。

解读。

　　总之,本节内容已经证明,"类"是现代汉语量词系统中一个不可或缺的次类。这些类别量词把名词语义中的不同类型解读加以个体化及分类。由此可见,类别量词不仅是名词语义学中一个至关重要的部分,也是自然语言中验证出的一个语法系统(类别)。

五　事件解读

5.1　事件量词与事件解读

　　本小节讨论汉语量词系统的一个次类,该类量词选择另一个富有理论重要性的实体,即事件实体。Chierchia(1982)是最早提出"事件和活动可由实体(名词)进行表达"的语义学家之一。他对名物化和英语动名词系统的研究已证明,语法系统中有从"事件"到"事件类型的实体"(例如"事件名称")进行类型转换的语法标记。例(17)中,动名词 seeing(看见)表达的是某一类型的事件:这从该名词是由动词派生而出这点可以证实。

　　(17) Seeing is believing.(所见即所信。/眼见为实。)

　　因此,Chierchia 认为,名物化的语义实际上是"类型转换"的一种:换言之,名物化是对事件实施个体化。汉语的情况却有所不同:一个动词可以衍生出一个事件类名词,但我们观察不到任何显性形态变化;同时,一个名词也无需通过派生便可获得事件性解读。本节的讨论将显示,事件量词能通过语义强迫而达到此效果。因为汉语名词缺乏形态标记,因此,为了确定名词短语确实具有事件性解读,我们需要设计相关检测方法加以验证。

　　应当注意到,事件型的名词具有事件语义和事件结构。事件的语义(而非句法)本质是具有时间性以及可以带论元。据此,我们对事件型名词的语义检测包括:第一,事件型名词的出现可以作为时间限定词;其二,事件型名词允许带旁格论元(oblique arguments)。另外,我们还提出两个附加的句法检测:第一,事件型名词满足带事件型名词论元的谓词的句法要求;第二,事件型名词不能接受中性量词"个"的修饰。

　　首先,事件与时间框架密不可分:事件可以发生于某个时间点,也可以存在于某段时间。因此,时间参照是事件(包括事件型名词)语义中不可缺少的一部分。与之不同的是,个体量词在自身语义中不具备时间参照性。据此,事件类名词的一个重要语法特征就是它们常与时间性连词(如"以后")共同出现,从而建立事件的时间(或因果)次序。比如,(18a)例示了时间顺序如何由一个完整小句体现;(18b)则显示,事件量词"趟"的使用使得名词"太极拳"获得事件解读,而这样的解读并不依赖于谓词的出现。

　　(18a) 打了太极拳以后他身体舒服多了。

　　(18b) 三趟太极拳以后他身体舒服多了。

　　第二,众所周知,事件型名词继承其相应动词的论元结构,并可携带(旁格)论元。英语的属格结构 John's promotion(John 的升职)和 Mary's leaving early(Mary 的提早离开)便可证实这点。汉语中,动源名词(deverbal noun)可以带属格论元(所属者与名词间需有"的"的插入),也可带旁格论元(位于名词前),如例(19)中划线部分所示:

　　(19) <u>张三对李四</u>的建议。

　　例(20)中,事件量词"通"的使用使得核心名词获得事件解读;与此同时,所属者(总统)通常理解为该核心名词的一个论元(施事者)。

　　(20) 总统的一通电话(=总统打了一通电话)。

　　最后,汉语名词的事件性解读还可以通过一小类动词的出现而获得。这类动词包括轻动词(如"进行")(黄居仁及其他,1995a、

1995b),发生类动词(如"发生"),事件评估性动词(如"花")等。如(21a)所示,动词"花"的名词性主语可以获得事件解读;其近义句(21b)则是用小句来描述一个类似的事件。

(21a) 喜事很花钱。

(21b) 结婚很花钱。

例(22)表明,事件量词的使用也可以达到"名词表达事件"的语义选择效果。这恰好证明了我们的立场:事件量词选择并生成了事件型名词。

(22) 这场电影不花钱。

例(23)进一步表明,光杆名词也可获得事件解读,这与(21a)很类似:

(23) 电影很花钱。(制作/筹资/观赏/……电影很花钱)

但是,当光杆名词短语藉由类型转换而得到事件解读时,其所指的事件通常语焉不详,可能有多种不同的具体解读。而(22)中的名词是通过事件量词的使用而获得事件意义,该量词除了实施类型转换,还决定了事件的类型。换言之,语义强迫的概念适用于量词功能的传统描述。事件量词正是通过把事件细分为某特定种类而使名词获得(某种具体的)事件解读。

综上所述,根据(事件型名词的)"选择限制"的两个语义测试和两个语法测试,我们已经证明,事件量词确实可以通过语义强迫使得与之搭配的名词获得事件解读。我们在下一小节将进一步地详细探讨事件量词的语义。

5.2　事件量词及其语义

Pustejovsky(1995)的生成词库理论指出,对于一个名词,如果没有参照其词汇物性结构中两个不同的事件结构,那么,该名词的语义是很难被充分描述的。从事件结构的角度来说,名词的施成角色定义为该名词是如何产生的;功用角色定义为该名词的功能。Pustejovsky 指出,如果忽略名词的这两个角色,名词的多义现象将无法得到解释。

我们采纳 Pustejovsky 的观点后,一些看似费解的语言事实便迎刃而解。比如,一些量词可以从原本代表个体意义的名词中通过语义强迫而诱发出事件意义,这是因为名词的语义信息中本来就包含有事件结构信息。由于事件结构的编码具有独特性及唯一性,我们便可正确预知:事件量词与其核心名词之间的选择关系比类别量词与其核心名词之间的选择关系更具有约束性。对于事件量词,我们把它们进一步分为"事件类别量词"(event-type classifier)和"事件实例量词"(event-token classifier):前者用于区分不同事件结构,而后者用于区分一个事件的具体发生实例。

黄居仁等(1995a,1995b)列出了 35 个事件量词(见表 2)。

表格 2 事件量词

1. 波:一波人事调整
2. 班:一班飞机
3. 笔:一笔交易
4. 步:一步棋
5. 泡:一泡茶
6. 盘:一盘菜
7. 幕:一幕话剧
8. 番:一番风波
9. 道:一道菜
10. 档:一档节目
11. 段:一段相声
12. 顿:一顿饭
13. 台:一台演出
14. 堂:一堂课

15. 趟:一趟旅行
16. 通:一通电话
17. 轮:一轮演出
18. 回:一回故事
19. 节:一节课
20. 届:一届比赛
21. 件:一件事
22. 局:一局游戏
23. 期:一期活动
24. 起:一起事件
25. 圈:一圈麻将
26. 席:一席话
27. 折:一折戏
28. 阵:一阵响
29. 桩:一桩案子
30. 场:一场阴谋
31. 出:一出戏
32. 任:一任主席
33. 宗:一宗交易
34. 餐:一餐饭
35. 次:一次行动

在这些事件量词中,"事件类别量词"更具有专用性,因为它们是选择一个特定的事件类型。例如,事件类别量词"出"所选择的名词总是包含词干"剧"(如 24a)或者词干"戏"(如 24b)。

(24a) 莎士比亚到底一共写了几出戏?

(24b) 百老汇今年只演了一出歌舞剧。

(24a)和(24b)分别突显了施成解读和功用解读。这表明,语义强迫下的事件解读确实来源于 Pustejovsky 所提出的物性结构。(24a)的施成解读特别指向了一出戏是如何创作产生的;而(24b)的功用解读却特别突显一出戏产生的目的(如为了观赏)。两个例子都清楚表明了量词"出"能把(不同的)事件类型个体化。

与"事件类别量词"相对应的是"事件实例量词",后者的使用使其核心名词获得"事件具体发生实例"的解读。(25)中,事件实例量词"场"选择的便是"已有计划的事件"这一意义。

(25) 百老汇今年共演了一百场歌舞剧。

(25)所表达的意思是"有歌舞剧在百老汇上演一百场",至于这一百场是否为同一出歌舞剧则无法判断;而(24b)明确说明只有一出歌舞剧会上演,有关这一出歌舞剧会演出几个场次便没有说明。

"事件类别量词"和"事件实例量词"是语义不同的两类量词,这个区分可通过(24b)和(25)的语义差别而清楚地显示出来。但是,在某些情况下,正如(26a)和(26b)所示,同一个量词就可以导出事件类别的解读和事件实例的解读。

(26a) 长荣有十班飞机飞高雄。

(26b) 长荣刚飞走了三班飞机。

(26a)蕴含了"飞行"的事件结构;而(26b)意在区分出每一次的飞行实例。

本节对事件量词的语义分析表明,事件量词能"继承"物性结构中的事件信息,以此定义施成角色和功用角色,并把相关语义通过语义强迫而诱导出施成事件或功用事件。我们也发现,事件量词的语义还可以进一步分为事件类别和事件实例。

六   结论

上文讨论显示,以"个体"为核心去看待量词系统的本体是不充分的。我们认为,现代汉语量词系统的本体是三分的:有"个体""类"和"事件"。我们的语料以及近期对指涉个体或事件的名词词汇语义学(Pustejovsky,1993、1995)的研究表明,即便是看起来具有直接指称性的名词也有复杂的语义内容:这便构成了研究现代汉语量词系统本体论的重要理据。事实上,名词的语义比我们预期的更为复杂。上文的讨论已经指出,现代汉语的名词可以在无任何形态变化的情况下获得许多类型不同的语义,因此,现代汉语为名词语义学的复杂性提供了一个显著的例证。具体而言,我们把本文的研究结果总结如下。例如,名词"电话"和"飞机"可以通过不同量词的使用而获得完全不同的语义,如表格 3 和表格 4 所示。

个体量词"具"和"线"能选出与名词"电话"相关的两个解读之一:前者选择电话机本身,而后者选择电话线,比如"一线"或"二线"。类别量词"种"通过语义强迫使得"电话"获得"类"解读,指涉一种特殊类型的电话(如无线电话或手机)。事件量词"通"通过语义强迫而导出对"电话"的"事件"解读,指涉打电话的整个完整过程。

表格 4 中,"架"是个体量词,指称飞机的物理个体;"种"用于指涉一种类型的飞机;"班"是事件量词,通过语义强迫使"飞机"获得整个飞行事件这一意义。

表格 3　与"电话"相关的量词和名词语义类型的关联性

语义/量词类别	例子	指称
个体	一具电话	电话机
	一线电话	电话线
类型	一种电话	一种特殊类型的电话,如无线
事件	一通电话	打电话的整个过程

表格 4　与"飞机"相关的量词和名词语义类型的关联性

语义/量词类别	例子	指称
个体	一架飞机	飞机机器
类型	一种飞机	一种特殊类型的飞机,如喷气式
事件	一班飞机	飞行的整个事件

　　本文提出的全新的量词三分法有如下的意义：第一，量词三分法可以解释现代汉语的"类"解读。"类"解读通常是用光杆名词来表达的；由于现代汉语量词有"类别量词"这一次类，该类量词即可表达类属意义。第二，过去文献中提出的抽象语义区分，即"个体""类"和"事件"的区分，被证明可以体现于自然语言的同一个语法体系中，如现代汉语的量词体系；加之，这三种量词有其各自的分类系统。由此，我们得知，"个体""类"和"事件"的区分确实是人类认知层面上有用的分类工具（不仅在形式语义学中）。最后，量词三分法给我们一个全新的角度去考察名词的复杂语义内容以及量词和名词之间的互动和语义强迫。

　　在未来的研究中，我们希望本文的研究成果能帮助我们更好地理解"类""个体"以及"类属"的语义（Carlson and Pelletier，1995；Chierchia，1994）。值得提出的是，我们对"类"意义的验证可能对生成词库理论提供新的研究成果。比如，我们认为，"类型角色"本身应该是名词物性结构的一部分，不管"类"的意义是通过光杆复数名词来表达（很多语言如此），还是通过类别量词来编码（如汉语）。跟"类"解读一样，"事件"解读的验证同样具有重大的理论意义；现有的物性结构理论对名词如何获得事件解读提供了可能的解释；但我们仍需做更全面的研究，从而了解是否只有"施成事件"和"目的事件"是名词语义学中的必然要件以及这些语义成分如何获得。最后，正如 Alexandra Aikhenvald 指出（2001 年私人学术交流）的，尽管"事件量词"这一术语尚未得到充分使用和重视，实际上，其他语言中出现的事件性量词已逐步得以描述（比如，Aikhenvald（2000）对抽象名词的量词使用的讨论，pp. 335—336）。未来我们可以研究这些例子是否属于本文所定义的"事件量词"，这样的研究将会十分有趣。

　　进一步假设，这些例子的确属于"事件量词"，那么，我们希望了解是否含有"事件量词"的这些语言也有"类别量词"系统(除了常见的"个体量词"系统)？换言之,从什么程度上,我们可以说"个体""类"和"事件"的语义概念可以体现到其他语言的量词系统中？

参考文献

张丽丽、黄居仁、陈克健　1994　语料库在辞典编辑上的运用,《第九届台湾第十二届计算语言学研讨会论文集》,台南:成功大学。

中文词知识库小组(CKIP),1995,《"中研院"平衡语料库的内容与说明》,CKIP技术报告 95—02,台北:"中研院"。

Aikhenvald, A. Y. 2000. Classifiers: A Typology of Noun Categorization Devices. Oxford: Oxford University Press.

Ahrens, K. 1994. Classifier production in normals and aphasics. Journal of Chinese Linguistics 22(2), 202—247.

Ahrens, K. , Chang, L. , Chen, K. -J. and Huang, C. -R. 1998. Meaning representation and meaning instantiation for Chinese nominals. Computational Linguistics and Chinese Language Processing 3 (1), 45—60.

Allen, K. 1977. Classifiers. Language 53 (2), 285—311.

Chang, L. , Chen, K. -j. and Huang, C. -R. 1994. The use of corpus in dictionary compilation. Proceedings of ROCLING IX: 255—279.

Carlson, G. 1997. A unified analysis of the English bare plural. Linguistics and Philosophy 1: 413—457.

Carlson, G. and Pelletier, F. 1995. The Generic Book. Chicago: University of Chicago Press.

Chao, Y. R. 1968. A Spoken Grammar of Chinese. Berkeley: University of California Press.

Chierchia, G. 1982. Nominalization and Montague grammar: a semantics without types for natural language. Linguistics and Philosophy 5: 303—354.

Chierchia, G. 1994. Plurality of mass nouns and the notion of semantic parameter. Department of Cognitive Science Working Papers, Vol. 7, Istituto Scientifico San Raffaele.

Chierchia, G. , Partee, B. and Turner, R. (Eds.). 1989. Properties, Types and

Meaning, Vol. II. Semantic Issues. Kluwer, Dordrecht.

Chinese Knowledge Information Processing (CKIP). 1995. An Introduction to the Sinica Corpus. CKIP Technical Report 95—02. Academia Sinica, Taipei (in Chinese).

Downing, P. 1996. Numeral Classifier Systems: The Case of Japanese. Amsterdam/Philadelphia, PA: John Benjamins Publishing.

Huang, C.-R. 1987. Mandarin Chinese NP de: A Comparative Study of Current Grammatical Theories. Dissertation, Cornell.

Huang, C.-R. , Yeh, M. , Chang, L.-P. 1995a. Two light verbs in Mandarin Chinese. A corpus-based study of nominalization and verbal semantics. In: Proceedings of NACCL6, Vol. 1:100—112. GSIL, USC, Los Angeles.

Huang, C.-R. , Chen, K.-j. and Lai, C.-X. 1995b. Mandarin Chinese Classifier and Noun-Classifier Collocation Dictionary. Taipei: Mandarin Daily Press.

Kuo, Y.-j. 1998. A Semantic and Contrastive Analysis of Mandarin and English Measure Words. Unpublished MA thesis, Taiwan Chung Cheng University.

Langacker, R. 1987. Foundations of Cognitive Grammar, Vol. 1. Stanford: Stanford University Press.

Li, C. N. , Thompson, S. A. 1981. A Reference Grammar of Mandarin Chinese. Berkeley: University of California Press.

Lyons, J. 1995. Linguistic Semantics: An Introduction. Cambridge: Cambridge University Press.

Meyers, J. 2000. Rulevs. Analogy in Mandarin classifier selection. Chinese Languages and Linguistics 1 (2).

Matthews, S. and Pacioni, P. 1997. Specificity and genericity in Cantonese and Mandarin. In Xu L. (Ed.), Proceeding of the Symposium on Referential Perspectives of Chinese NPs: 45—61. Paris, EHESS.

Pustejovsky, J. 1995. The Generative Lexicon. Cambridge: MIT Press.

Pustejovsky, J. 1993. Type coercion and lexical selection. In: Pustejovsky, J. (Ed.), Semantics and the Lexicon. Kluwer, Dordrecht.

Tai, J. H.-Y. 1990. Variation in classifier systems across chinese dialects: towards a cognition-based semantic approach. In: Proceedings of the First International Symposium on Chinese Languages and Linguistics: 308—322.

Tai, J. H.-Y. and Chao, F-Y. 1994. A semantic study of the classifier Zhang.

Journal of the Chinese Language Teachers Association 29:67—78.

Tai,J. H. -Y.   and   Wang,L. -Q. 1990. A semantic study of the classifier Tiao.
Journal of the Chinese Language Teachers Association 25:35—56.

Tang,C. -C. J. 1990. Extended X-bar Theory and the Chinese Phrase Structure.
PhD Thesis,Cornell University.

强迫、事件结构与句法 *

林宗宏　刘琼怡　著

赵青青　译

林宗宏　校订

一　引言

　　一个词汇项包含了多少信息？依照 Pustejovsky(1995)的生成词库理论(Generative Lexicon)，可以是很多的。根据该理论，一个词汇项包含成捆的语法信息，这些语法信息十分丰富，甚至可以"溜"进一个句子的句法层面，满足句法成分的选择需要。在生成词库理论中，这被称为类型强迫(Type Coercion)。假设词汇项跨语言来看都是以相同的方式形成，也就是皆具有同样丰富的语法信息，我们会预期类型强迫普遍地适用于人类语言。然而，这并不是真实的。本

＊　英文原文出处：Lin T.-H. Jonah and Liu C.-Y. Cecilia. 2005. Coercion, event structure, and syntax. *Nanzan Linguistics* 2:9—31. 作者想要感谢参与台湾"清华大学"语言研究所句法研究专题的听众(2004—2005)和在南山大学所举办的东亚语言研讨会(2005)上的听众，他们提供了非常有价值的评论和建议。文中问题由作者负责。第一作者还要感谢"台湾科学委员会"(NSC 93-2411-H-007-034)和南山大学语言学中心提供研究经费。

文中我们的主张是：生成词库理论所假设的多数强迫机制在汉语中似乎并不运作。从这一发现我们得出一个有趣的结论：就词汇项的次词汇事件信息来说，不同语言拥有的信息丰富性程度是不同的。

出现这种情况的原因是什么？这就是我们将要在本文中讨论的问题。我们所持的观点是相当激进的：汉语语法在句法表达呈现的特征是相对于英语语法在词汇层面所呈现的。如果英语中包含在单个词汇项中丰富的事件信息是由于词汇化的操作而形成的，那么汉语中的词汇项似乎仍处在前词汇化的状态。这些词汇项本身会送到句法层面进行运算。因此，汉语中的词汇项好像仍处于词库中一样，我们可以进入取得并且加以处理，事件结构因而在句法层面被表达出来。为了获得短语结构在类型学上的不同特点，我们建议参考Chomsky（1998、1999）的理论：人类语言能力的计算始于选择一套特征，并把它们装配到一套词汇项中。然而，这种语言变异的根源还没有得到语法理论研究的真正关注。事实上，不同的语言可能选择了不同的特征；此外，不同的语言也可能选择了相同的特征，但用不同的方式来处理这些特征。假设在英语中携带事件信息的原始成分大量地并入到单个词汇形式中，但在汉语中它们却不是以相同方式进行；反而，这些原始成分被直接送到了句法运算中。这将解释为什么英语词汇项事件信息丰富而汉语词汇项事件信息贫乏，这也进而可以解释汉语句子中短语结构的"戴维森式"（Davidsonian）特征（Lin，2001）。

本文架构如下：在第二部分，我们检查生成词库所假设的一些强迫机制，并且展示这些机制在汉语中并没有运作。第三部分说明汉语中的名词并不像许多研究者所认为的带有事件论元。在第四部分，我们对于名词内部事件信息的缺乏提出一个假设，主张词汇化在丰富词汇项事件信息上发挥了重要作用。第五部分提供了一个强迫在句法运作上的范例分析，集中讨论汉语动词"翻"的多个含义和句法表现。第六部分是总结。

二 强迫机制及其应用

Pustejovsky(1995)介绍了一系列从单个词汇项产生新意义的机制。涉及的操作被称为类型强迫（Type Coercion），定义如下（Pustejovsky,1995:111）。

(1) 类型强迫

一种语义操作，这种操作将一个论元转化为功能上符合要求的类型，否则将会出现类型错配。

一个新的意义不会突然出现，通常它已经存在于词汇项的词汇解释中。因此，对于一个组合 X(Y)，X 是核心，Y 是 X 的论元，X 在选择上的要求，不仅可以通过 Y 被满足，而且可以通过 Y 所包含的一些次词汇信息来满足。在这里我们特别感兴趣的是下述的强迫机制：真宾语强迫（True Complement Coercion）、选择约束（Selectional Binding）和致使主语强迫（Coercion of Causative Subject）①。我们用下面的例子来说明（例子来自 Pustejovsky,1995）。

(2) 真宾语强迫

　　a. John began a book.

　　b. John began reading/to read a book.

　　c. John began writing/to write a book.

(3) 选择约束

　　a. We will need a fast boat to get back in time.

---

① 其他强迫机制包括次类型强迫（Subtype Coercion）和协同组合（Co-composition）。汉语似乎呈现出次类型强迫效应，参看第 3 部分的讨论。

b. John is a fast typist.

c. Fast drivers will be caught and ticketed.

（4）致使主语强迫

a. John killed Mary.

b. The gun killed Mary.

c. The storm killed Mary.

d. The war killed Mary.

e. John's shooting Mary killed her.

我们依次来看这些例子。

首先，真宾语强迫。动词 begin 是一个体动词，并且假定它要求一个指称事件的短语作为宾语①。指称事件的短语可以是一个动名词从句或不定从句，如（2b）和（2c）。然而，在英语中像（2a）这样的句子完全合法，动词 begin 仅仅带一个名词性宾语 book。然后问题就是为什么（2a）是合语法的。Pustejovsky（1995）为词汇项提出了一个丰富的词汇解释。例如，动词 begin 和名词 book 的词汇项表示如下（GL:116）。

（5）动词 begin 的词汇结构

$$
\begin{bmatrix}
\textbf{begin} \\
\text{EVENTSTR} = \begin{bmatrix} \text{E1} = \textbf{transition} \\ \text{E2} = \textbf{transition} \\ \text{RESTR} = <_{o}\infty \end{bmatrix} \\
\text{ARGSTR} = \begin{bmatrix} \text{ARG}_1 = \textbf{x:human} \\ \text{ARG}_2 = \textbf{e}_2 \end{bmatrix} \\
\text{QUALIA} = \begin{bmatrix} \text{FORMAL} = \textbf{P}(\textbf{e}_2, \textbf{x}) \\ \text{AGENTIVE} = \textbf{begin\_act}(\textbf{e}_1, \textbf{x}, \textbf{e}_2) \end{bmatrix}
\end{bmatrix}
$$

---

① 动词 enjoy 和 want 也属于这一类动词。

（6）名词 book 的词汇结构

$$
\begin{bmatrix}
\textbf{book} \\
\text{ARGSTR} = \begin{bmatrix} \text{ARG}_1 = \textbf{x：info} \\ \text{ARG}_2 = \textbf{y：physobj} \end{bmatrix} \\
\text{QUALIA} = \begin{bmatrix} \textbf{info · physobj\_lcp} \\ \text{FORMAL} = \textbf{hold}(\textbf{y,x}) \\ \text{TELIC} = \textbf{read}(\textbf{e,w,x,y}) \\ \text{AGENTIVE} = \textbf{write}(\textbf{e',v,x,y}) \end{bmatrix}
\end{bmatrix}
$$

一个词汇项具有的特征可以组织成一个物性结构（qualia struc-
ture），其中包含四个不同的语义角色：形式（FORMAL）、构成
（CONSTITUTIVE）、施成（AGENTIVE）和功用（TELIC）。"形式"
描写一个物体与它的组成成分或者与它的特定部分之间关系的信
息，"构成"描述在一个更大的域中辨别该物体的信息，"施成"提供涉
及物体来源的因素，"功用"显示物体的目的和功能信息（GL：85—
86）。begin 以指示事件的短语作宾语，是由它的论元结构决定的，
即 ARGSTR 解释中的 ARG$_2$。在这里我们感兴趣的是（6）中名词
book 的词汇解释。除了它的普遍指称功能外，book 在它的词汇解
释中包含了大量的事件信息。比如施成角色表明一本书的产生是通
过一些书写事件，功用角色显示书的目的是用来被阅读的。正是这
些事件信息满足了例（2a）中动词 begin 的选择需求。当 begin 与像
reading/to read a book 或 writing/to write a book 这样指称事件的
从句结构搭配时，从句结构携带的事件论元满足了它的论元结构，特
别是（5）中的 e$_2$。但是当 begin 与名词性的 book 搭配时，它也能"核
查"名词 book 的词汇解释，提取其中的事件论元来满足自身论元结
构的需要。对于（2a）这个句子，begin 的 e$_2$ 能提取功用角色（读）和
施成角色（写）的事件论元，（1）中所定义的类型强迫使之成为可能。

同样的方法也适用于（3）中选择约束的例子。当一个人说某东

西快时,意思是指那个东西沿着某一轨道移动得快。这说明,一艘快船指的是一艘移动得快的船(参见(3a))。但是一个快的打字员并不一定意味着一个移动得快的打字员,一个快的司机也不一定是移动得快。一个快的打字员是指打字打得快,一个快的司机是指开车开得快。如果形容词 fast 不仅仅修饰名词 typist 和 driver 所指示的个体,也修饰在这两个名词物性结构功用角色中的事件论元,也就是"打字"和"开车",那么我们就可以得到以上所提的解读。

关于(4)中的致使主语强迫,看一下动词 kill 的词汇结构(GL:208)。

(7) 动词 kill 的词汇结构

$$
\begin{bmatrix}
\textbf{kill} \\
\text{EVENTSTR} = \begin{bmatrix} \text{E1} = \mathbf{e_1 : process} \\ \text{E2} = \mathbf{e_2 : state} \\ \text{RESTR} = <_\infty \\ \text{HEAD} = \mathbf{e_1} \end{bmatrix} \\
\text{ARGSTR} = \begin{bmatrix} \text{ARG}_1 = [1][\textbf{top}] \\ \text{ARG}_2 = [2] \begin{bmatrix} \textbf{animate\_ind} \\ \textbf{FORMAL} = \textbf{physobj} \end{bmatrix} \end{bmatrix} \\
\text{QUALIA} = \begin{bmatrix} \textbf{cause\_lcp} \\ \text{FORMAL} = \textbf{dead}\,(\mathbf{e_2}, [2]) \\ \text{AGENTIVE} = \textbf{kill\_act}\,(\mathbf{e_1}, [1], [2]) \end{bmatrix}
\end{bmatrix}
$$

在(4a)中,John 满足了 ARG$_1$,即 [1]。在(4b—d)中,gun、storm 和 war 参与进了物性结构施成角色中的事件 e_1 中(这一过程被 Pustejovsky,1995,称为论元凝聚(argument coherence))。在(4e)中,shooting 等同于 e_1。基于此,(4)中不同的主语都满足了动词 kill 的论元结构需要。

总之,类型强迫的基础是词汇项事件信息的丰富。核心可以"核查"论元的词汇解释(或者相反,论元可以"核查"核心,就像在 kill 主语的例子中那样)从而来满足选择需要。缺乏词汇项丰富的事件信息,类型强迫是无法运作的。

三 汉语中强迫的失效

现在我们讨论汉语的相关现象。似乎上述提到的强迫机制没有在汉语中起作用的。参考下面的例子。

(8) a. *张三开始一本书。

　　　　Zhangsan began a book.

　　b. 张三开始读一本书。

　　　　Zhangsan began a book.

　　c. 张三开始写一本书。

　　　　Zhangsan began to write a book.

　　d. 张三开始编一本书。

　　　　Zhangsan began to edit a book.

(8a)表明"开始一本书"这类的组合在汉语中是不合法的。为了获得一个合法的表达,动作必须被明确地体现出来,像(8b)的"读"和(8c)的"写"。当然,一个人还可以做其他有关书的事情,如(8d)的"编"。这些例子表明,汉语中动词"开始"并不"核查"它的宾语,来满足它的论元结构需要。

同样的情况还出现在选择约束中。看下面的例子。

(9) a. ? 我们需要一艘很快的船①。

　　　　We need a fast boat.

----

① 这里以及下文出现的带有"很"的形容词并不用于强化功能。汉语中的形容词主要用于修饰和陈述。参考 Li and Thompson(1981)的讨论。

b. * 张三是一个很快的打字员。

Zhangsan is a fast typist.

c. * 很快的驾驶员会被警察开罚单。

Fast drivers will be ticketed by police.

虽然"很快的船"听起来并不是完全不可能（请参见后面的讨论），但是"很快的打字员"和"很快的驾驶员"是完全不可接受的。为了获得预期的解读，描述"快"的动作动词成分必须被嵌入，从而产生关系化的修饰结构。看下面的例子。

（10）a. 我们需要一艘<u>跑得</u>很快的船。

We need a boat that sails fast.

b. 张三是一个<u>打字</u>很快的打字员。

Zhangsan is a typist that types fast.

c. <u>开车</u>很快的驾驶员会被警察开罚单。

Drivers that drive fast will be ticketed by police.

这些例子表明，（船的）航行、打字和驾驶的动作必须在句法表达中明确现形，从而被形容词"快"修饰。名词中的事件信息不会被"核查"。

关于致使主语的强迫，参见下面的例子。

（11）a. 张三杀了李四。

Zhangsan killed Lisi.

b. * 这把枪杀了李四。

This gun killed Lisi.

c. * 那场暴风雨杀了李四。

That storm killed Lisi.

d. * 战争杀了李四。

The war killed Lisi.

e. * 张三的误击杀了李四。

Zhangsan's misfire killed Lisi.

很显然,在汉语中除了动作的施事,其他任何短语都不能充当动词"杀"的主语论元(参考 Kuno,1973 对于日语动词 *korosu* "kill"的研究)。要想获得合理的表达,必须将"杀"释义为"导致死亡",正如下面的例子所示[①]。

(12) a. 这把枪让李四/很多人死亡。

This gun made Lisi/many people die. ＝This gun killed Lisi/many people.

b. 那场暴风雨使李四/很多人死亡。

That storm made Lisi/many people die. ＝That storm killed Lisi/many people.

c. 战争使李四/很多人死亡。

The war made Lisi/many people die. ＝The war killed Lisi/many people.

d. 张三的误击使李四/很多人死亡。

Zhangsan's misfire made Lisi/many people die. ＝Zhangsan's misfire killed Lisi/many people.

非施事不能作动词"杀"的主语,它们只能作为间接致使者,充当短语性致使结构的主语。类似于先前的例子,名词中的事件信息在汉语不会有"核查"的动作。

如同上述的例证所表明,类型强迫基本上在汉语中不会运作。为什么?有相当多的可能性。例如,我们可以简单地假设,强迫仅仅

---

① 在(12)的例子中,我们使用"使"和"让"。这两个词的区别对我们的研究影响不大。

存在于英语这一特定语言的语法中,英语语法允许核心通过它的论元所携带的次词汇信息来满足自身的选择需要,而汉语语法不可以。然而,我们并不认为这种思路是正确的,原因有两个。首先,次类型强迫(Pustejovsky,1995)能在汉语中工作。名词 Toyota 包含次词汇信息,即它是汽车类型的一种次类,这使得(13a)中的英语句子合法——动词 drive"核查"了这种次词汇信息,产生了约翰开着一辆 Toyota 牌小汽车这样的解读。(13b)可以接受的事实表明,汉语中的动词"开"也可以"核查"名词"丰田"(Toyota 的汉字发音)这样的信息。

(13) a. John drives a Toyota.

　　　b. 张三开一辆丰田。

　　　Zhangsan drives a Toyota.

其次,汉语中的名词具有指示事件的本质,如指示动作和事件的名词,可以与体动词搭配,如"开始"①。并且,当这些名词被像"快"这样的形容词修饰时,能够获得更适切的语义解读。参考下面的句子。

(14) a. 我们开始这场比赛。

　　　Let us begin the game.

　　　b. 美国开始它与伊拉克的战争。

　　　America starts the war with Iraq.

(15) a. 这是一场很快的比赛。

　　　This is a game [that proceeds] fast.

　　　b. 美国对伊拉克进行了一场很快的战争。

　　　America launched a fast war with Iraq.

如果在汉语中次词汇信息在核心词或者修饰词基本都是无法被取得

---

① 关于汉语中指称事件的名词的讨论,参考 Yang(2001)。

的话,那么不清楚为什么(14—15)中的句子(以及(13b))都是能接受的。

另一种看待这个问题的方法如下。词汇项拥有丰富的次词汇事件信息,似乎是强迫的基础。在这种逻辑下,由于没有东西能够先被"核查",强迫可能会在汉语中无法运作。尤其像"书"这样的名词,没有次词汇"事件信息"可以被取得。换句话说,次词汇事件信息的缺乏使得强迫在这种语言中无法适用。次类型强迫在汉语中能工作,是因为它不涉及事件信息。其他类型强迫无法运作的现象(指示事件/动作的名词除外),是因为它们涉及次词汇事件信息。

有证据可以证明这种假说。许多学者主张语言表达中有"戴维森式"的事件论元(见 Higginbotham,1985、2000 和 Larson,1998 以及许多其他文章)。Higginbotham(2000、2004)甚至认为普通名词,如 book、frog 和 dinosaurs 可视为事件论元。将事件论元引入名词的一个好处是,交叉型和非交叉型修饰的模糊性可以被缩小到对个体的修饰和对事件的修饰(Larson,1998 及其它研究)。请看下面的例子。

(16) A beautiful dancer

    i. A dancer who is beautiful

    ii. A dancer who dances beautifully

Larson(1998)认为像 dancer 这样的名词有两个论元$<x,e>$,x 是个体论元,e 是事件论元。(i)的解读源自对个体论元 x 的修饰,而(ii)的解读由对事件论元 e 的修饰而来。现在看一下例(16)在汉语中的对应句。

(17) 漂亮的舞者

    i. A dancer who is beautiful, but not

    ii. * A dancer who dances beautifully

相对英语的汉语,例句(17)只能得到个体修饰的解读,事件修饰的解读是无法获得的①。如果我们假设名词"舞者"没有事件论元,(17ii)的不可接受性就可以得到解释。更重要的是,上面提到的强迫机制的失效可以得到解释——由于词汇项中事件信息的缺少,因此也就没有这些信息的取得。

在这一点上,我们必须先考虑一些例子,这些例子与汉语中名词没有事件论元这一假说可能会有冲突。我们考虑两个反例。首先,汉语中的名词可以被形容词"好"修饰(参见 Saint-Dizier,1998 用生成词库理论讨论的法语形容词 bon(good)的修饰用法)。看下面的例子。

(18) a. good eye/screwdriver

　　 b. good musician/restaurant

(19) a. 很好的眼睛/刀子

　　 b. 很好的音乐家/餐厅

你也许会考虑,说"好的音乐家"和 a beautiful dancer 一样——就像一个漂亮的舞者跳得很漂亮(在修饰事件的解读上)一样,一个好的音乐家 plays music good。这将是名词中对事件论元修饰的例子。

但是可能并非如此。一个好的音乐家能在很多可感知的方面是表现良好的:他/她或许能在一个乐团里扮演好他/她的角色,但是在独奏中不好;他/她可能是一个好的作曲家,但没有专攻特别的乐器。同样地,一把刀很好,可能因为它可以用得很顺手或者它制作得很精美,人们愿意把它作为收藏。因此 a good N 并不需要涉及对 N 中事

---

① "漂亮"可以修饰跳舞的动作,如(i)所示。因此,(17)中无法获得事件修饰的解读不是源自"漂亮"修饰能力的缺乏。

　　(i) 张三很漂亮地跳着舞。

　　　　Zhangsan is dancing beautifully.

件论元的修饰，它可以只是含糊的。例如，比较 a fast driver 和 a good driver。一个司机也许对一个政治家来说是好的，仅仅因为他/她保守秘密。

第二个可能的反例是下面类型的句子①。

(20) 张三是一个很快的跑者。

　　　Zhangsan is a fast runner.

(20)看起来好像是"快"修饰名词"跑者"中表示跑的事件论元。但事实并非如此。如果是的话，为什么(20)合法而(21)不合法，这令人费解。

(21) ?? 张三是一个很快的舞者。

　　　Zhangsan is a fast dancer.

我们对(20)的解释如下。东西可以很快，只要它沿着一定的轨道快速地移动，无论是棒球或者棒球运动员。这与名词中的事件论元无关。因此(20)中的形容词"快"仅仅修饰名词"跑者"所指示的个体，已经足够，没有涉及事件论元。如果涉及事件论元，那么将不清楚为什么"跑者"有事件论元而"舞者"没有。顺便说一句，我们早先注意到(9a)听上去并不很坏，那是因为一艘船可以很快，只要它(作为一个个体)移动得快，这种解读是很好的。但是如果(9a)旨在表示船航行得快，那么句子就是不合语法的，因为"船"没有事件论元可以被修饰。

四　词汇化 (Lexicalization)

现在我们有一个可行的假设，即汉语中的名词没有次词汇事件信息。接下来要问的是，为什么会出现这种情况。假设次词汇事件

---

① 我们感谢 Barry Yang(个人交流)让我们关注这类句子。

信息进入词汇项是通过词汇化的过程（或者合并（conflation），参考Talmy,1985）。英语词汇项富含次词汇信息，是因为许多这样的信息在词汇化过程中合并到单个词汇项中。那么我们可以推理，汉语词汇项事件信息的匮乏是由于稀少的事件信息合并到单个词汇项中，或者换个术语，词汇化几乎没有运作于汉语词汇项的词根。支持这种观点的证据来自下面的观察。上文的讨论表明，形容词"快"不修饰指称非事件的名词。但是在复合词中，这种修饰似乎是可以的。参见下面的例子。

(22) a. 快餐 fast food

　　 b. 快手 people who do things fast

　　 c. 快笔 people who write fast and nice

　　 d. 快车 express train/bus

　　 e. 快船 ships that sail fast

在这些例子中，"快"通过复合的方式来修饰非事件指称的名词。请注意，在这些例子中，"快"修饰的实际上是名词的次词汇事件信息。比如，在"快餐"中，"快"修饰上餐，在"快手"中，"快"修饰手的动作（写）。同样地，在"快车"和"快船"中，"快"修饰汽车的运行和船的航行。如果像(22a—e)这样的复合涉及了显著的词汇化，那么这些复合词可以为这种想法提供支持，即事件信息通过词汇化的方式进入词汇项①。

　　这样的结论可呼应 Lin(2001)的轻动词结构和他的词汇化的理

---

① 至于为什么显著的词汇化允许对事件论元的修饰，以及事件论元是如何进入复合词中的，我们假设了一个以经济性为基础的解释。复合并不仅仅涉及词汇项的并列或者连接，如果是那样的话，复合法作为一种独立的形态操作，将失去它在语法中的地位。更多的信息必须并入到复合词中，而事件信息就是一个很好的备选者。这可以部分解释一个众所周知的观察，即复合词通常比相应的短语表达表现出更具体的含义，例如 girl friend 和 girlfriend，black bird 和 blackbird。

论。根据 Lin(2001),语言在轻动词结构(即事件结构)词汇化到单个词汇项的程度方面可能有所不同——这就是 Lin(2001)所称的词汇化参数(Lexicalization Parameter)。Lin(2001)的理论解释了上文提及的英语和汉语的差异。在英语中,词汇化大幅度的被应用,导致词汇项包含丰富的事件信息。在汉语中,词汇化很少应用到词汇项的词根上,而是把大量的事件构成成分原封不动地直接放在句法运算中。这种差异的结果是,由于大量的事件信息并入到词汇项中,英语短语结构是根据词汇项中的事件信息进行投射的。这就是导致了英语短语结构的"壳"特征(Larson,1988)。英语中的短语结构只用来实现词汇项中已经包含的事件信息。另一方面,汉语中的词汇项并没有进行过多的事件信息词汇化,大部分的事件信息以独立的事件谓词的形式完整地存在,并被送到狭义句法层面。词汇项通过普通的句法操作与事件谓词搭配,从而导致汉语在句法层面进行构建事件结构。英语和汉语之间的差异可以通过下面两个图得到说明,以英语中的动词 put 和汉语中的动词"放"为例。(详细讨论见 Lin,2001)。

(23)

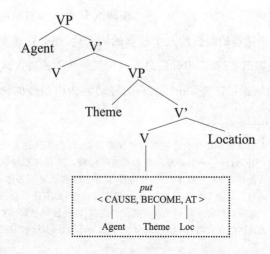

（24）

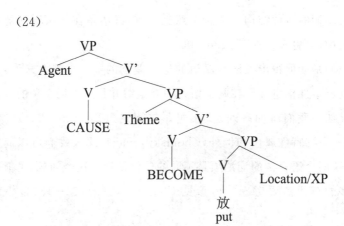

在英语中，动词 put 已经把一系列丰富的事件信息包含在它的词汇解释中——它是一个结束动词，因此事件谓词 CAUSE、BECOME和 AT 都在其中（参考 Dowty，1979；Kageyama，1993、1996），然后这些事件谓词引入不同的论元，即施事、主题和处所。短语结构相应地被投射：一个两层的 VP 结构被投射，从而为论元提供三个句法槽，这些论元 θ-约束动词 put 论元结构中的题元角色（Higginbotham，1985）。如果论元离得太远，如施事，动词移位开始应用，并且动词put 移入到没有语义的高层 V 之中（参考 Hale and Keyser，1993）①。总之，所有被投射的东西已经包含在动词 put 的词汇解释中。短语结构只用来实现次词汇事件信息。另一方面，对于汉语中的动词"放"来说，没有具体的事件信息被词汇化入词。事件谓词 CAUSE、BECOME 等体现于狭义句法层面，并且通过普通的句法手段合并到结构中。"放"没有带任何论元，但是事件谓词带了论元。因此，（24）中的整个结构并不仅仅是一个短语结构，它还表示动词"放"作为一

---

① Hale and Keyser(1993)假设轻动词 V 表示一个基本事件 e，而这个基本事件与短语结构中的其他事件成分相互作用，从而派生出事件结构。

个结束动词的事件结构。从这个意义上讲,汉语是在句法层面建构事件结构。(更多讨论,见 Lin,2001)

我们是如何得出英语和汉语的这种差别的呢？直观上来看,这种差别与事件信息如何在两个语言中被组织并且进入词汇项的方式有关。如果我们所拥有的是"布龙菲尔德式"(Bloomfieldian)的词库,即一系列特殊属性和例外(Chomsky,1995),那么我们可以简单地说,这两个语言中的词汇项是不同的。但是针对这个问题,可能还有更多的东西需要考虑。请参见 Chomsky(1998:12—13)以下的建议。

"UG 包含一套特征 F(语言特性)和操作 C_{HL}(人类语言的计算程序),这些操作取得 F 来生成表达式。一个语言 L 将 F 映射到一套特定表达 EXP 上。如果 L 可以一次性从 F 中选择一套特征{F},就不必再取得 F,操作的复杂性就会降低。如果 L 包含一次性操作,可以将{F}中的元素装配到词库 LEX 中,不需要新的装配来进行计算,那么操作的复杂性就会进一步降低。基于这些(传统的)假设,习得一种语言至少包括选择特征{F},构建词库 LEX,提炼 C_{HL},并且以一种可能的方式——参数设置来改进 C_{HL}。"

"那么,我们假定,一个语言 L 将({F},LEX)映射到 EXP 上。"

人类语言能力的计算始于选择一套特征 F,并将它们装配到词汇表达 LEX 中。显然这是语言类型差异的可能来源之一:有些语言有一整套语法特征进入 LEX(如拉丁语、法语),而一些其他语言很少把语法特征放入 LEX 中(如日语,汉语)。假设包含在特征 F 全套中的是承担事件信息的语义特征。此外,假设不同的语言可以选择相同的一套特征,但是哪些特征被装配进 LEX 的元素中,不同语言可以有不同的选择——一些语言,如英语,包含了大量的此种装配,然而一些其他语言,如汉语,却没有。这可能是语言类型差异的另一重要根源。因此,从 F 中,汉语也许与英语选择了一套相同的语义特征,然而汉语的语义特征是被直接送到句法运算中。这就是 Lin(2001)词汇化参数的由来。词汇化的操作仅仅只是从 F 中选择特征进行装配。

语言可能会选择不同套的特征,或者可能选择同套的特征但是运算的方式却不同。尽管语法原则和运算跨语言皆是相同,但是由于这样的特征选择以及运算方式的差异造成了不同类型的语言。

五　在句法中构建事件结构

如果上文概述的理论是正确的话,那么汉语中的词库和句法就没有实质区别。原因是许多在英语中被当作次词汇成分的元素,在汉语中被用作句法基元,从而导致了汉语中一个非常有趣的现象。即就元素处理而言,汉语在句法层面做的事与英语中词库做的事十分相似。这一观察引出了一些有意思的结果。例如,生成词库的主要目的是通过恢复词汇项的次词汇事件信息,来解决词的多义性问题。但是由于汉语句法的功能与英语词库的功能一样,你也许会预测汉语词语的多义性直接源自句法。

我们相信汉语确实有一词多义直接来源于句法的现象。汉语动词中的“翻”可以是个提供证据的例子。

动词“翻”可以被用于三种不同的含义。让我们称它们为“翻$_1$、翻$_2$、翻$_3$”。我们首先看一下“翻$_1$”。“翻$_1$”具有一致的施事用法,并且它不能非宾格化。

(25) a. 老王翻桌子。

　　　　Laowang turned the table over.

　　　b. ?? 桌子翻了。

另一方面,"翻₂"非宾格化是可以的。从例句(26a),我们可以发现"翻₂"的纯施事用法是不好的,必须要求与一个动作动词(如"打")复合。参见(26b)和(26c)。

(26) a. 那艘船翻了。

That boat capsized.

b. ?? 海浪翻了那艘船。

(Intended) The waves capsized that boat.

c. 海浪打翻了那艘船。

The waves capsized that boat.

此外,"翻₂"还有一种特殊的用法,被称为"发生"用法(occurrence use)(Huang,1997;Lin,2001),"翻₁"不可以这么用。这种结构的特点是存在时间或处所主语。看下面的例子。

(27) a. 昨天/村子里翻了两艘船。

(Lit.) There capsized two boats yesterday/in the village.

b. ?? 昨天/村子里翻了两张桌子。

(Lit.) There flipped two tables yesterday/in the village.

"翻₃"可以有施事性用法,如(28a)。但是必须注意的是,被翻的主题必须是书页,而不是整本书,比较(28a)和(28b)。"翻₃"像"翻₂"一样,有非宾格用法,如同在(28c)中所示。更重要的是,"翻₃"有纯状态用法,这对"翻₁"和"翻₂"来说,都是不可能的,见(28d)。

(28) a. 张三翻了三页(的)书。

Zhangsan turned over three pages of the book.

b. ?? 张三翻了三本(的)书。

Zhangsan turned over three books.

c. (风一吹,)书翻了三页。

(As the wind breezes,)three pages of the book turned over.

d. 字典翻在桌上,(你自己查)。

The dictionary is on the table open; you go check by
yourself.

下面的表格总结了三个"翻"的相关特性。

(29)((√):可接受但受限)

	主题	施事	非宾格	发生	状态
翻₁	桌子	√			
翻₂	船	(√)	√	√	
翻₃	书	(√)	√		√

有鉴于这些可接受和不可接受的例子,我们是否能为汉语中的动词
"翻"提出一个归一化的分析——注意,"翻"的不同含义呈现出不同
的,或者甚至相互冲突的句法特性。我们可以仅仅建议,有三个"翻"
或者"翻"有三个不同的含义。但是这里,我们想提出一个更接近直
觉的分析。也就是,在所有这些例子中最重要的似乎是主题论元,桌
子、船或书,以及主题论元受影响的方式。一张桌子,或者其他类似
大小或类型的东西,通过人力打翻了,并且这种人力伴随着强烈的意
图和施事性,因此在题元术语中,这个桌子十分像受事。另一方面,
一艘船翻了,有点超出了个体人力的范围,它似乎是一个更大的事
件,需要不同类型的力量。事实上,一艘船翻了,可能是远大于个人
力量的外部原因造成的结果(如海浪),或者根本没有外部原因(如渗
漏或者超载)。不管怎样这指出了,一艘船翻了和翻一张桌子,是性
质完全不同的东西。至于翻一本书(的书页),它似乎是太小的动作,
以至于人们不会带有强烈的施事性——一两根手指就可以做到。因
此,在我们的常识中,这样的现象无法和"事件"这一术语有任何关
系。上述的说明显示影响主题的性质决定了施事性和底层的事件/
动作,这又反过来决定包含动词"翻"的事件结构。

让我们来落实这种想法。翻一张桌子,是一个带有强烈施事性的动作,并且我们认为,这给动词"翻"的使用和它与主题"桌子"的关系强加了一个管辖原则。因此,在这种用法下,"翻"的轻动词结构如下。

（30）

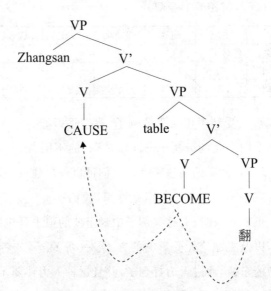

轻动词 CAUSE 和 BECOME 与"翻"合并,产生了一个完整的施事结构。CAUSE 和 BECOME 在句法上不必出现,在这种情况下,如果 CAUSE 不出现,我们就说它是一个成为事件。但是这样的说法,违背了一个原则,即如果一张桌子或者类似大小和类型的东西受到"翻"这个动作的影响,那必然会涉及完整的施事性(因此必须是致使结构)①。有鉴于此,我们得知(30)中的整个结构是不可以简化的,

---

① 我们相信在这里"类"的概念很重要。比如,翻扑克牌,也就是梭哈,似乎是"翻₁"的一个例子,因为梭哈显然涉及玩家的意图——并非是无意图地梭哈。在这一方面,是有一些有趣的问题,但是我们不准备在这里探究。顺便说一句,在这篇文章中,我们不区分意图和施事性,尽管它们之间的差别很重要。

并不是由于句法的原因，而是由于语义的自然性。任何对事件结构的简化将会导致语义的不合适，这就是为什么非宾格结构、发生结构和状态结构不以"桌子"为主题，因为它们要求更少的事件谓词或者不同类型的事件谓词（见下面的讨论）。

我们有证据表明"翻₁"涉及有意的施事性。下面的例子显示，"翻"和"打翻"都可以与副词"故意"共现，但是只有"打翻"可以与副词"不小心"一起出现。

(31) a. 张三故意翻桌子。

　　　Zhangsan overthrew the table on intention.

　　 b. 张三故意打翻桌子。

　　　Zhangsan made the table turned over on intention.

　　 c. ?? 张三不小心翻桌子。

　　　Zhangsan carelessly overthrew the table.

　　 d. 张三不小心打翻桌子。

　　　Zhangsan carelessly made the table turned over.

船翻是另一种性质不同的事件。通常它与个人的力量无关，常常需要其他类型的原因（海浪、渗漏、超载等）。假设这类事件是变化，这就给了我们下面的轻动词结构。

(32)

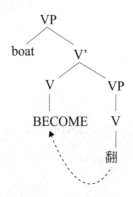

这个结构解释了为什么"翻₂"可以有非宾格用法——它开始就是非宾格的。你可以将一个以上的 VP 层合并到(32)的结构中,并且让它进入致使(带有 *CAUSE* 和一个致使主语)或者发生(带有 OC-CUR 和一个时间/处所主语)结构中。这可以解释"翻₂"的施事和发生用法。但是记住(31)中"翻"和"打翻"的对比——致使"翻"预设了有意的施事性,这与导致船翻的力量不协调。因此如果"翻₂"被嵌入到致使结构中,必须改用"打翻"。(关于像"打翻"这样的动词性复合词的讨论,参考 Shen and Lin,2005,在这篇文章中,动词性复合词 V_1-V_2 中的 V_1 被认为是一种方式/模式成分,可以允准非施事性主语。)

(33)

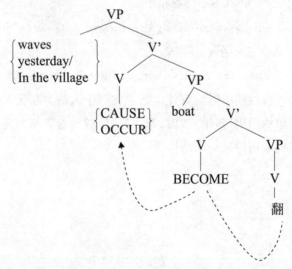

另外支持我们的分析是发生结构必须涉及成为事件,活动动词和结束动词与发生结构不兼容。看下面的例子。

(34) a. 犯人跑了

　　　Prisoners escaped.

b. 昨天跑了三个犯人。

(Lit.) There escaped three prisoners yesterday.

c. 很多人死了。

Many people died.

d. 昨天死了很多人。

(Lit.) There died many people yesterday.

(35) a. 很多人跑着。   (活动)

Many people are running.

b. * 昨天跑着很多人。

(Intended) There were running many people.

c. 张三盖了很多房子。   (结束)

Zhangsan built many houses.

d. * 昨天盖了很多房子。

(Intended) There built many houses.

翻书页是一个比翻桌子需要更少用力的动作。如果(30)中的结构以"书"为主题,你会得到一个被视为"夸张"的意义——一个像书这样微小的东西,不需要"推翻"。我们认为"翻"的意义因此自动转移到页面打开(的状态),而不是翻一本书。这样的事件结构实现为一个"光秃秃的"VP(带有一个选择性的补足语,在(28d)中是处所补足语)。这就解释了"翻₃"的状态用法。

(36)

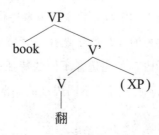

在这个 VP 上,可以堆叠更多的轻动词,如 BECOME 和 CAUSE。这就解释了"翻₃"的非宾格用法和施事用法。

为什么"翻₃"不能承担发生用法? 如果与轻动词 BECOME 合并,(36)中的结构可以转变为一个成为结构,那么进一步合并 OC-CUR 应该是可能的。我们对这一问题的回答是,在通常情况下,翻书页算不上是一个值得具有 "一个事件发生"含义的大事件。那就是为什么即使 BECOME 在结构中,"翻₃"仍然无法与轻动词 OC-CUR 兼容。

上述的分析如果正确的话,那就表明汉语的多义性可能源自在句法层面上论元和轻动词的组合。上述讨论的"翻"的不同含义,不是源于动词"翻"所包含的任何次词汇事件信息,而是源于受影响的主题和事件结构,而事件结构和主题来自于我们的世界知识和认知考虑。所有这些都是在句法层面完成的。这不是因为句法关注语义,而是因为汉语句法处理下的成分可视为次词汇成分的特性(如事件谓词 CAUSE、BECOME 等)。这就是为什么汉语的事件结构在句法层面建构的方式,仿佛它们还在词库中一样。

六　结论

本文的结论可以概括如下。

(A) 不同语言中的词汇项拥有的次词汇事件信息的丰富程度是不同的。强迫只能在词汇项富含次词汇事件信息的语言中运作。

(B) 人类语言能力的计算始于选择一套特征,并将这套特征装配到词汇项中。不同语言可能选择不同的特征;它们也可能选择了相同的特征,但是对特征进行了不同程度的装配。这些差异导致了类型学上不同的语言。

（C）英语和汉语可能选择了基本相同的一套特征，但是在英语中大量的事件信息被装配到单个词汇项中，然而在汉语中几乎没有。在汉语中事件信息被送入狭义句法中进行处理，导致了这种语言中的短语结构具有戴维森式特征，即事件结构是在句法层面建构而成的。

（D）实例分析给出了动词"翻"和它的三种含义。结果表明，多义性可能源产于句法。这说明了，汉语的句法结构具有词库的意味。

参考文献

Chomsky, N. 1995. *The Minimalist Program*. Cambridge, MA: MIT Press.

Chomsky, N. 1998. Minimalist inquiries. *MIT Occasional Papers in Linguistics* 15. Department of Linguistics and Philosophy, Massachusetts Institute of Technology.

Chomsky, N. 1999. Derivation by phase. *MIT Occasional Papers in Linguistics* 18, Department of Linguistics and Philosophy, Massachusetts Institute of Technology.

Dowty, D. 1979. *Word Meaning and Montague Grammar*. Dordrecht, Boston: D. Reidel Pub. Co. .

Hale, K. and Keyser, S. J. 1993. On argument structure and the lexical expression of syntactic relations. *The view from building 20: Essays in Linguistics in honor of Sylvain Bromberger*, 53—109. Cambridge, MA: MIT Press.

Higginbotham, J. 1985. On semantics. *Linguistic Inquiry* 16, 547—593.

Higginbotham, J. 2000. On events in linguistic semantics. *Speaking of Events*. Oxford and New York: Oxford University Press.

Higginbotham, J. 2004. Events, states, and Actions: some clarifications. Talk given at Taiwan Tsing Hua University, Hsinchu.

Huang, C.-T. J. 1997. On lexical structure and syntactic projection. *Chinese Languages and Linguistics* 3, 45—89.

Kageyama, T. 1993. *Bunpo to Gokeisei [Grammar and Word Formation]*. Tokyo:

Hituzi Syobo.

Kageyama, T. 1996. *Doosi Imiron* [*Verb Semantics*]. Tokyo: Kurosio.

Kuno, S. 1973. *The Structure of the Japanese Languages*. Cambridge, MA: MIT Press.

Larson, R. 1988. On the double object construction. *Linguistic Inquiry* 19, 335—391.

Larson, R. 1998. Events and modification in nominals. *Proceedings of Semantics and Linguistic Theory* 8, 145—168. Ithaca, New York: CLC Publications.

Li, N. and Thompson, S. . 1981. *Mandarin Chinese*. Berkeley and Los Angeles, LA: University of California Press.

Lin, T. -H. 2001. *Light Verb Syntax and the Theory of Phrase Structure*, Ph. D. dissertation, Irvine: University of California.

Pustejovsky, J. 1995. *The Generative Lexicon*. Cambridge, MA: MIT Press.

Saint-Dizier, P. 1998. A generative lexicon perspective for adjectival modification. *Proceedings of the 36th Annual Meeting of the Association for Computational Linguistics and 17th International Conference on Computational Linguistics* 2, 1143—1149. Canada: Université de Montréal.

Shen, L. and Lin, T. -H. 2005. Agentivity agreement and lexicalization in resultative verbal compounding. Unpublished Manuscript. Doshisha University and Taiwan Tsing Hua University.

Talmy, L. 1985. Lexicalization patterns. *Language Typology and Syntactic Description*. Cambridge: Cambridge University Press.

从实体到事件：基于语料库的汉语宾语类型强迫机制研究 *

许展嘉　谢舒凯　林淑晏

提要　关于汉语宾语类型强迫的实证研究迄今仍相当有限，而一些诉诸母语人士语感的研究者主张，汉语并不存在宾语类型强迫现象。本研究采用了语料为本的研究方法，首先透过撷取网络文本，证明了宾语类型强迫现象确实存在于汉语里。接着，本研究检视了20个动词在语料库中的资料，勾勒出每一个动词在宾语类型强迫现象上的侧影，并透过多变量分析的统计方法，将这些动词分为两大类：第一类动词比第二类动词更常强迫其宾语，而第二类动词比第一类动词能够强迫更多的宾语类型。这些差异主要来自动词本身的语意差异。本研究的实证发现将大大地强化生成词库理论的解释力。

关键词　生成词库理论　宾语类型强迫

---

* 原文出处：Hsu，Chan-Chia and Shu-Kai Hsieh. 2013. To Coerce or not to coerce：A Corpus-based Exploration of Some Complement Coercion Verbs in Chinese. In *Proceedings of the 6th International Conference on Generative Approaches to the Lexicon*。收入本书时略有修订。在会上得到与会专家的指教，谨此致谢。文中疏漏，由作者负责。

一　引言

日常生活的语言使用有许多表面结构上看似不协调之处。对语意学家来说，一个常见的例子为 *John began a book*，说话者实际想表达的意思为 John began reading/writing a book。虽然动词 *begin* 之后理应接用事件作为宾语，但单独只用实体名词 *book* 也可被接受。要解释这样的句子，其中一个方式是枚举词义（enumeration），即一一列出 *begin* 在不同情境之下的词义。以此句为例，需要列举的语意包括 begin reading、begin writing 等。然而，较为经济、有效率的解释方式为生成词库理论（Generative Lexicon）的宾语类型强迫（complement type coercion）。透过这项机制，动词可以转变宾语的语意类型，因此动词的词义在不同的情境之下不会改变，并不需要一一列举。在以上的例子中，*begin* 可将 *a book* 从实体宾语转变为事件宾语。

关于宾语类型强迫这项机制是否存在于汉语里，以语料库为本的研究仍嫌不足。因此，本研究使用语料库的资料探究汉语里 20 个动词，试图勾勒出每一个动词在宾语类型强迫机制上的侧影（profile）。我们相信，本研究的实证发现将能大大地强化生成词库理论的解释力。

本文的架构如下：紧接着第一部分，第二部分将回顾生成词库理论（Pustejovsky，1995）所提出的类型强迫机制。第三部分将证明类型强迫确实存在于汉语里。第四部分介绍研究方法，第五部分报告研究发现，而第六部分将讨论研究发现为词汇语意学所带来的意义。第七部分总结全文，再次凸显本研究的贡献，并且建议未来进一步发展的方向。

二　生成词库理论的类型强迫机制

在生成词库理论中,Pustejovsky(1995:111)将类型强迫机制定义如下:

> A semantic operation that converts an argument to the type which is expected by a function, where it would otherwise result in a type error.

Pustejovsky 提出了两种强迫机制:次类型强迫(subtype coercion)与类型强迫(type coercion)。次类型强迫可以(1)为例(Pustejovsky,1995:113):

(1) Mary drives a Honda to work.

若有一个词语属于类型 σ_1,且 σ_1 为 σ_2 的次类型,则次类型强迫机制可让该词语的类型从 σ_1 转变为 σ_2。在以上的例句中,*a Honda* 是 car 的次类型,car 又是 vehicle 的次类型,而 vehicle 正可满足管辖动词 *drive* 的选择要求(selectional requirement)。强迫链因而形成(即 Honda → car → vehicle),正是这一连串的次类型强迫机制使 *a Honda* 得以成为动词 *drive* 的论元。

接着,可看以下例句(Pustejovsky,1995:115):

(2) a. John began a book.

　　b. John began reading a book.

　　c. John began to read a book.

在以上的句子中,动词 *begin* 的宾语有许多不同的型态。Pustejovsky 提出了宾语类型强迫机制,可借此掌握相关但不同的宾语之间的关联性,也可避免将 *begin* 当成一个多义的动词来处理。在动词 *begin* 的词汇表征(lexical representation)中,第二个论元应为事件。因此,例句(2a)若要成为一个语意正确(semantically well-formed)的句子,实体宾语 *a book* 必须被强迫为事件。将 *a book* 解读为事件可透过物性结构(qualia structure),其中施成角色(agentive role)为 write,功用角色(telic role)为 read。也就是说,在(2a)中,*a book* 可被诠释为写书或是读书(事件义)。像这样的宾语类型强迫现象是由管辖动词(governing verb)所诱发的。此外,在物性结构中若非有适合上下文的角色,宾语类型强迫机制也无法运作。这样的处理方式有两个重要的结果:第一,词汇语意的构成不必采取繁缛的枚举方式,即在 *begin a book*、*begin a move* 等之中,动词 *begin* 的意思都是相同的。第二,在诠释语意时,动词与其宾语皆有其所扮演的角色(Pustejovsky,1995:116)。

生成词库理论的宾语强迫机制并不只是一个理论上的运作模式而已,目前已获实证研究的支持(例如:Baggio et al.,2009;Delogu et al.,2010;Traxler et al.,2002;Traxler et al.,2005)。眼动追踪(eye-tracking)、事件关联电位波(event related potential)等各式各样的实验皆显示,宾语类型强迫的最后一个阶段必须为实体宾语找到一个适当的事件以合理诠释这样的句子,因此在脑中的处理过程较繁复。

三　汉语的类型强迫现象

迄今仍少有学者关注到汉语里的类型强迫现象。在语料库语言学、心理/神经语言学等领域,相关的实证研究可说是少之又少。其中较为重要的一个研究是 Huang&Ahrens(2003),两位学者透过分析语料库的数据,说明汉语的量词可将实体名词强迫为事件名词。以下是一个例子(Huang and Ahrens,2003:367):

(3) 总统的一通电话

在例句(3)中,"电话"一词应诠释为打电话(事件义),而非指电话机本身(实体义)。可将实体名词强迫为事件名词的量词包括"出"(例如:一出音乐剧)、"餐"(一餐饭)等。

汉语的类型强迫现象之所以没有得到大量的关注,很可能是因为不少学者认为这项机制根本不存在于汉语里。例如,在英语里,*John began a book* 是可接受的句子,但"约翰开始一本书"在汉语里是不合语法的句子。在以下两个小节里,我们会以网络语料证明类型强迫现象的确存在于汉语里。首先,我们以一个实例,说明为何主语类型强迫被认为不存在于汉语。接着,我们以大量的语料证明汉语确实具有宾语类型强迫的机制。

3.1　汉语的主语类型强迫

英语具有主语类型强迫机制一般是公认的,Liu(2003)与 Lin and Liu(2004)也以 *The gun killed Mary* 为例说明这项机制:动词 *kill* 的主语理应为动作的主事者(意即杀死 Mary 的人),但主语强迫机制使杀人的工具亦可作为主词。相对地,"这把枪杀了李四"在他们的语感里是一个病句,因而推论汉语并不存在主语强迫的机制。我们认为,以直接翻译英语的语料作为理论的基础并不恰当。首先,*kill* 与"杀"在语意上至少有一个明显的不同之处:杀某人并不蕴含(entail)受害者必然死亡,"杀人未遂"这个词的存在就是一个明证。若要表达受害者确实死亡,一般会说"杀死"。

为了更进一步探讨 *kill* 与"杀"的语意差异,我们将"杀了"与其近义说法"夺走某人的生命"以及 *killed* 与其近义说法 *took the life of* 的主词类型加以对比。我们在谷歌（Google）分别搜寻这些说法的前 100 笔资料，人工分析其主词。"杀了"的主词大多（约 94％）为有生命的主事者（animate agent）。"夺走某人的生命"则呈现出相反的分布情况：大多数（约 89％）的主词为无生命（inanimate），包括了表达疾病、意外、灾难等的词语。在英语里，*killed* 虽然与杀同样偏好由主事者当主词，但有生命的主词只占了 73％，显现此倾向并未和"杀了"一样强烈。*took the life of* 也和"夺走某人的生命"同样偏好无生命的主词，但这个倾向（约 72％）并没有和"夺走某人的生命"一样显著。

　　以语料为本的分析显示，虽然汉语动词"杀"的确可接用无生命的主词，但这样的用法相对频率较低，尤其是当句子在没有上下文而单独呈现的时候，汉语母语人士易产生"杀"只能接用有生命的主词的错觉。此外，"杀"的近义用法"夺走某人的生命"大多接用无生命的主词，与"杀"的语意分化现象强化了以上的错觉。在英语里，*killed* 与其近义说法 *took the life of* 同样有语意分化现象，前者偏好有生命的主词，而后者偏好无生命的主词，但此分化现象较不强烈。因此，*The gun killed Mary* 这个句子对英语母语人士的接受度较"这把枪杀了李四"对汉语母语人士的接受度为高。

　　若仅仅透过直译而未考虑实际用法，就将不同语言中的两个词语（例如：*kill* 与"杀"）直接画上等号，很容易对语言学的议题骤下结论。例如，不应将 *The gun killed Mary* 的直译在无语境的状况下让母语人士判断该句是否合法，若进而推论"主语类型强迫现象不存在于汉语里"，将可能有误。我们已透过语料库资料的分析，发现"杀"接用有生命的主词仅为一个倾向，"杀"确实可接用无生命的主词。

　　我们也可从构词与语法的互动出发，探讨关于"这把枪杀了李四"对母语人士的接受度。"杀"是许多动词的字根(root mor-pheme)，例如"枪杀、射杀、谋杀、扑杀、刺杀、自杀、屠杀"等。在汉语里，"杀"可被视为上述这些动词的上位词。我们推测，当一个概念词汇化之后，除非是为了达到篇章里的特殊目的，否则拆解词素将会使句子的接受度降低。也就是说，因为"枪杀"已经成为汉语里固定的词汇，所以将"枪"与"杀"拆解开的做法在语用的层面应是相对较为少见。同理，英语的 *a gun killed* / *killed with a gun* 的使用频率会低于 *was* / *were shot*。网络上的语料确认了我们的预测，可参见表1：

表1：网络(Google)语料中词汇与词组的频率差异

网络(Google)	词汇与词组	频率
汉语网络语料	枪杀了(例如："是谁枪杀了我渔民")	167,000
	把枪杀了(例如："就用这把枪杀了她")	498
英语网络语料	was shot	24,100,000
	were shot	2,440,000
	a gun killed	895
	the gun killed	374
	killed *with a gun	457,000
	killed *with the gun	897

虽然"把枪杀了"的搜寻结果会包含在"枪杀了"的搜寻结果中，但"把枪杀了"的频率相较之下低，不影响两者频率差异甚大这个重点。我们一一人工检查含有"把枪杀了"的前100笔资料，发现其中的75笔资料，"枪"是"拿、买、用"等动词的受词(例如"拿把枪杀了他"，而有19笔资料，枪是杀的主词。利用网络当语料库(web-as-corpus)的方法，我们发现"杀"的确可用"枪"当主词；另一方面，在网络上搜寻到的频率差异说明了为什么主语强迫现象对于某些汉语母语人士来说无法接受。

3.2　汉语的宾语类型强迫

John began a book 是可接受的英语句子,但"约翰开始一本书"根据我们所询问的汉语母语人士,以及在网络上搜寻的结果,都显示是一个不合语法的汉语句子。因此,有人主张,汉语并不存在宾语类型强迫机制(Liu,2003;Lin and Liu,2004;Huang,2009)。然而,如同前一小节所示,用两个语言之间直译的结果来解释语法现象,可能会导向不正确的结论。接下来,我们要透过语型模板(lexico-syntactic template),同时找出强迫与非强迫的例子,并自动找出名词的物性角色(qualia roles),证明宾语类型强迫这项机制确实存在于汉语里。

我们的灵感来自 Yamada(2007)等人的研究。他们利用一些语型模板,自动从语料库中取得名词的物性角色。例如,使用(*a* | *an*)X *is worth* 这个语型模版可找到 *a book is worth **reading***,而使用 *I enjoy* *X 这个语型可找到 *I enjoy **reading** books*,可知名词 *book* 物性结构中的功用角色为 read。

我们在设计自己的语型模板时,参考了 Pustejovsky(1993)等人的词汇概念范例(lexical conceptual paradigm)。一个词汇概念范例可以掌握到句型之间的关联性。以下为容器(container)词汇概念范例(Pustejovsky et al.,1993:342):

(4) ViNj{to,from,on}Nk　　(例如:read information from a tape)

(5) ViNk　　　　　　　(例如:read a tape)

名词 *tape* 实指物体,但从例子(4)可知,透过此模版也可指物体之内所含的信息,且 *tape* 的功用角色为 read。

我们使用的语型模板为"动词(V) *受词(O)",其中动词皆为控制动词(control verb),这类动词在英语中有宾语类型强迫现象。我们预测,汉语的控制动词亦会有同样的表现,出现于控制动词与受词之间的动词,很可能就是该受词物性结构中的施成角色或功用角色。

以"志在"为例,我们先透过谷歌搜索引擎找出"志在"的受词,包括
"志在冠军、志在大学"等。接着,将这些"动词–受词"的配对放入我
们所设计的语型模板中。以"志在大学"为例,我们在谷歌上搜寻"志
在 *大学",可得到"原来他志在上大学"这个句子,由此得到一组交
替式(alternation)"志在大学/志在上大学",并推论"大学"的功用角
色为"上",再由两位汉语母语者做人工鉴定。这样一来,我们证明了
宾语类型强迫这项机制的确存在于汉语里。"志在"应以事件为宾
语,但在实际的使用中,也可接用实体名词当宾语,而透过该名词本
身的物性角色,将其类型由实体强迫为事件。这样的例子屡见不鲜,
以下有更多来自网络的句子:

(6) a. 抗拒美食/抗拒吃美食

b. 讨厌咖啡/讨厌喝咖啡

c. 停止暴力/停止使用暴力

d. 反对核能电厂/反对兴建核能电厂

e. 决定哪个学校/决定选哪个学校

f. 学吉他/学弹吉他

g. 尝试喜剧/尝试演喜剧

h. 开始一句话/开始说一句话

以上为宾语类型强迫机制在汉语里典型的例子,而这样的句子
正是生成词库理论所关注的,将是本文接下来的焦点。

四 研究方法

我们已用网络上的语料证明了,汉语里确实存在着宾语类型强
迫这项机制。本研究进一步采取以语料库为本(corpus-based)的研
究方法,探究汉语里控制动词的宾语类型强迫现象。本研究所使用

的语料库为"中研院"现代汉语平衡语料库(以下简称为"平衡语料库"),这个语料库可透过汉语词汇特性速描系统进入。

汉语里的控制动词相当多,我们选了其中20个作为分析对象(请见附录一),选取的标准如下:第一,只分析双音节的控制动词,因为一般公认双音节词是现代汉语中的主流。第二,动词在平衡语料库中必须至少出现100次,作为基本门槛。第三,本研究将焦点放在宾语类型强迫较为经典的动词。有些控制动词(例如:支持)似乎应接用命题(proposition)作为宾语,而非事件,这类动词不列入本研究的分析之中。

针对每一个动词,我们从平衡语料库中随机抽取120个句子,一共抽取了2,400个句子。抽取出的句子中,若是动词已被名词化,或是动词之后并未接用任何宾语,就不再进一步分析该句。以下是一个例子:

(7)让孩子尽量地去多方探索与尝试。

在例句(7)中,动词"尝试"之后并未接任何宾语,且很难从上下文中推敲出该动词确切的宾语是什么。因此,我们不再进一步分析本句。经过人工初步筛选后,一共留下了1,586个句子。

留下来的句子中是否有宾语类型强迫现象,是由人工一一检查。以下是一个例子:

(8)为健康而跑,在昨天顺利完成第三站

在例子(8)中,所完成的是"抵达"第三站,因此本句中有宾语类型强迫现象。此例中受强迫的宾语就是动词右方的第一个词,因此我们将强迫动词与受强迫的宾语之间的距离标记为1。

五　研究结果

整体来看,在本研究所分析的1,586个句子中,有264句(16.64%)

出现了宾语类型强迫现象。完整的研究结果呈现在附录一,字段(D)、(E)、(F)与(G)的数值即为该动词在宾语类型强迫机制上的侧影(profile)。字段(D)是指该动词在所有被分析的句子里,出现宾语类型强迫的比例,若(D)的值越大,表示该动词相较于其他动词更常将其名词宾语强迫为事件,是一个具有高宾语类型强迫力的动词。字段(E)则表示该动词出现宾语类型强迫的次数在全部264个句子里的比例,其值越大,表示该动词越为汉语里常见的宾语强迫动词,是人们较容易接触到的宾语类型强迫动词。整体来看,字段(D)与字段(E)的数值之间大致上具有线性关系,如图1所示。

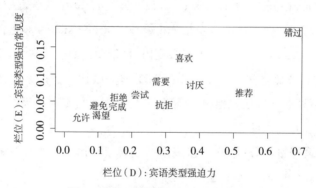

图1:字段(D)"宾语类型强迫力"与字段(E)"宾语类型强迫常见度"的散布图

从图1可知,虽然有些动词常常强迫其宾语,但这些动词受到宾语类型强迫机制"青睐"的程度不同。例如,从附录一可知,从比例上来看,"抗拒"比"需要"稍常强迫其宾语(分别是29.2%与28.5%,也就是"抗拒"的41笔语料与"需要"的84笔语料中,分别有12笔与24笔含有宾语强迫)。然而,在所有出现宾语强迫现象的句子中(共264句),带有"抗拒"的句子比例较低(在264句之中有12句,4.5%),而带有"需要"的句子比例较高(在264句之中有24句,

9.0%)。可见在呈现动词强迫行为的侧影时,从不同面向考虑而得到的数值都可列入考虑,以求得到忠实的样貌。

字段(F)的数值越大,表示该动词可强迫越多"类型"的名词。此处所指的类型并非生成词库理论中所讨论的语意类型,而是与类型频率(type frequency)的概念较接近。字段(G)的数值越大,表示该动词的强迫力越强,因为该动词与其强迫的宾语不一定需要紧邻着。

以上(D)、(E)、(F)与(G)四个字段中的数值,可视为一个动词在宾语类型强迫机制上的侧影。将这些数值标准化之后,进行统计上的聚类分析,我们所使用的是分裂法(partitioning around medoids)(Kaufman and Rousseeuw,1990),透过 R 程序语言中的 fpc 套件来处理。像这样的多变量分析(multivariate analysis)是探索性的(explanatory)。透过考虑很多变因,可帮助我们窥得全貌,发现这 20 个动词彼此之间在宾语强迫行为上的关联性。在探索性的研究中,并不见得会有任何预测,但最后从资料中所得到的结果往往会显露出许多有趣之处。

在多变量的分析中,本研究所探究的 20 个动词最适的聚类数(optimal clusters)估计为 3。结果如下:

(9) 第一类动词(共有 8 个):
　　尝试、错过、拒绝、抗拒、讨厌、推荐、喜欢、需要

第二类动词(共有 11 个):
避免、负责、继续、决定、开始、渴望、勉强、停止、完成、需要、允许

第三类动词(共有 1 个):
禁止

第一类动词与第二类动词的差异可进一步透过曼-惠特宁 U 考验法(Mann-Whitney U test)来分析。结果如下表所示:

表 2：第一类动词与第二类动词的差异

	第一类动词	第二类动词	p 值
字段(D)平均	0.365	0.082	0.000053 *
字段(E)平均	0.090	0.025	0.000106 *
字段(F)平均	0.799	0.992	0.000026 *
字段(G)平均	2.620	3.076	0.177400

从表 2 可知,第一类动词较第二类动词更常强迫其名词宾语。此外,第一类动词较第二类动词更受宾语类型强迫机制的"青睐"。另一方面,相较于第一类动词,第二类动词所能强迫的名词类型较多。再次强调,此处所指的类型并非生成词库理论中所讨论的语意类型,而是与类型频率(type frequency)的概念较接近。最后,在区分第一类动词与第二类动词时,动词与宾语之间的距离在统计上并非是一个有意义的变项。

第三类动词只有一个,即"禁止"。在平衡语料库中,只有"禁止"从未强迫过其后的宾语,这个动词因而自成一类。不过,在网络上,可以搜寻到不少"禁止"强迫宾语的例子。以下是其中一例:

(10) 禁止童工/禁止雇用童工

禁止这则广告/禁止播放这则广告

六　讨论

整体而言,根据强迫现象侧影,本研究所分析的动词主要可分成两类。在以下的讨论中,我们将进一步探究各类动词的内部关系。此外,我们也将讨论,本研究的实证发现对生成词库理论所带来的意义。

在第一类的 8 个动词中,有 5 个可用以表达喜好与意向:"喜欢、讨厌、推荐、拒绝、抗拒"。这些动词与指涉不透明的名词(referentially opaque noun)兼容性高。所谓"指涉不透明的名词"是指这些名词较不受其物性角色的限制(Pustejovsky,1995:181)。像这样的名词诠释为事件时,更加需要依赖上下文始可完成。以下是一个例子:

(11) 我当然希望观众喜欢我。

在例句(11)中,"我"是一个指涉不透明的代名词,可透过前文中的"观众",将"我"诠释为事件"看我"。像是"我"这种指涉不透明的名词出现频率很高,因为很多第一类动词常常与这类名词共现,所以研究发现第一类动词较常强迫其宾语,但所能强迫的宾语类型较集中。

同样地,第二类动词彼此间在语意上也多有关联。其中 4 个用以表达事件的开始或结束:"开始、完成、停止、继续"。因此,这些动词偏好指涉透明(referentially transparent)的名词:在这些名词的物性结构中,施成角色与功用角色可提供事件义。语言用户可透过这些物性角色将实体名词强迫为事件名词。以下是一个例子:

(12) 完成了更多新电影

名词"电影"的施成角色可以是"拍摄",人们可以开始拍摄、完成拍摄、停止拍摄、继续拍摄。

此外,正如同我们的量化分析所示,反义词与近义词在类型强迫行为上可能会有相似的侧影,因而被归为同一类。例如,在第一类动词中有反义词组"喜欢/讨厌",也有近义词组"拒绝/抗拒"。在第二类动词中有两个反义词组"开始/完成、继续/停止"。值得注意的是,虽然反义词"允许"与"禁止"并未被归为同一类,但这两个动词同属较不常强迫其宾语的类别(即第二类、第三类)。

在汉语里,动词"禁止"较常被用于正式的语体中,且其上下文往往不容诠释错误。然而,从上下文或是名词的物性结构中强迫出事件义可说是一种推论(inferential)的过程。这点或许可以解释为什么"禁止"在平衡语料库中没有宾语类型强迫现象。不过,需要注意的是,"禁止"本身的语意并没有使其无法强迫宾语,在例子(10)中已列出两个"禁止"强迫其受词的句子。

在探究汉语的宾语类型强迫这项机制时,我们已勾勒出不同动词在此现象上的侧影,这些结果可融入动词的行为侧影(behavioral profile)之中,使其内涵更加丰富。一般来说,在勾勒动词的行为侧影时,常受关注的有动词的搭配词(尤其是主语与宾语),可从这些搭配词进一步分析动词的语意偏好(semantic preference),更加抽象的层次是语意韵律(semantic prosody)。本研究的分析亦可视为搭配词的分析,因为我们会看动词与哪些宾语搭配,然而,分析的抽象层次更高一点,因为我们还必须判断是否有宾语类型强迫现象,进而归纳、勾勒出动词在此现象上的侧影。在过去讨论动词行为侧影/搭配词的文献中,这个部分较少受到关注,而生成词库理论为搭配(co-selectional)用法的研究带来了新的视角。

另一方面,本研究同时使我们对生成词库理论有更多了解。第一,本研究以语料库为本,为生成词库理论中的运作机制提供了实证上的支持。第二,本研究检视汉语语料,为生成词库理论提供了跨语言的证据。第三,生成词库理论其中一个重要的目标为掌握词汇之间的关系(Pustejovsky,1995:61),而本研究发现,从宾语类型强迫这项机制上来看,反义词、近义词的确会有相似的侧影,这表示生成词库理论确实能掌握重要的语意关系。

最后,我们要讨论 Hanks(2009、2013)的常态与拓展理论(the Theory of Norms and Exploitations)与生成词库理论之间的关系。

虽然这两个理论对于语言分析采取不同的态度,但有两点是相同的。第一,在这两个理论中,语意的诠释皆先于句法的分析。第二,这两个理论都试图处理看似不寻常的新用法(novel usage),控制动词与其后的名词宾语在表面结构上的不合之处即为一例。诚如以上的讨论,生成词库理论是透过物性结构与宾语类型强迫机制来说明控制动词与其宾语在类型上的冲突。在常态与拓展理论中存在有两个系统:主要的系统处理较为传统的用法(即"常态"),有另一个次要的系统处理常态的延伸用法(即"拓展")。这两个系统无法明确切分,因为拓展的用法一再重复之后就会逐渐成为常态的用法,而决定一句话语(utterance)是否已成为常态则要透过统计上的分析。在汉语里,控制动词与其宾语在类型上的冲突可视为一种常态用法受到拓展的情况:表面结构为"动词+实体名词宾语",在汉语里是一种常态的用法,但这样的用法已被拓展,实体名词可当事件宾语,是更为经济的语言使用。我们透过语料库的分析已发现,在汉语里有些动词较常强迫其宾语(例如:第一类动词),对这些动词来说,宾语类型强迫可能已逐渐成为一种常态的用法。相反地,有些动词较少强迫其宾语(例如:第二类动词),对这些动词来说,宾语类型强迫可能仍是一种拓展的用法。常态与拓展理论这类以语料为本(data-based)的理论对衍生(generative)理论带来新的观点与视野。生成词库理论提供了机制,说明动词可如何强迫其宾语,而常态与拓展理论则会探究哪些动词在语言实际使用中较常强迫其宾语,关注同一项机制与不同动词之间的互动。换句话说,生成词库理论是一个以规则与限制(rules and restrictions)为主的理论,而常态与拓展理论是一个以偏好趋向与机率(preferences and probabilities)为主的理论。在研究汉语里的宾语强迫现象时,两个理论可相辅相成。

七　结语

　　我们分析网络上的语料,证明了宾语类型强迫的现象确实存在于汉语里。接着,本研究进一步使用平衡语料库,探究汉语里宾语类型强迫的现象。我们检视了 20 个动词,勾勒出每一个动词在宾语类型强迫现象上的侧影。根据这些侧影,透过多变量分析的统计方法,将这些动词分为两大类。第一类动词比第二类动词更常强迫其宾语,而第二类动词比第一类动词能够强迫更多的宾语类型。这些差异主要来自动词本身的语意差异。此外,重要的语意关系(例如:反义关系、近义关系)在两个大类之中浮现出来。我们的量化分析显示,在宾语类型强迫现象上,语意相关的动词很可能会有相似的侧影。

　　汉语里的宾语类型强迫现象仍未受到足够的关注,相关的实证研究迄今仍相当少。本研究以语料库为本,响应了先前一些诉诸母语人士语感的研究(例如:Liu, 2003;Lin and Liu, 2004;Huang, 2009)。除此之外,本研究根据语料所得到的资料分布可响应生成词库理论较少关注到的议题。若再分析更多汉语里的控制动词,或许还能再考虑更多变项,本研究可再进一步延伸。

　　未来的研究可采取其他实证方法来探究汉语里的宾语类型强迫现象。例如,心理/神经语言学的研究可探讨汉语母语人士的大脑如何处理带有宾语类型强迫的句子。另外,也可进行语言习得的相关研究。将不同的实证方法所得到的结果整合在一起,将能大大地丰富生成词库理论的内涵。

参考文献

Baggio,Giosuè,Choma,Travis,van Lambalgen,Michiel,&.Hagoort,Peter. 2009. Coercion and compositionality. *Journal of Cognitive Neuroscience* 22,2131—2140.

Delogu,Francesca,Vespignani,Francesco,&.Sanford,Anthony J. 2010. Effects of intensionality on sentence and discourse processing:Evidence from eye-movements. *Journal of Memory and Language* 62,352—379.

Hanks,Patrick. 2009. The linguistic double helix:Norms and exploitations. *After Half a Century of Slavonic Natural Language Processing*, Dana Hlaváčková, Aleš Horák,Klára Osolsobě,and Pavel Rychly（eds.）, pp. 63—80. Masaryk University,Brno,Czech Republic.

Hanks,Patrick. 2013. *Lexical Analysis:Norms and Exploitations*. MIT Press, Cambridge,Massachusetts.

Huang,C.-T. James. 2009. Lectures on parametric syntax. Lecture notes at Taiwan Normal University,Taipei.

Huang,Chu-Ren,&.Ahrens,Kathleen. 2003. Individuals,kinds and events:Classifier coercion of nouns. *Language Sciences* 25,353—373.

Kaufman,Leonard,&.Rousseeuw,Peter J. 1990. *Finding Groups in Data:An Introduction to Cluster Analysis*. Wiley,New York.

Lin,T.-H. Jonah, &.Liu,C.-Y. Cecilia. 2004. Coercion,event structure,and syntax. *Nanzan Linguistics* 2,9—31.

Liu,Chiung-Yi. 2003. *Dynamic Generative Lexicon*. M. A. thesis,Taiwan Tsing Hua University.

Pustejovsky,J. , Anick, P. , &.Bergler, S. 1993. Lexical semantic techniques for corpus analysis. *Computational Linguistics* 19,331—358.

Pustejovsky,James. 1995. *The Generative Lexicon*. MIT Press,Cambridge,Massachusetts.

Traxler,Matthew J. ,McElree,Brian,Williams,Rihana S. , &.Pickering,Martin J. 2005. Context effects in coercion:Evidence from eye movements. *Journal of Memory and Language* 53,1—25.

Traxler,Matthew J. ,Pickering,Martin J. , &.McElreec,Martin J. 2002. Coercion in sentence processing:Evidence from eye-movements and self-paced reading.

Journal of Memory and Language 47,530—547.

Yamada,I.,Baldwin,T.,Sumiyoshi,H.,&Shibata,M. 2007. Automatic acquisition of qualia structure from corpus data. *IEICE Transactions on Information and Systems*,E90—D(10),1534—1541.

附录一: 汉语动词宾语类型
强迫现象的侧影

动词	(A) 所分析的句数	(B) 有宾语类型强迫现象的句数	(C) 受强迫的名词类型数量	(D)= (B)/(A)	(E)= (B)/264	(F)= (C)/(B)	(G) 强迫动词与受强迫宾语之间的距离
避免	101	11	11	0.10891	0.04167	1.00000	3.81818
尝试	77	17	14	0.22078	0.06439	0.82353	3.52941
错过	71	48	37	0.67606	0.18182	0.77083	3.41667
负责	84	12	11	0.14286	0.04545	0.91667	3.75000
禁止	86	0	0	0.00000	0.00000	0.00000	0.00000
继续	116	2	2	0.01724	0.00758	1.00000	4.50000
决定	82	15	15	0.18293	0.05682	1.00000	2.60000
拒绝	80	14	11	0.17500	0.05303	0.78571	2.00000
开始	78	1	1	0.01282	0.00379	1.00000	3.00000
抗拒	41	12	11	0.29268	0.04545	0.91667	1.83333
渴望	68	8	8	0.11765	0.03030	1.00000	2.87500
勉强	87	3	3	0.03448	0.01136	1.00000	1.00000
讨厌	57	22	16	0.38596	0.08333	0.72727	2.22727
停止	86	3	3	0.03488	0.01136	1.00000	2.00000
推荐	34	18	14	0.52941	0.06818	0.77778	2.94444
完成	69	11	11	0.15942	0.04167	1.00000	3.09091
喜欢	98	35	28	0.35714	0.13258	0.80000	2.25714
需要	84	24	19	0.28571	0.09091	0.79167	2.75000
要求	85	3	3	0.03529	0.01136	1.00000	3.00000
允许	101	5	5	0.04950	0.01894	1.00000	4.20000

逻辑转喻、事件强迫与名词动用[*]

宋作艳

提要　文章认为名词动用属于逻辑转喻,可以用生成词库理论中的事件强迫来解释。对现代汉语中常见的 10 类名词动用的考察显示,这种方法是行之有效的。与前人的研究视角不同,这一方法不是看源名词在名源动词的语义结构中充当什么语义角色,而是反过来,看名源动词在源名词的语义结构中充当什么物性角色。这一独特的视角可以更好地解释一些问题,还可以揭示一些前人研究中没有发现的规律。与典型的逻辑转喻(宾语强迫)相比,名词动用呈现出一些自身独有的特点。

关键词　名词动用　生成词库理论　逻辑转喻　事件强迫　施成角色　功用角色

---

* 原文载于《语言科学》2011 年第 2 期,收入本书时略有修订和补充。本文得到国家社会科学基金项目"汉语句法语义接口研究"(10CYY032)和中央高校基本科研业务费专项资金的资助。用事件强迫来处理名词动用的灵感最早来自沈家煊先生的启发,文章初稿曾经在中国语言学会第十六届学术年会(2012 年 8 月,昆明)上报告,得到与会专家指教,谨此致谢。衷心感谢《语言科学》编辑部和匿名评审专家提出的宝贵修改意见。文中疏漏,由作者负责。

一　引　言

国内外关于名词动用的研究成果颇丰,涉及语用、功能、认知、生成等角度。如 Clark and Clark(1979)、张伯江(1994)、徐盛桓(2001)、高航(2009)、王冬梅(2010)、程杰(2010)等。

名词动用研究中的两个关键问题是,为什么有些名词可以用作动词,有些不可以? 名词和其转指的动词之间存在何种语义关系? 对于第一个问题,张伯江(1994)从名词的生命度、典型性等角度给出了一些倾向性的解释。徐盛桓(2001)提出了“名动互含”说,认为名动互含为名词动用提供了语义基础。关于第二个问题,认知角度的研究认为,动词表达关系,名词指称事物,所以名词动用是一种转喻,其本质是以一个事件中的参与者来转喻事件,以部分转喻整体的概念现象(高航,2009:163;王冬梅,2010:168、190)。换句话说,名词转指一个与之相关的常规关系(事件)(高芳,2002;王冬梅,2010:168—169)。至于是哪些常规事件,学者们多是根据名词相对于其转指动词所承担的语义角色来分类,通常分为 7—10 类(如 Clark and Clark,1979;Quirk et al.,1985:1561;高航,2009:162—187;王冬梅,2010:132—150)。但前人的研究中没有说明:

1) 名词的语义内容里到底哪些表动作的语义成分使之可以用作动词?

2) 这些常规事件背后有什么共同的特点?

为了解决这些问题,本文引入了生成词库理论(Generative Lexicon Theory),认为名词动用属于逻辑转喻(logical metonymy),可以用事件强迫(event coercion)来解释。

文章首先简单介绍了这一理论,然后从事件强迫的角度考察了王冬梅(2010)提到的10类名词动用,接着讨论了在名词动用研究中引入这一方法的好处,最后比较了名词动用与典型的逻辑转喻(宾语强迫)的异同。

二　生成词库理论简介[①]

生成词库理论(Pustejovsky,1991、1995、2001、2006、2011)是基于计算和认知的自然语言意义模型,关注词义的形式化和计算。该理论的核心思想是,词的意义是相对稳定的,但词与词在组合中,可能会通过一些语义生成机制(组合机制)获得延伸意义,可以通过丰富词项的词汇语义表达和语义生成机制来解释词的不同用法以及在上下文中的创新性用法。其主要目标是研究语言中的多义、意义模糊和意义变化等现象。其理论框架主要包括两大部分:词项的词汇语义表达和语义生成机制。

词项的词汇语义表达包括四个层面:论元结构(argument struc-ture)、事件结构(event structure)、物性结构(qualia structure)和词汇类型结构(lexical typing structure)。物性结构是词库生成性特征(generative feature)的核心,包括四种角色:构成角色(constitutive role)、形式角色(formal role)、功用角色(telic role)和施成角色(agentive role)。构成角色描写事物与其组成部分之间的关系,包括材料、重量、部分和组成成分等;形式角色描写事物在更大的认知域内区别于其他事物的属性,包括方位、大小、形状和维度等;功用角色

[①]　这里只重点介绍与本文相关的部分,部分内容参考了张秀松、张爱玲(2009)、宋作艳(2011c)的介评,个别地方参考了 Anna Rumshisky and James Pustejovsky 在北京大学暑期班上的讲座 PPT"Generative Lexicon Theory:Theoretical and Empirical Foundations(2011 年 8 月)"。

描写事物的目的(purpose)和功能(function);施成角色描写事物是怎样形成或产生的。以"书"为例,它的施成角色和功用角色分别是"写"和"读"。

$$\begin{bmatrix} \text{book} \\ \text{ARGSTR} = \begin{bmatrix} \text{ARG}_1 = \text{x:info} \\ \text{ARG}_2 = \text{y:physobj} \end{bmatrix} \\ \text{QUALIA} = \begin{bmatrix} \text{info} \cdot \text{physobj\_lcp} \\ \text{FORMAL} = \text{hold}(y,x) \\ \text{TELIC} = \text{read}(e,w,x,y) \\ \text{AGENT} = \text{write}(e',v,x,y) \end{bmatrix} \end{bmatrix}$$

公式 1:book 的词汇语义描写

功用角色又分两种,一种是直接功用角色(direct telic role),事物是功用角色所表达的活动的直接对象,表现在名词通常可以做其功用角色的宾语。如书是读的直接对象,所以"读"是"书"的直接功用角色。另一种是间接功用角色(indirect telic role),事物不是功用角色所表达的活动的直接对象。如工具类名词通常具有间接功用角色,譬如"切"就是"刀"的间接功用角色,因为刀不是切的对象,而是用来切其他东西的工具。另外,还有一类特殊的功用角色叫自然功用角色(natural telic role),表示事物的天然功能,与意图和目的无关。如心脏能抽压血液,但这不是有意识和目的的行为。除了上述四种物性角色,近年来,规约化属性(conventionalized attributes)开始被纳入广义的物性结构(参见 Pustejovsky and Jezek,2008)。规约化属性指事物的典型特征,包括事物的典型用途[①]、与事物相关的常规活动等。比如水可以用来喝,但"喝"并不是"水"的功用角色,而是规约化属性,因为水不是专门造来喝的。另如,"游泳"是"鱼"的规约化

[①]　主要与下文的自然类名词有关。

属性。与传统的以动词为中心的理论模型不同,生成词库理论强调名词在语义组合中的重要性,认为意义变化等很多语言现象可以从名词的语义中获得解释。因此,像刻画动词一样对名词的语义进行了详细的刻画。尤其是通过物性结构说明了与一个事物相关的事物、事件和关系,表达了一个名词中典型的谓词和关系。

根据物性角色,名词可以分为自然类、人造类和合成类:

1) 自然类(natural types):只与形式角色和构成角色相关的概念。例如:兔子、石头、树、水、老虎、女人。

2) 人造类(artifactual types):与功用角色和/或施成角色相关的概念。自然类和人造类之间最大的区别是后者有"意向性"(intentionality)。例如:刀、啤酒、医生、老师。

3) 合成类(complex types):至少由两个类型组成的概念。如"午饭"既可以指事件,也可以指具体的食物。

基于论元选择的语义生成机制包括三种(Pustejovsky,2006):

1) 纯粹类型选择(pure selection):函项(function)要求的类型能被论元直接满足。

2) 类型调节(type accommodation):函项要求的类型可以从论元的上位类继承。

3) 类型强迫(type coercion):函项要求的类型被强加到论元上,可以通过两种方式来实现:

   (i) 选用(exploitation):选择论元类型结构的一部分来满足函项的要求。

   (ii) 引入(introduction):用函项要求的类型来包装论元。

其中类型强迫是用来处理类型不匹配(type mismatch)的。逻辑转喻就是一种典型的类型不匹配现象。

逻辑转喻这一术语最早是由 Pustejovsky(1991)提出的。例(1)

就是一个典型的逻辑转喻的例子。

（1）John began the book.（to read/to write）

事件动词（eventive verb）begin 要求其宾语论元指事件（event），the book 不能满足其要求，造成了类型不匹配。但这个句子是合法的，因为隐含的事件可以在理解中重建。实际上，这是名词短语被用在了动词短语的位置，用来表达与之相关的事件，是一种转喻现象。之所以称之为逻辑转喻，是因为与一般的概念转喻不同，这是由动词对其论元类型的选择要求造成的，是不同范畴之间的代替（实体代事件）。而概念转喻本质上是同类范畴之间的替代，表现在语言层面即同类成分之间的替代，如实体代实体（如作者代作品）、事件代事件（如前事件代核心事件）（详见代礼胜，2009）。生成词库理论用类型强迫来解释逻辑转喻（如图 1 所示）：begin 强迫 the book 由实体类转换为事件类 to read the book 或 to write the book，实现事件的重建，而这一类型转换（type shift）是通过 book 物性结构中的物性角色来实现的，read 和 write 分别是 book 的功用角色和施成角色（Pustejovsky and Bouillon，1995）。

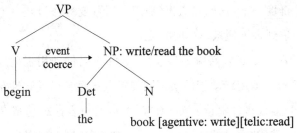

图 1：begin the book 中的事件强迫

这是类型强迫中的事件强迫（event coercion），因为发生在宾语位置，又称为宾语强迫（complement coercion）。汉语中类似的例子如（宋作艳，2011a、2011b）：

（2）赶论文。（写：施成）

（3）学习钢琴。（弹：功用）

三　从事件强迫看现代汉语中
各类名词动用

　　本文认为名词动用属于逻辑转喻：名词出现在动词应该出现的位置，也是一种语义类型不匹配，所以在理解和释义的时候也需要添加一个动词，重建一个与之相关的事件，本质上也是实体代事件。不同的是，这种类型不匹配与谓词对论元的选择无关，而是做论元的名词直接占据了谓词的位置。名词动用中激活事件解读的不是事件动词，而是句法位置，通常要借助于虚词（"了""着""过"等）、动量词、句法结构等来识别（尤其是临时活用）。如例（4）、（5）如果去掉"过""一下"，句子都不太好。例（6）是个递系结构，"便饭"出现在动词该出现的位置。

　　（4）我还没有博客过。①（施成：写）

　　（5）百度一下，你就知道。（功用：（用百度）搜索）

　　（6）请到舍下便饭。（功用：吃）

如果名词动用是逻辑转喻的假设成立，那么名词动用也可以用事件强迫来解释。即用作动词的名词同样可以通过自己的物性角色提供一个动词，实现事件解读。如"博客"可以通过自己的施成角色提供动词"写"，重建"写过博客"这个事件。类似的，"搜索"是"百度"的间

---

① 本文例句主要转引自王冬梅（2010）、高航（2009），个别转引自张伯江（1994）、沈家煊（2009），还有个别来自网络和北京大学现代汉语语料库，限于篇幅，不一一注明。

接功用角色，"吃"是"便饭"的直接功用角色。

问题是，是不是名词转指的动词都是该名词的某种物性角色？其中涉及哪些物性角色？为了回答这些问题，本文逐一考察了现代汉语中常见的几类名词动用。

根据名词相对于其转指动词所承担的语义角色，王冬梅（2010：132—150）把现代汉语中的名词动用分成了 10 类，高航（2009：162—187）分了 9 类，两种分类大同小异。本文的考察以前者[①]为基本框架，参考后者的分类。

3.1　工具转指动作

这一类中名词转指的动词基本上都是该名词的间接功用角色，表达事物的功能和用途。如：

（7）于水立刻<u>鞭</u>马从旁边冲过去。（（用鞭子）抽打）

（8）把这件行李<u>磅</u>一<u>磅</u>。（（用磅）称）

（9）再好的虎皮<u>哨</u>子也<u>哨</u>不出好声音。（（用哨子）吹）

高航（2009：173—178）将这一类分成了 11 个小类：打击、切割刺杀、农业生产类、捕捉、固定、阻挡保护、材料、人体部位或器官、简单工具、测量计算工具、声音。上述分类基本上是从功能、用途的角度，也说明了这类名词的功用角色是比较凸显的。其中，很多名词动用已经固化，名词发展出了动词义项。如动词"锯"就是"用锯锯"的意思，动词"锯"是名词"锯"的间接功用角色。值得注意的是，这一类中的名词大都是人造类，但人体部位、器官类是自然类名词，转指的动词是名词的自然功用角色。如：

---

① 本文只考察名词动用中无标记的一类，王冬梅（2010）分类中有标记的一类、名词做形容词用的一类都不在本文的考察范围之内。

(10) 我今天不骑车, 腿儿着去。((用腿)走)

还有个别名词动用与自然类名词的规约化属性有关, 如:

(11) 你把西瓜冰一冰。((用冰)使变凉)

3.2 材料转指制作

这一类中的名词都是人造类, 如"酱、卤、浆、胶", 名词转指的动词是该名词的间接功用角色。如:

(12) 中午卤牛肉。((用卤)卤/制作)

3.3 处所转指放置

这一类都是人造类名词, 如"窖、袖、盆", 名词转指的动词是该名词的间接功用角色。如:

(13) 把白菜窖上。((用窖)储藏)

(14) 菜馆里供给的烟, 她一支一支抽个不亦乐乎, 临走还袋了
    一匣火柴。((用袋)装)

3.4 地点转指动作

这一类中部分是人造类名词, 名词转指的动词是该名词的间接功用角色。如:

(15) 为稳妥起见, 市里决定先试点, 取得经验后再全面推广。
    ((在试点)做试验)

"试点"在《现代汉语词典》(第 5 版)中已经有动词义项, 在名词义项的释义中出现了"做试验", 动词义是名词动用固化的结果:

【试点】①动正式进行某项工作之前, 先做小型试验, 以便取得经验: 先~, 再推广。②名正式进行某项工作之前做小型试验的

地方。

部分是自然类名词,名词转指的动词是该名词的规约化属性。如:

(16) 丈夫耐不住寂寞,与别人<u>花前月下</u>去了。((在花前月下)
　　　谈情说爱、幽会)

花前月下本来不是人们专门用来做某事的地方,但因为已经固化了,所以有了特别的含义、专门的用途。

【花前月下】花<u>丛</u>前,月光下,指环境美好、适于<u>男女</u>幽会、<u>谈情说爱</u>的地方。

3.5　覆盖物转指覆盖

这一类基本上都是人造类名词,如"漆、糊、粉"。名词转指的动词是该名词的间接功用角色。如:

(17) 有次他<u>漆</u>墙从梯子上掉下,跌断了两根指头。((用漆)刷)

(18) 小青红打开粉底盒,拿起玫瑰色的粉扑沾上香粉,<u>粉</u>了粉脸。((用粉)擦)

也有个别名词是自然类,如例(20)中的"灰",用作动词是利用了其规约化属性,灰具有弄脏其它事物的属性特点。

(19) 我迷了眼睛,进了一嘴沙子,<u>灰</u>了脸。(弄脏)

3.6　填充物转指填充

这一类既有人造类名词也有自然类名词,如"楦、楔、絮"。名词转指的动词是该名词的间接功用角色或规约化属性,都与事物的功能和用途有关,如:

(20) 新绱的鞋要<u>楦</u>一楦。((用楦子)填紧、撑大)

(21) 她还必须自己动手为一家老小做衣裤、<u>絮</u>棉袄……((用棉絮)做)

3.7 结果转指动作

王冬梅(2010:141—144)将这一类分为 7 小类:1)成形物转指使成形;2)排泄物转指排泄;3)话语转指言说;4)添加物转指添加;5)书写产物转指书写;6)结果转指变化;7)其他。这一类既有人造类名词,也有自然类名词,名词转指的动词是该名词的施成角色,说明事物是如何被创造出来的或产生的。高航(2009:170)称这一类为"产物",从中也可以看出这类名词都有明确的施成角色。如:

(22) 片肉片儿(割/片)

(23) 别废话,快干你的事去。(说)

(24) 标上记号(标)

(25) 画一幅画(画)

(26) 需要板书的地方,在备课时都做了记号。(写)

(27) 尿尿(排/尿)

(28) 做梦也梦不到(做/梦)

(29) 铁炉子锈得面目全非。(生/锈)

(30) 石灰放得太久,已经粉了。(变成/粉)

其中"梦、锈、粉"是自然类名词,它们转指的动词都是非自主动词,表达的是不可控事件。如"生锈""变成粉"都不是人可以控制的①。上面例子中的名词动用都已经固化。临时活用的如:

(31) 新生的三个太阳都红若炉中热铁,且燃烧得就要流火,一会儿似乎为方形,一会儿又椭圆起来……(变成)

(32) 尽管没看他付诸行动,但只要他一说这句话我就本能地一身热汗,感到事情马上就要爆发。(出)

---

① "生、变成"这类动词只是客观描述事物是如何产生的,与意向性无关。把它们看成名词的施成角色是对这一角色的广义理解。

（33）两桩事情都很简单,本来两三千字就可以交待清楚,他却
一稿再稿,反复斟酌,仔细推敲。(写/改)

（34）今天我也事故了,追尾别人。(发生/制造)

3.8　对象转指动作

这一类高航(2009:167—168)称之为受事。部分是人造类名词,
转指的动词是名词的直接功用角色或施成角色。如:

（35）几个月后我又见到老隋,他竟西服革履起来了。(直接功
用:穿)

（36）因为天健送的礼不薄,夫妇俩过意不去,约他明晚来便饭。
(直接功用:吃)

（37）隔这么多年还醋呢? 谁醋他呀?(直接功用:吃)

（38）你忙吧,我论文了。(施成:写)

（39）我还没有博客过。(施成:写)

（40）你为什么不电话我?(间接功用:(用电话)联系)

（41）张帆跟阳村多年交道……(施成:打)

部分名词转指的动词不好说是名词的什么角色,如:

（42）我又大款了一回。(当)

（43）怎么不说话,都哑巴了?(变成)

（44）大刘现在南京呢,教授了。(成/当/是)

（45）但帮忙也要策略,谁没有点自尊心。(讲)

（46）爱情是年轻人的事,像你这么年轻,爱情起来就特别香
浓。(谈)

其中"大款、哑巴、教授"这类表职称、身份的名词具有外在时间性,通
常可以出现在"了"前,表示变化实现了(刘顺,2004)。

3.9 施事转指动作

这一类如"统帅、领袖、主任、电、刺、祸害"。个别名词是人造类，转指的动词是名词的间接功用角色。如：

(47) 统帅三军(统率)

(48) 他当过班主任，但只主任了一个班，他觉得没劲儿；现在，他当了系主任，要主任一个系，他觉得像回事了。(管理、领导)

有些是表人的专有名词，名词动用涉及名词的规约化属性，但很难用一个动词来概括。如：

(49) 严航笑道："你可真能阿Q自己。"

指物的多是自然类名词，转指的动词是名词的规约化属性，基本上都已经固化，发展出了动词义。如：

(50) 野猪祸害了一大片山林。(祸害)

(51) 花园藤萝架上的旧电线落下来了，走电，叫他赶快收拾一下，不要电了人。(电)

有些是隐喻用法，涉及名词的规约化属性。如：

(52) 他紧紧贼住那个家伙。(盯)

(53) 他猫起来了。(藏)

3.10 事物转指使成事物状

这一类涉及的名词基本上都是具体事物名词，有比较明显的外形特征，转指的动词意思是使其他事物呈现该事物的形状，即"使成X状"，涉及隐喻。如"他弓着背"的意思是"他使背变成弓状"。动词"弓"是"弓状"的施成角色，说明"弓状"是如何产生的。实际上是说"他使背像弓一样弯"，涉及状态的变化和致使义。"着"使"弓"由指称表状态，大致相当于形容词"弯"，这里利用了名词"弓"形式角色里的形状特征。如果不知道"弓"的形状,就不能很好地理解其中的意思。致使义是宾语"背"触发的,与名词"弓"不直接相关,是形容词"弓"像及物动词一样带了宾语。很多形容词都有类似的用法,如"低着头""弯着腰"等,涉及性质状态的变化。所以,这里的"弓"是名词到形容词再到动词的活用。"弓"可以分解成两个事件,一个表致使动作,一个表状态,前者是后者的施成角色。类似的还有"骨朵着嘴""蓬着头""驼着光身子""鼓着眼睛"。"马着脸""猫着腰"比较特别,与"马""猫"的外形特点无关,而是与"马脸"的外形特点是"长""猫腰"常常处于"弯"的状态有关。有些名词可以换成大致相当的形容词,如"弓-弯""鼓-凸";有些自身已经可以用作比较典型的形容词,如"蓬""鼓"。

　　需要注意的是,"弓"并不完全相当于"弯",或者说并没有实现形容词的所有功能。如可以说"背弓得很厉害""背弓着",但不能说"背很弓""弓弓的月亮"。而且"弓"和"弯"可以共现,如:

　　（54）藏包很低矮,她常常是把腰弓得很弯很弯在里面忙来
　　　　　忙去。

可见,"弯"指一般的状态,而"弓"只是其中的一种,是像弓一样的弯,受"弓"本义的制约。由此可见,词类活用不一定会继承目标词类的所有语义和功能。其实,词类本身就是一个原型概念,有典型性和非典型性之分(张伯江,1994;袁毓林,1995),词类活用不一定会实现为目标词类的典型成员。

3.11　小结

　　综上,如表 1 所示:10 类名词动用大都可以用名词物性结构中的功用角色和施成角色来解释,少部分可以用规约化属性来解释,个别的是其他动词;功用角色比施成角色多;间接功用角色比直接功用

角色多。换言之,名词动用中的名词绝大部分是人造类名词,具有明确的功用角色、施成角色;少部分是自然类名词,通常有明确的自然功用角色或规约化属性。高航(2009:181)指出,语义角色是工具和产物(结果)的两类最多,二者之和占名词动用的近70%,而这两类恰恰分别可以用功用角色和施成角色解释。总而言之,物性角色对于名词动用的解释是非常有用的。

表 1:各类名词动用涉及的物性角色

分类	物性角色	例句
1.工具转指动作	间接功用 自然功用 规约化属性	百度一下,你就知道。 我今天不骑车,腿儿着去。 你把西瓜冰一冰。
2.材料转指制作	间接功用	中午卤牛肉。
3.处所转指放置	间接功用	把白菜窖上。
4.地点转指动作	间接功用 规约化属性	为稳妥起见,市里决定先试点,取得经验后再全面推广。 与别人花前月下去了。
5.覆盖物转指覆盖	间接功用 规约化属性	有次他漆墙从梯上掉下,跌断两根指头。 我迷了眼睛,进了一嘴沙子,灰了脸。
6.填充物转指填充	间接功用 规约化属性	新绱的鞋要楦一楦。 絮棉袄。
7.结果转指动作	施成 施成(广义)	画一幅画 石灰放得太久,已经粉了。
8.对象转指动作	直接功用 施成 其它动词	夫妇俩过意不去,约他明晚来便饭。 我还没有博客过。 怎么不说话,都哑巴了? 但帮忙也要策略,谁没有点自尊心。
9.施事转指动作	间接功用 规约化属性 其它动词	现在,他当了系主任,要主任一个系。 不要电了人。 你可真能阿Q自己。
10.事物转指使成事物状	施成(致使)	猫着腰、弓着腿

四　从事件强迫看名词动用的
解释和生成

　　本文把事件强迫引入名词动用的研究，这一方法与前人研究最大的区别在于视角不同，不是看源名词（source noun）在名源动词（denominal verb）（转指的动词）的语义结构（论元结构）中充当什么语义角色，而是反过来，看名源动词在源名词的语义结构（物性）中充当什么物性角色。这一独特的视角不仅可以对一些问题做出更好的解释，而且还可以揭示前人研究中没有发现的一些规律。下文将从名词动用的解释和生成两个角度来讨论。

4.1　名词动用的解释

　　用事件强迫来解释名词动用，主要有形式化、概括性更强和释义更准确三个优点。

　　1）形式化。事件强迫可以为名词动用的理解和解释提供一种形式化的机制，便于语义的计算，可操作性强。事件的重建只需要通过类型转换就可以实现，使名词由事物转换成与之相关的事件。而这种转换基本上可以依靠名词物性结构中的信息（施成角色、功用角色和规约化属性）来实现，这些信息已经在名词的语义中刻画，可以直接调用。上文已经证明这是一种行之有效的机制。

　　2）分类更概括。名词动用是名词转指一个与之相关的常规事件，根据名词相对于转指动词所承担的语义角色，这些常规事件可以分为 7—10 类。引入事件强迫可以把这些常规事件进一步概括成三类，分别与名词的功用角色、施成角色和规约化属性有关。其中第一类和第二类最多，也就是说，与事物的功用和来源有关的事件是最基本的事件,最倾向于在句法层面被隐含,也最容易在理解中被激活。

3) 释义更准确、更自然。比如,"处所转指放置"一类中,"把白菜窖上"的准确解释并非"把白菜放到窖里",而是"把白菜储藏到窖里"。重要的不是放置,而是储藏。"窖"属于人造类名词,不指一个自然处所,而是有专门功用的处所。另如"覆盖物转指覆盖"一类中,"漆墙"的意思是"用漆刷墙","覆盖"是"刷"的结果,这里要凸显的是后者。"粉"也一样,其用途是"擦脸"而不是"覆盖脸",前一种解释更自然。

4.2 名词动用的生成

从生成的角度看,什么样的名词可以用作动词? 张伯江(1994)认为这与名词稳定性的优势序列有关:1)高生命度名词>低生命度名词;2)具体名词>抽象名词;3)有指名词>无指名词。在上面的序列中,后者比前者更容易发生功能游移,用作动词或形容词。徐盛桓(2001)则认为名词语义中表动作的语义成分使之可以用作动词,但没有说明哪些表动作的语义成分在名词动用中起关键作用。

本文考察的结果则显示出两条规律:

1) 具有明确、单一的功用角色或施成角色的名词更容易用作动词。换言之,人造类名词比自然类名词更容易用作动词。自然类名词用作动词的通常具有明确的自然功用角色或规约化属性。

2) 具有间接功用角色的名词比具有直接功用角色的名词更容易用作动词。

也就是说,名词语义中的功用、施成和规约化属性三类表动作的语义成分是名词动用的基础,尤其是功用角色。高航(2009:181)指出,名词动用中不同语义角色的分布存在明显差异,工具和产物类最多,施事和受事类很少。工具、产物类名词恰恰分别具有明确的间接功用角色和施成角色,最容易转用为动词。之所以要求动用的名词物性角色(尤其是功用角色)明确、单一,是因为不然的话,名词转指的动词就不明确,造成语义的模糊性,很难在理解和解释中重建具体的事件。"工具"是表达高层范畴的词,虽然有功用角色,但不明确、不单一,所以不易用作动词。同样的,"刀"不能活用为动词,也是因为其功用角色比较多,包括"切、割、砍、剁"等。"今天你有否亿唐?"没有"百度一下"的可接受程度高,是因为亿唐是一个门户网站,功能比较多,而百度主要是搜索引擎,功能比较单一。并非高航(2009:165—167)所说的,因为"度"有动词的意思。施事类少是因为做施事的通常是有生名词,尤其是指人名词,大多是自然类,缺乏明确的物性角色①。相对来讲,具有直接功用角色的名词较难用作动词,因为重建的 VP 是述宾结构,这类名词用作动词通常就不能带宾语了,只能是不及物动词,不是名词动用的最佳选择,如"(吃)便饭"。受事类少正是这个原因。高航(2009:183)认为交通工具尺寸较大,不易操纵,所以交通工具类名词不能转用为动词。本文则认为,其根本原因是,与其他工具类名词不同,这类名词的功用角色是直接功用角色。如"坐"是"车"的直接功用角色。

五　名词动用与典型逻辑转喻的异同

名词动用属于逻辑转喻,但与典型的逻辑转喻(宾语强迫)相比,

---

① 因此,为了明确其功用,指人名词通常是动词名用。张博(2011)提到的动源职事称谓就是如此,如"导演""出纳"等,动词形式是名词形式的功用角色。

还有一些独特之处。下面主要从性质、半能产性、多种解释和汉英差异的角度来比较二者的异同。

5.1　性质

宋作艳(2011a,2011b)指出逻辑转喻结构本质上是一种压缩结构。逻辑转喻的生成是个压缩过程,动词被隐藏起来;而逻辑转喻的解释、理解过程则是解压缩的过程,把隐藏的动词释放出来。如"赶写论文"被压缩成"赶论文",反之则是解压缩。虽然用事件强迫和类型转换来解释"赶论文"这类逻辑转喻,但这只是一种语义解释机制,而不是说其中的名词或名词短语真的发生了类型变化(如"论文"并没有变成表达事件的"写论文")。对此,Godard and Jayez(1993)、宋作艳(2011a)已经证明过了,在此不再赘述。

作为一种逻辑转喻现象,名词动用同样是一种压缩形式,如"百度一下"就是"用百度搜索一下"的压缩形式。不过,名词动用与宾语强迫有两点根本性的区别。1)名词动用与一般的概念转喻一样,确实发生了类型变化,由指事物的名词变成了表达事件的动词。表现在可以加"了""着""过",可以带宾语等,完全失去了名词的特点。很多名词动用甚至已经固化,彻底发生了转类,如"锯""剪""卤""试点""尿"等在词典中已经有了动词的义项。更有甚者,名词义项反而成了有标记的形式,要加"子",如"剪子""筛子"。如果没有古汉语的知识,会以为"剪""筛"原本就是动词。动词义项还可以进一步泛化和引申,"剪"不一定用"剪刀","筛"引申为抽象的"筛选"。名词动用不是论元的语义类型无法满足谓词的要求,而是做论元的名词直接占据了谓词的位置;不是语义类型错配,而是范畴错配(category mismatch),或者说功能错配(function mismatch),即句法范畴(syntactic category)与语义功能(semantic function)不匹配:一个句法范畴出现在了另一句法范畴出现的位置,实现为另一个句法范畴的功能,句法范畴和语义功能之间出现了错配(Francis and Michaelis,2003)。所以句法功能、词类会发生变化。2)宾语强迫是把事件隐含在结构中(如"写"隐含在结构"赶论文"中),名词动用则是把事件词汇化(Lexicalization)(Talmy,1985)在名词中。如"百度"把"搜索"词汇化到了自己的语义中,变成了动词。表面上看起来好像是动词"锯"把名词"锯"的语义合并了,意义中包含着动作的工具"锯",就像动词"踢"中含有"脚"的意义一样。其实正相反。

5.2　半能产性

Verspoor(1997)、宋作艳(2001b)曾指出,从生成的角度看,逻辑转喻具有半能产性,很难穷尽类推。如"赶房子""赶面包"不太好。这是因为逻辑转喻受规约化(conventionalization)制约。一个结构能否被压缩,与其规约化程度有很大关系,规约化程度的高低在语言中常常反映在使用频率上。同样的,名词动用也涉及规约化,具有半能产性。"斧""剑""戟"是工具类名词,在古汉语中有动词用法,却没有固化下来(高航,2009:183)。其中一个重要原因就是这些词现在已经不常用,使用频率非常低。

5.3　多种解释

名词动用和宾语强迫一样,主要与人造类名词有关,基本上可以通过物性角色获得解释。但前者主要涉及间接功用角色,后者涉及的都是直接功用角色。另外,宾语强迫可能有多种解释(宋作艳,2011b)。如例(1)至少有 read the book 和 write the book 两种解释,如果考虑到上下文,解释就更多。假如 John 是编辑,那么隐含的事件则很可能是 edit the book。同样地,"赶论文"在一定的语境下也可能指"读论文""编辑论文"。相比之下,名词动用的解释则相对比较稳定、单一,较少受上下文的影响。比如"百度一下"中隐含的一般就是"用百度搜索"。这也是为什么物性角色比较明确、单一的名词更容易转用为动词(参见 4.2)。不过,也有个别例外,下面是高航(2009:176)提到的例子:

(55) 凤英<u>掌</u>了他一个巴掌。(打)

(56) 西崽<u>掌</u>着大洋盘,从冰箱边转过来。(托)

(57) 菜里多<u>掌</u>点盐。(放)

"打""托"和"放"分别指"掌"的三种功能。这三个例句中的意义可能存在方言差异,在特定的方言中只有其中一种用法。

5.4　汉英差异

与英语相比,宾语强迫在汉语中相对较少,汉语更倾向于事件外显,即把事物之间的关系直接表达在句法表层。如汉语中不能说"张三开始了这本书",动词"写"或"读"必须出现。这是现代汉语高解析性的表现(刘琼怡,2004;Lin and Liu,2005)。高度解析性语言的特质之一是每一个语义单位都用独立的词项来表达(黄正德,2008)。刘丹青(2010)认为这是一种类型学差异,因为汉语是一种动词型语言,而英语是一种名词型语言。

同样地,现代汉语中的名词动用远不如英语活跃、常见。如容器名词用作动词在汉语中很少见,在英语则比较普遍(如 bottle the wine)。刘丹青(2010)以 Comrie and Smith 基于 Swadesh 的 200 基本词表和 100 基本词表所制的 207 条基本词中的全部实义名词(不包括方位名词和时间名词)为例,进行了英汉比较。结果发现英语名词有动词义项的占 78.5%,汉语名词有动词义项的则只占 6.3%。本文认为,作为高解析性的语言,汉语通常不倾向于采用压缩形式,作为压缩形式的逻辑转喻自然也就比英语少。名词动用是词汇层面的压缩,宾语强迫是结构层面的压缩。英语的综合性一方面体现在把更多的语义信息压缩到词汇中,就是词汇化。如英语通常把轻动词词汇化到动词中,名词动用则是把事件信息压缩到名词中。另一方面体现在把语义信息压缩到结构中,宾语强迫就是把事件信息压缩到动宾结构中。简而言之,英语用一个词汇来表达的信息,汉语可能会用一个结构来表达;英语用一个压缩结构来表达的信息,汉语可能会用一个非压缩的结构来表达。

5.5　小结

名词动用作为一种逻辑转喻,与典型的逻辑转喻(即宾语强迫)相比,有同有异。相同之处表现在二者都是压缩形式;都受规约化的制约,表现为半能产性;都主要与人造类名词有关,基本上可以通过名词的物性角色获得解释;从跨语言的角度看,作为压缩形式,现代汉语中的名词动用和宾语强迫都没有英语活跃,体现了汉语的高解析性、两种语言的类型学差异。二者的不同之处主要表现在:前者把事件信息压缩到了词汇中,体现为词汇化,因此确实发生了类型转换,后者则把事件信息压缩到了结构中,没有发生真正的类型转换;前者的解释比较单一,而且主要涉及间接功用角色,后者则具有多种解释,主要涉及直接功用角色。

六　结论

本文认为名词动用属于逻辑转喻,可以用生成词库理论中的事件强迫来解释。与前人的研究视角不同,这一方法不是看源名词在名源动词的语义结构中充当什么语义角色,而是反过来,看名源动词在源名词的语义结构中充当什么物性角色。研究结果证明这种方法是行之有效的。这一方法的引入,不仅能使名词动用的释义更形式化、更概括、更准确,而且还能揭示什么样的名词更容易转用为动词:具有明确、单一的功用角色(特别是间接功用角色)或施成角色的名词更易用作动词。与典型的逻辑转喻(宾语强迫)相比,名词动用的特点主要表现在与词汇化有关、确实发生了类型转换、解释相对单一、主要涉及间接功用角色。

参考文献

程　杰　2010　《汉语名词动用中的句法机制研究》,北京:科学出版社。

代礼胜　2009　逻辑转喻与一般会话含义,《外语教学》第 6 期。

高　芳　2002　名动转用与含意,《外语教学》第 2 期。

高　航　2009　《认知语法与汉语转类问题》,上海:上海交通大学出版社。

黄正德　2008　从“他的老师当得好”谈起,《语言科学》第 3 期。

刘丹青　2010　汉语是一种动词型语言——试说动词型语言和名词型语言的差异,《世界汉语教学》第 1 期。

刘　顺　2004　普通名词的时间性研究,《语言教学与研究》第 4 期。

刘琼怡　2004　《动态化的生成词汇》,台湾“清华大学”硕士学位论文。

沈家煊　2009　我看汉语的词类,《语言科学》第 1 期。

宋作艳　2011a　轻动词、事件与汉语中的宾语强迫,《中国语文》第 3 期。

宋作艳　2011b　逻辑转喻的半能产性与多种解释,《语言教学与研究》第 3 期。

宋作艳　2011c　生成词库理论的最新发展,《语言学论丛》第 44 辑,北京:商务印书馆。

王冬梅　2010　《现代汉语动名互转的认知研究》,北京:中国社会科学出版社。

徐盛桓　2001　名动转用的语义基础,《外国语》第 1 期。

袁毓林　1995　词类范畴的家族相似性,《中国社会科学》第 1 期。

张　博　2011　汉语动源职事称谓衍生的特点及认知机制,《汉语学习》第 4 期。

张伯江　1994　词类活用的功能解释,《中国语文》第 5 期。

张秀松、张爱玲　2009　生成词库理论简介,《当代语言学》第 3 期。

中国社会科学院语言研究所词典编纂室编　2005　《现代汉语词典》(第 5 版),北京:商务印书馆。

Clark, E. V. and Clark, H. H. 1979. When nouns surface as verbs. *Language* 55 (4), 767—811.

Francis, Elaine J. and Laura A. Michaelis (eds.) 2003. *Mismatch: Form-Function Incongruity and the Architecture of Grammar*. Stanford, CA: CSLI Publications.

Godard, Danièle and Jacques Jayez. 1993. Towards a proper treatment of coercion phenomena. In *Proceedings of the 6th Conference of the European Chapter of the ACL*, 168—177. Utrecht: OTS Utrecht.

Lin, T.-H. Jonah, and Liu, C.-Y. Cecilia. 2005. Coercion, Event Structure, and Syntax. *Nanzan Linguistics* 2, 9—31.

Pustejovsky, James. 1991. The generative lexicon. *Computational Linguistics* 17 (4), 409—441.

Pustejovsky, James. 1995. *The Generative Lexicon*. Cambridge, MA: MIT Press.

Pustejovsky, James. 2001. Type construction and the logic of concepts. In Pierrette Bouillon and Federica Busa (eds.), *The Language of Word Meaning*, 91—123. Cambridge: Cambridge University Press.

Pustejovsky, James. 2006. Type theory and lexical decomposition. *Journal of Cognitive Science* 6, 39—76.

Pustejovsky, James. 2011. Coercion in a general theory of argument selection. *Linguistics* 49.6, 1401—1431.

Pustejovsky, James and Pierrette Bouillon. 1995. Aspectual coercion and logical polysemy. *Journal of semantics* 12(2), 133—162.

Pustejovsky, James and Elisabetta Jezek. 2008. Semantic coercion in language: beyond distributional analysis. *Italian Journal of Linguistics* 20(1), 181—214.

Quirk, R. , S. Greenbaum, G. Leech and J. Svartvik. 1985. *A Comprehensive Grammar of the English Language*. London: Longman.

Talmy, Leonard. 1985. Lexicalization patterns: semantic structure in lexical forms. In Timothy Shopen (ed.), *Language Typology and Syntactic Description* (vol. 3): *Grammatical Categories and the Lexicon*, 57—149. Cambridge: Cambridge University Press.

Verspoor, Cornelia Maria. 1997. *Contextually-Dependent Lexical Semantics*. Doctoral dissertation. Edinburgh: University of Edinburgh.

两个摄取义动词的事件选择与强迫：基于 MARVS 理论*

洪嘉馡　黄居仁　安可思

提要　在动词语义研究方面，无论是一般的事件语义（event semantics）研究，还是特殊的事件类型强迫（event type coercion）研究，都是既具挑战性又很有价值的研究课题。然而，在动词词义基础上，基于语料库讨论事件类型强迫的实证研究却很少见（Pustejovsky，1995）。本文我们将探讨两个摄取义动词在现代汉语中可能的事件强迫类型，特别的是，我们将要呈现，不同的强迫类型可以通过 MARVS 理论（Huang et al. ,2000）提出的事件内部属性（event-internal attributes）和论元角色内部属性（role-internal attributes）来得到预测。我们将藉由中文词汇速描系统（Chinese Word Sketch）（Huang et al，2005）中的十四亿字语料库（Chinese Gigaword Corpus），（LDC，2005）来验证我们的研究。

关键词　MARVS 理论　事件类型　强迫　中和性选择的限制

---

* 英文原文出处：Jia-Fei Hong，Chu-Ren Huang and Kathleen Ahrens. 2008. Event selection and coercion of two verbs of ingestion. *International Journal of Computer Processing of Oriental Languages* 21.1：31—42。

一　MARVS 理论

动词词义的模块属性表征(The Module-Attribute Representation of Verbal Semantics(MARVS))理论是一种基于中文语料的动词词义表征的理论(Huang et al. ,2000)。在 MARVS 理论中,有两个不同型态的模块:事件结构模块和论元角色模块,它们又分别与两种不同的属性对应:事件内部属性和论元角色内部属性。Huang et al. ,(2000)发现事件模块的组合成分和证实性的词汇语义属性可以概括整个自然语义类。

假设词汇语义存在于语法的层面,且居于概念结构和句法表征之间。换句话说,不但可以证明词汇语义的句法预测真实性,而且也可以用以证明概念论元角色。就是因为这个原因,Huang et al. (2000)假设了一个动词词义的理论是必须要有下面三种属性的:第一,必须可以表达词汇词义的讯息,并直接连结句法结构;第二,必须激发词汇动词的概念讯息;第三,必须证实词汇语义属性的表征不是有共现结构、选择性的限制就是有分布的型态。

在 MARVS 理论里,词汇知识分为两种类型:结构信息和内容信息。结构信息是原子模块如何组合的表征,内容信息则是这些模块属性的表征,如图 1。除此之外,参与事件的论元角色也会在论元角色模块中得到表达。因此,属于整个事件的语义特性被称为事件内部属性,属于论元角色的语义特性被称为论元角色内部属性,且附属适当的论元角色在论元角色模块里。并且,事件信息附属在动词词义上,所以,动词有不同的词义,就会有不同的事件信息。

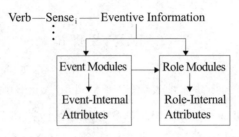

图 1：模块特性表征

　　之前基于使用 MARVS 理论的分析都专注于探究在平衡语料库中的两个近义词在词义和语法上的差异（Ahrens et al. , 2003；Chief et al. , 2000；Huang et al. , 1999；Liu et al. , 1998；Tsai et al. 1998），且使用近义词以挖掘彼此在支配语义和相关语法行为上的限制。本研究中，我们透过 MARVS 理论是为了检验两个有关联词义的动词——"吃"和"喝"，并检查他们的语义差异。

　　选择"吃"和"喝"两个动词，是基于以下两个原因。其一，两个词之间有词义重叠的部分（如，一个词是对另一词的细化解释，Word-Net 称之为"上下位词"（troponym）；其二，它们都具有丰富的延伸义。我们从中文词汇速描系统中自动获取分析好的分布语料，在此基础上，我们利用 MARVS 理论来解释复杂延伸词义的不同事件模块属性表征的可能性。

二　十四亿字语料库和中文 词汇特性速描系统

　　中文词汇特性速描系统，是结合了中文十四亿字语料库和语言研究应用的一种词汇搜寻引擎工具，是一个对于撷取有意义句法关系的大语料库非常有力的工具（Hong and Huang, 2006；Huang et al.，2005；Kilgarriff et al.，2005；Kilgarriff et al.，2004）。中文词汇特性速描系统的数据来自于中文十四亿字语料库，这个语料库包含了台湾"中央"社新闻稿的八亿多汉字、大陆新华社新闻稿的近五亿汉字以及新加坡早报的约三千万汉字，这些语料都已经全部完成了自动分词和词类标记，部分完成了人工核查，其准确率高达 96.5%（Ma and Huang，2006）。

在中文词汇特性速描系统中，除了有十四亿字的大容量语料库之外，更有四个极为重要的功能：索引（*Concordance*）、词汇速描（*Word Sketch*）、相关词汇（*Thesaurus*）和词汇速描差异（*Sketch Difference*）。

三 语料收集与分析

我们从比较小的"中研院"平衡语料库（五百万词）中收集语料，结果显示"吃"的主要词义是摄取固体的食物，而"喝"的主要词义是摄取液体的食物。根据中文词汇网络（Chinese Wordnet）的词义区分标准，我们可以为"吃"和"喝"区分出几个不同的词义。我们也利用中文词汇特性速描系统在十四亿字语料库中对相关语料进行核查，并在细致的人工分析基础上整理出完整的词义目录。

3.1 词义分析（Sense Analysis）

近来，"中研院"中文词网小组专注于分析中研院平衡语料库中的词汇。黄居仁（2003）对于区分词汇词义提出了一组标准与运作的准则。这些标准对于建构中文词汇知识库和辞典编撰而言，也是一种基础准则。在中文词网的辞典中，每个词条所提供的信息有：汉语拼音、汉语注音、词义、对应 WordNet 的英文、词类、例句和批注。

　　根据中文词网,"吃"有 28 个词义,"喝"有 3 个词义(包含原始义、隐喻义和延伸义)。在本研究中,如表 1 和表 2 中,非事件型态的词义将不在讨论的范围内。并且在本文中,我们专注于三种不同的中和性选择限制的事件词义上。

　　关于摄取义的两个动词——"吃"和"喝",利用中文词汇特性速描系统分析所涉及的一些惯用语,如表 3 所呈现。并且,从中文词汇特性速描系统观察得知,表 3 呈现出一些跟这两个摄取义动词相关的词汇,第一栏是针对"吃",中间一栏是针对"吃"和"喝",最后一栏则是针对"喝"。

表 1:"吃"的原始词义

吃 chi1ㄔ

词义 1:【及物动词,VC】使食物经过口中吞入体内。同义词"用(0400)"。〔eat,00794578V,下位词〕

　例句:一只猴子会分辨什么果子能〈吃〉,什么果子不能吃,这属于本能。

　例句:没落期的罗马人认为,人生最快乐的事情就是〈吃〉东西。譬如,吃烤乳猪的那一刹那最快乐。

　例句:每天睡到下午两点起床,之后就约一些朋友〈吃〉晚饭、谈生意,一直到半夜两三点才回家。

　例句:其实儒家本身符合人性,也无所谓教条,而"礼教〈吃〉人"根本是政治上在利用人性的弱点。

表 2:"喝"的原始词义

喝 1he1ㄏㄜ

词义 1:【及物动词,VC;名词,nom】将液体或糊状的食物经由口中进入体内并吸收养分。〔drink,00795711V〕

　义面 1:【及物动词,VC】将液体或糊状的食物经由口中进入体内并吸收养分。〔drink,00795711V〕

　　例句:好好吃一顿饭,欢喜〈喝〉一碗茶;一日喜乐无恼,一夜安眠无梦,又是价值多少?

　　例句:想戒宵夜的人,也可以试试饿的时候吃水果,或是〈喝〉麦片也行,因为稠稠的,所以会有饱足感。

> 例句:上级要征粮,公社干部便将应用作社员口粮的粮食拿去凑数,公社
> 　　食堂当然就只能给社员〈喝〉稀饭了。
>
> 例句:人们在端午节这天,都要在门上插蒲艾,在身上带香包,并且要
> 　　〈喝〉雄黄酒。为的是消灾除病,驱邪迎福。

表 3:"吃"和"喝"在通用模块的例子

	"吃"较常使用的例子	"吃"和"喝" 都会使用的例子	"喝"较常使用的例子
宾语	药(medicine) 东西(foodstuff) 食物(foodstuff) ……	稀饭(porridge) 喜酒(wedding banquet) 奶水(milk) 冷饮(cooling drink) ……	酒(wine) 茶(tea) 苦水(complaints) ……

3.2　中和性选择的限制(Neutralized selectional restrictions)

对事件性动词而言,语料初步显示出,事件的分类是依据受事的特征而定的。有时宾语的属性会挑战动词的选择限制。当这些事件彼此具有无效性时,选择的限制则是一种具有挑战性的事实。例如:当一个宾语指称的物体既具有固体的属性,又具有液体的属性时,它既可以被"吃"选择,也可以被"喝"选择。如下面的例子:

(1) 吃 稀饭

(2) 喝 稀饭

这些中和性选择的现象也可以在隐喻词义的使用用法中被找到。例如:喜酒和下午茶,可以同时被"吃"和"喝"这两个动词选择。因此,虽然我们普遍认为摄取义的两个动词"吃"和"喝"是分别选择固体和液体的食物,但语料库的数据呈现还是有很多相反的实际例子。如下面的例子:

(3) 吃/喝 稀饭

(4) 吃/喝 喜酒

（5）吃/喝 奶水

关于其它一些相反的例子,下文将进一步讨论,这些反例代表了三种事件强迫的不同类型。

3.3　中文词汇特性速描分析结果(Chinese Word Sketch Results)

在词汇特性速描系统中,词汇速描差异(sketch difference)是一个作用大且非常有用的功能,尤其在做对比研究时,是非常有效的工具。这个功能可以显示“吃”和“喝”通用搭配的模块、只与“吃”搭配的模块以及只与“喝”搭配的模块。

首先,在“宾语”的论元角色中,我们可以发现比较显著的差异,如表4,这可以对一些中和性选择的限制参与其中做出解释。

表 4：“吃”和“喝”共同分享的宾语

吃/喝 chinese_all_trd_test freq＝53654/19561Common patterns

吃 21 14 7 0 -7 -14 -21 喝														
SentObject_of	3859	1065	7.2	4.9	Object	33038	16684	3.7	4.6	Modifier	13757	4501	4.5	3.7
喜歡	557	173	69.7	57.7	酒		13	5198	7.5 106.9	少		440	95	65.6 46.5
試	371	22	68.2	29.2	茶		7	825	7.0 75.5	多		1289	304	61.7 46.6
愛	571	185	66.0	55.5	藥	1558	8	73.0	7.3	同		384	5	52.2 7.4
拒	167	6	55.5	15.4	牛奶	24	386	19.4	65.6	不		1885	909	45.7 45.1
嗜	70	9	55.5	27.4	春酒	5	119	13.6	63.0	一起		317	159	44.1 42.0
顧不上	63	12	53.0	31.3	東西	639	16	53.3	11.1	大口	5	24	17.6	44.1
敢	168	36	47.1	31.9	食物	610	6	52.9	5.0	常		198	94	43.3 39.7
捨不得	39	8	42.8	24.6	喜酒	6	43	17.7	48.8	天天		76	23	42.8 30.9
請	216	44	39.8	26.5	奶	160	106	46.5	44.6	沒		307	79	42.8 31.2
喜愛	45	24	32.7	30.6	碗	167	5	43.9	8.0	邊		145	27	41.7 25.1
怕	49	10	32.0	18.6	稀飯	47	23	41.5	33.9	連		179	20	41.1 19.4
放心	29	6	30.5	16.6	水	16	320	2.4	35.5	只		363	128	37.0 31.1
喜	36	7	30.0	16.2	習慣	181	165	31.5	35.3	不要		214	110	36.8 35.3
涉嫌	9	44	8.2	29.4	碗	75	19	35.2	21.4	給他	54	10	34.9	18.9
知道	53	24	25.2	22.6	奶水	18	20	29.8	34.3	不能		258	71	34.3 25.3
喜好	10	10	20.7	25.1	母奶	24	20	32.3	32.7	著		177	36	34.0 21.2

　　在表 5 中，当我们把重心放在"吃"的宾语上时，我们可以观察到它们的实体宾语，如：饭、肉，和事件宾语，如：定心丸、闭门羹。在表 6 中，当我们注意"喝"的宾语时，我们则可以观察到一些实体的宾语，如：咖啡、啤酒、绿茶……等，和事件宾语，如：花酒、下午茶。

　　选择限制的经典理论规定动词检查论元角色的某个语义特征或某些语义特征。对于摄取义动词"吃"和"喝"而言，我们认为它们涉及的论元语义特征有［＋/－食物］，［＋/－固体］，［＋/－液体］。

表 5：只与"吃"搭配出现的模块

"吃" only patterns

SentObject_of 3859 7.2		Modifier 13757 4.5		Subject 11519 4.3		Object 33038 3.7	
愁	103 57.9	倒	128 41.6	飯	718 78.7	敗仗	326 72.3
講究	27 32.5	津津有味	19 36.8	嘴巴	30 42.0	晚飯	310 71.6
嚐試	13 26.5	怎麼	78 35.0	最愛	72 39.4	飯	802 71.0
忌	8 25.9	硬	41 32.5	柿子	27 33.5	定心丸	211 68.0
寧可	16 25.3	有得	20 31.8	糖	45 31.5	午飯	241 67.5
捨得	11 24.8	不用	47 31.0	金飯碗	14 31.5	大鍋飯	245 66.6
擔心	46 24.1	按時	35 29.4	全家	44 31.1	閉門羹	173 66.5
拒絕	45 22.9	常年	28 27.4	魚	73 30.0	年夜飯	270 65.8
寧願	11 21.2	該	47 25.2	東西	78 29.4	狗肉	190 61.5
討厭	7 21.0	年年	24 24.5	嘴吧	11 29.4	肉	488 60.1
忘	13 20.8	一律	31 23.3	們倆	10 29.2	虧	329 59.2
記得	12 20.3	著實	13 23.3	金碗	9 27.7	頓飯	84 59.2

PP_在 165 1.5		Modifies 1527 0.1	
工地	17 32.3	東西	109 47.6

表 6：只与"喝"搭配出现的模块

"喝" only patterns

SentObject_of 1065 4.9		Object 16684 4.6		Modifier 4501 3.7		Subject 3235 3.0	
涉	8 17.7	花酒	666 90.8	屬聲	13 35.5	闹水	19 32.3
盛行	5 17.6	咖啡	969 74.3	猛	17 21.5	口水	16 30.0
疑	5 15.0	啤酒	421 58.5	成天	5 19.7	胡吃海	5 28.5
		下午茶	101 57.1	獨自	7 16.8	馬永成	7 19.9
		白開水	67 54.3	有沒有	7 16.7	燕敦仁	5 19.3
		口水	114 52.5	一口	5 16.2	友人	17 18.9
		闹水	108 51.2	盡情	6 15.9	校長	30 18.1
		杯	237 50.3	其實	5 13.0	自來水	17 17.7
		飲料	283 49.6	太	7 12.8	粥	5 17.6
		紅酒	83 49.6	難免	5 12.7	智學	6 15.8
		花酒案	33 49.3	總共	5 9.0	牛奶	7 15.8
		綠茶	88 48.7	並	12 3.6	檢察官	20 14.8

Modifies 306 0.1	
水	44 34.5
飲料	15 28.6

　　然而，从中文词汇特性速描系统撷取的词汇搭配模块，有力地证明了语义核查在词汇的中和化选择、词义的隐喻式和转喻式引申上解释的不充分性。

四　MARVS 理论表征的不同层级

　　MARVS 理论提供了一个很明确的方法用来说明本文所讨论的三种不同事件强迫型态的类型。在 MARVS 理论中的两种模块——事件模块和论元角色模块，可以分别对模块中的两组属性——事件内部属性和论元角色内部属性做完整的描述。

　　直觉上，"吃"和"喝"可以分别选择[＋固体]特征和[＋液体]特征作为它们受事的论元角色内部属性。

4.1　稀饭(Xi 1-Fan 4(porridge))

当"稀饭"这个名词是受事者时,它可以同时满足"吃"和"喝"的事件表征要求,因为"稀饭"既具有[＋固体]的属性,又具有[＋液体]的属性。因此,事件类型被中和了。例如,"稀饭",其受事者涉及的内容物包含有[＋固体]和[＋液体]的物质,所以这个事件型态是无效性的。

在我们的词汇认知里,稀饭包含了两种烹煮的原料:米(固体)、汤(液体),通常来说,它是一种被水稀释的米饭。所以,从词汇本体论来看,这个事件应该继承了固体和液体两个物质的特质,不同点在于所强调的重点是在米还是在汤。这种事件表征的方法不仅解释了为何两个动词都可以出现在"稀饭"之前的原因,还得出了因强调液体重点的不同而出现的微妙差别。因此,根据 MARVS 理论,我们认为"吃/喝 稀饭"可以视为论元角色内部的属性。

4.2　喜酒(Xi 3-Jiu 3(wedding banquet))

"喜酒",字面上意思是"幸运＋酒",它的隐喻式词义是事件性的。通过从实体类型到事件类型的转变,"喜酒"被强迫成一种事件表达,并且同时继承了[＋固体]和[＋液体]这两种属性。然而,既然喜酒必须包含吃固体食物和喝酒这两个子事件,那么它就可以选择使用"吃"和"喝"这两个动词。"喜酒"在隐喻词义上的引申,也会提及个别涉及摄取固体和液体食物这两个子事件的复杂事件型态。

"吃"和"喝"是在喜酒上最显著的活动,这个活动同时涉及吃食物和喝饮料,所以对"喜酒"这个事件而言,"吃"和"喝"这两个动词是都可以使用的。既然"吃"和"喝"这两个摄取义的动词都可以使用在

"喜酒"这个事件中,那么,[＋食物]和[＋液体]也就都会存在于事件当中。因此,我们可以认定"吃/喝 喜酒"在 MAEVS 理论中属于事件内部属性。

4.3　奶水(Nai 3-Shui 3(milk))

"奶水"表现出的情况最为诡异。"奶水"在字面上的解释是一种液体的食物,很明显,它涉及的就是液体。然而,当施事是婴儿或幼儿时,允许两个摄取义动词相互替代使用。同样地,当涉及隐喻词义的使用时,"奶水"则代表一种身体上或心灵上的营养。

据我们观察,液体和固体的差别仅仅对成人而言有意义,因为婴幼儿通常只摄取液体的食物。换句话说,在摄取事件中,当施事是婴幼儿时,液体和固体的区分并不适用。

"奶水"的例子显示了事件分类取决于主事者的意图。即使固体/液体的区别确实存在于自然环境中,对于婴儿或是幼儿而言,在摄取事件当中,其实是没有太明显的差异性的。因此,这两种事件类型的强迫性和中和性在于主语的意图上。

在这个例子中,这两个饮食动词说话者都可以用,因为这里涉及养育和培养的隐喻。"吃/喝 奶水"可以在 MARVS 理论中很容易被解读为主事者内部的属性,并且,允许中和固体/液体的区别。所以,施事者论元角色的特征是[摄取对象 [＋/－固体]]。

五　结论

本文中,我们从"中研院"平衡语料库中收集了实际语料,利用中文词汇特性速描系统在表现词汇的模块和具体用法的基础上,运用 MARVS 理论解释两个摄取义动词在不同层级上的事件选择和类型强迫。检验"吃"和"喝"之际,我们可以使用 MARVS 理论去确认它们存在的不同的事件型态与不同的内部属性。我们也可以建立一套事件型态选择与强制性的模型用以预测非典型事件对象的意义以及隐喻词义和事件模块属性。

参考文献

黄居仁主编、洪嘉馡、陈韵竹 2006 中文词汇意义的区辨与描述原则,《意义与词义》系列,"中研院"语言所词网小组与词库小组技术报告。

Ahrens, Kathleen, Shirley Yuan-hsun Chuang, and Chu-Ren Huang. 2003. Sense and meaning facets in verbal semantics: A MARVS perspective. *Languages and Linguistics* 4(3), 469—484.

Chief, Lian-Cheng, Chu-Ren Huang, Keh-Jiann Chen, Mei-Chih Tsai and Li-Li Chang. 2000. What can near synonyms tell us? In Y. -O. Biq. (ed.), Special issue on Chinese verbal semantics. *Computational Linguistics and Chinese Language Processing*, 5(1), 47—60.

Hong, Jia-Fei and Chu-Ren Huang. 2006. Using Chinese Gigaword Corpus and Chinese Word Sketch in linguistic research. *The 20th Pacific Asia Conference on Language*, *Information and Computation* (*PACLIC-20*). November 1—3. Wu-Han: China Huazhong Normal University.

Huang, Chu-Ren, Adam Kilgarriff, Yicing Wu, Chih-Min Chiu, Simon Smith, Pavel Rychly, Ming-Hong Bai and Keh-Jiann Chen. 2005. Chinese sketch engine and the extraction of collocations. In *Proceedings of the Fourth SIGHAN Workshop on Chinese Language Processing*, 48—55. October 14—15. Jeju, Korea.

Huang, Chu-Ren, Kathleen Ahrens, Li-Li Chang, Keh-Jiann Chen, Mei-Chun Liu and Mei-Chih Tsai. 2000. The module-attribute representation of verbal semantics: from semantics to argument structure. In Yung-O Biq. (Ed.) Special Issue on Chinese Verbal Semantics. *Computational Linguistics and Chinese Language Processing*, 5(1), 19—46.

Huang Chu-Ren, Li-Ping Chang, Kathleen Ahrens and Chao-Ran Chen. 1999. The interaction of lexical semantics and constructional meanings, in Y. Yin et al.

（eds.），*Chinese Language and Linguistics V: Interactions in Language*, 413—438. Taipei: Institute of Linguistics, Academia Sinica.

Kilgarriff, Adam, Pavel Rychlý, Pavel Smrz and David Tugwell. 2004. The Sketch Engine. *Proceedings of EURALEX*, Lorient, France. (http://www. sketch-engine. co. uk/).

Kilgarriff, Adam, Chu-Ren Huang, Pavel Rychlý, Simon Smith and David Tug-well. 2005. Chinese word sketches. *ASIALEX 2005: Words in Asian Cultural Context*. Singapore.

Liu, Mei-Chun, Chu-Ren Huang and Charles C. L. Lee. 1998. When endpoint meets endpoint: A corpus-based semantic study of throwing verbs, in *7th International Conference on Chinese Linguistics / The 10th North American Conference on Chinese Linguistics*, Stanford, June 26—28, 1998.

Ma Wei-yun and Chu-Ren Huang. 2006. Uniform and effective tagging of a heterogeneous giga-word corpus. Presented at the 5th International Conference on Language Resources and Evaluation (LREC2006). Genoa, Itlay. 24—28 May, 2006.

Pustejovsky, James. 1995. *The Generative Lexicon*. Cambridge: MIT Press.

Rohsenow, J. S. 1978. Perfect-*le*: Aspect and relative tense in Mandarin Chinese. In Robert Cheng, Y. C. Li and T. C. Tang (eds.), *Proceedings of symposium on Chinese linguistics: 1977 Linguistic Institute of LSA*, 267—291. Taipei: Student Book

Tsai, Mei-Chih, Chu-Ren Huang, Keh-Jiann Chen and Kathleen Ahrens. 1998. Towards a representation of verbal semantics—an approach based on near synonyms. *Computational Linguistics and Chinese Language Processing*. 3 (1), 61—74.

网络资源

Chinese Word Sketch Engine: http://wordsketch. ling. sinica. edu. tw/

English Word Sketch Engine: http://www. sketchengine. co. uk/

Lexical Data Consortium. 2005. Chinese Gigaword Corpus 2. 5. http://www. ldc. upenn. edu/Catalog/CatalogEntry. jsp? catalogId=LDC2005T14

Sinica Corpus. http://app. sinica. edu. tw/kiwi/mkiwi/

现代汉语方位词语义强迫现象研究[*]

李　强

提要　语言单位的组合常常牵涉搭配的一致性问题,即要求两个成分在语义、句法、语用或韵律方面的性质相同或相似;如果出现不一致的情况,组合中的一方就可能强迫另一方通过改变自身的某方面特征,或者再生成一个新的特征与之相匹配,从而实现相互组合。本文对汉语名词和方位词的相关组合进行考察,发现不同的方位词对名词存在语义强迫现象,主要体现为:对名词的数量义强迫;对名词的形状义强迫;对名词的特征义强迫;对事件名词的语义强迫;对名动词的语义强迫;对载体名词的语义强迫;对多义名词的语义强迫。文章首先介绍生成词库理论所提出的语义强迫问题,其次对汉语方位词对名词所产生的语义强迫现象及其语义组合机制进行

---

[*]　英文原文出处:Qiang Li. 2013. Coercion of locatives in Mandarin Chinese. In P. Liu&Q. Su(Eds.),*Chinese Lexical Semantics*,76—87。收入本书时在原文的基础上有所增添和修改。本文的研究得到国家社科基金重大项目《汉语国际教育背景下的汉语意合特征研究与大型知识库和语料库建设》(批准号:12&ZD175)的资助。本文初稿曾在第十四届汉语词汇语义学国际学术研讨会(CLSW2013,河南郑州)上报告,得到了与会专家学者的批评指正。谨此一并致以诚挚的谢意。

描写,最后对文章进行小结。

关键词　方位词　名词　生成词库理论　语义强迫　语义组合

一　引　言

"强迫"(coercion)是一种常见的语义生成机制。Pustejovsky
(1991、1995)描写了英语中的语义强迫现象;宋作艳(2009)对汉语中
的事件强迫现象做了很好的研究;Huang Chu-Ren and Kathleen
Ahrens(2003)对汉语中量词对名词的语义强迫现象进行了探讨。
本文将以汉语方位词和名词的相关组合为考察对象,说明方位词对
名词也存在语义强迫①。

　　汉语方位词包括单纯方位词和合成方位词两种,单纯方位词包
括"上、下、前、后、里、外"等,单纯方位词加上"边、面、头"等后缀构成
合成方位词。本文将以"间、上、前、里"等单纯方位词为例,结合生成
词库理论中的语义强迫机制,考察汉语方位词对名词的语义强迫现
象。文中所举实例大多来源于北大 CCL 现代汉语语料库,另一小部
分实例通过搜集整理其他相关文献资料和自拟得来。

二　生成词库论中的语义强迫

　　Croft(1991)曾指出,特定的语法构式,包括谓词-论元构式、中

---

① 　关于汉语方位词和名词的组合选择性问题,一些学者曾部分地涉及过,如王珏
(2001)、储泽祥(1995、2003、2010)、储泽祥、王寅(2008)。本文旨在从生成词库理
论提出的语义强迫的角度来谈方位词对于名词语义的选择及对名词语义识解的
重要性,并阐述方位词对名词的语义强迫机制,所以,观察视角与他们并不相同。

心词-修饰语构式、动词-副词构式等,都必须要满足三个概念一致性,即域概念一致性(unity of conceptual domain)、心理空间一致性(unity of mental space)和选择一致性(unity of selection)。其中,选择一致性是指谓词和论元必须在个体化(individuation)、量化(quantification)或数(number)、类属性(genericness)等方面相互匹配,这种匹配也被称为"颗粒度强迫"(granularity coercion,Hobbs,1985);而概念一致性体现了动词和名词在语义上要保持一致性的要求,如果出现不一致现象,那么动词和名词就必须得有一方做出"妥协",通过改变自身的语义类型从而实现相互匹配。例如:

(1) Mary enjoyed the book. (cf. P1991:424)[①]

　　Mary wants a beer. (cf. P1995:110)

上面两例中的动词"enjoy"和"want"本应分别携带表示动作和命题语义的宾语[②],但"book"和"beer"语义上指称事物,不满足动词的语义类型要求,出现了类型不匹配(type-mismatching),于是宾语名词的语义类型就要发生改变[③],分别变成动作和命题。比如:

(2) Mary enjoyed reading the book.

　　Mary wants PRO to drink a beer. [④]

Pustejovsky(1991、1995)称这种现象为"类型强迫"(type coercion):

---

① P1991 表示 Pustejovsky(1991),下同。

② Pustejovsky(1995:112)认为"want"所接宾语的语义类型是命题。

③ 关于宾语名词的语义类型是否真正发生了改变,学者们的看法仍存在争议。Godard&Jayez(1993)、Copestake&Briscoe(1992、1995)、宋作艳(2009)都不认同"类型变化说"。详见宋作艳(2009)的介绍。

④ PRO 是生成语法所说的"空语类"成分,即不具有语音形式但有句法功能的句法成分,其他三种空语类分别是 NP-虚迹、pro 和变量。对于空语类的介绍,可参考石定栩(2002:91—97)。

类型强迫：它是一种语义操作手段，能将论元转变成一种功能函项（谓词）所需要的类型，否则就会出现类型匹配错误。

Pustejovsky(1995:113—122)主要介绍了两种类型的"类型强迫"：一种是"次类强迫"(subtype coercion)，比如，在"Mary drives a Honda to work"中，动词 drive 要求宾语的语义必须是 vehicle（交通工具），Honda 并不直接满足这一语义要求；但根据我们的百科知识(encyclopedia)得知，Honda① 是 car 的一个次类，它们之间存在这样的语义从属关系：Honda＜car＜vehicle（＜表示从属于）。凭借这种语义关系，Honda 可以满足动词 drive 的语义选择要求。换言之，drive 会强迫 Honda 产生交通工具的解读（即使我们不知道 Honda 是个汽车品牌，我们也能推测出它一定是某种交通工具，而不可能是吃的、喝的东西，这说明 drive 的强迫作用的确存在）。另外一种是"真性补足语强迫"(true complement coercion)，如上面的例(1)、(2)所代表的情况。

Pustejovsky(2006、2011)对论元的选择和组合机制做了进一步完善和补充，其中对强迫做了如下的区分：

① 强迫引入(coercion by introduction)：函项所要求的类型强加到论元上，这是通过把论元包装成函项所需要的类型实现的。

② 强迫利用(coercion by exploitation)：函项所要求的类型强加到论元上，这是通过提取论元类型的一部分来满足函项要求实现的。

接下来，我们以(3)中的两句为例对上面这两种机制略做说明。

(3) a. The book fell to the floor. (cf. P2006，下同)

　　b. Mary read a rumor about John.

---

① Honda 是一家知名的日本汽车生产商，国内译作"本田"。

　　a 句中,谓语动词 fall 要求它所携带的论元必须具有 physical(物质)的属性特点,而名词 book 包含两方面的语义信息:physical·information①,它可以提供物质方面的属性来满足 fall 的语义要求,这就是"强迫利用",即谓语动词利用名词语义属性的一部分来满足语义选择要求从而实现相互组合。b 句中,谓语动词 read 要求它所携带的论元必须具备两方面的语义属性:物质属性和信息属性,而名词 rumor 只具有信息属性,于是 read 就会对名词进行包装,把物质属性强加在名词之上,这就是"强迫引入",即谓语动词把对论元成分的语义属性要求强加在名词之上,从而为名词引入了一个新的语义属性特征。

　　总之,生成词库理论所提出的语义强迫机制提供了句法成分在语义匹配不成功情况下的一种解释方案,利用这一机制可以对那些表面上看似语义不完整、不明晰或限定不足(under-specification)的句子加以还原,使之在语义上清晰透明并能被人们所理解。

三　汉语方位词对名词的语义强迫现象

　　方位词和名词的组合情况较为复杂,本节内容主要探讨汉语方位词和名词的相关组合现象,从生成词库理论的角度观察方名组合中名词的语义变化情况。通过检索语料库,我们对方位词对名词的语义强迫现象进行分类,并展示每一类情况下名词所发生的词义变化。

---

① 　生成词库理论称这类词为"点对象"(dot object),习惯上用加点的办法来连接两种本体范畴相异的对象,如"书"可以表示成(纸张·内容信息)。

3.1 方位词对名词的数量义强迫

方位词对名词数量义的强迫主要表现为:方位词要求前面的名词必须表达复数义,这类方位词包括"间、之间、中间、中、里(面)",比如[①]:

(4) a. 一位姣美的女同窗站起身,大胆地从桌子间的空道走过来。

　　b. 他们说话这嘴皮子之间张的相当的间隔。

　　c. 我站在椅子中间,向前倾,笑着。[②]

　　d. 他是留日学生中第一个获得理学博士学位的中国人。

　　e. 他怀疑学生和教师里会有日本的侦探。

---

① 需要指出的是,"间、之间、中间、中"等并非强制性要求前面名词为复数。比如:

　　(i) 手指不要放在门缝间/之间。

　　(ii) 书中夹着一张书签。

　　(iii) 利用山谷中间的有利地形设伏待敌。

上面三句中的"门缝、书、山谷"都不做复数义解读,即没有数的概念;但这类名词都具有空间义,上述方位词与之结合强调事物的内部空间。此外,语料中还发现如下的例子:

　　(iv) 消费者投诉美的冰箱上下门缝之间有水露。

与(i)相比,(iv)中的"上下门缝"可能会让人误以为门缝也表复数义,但我们认为这里"上下门缝"是由其完整形式"上下门门缝"因"门"同音同形删略而来,这并不足以证明门缝自身具有数的概念。

② 这句话存在多种理解的可能性。比如:

　　(i) 教室里有两把椅子,我站在椅子中间。

　　(ii) 我站在椅子中间,而不是椅子两边。

上面两例的"中间"意义似乎存在细微的差别:(i)表示两把椅子之间存在一定的空间间隙,"中间"指的就是这种间隙,具有空间性;而在(ii)中,我们人为地将椅子划成左边、右边和中间,"中间"指的是某个具体的位置,而不带有空间性,或者空间性并不强。也就是说,如果是表示某个事物内部的具体位置的"中间",那么它并不要求前面的名词必须表达复数义。结合上面注释①,我们可以为"中间"强迫前面名词做复数义解读设定一个适用条件,即:

当方位词"中间"表示的是事物内部的具体位置,或强调事物内部的空间时,"中间"不要求名词有数的概念;否则,"中间"之前的名词必须表达复数义。

　　f. 他在工人里面很有威信，几个班的工人都很敬重他。

　　上面例 a—f 中加粗表示的名词，虽然没有数量词与之组合，但都必须做复数义的解读，而不能表示单个主体。因此，不能说：

　　(5)(*一张)桌子间/(*一张)嘴皮子之间/(*一把)椅子中间/

　　　　(*一个)学生中/(*一名)教师里/(*一位)工人里①

　　也就是说，孤立地看这些名词，它们既可能表示单数义，也可能表示复数义，但因为方位词的语义强迫作用，使得它们在数量上必须大于或等于二。"X（之/中）间"实际上表达的是"X 和 X（之/中）间"，可见，X 表达的是复数概念。

　　一般来说，光杆名词本身只指称具体或者抽象的实体，而并不表示数量，数量义需要通过数词或者"数词＋量词"的组合形式来体现，这在不同语言里的具体体现形式不同。这种使事物带有数量意义从而具有离散特征的过程，有学者称为"个体化"（individualization，Lyons1977:464;Bisang1993）。英语等印欧语言由于具有丰富的形态变化，所以，这种单复数的数量义会在词语的形态上有所表现，如可数名词单数和复数的区别在于是否以 -s/-es 结尾，这种具有形态变化的表现形式有助于我们判断词语所指称事物的数量意义。但就汉语而言，名词缺乏形态变化，所以在判断数量方面缺乏外在的形式标准，只能依靠名词前的数量组合，或者依赖其他一些手段，如方位词、具体语境等。由于方位词的存在，名词前面的数量词有时不必出现于句子表层，比如：站在（两把）椅子中间。从这个角度看，方位词可以被看作一些学者所认为的名词的潜形态（储泽祥，1995），其作用类似于英语中名词的复数标记。依照 Pustejovsky（1995:82）描写词项语义框架的方式，方位词"间、之间、中间、中"的词汇结构（lexical

――――――――――――

① 高桥弥守彦（1992）认为"里"的这种用法表示总和。

structure)可以表示成：

(6)"间、中间、之间、中"①

$$
\begin{bmatrix}
\text{Spatial LOC\_}\alpha \\
\text{ARGSTR} = \begin{bmatrix} \text{ARG} = \text{x : \textbf{plural entities}} \end{bmatrix} \\
\text{QUALIA} = \begin{bmatrix} \text{FORMAL} = \text{reference point(x)} \end{bmatrix}
\end{bmatrix}
$$

其中，LOC 是 localizer 的简写形式，Spatial LOC 表明这个词是空间方位词。ARGSTR 的完整形式为 Argument Structure，译作"论元结构"，表示词项可以携带的论元成分的数目及类型。这里方位词可以携带的论元成分只有一个，且必须要表示复数实体；QUALIA 译作"物性"或者"物性结构"，又包括形式角色(formal role)、构成角色(constitutive role)、施成角色(agentive role)和功用角色(telic role)四方面的内容。由于方位词表示的是较为抽象的概念，并不表示实体，所以我们只规定它的形式角色，即以名词为参照点进行空间定位②。

3.2　方位词对名词的形状义强迫

认知语言学的相关研究指出：范畴化或者称为分类的结果往往是一个层级系统，而人类对基本层级的认识则最为全面和充分(张敏，1998：56—57)。这种认知上的动因在语言上的体现就是，我们常常用一个形式简单的词语去指称内涵丰富的一类事物。比如，不管狗的种类有多少，包括牧羊犬、金毛犬、沙皮狗、北京犬、松狮犬等，我们都可以称它们为"狗"。同样，名词所指称的实体都有一定的形状，

---

① "间、之间、中间、中"有空间方位(spatial orientation)和时间方位(temporal orientation)两种用法，这里表示空间方位义。

② 这似乎也可以被认为是方位词的功用角色。究竟怎样处理，我们还没有完全考虑清楚，暂且统一看成形式角色。

我们常用一个名词来指称这些不同形状的事物。比如"锅",根据形状,可以分为平底锅和炒锅,平底锅一般 20 至 30 厘米直径大,是一种低锅边并且向外倾斜的铁制平底煮食用器具;而炒锅的特征是顶部开口大,圆底,有手柄,凹形薄壁。当方位词"上"和"锅"结合时,会强迫"锅"做平底锅解读。例如:

(7) a.把面食放在烧热的铛或锅上加热使熟。

　　b.用面做薄皮,包上肉、菜等拌成的馅儿,在锅上或铛上烙熟。

上面两例中的"锅"一般都是平底锅,这可以从和它并列的"铛"看出,"铛"是一种烙饼或做菜用的平底浅锅。有的情况下,"平底锅"还会直接出现在句子中。比如:

(8) a.穗珠的想法像平底锅上的煎鸡蛋一样翻来翻去。

　　b.鸡蛋和面,入盐,加大量葱花,于平地锅上煎熟。

当然,"锅"与"上"结合时也有不做平底锅解读的情况,但这其中是有原因的。例如:

(9) a.食物粘在锅上的部分或烤焦、烤黄的那层硬皮。

　　b.用玉米面、小米面等贴在锅上烙成的饼。

　　c.要把干海带水发成食用鲜海带,应该在锅上蒸透,然后水洗。

上面 a、b 中,因为有动词"粘、贴",强调食物与锅相互接触而形成的面,所以用方位词"上";c 中的"上"应该理解为"锅底的正上方",因为根据一般的生活经验,蒸东西时要在锅中放一个支架,锅里盛满水,靠蒸气将食物蒸熟,所以"锅上"一般也应理解成锅底的上方。

与"上"形成对比,方位词"里"与"锅"结合时,锅底的形状一般都是凹形的。例如:

(10) a. 水在锅里沸腾的样子/*水在锅上沸腾的样子

　　　b. 锅里的粥/*锅上的粥

这里的"锅"只能理解为具有一定空间和容纳功能的凹形锅,而不能是平底锅。可见,方位词"上、里"对锅的形状有一定的强迫作用。

此外,其他一些名词,如"电梯、沙发"等都是类似的情况:

(11) a. 电梯上/电梯里

　　　b. 绳子上/绳子里

　　　c. 沙发上/沙发里

"电梯"有两种,一种是升降式的,一种是台阶式的。与方位词"上"结合时,"电梯"既可以理解为升降式的,此时电梯是作为一个封闭的内部空间;也可以理解为台阶式的,此时电梯是作为具有承载功能的实体。但与方位词"里"结合时,只能理解为升降式的,而不能理解成台阶式的,因为"里"强迫电梯必须具有内部空间性特点。

"绳子"的形状可以是线状,也可以堆积在一起呈圈状。与方位词"上"和"里"组合,能将这两种不同的状态反映出来。例如:

(12) a. 老人选一块好木头,削成圆珠,串在一根绳子上。

　　　b. 这人好像亲眼目睹云中叟被人揪着脖子,套进绳子里去的。

与"上"组合的"绳子"具有线状特征,所以圆珠才能被"串"起来;与"里"组合的"绳子"具有圈状特征,所以云中叟才能被"套"进去。绳子的不同形状要求不同的动词与之相对应。

"沙发"与"里"组合时往往说明形状发生了变化,这可以从下面两句的对比中看出(b句引自高桥弥守彦,1992):

(13) a. 他把一层栗色的天鹅绒坐垫铺在那张金黄色的沙发上。

　　　b. 我习惯于跷腿陷在沙发里,悠哉游哉,听室内音乐。

　　a 句"铺"这个动作发生在沙发的表面上,而 b 句"陷"这个动作只能发生在人坐沙发使沙发产生凹陷的地方,而不能发生在其表面上。这说明"沙发"与"里"组合时,在"里"的语义强迫下使得"沙发"在语义上具有空间性特征,即它的形状发生变化。

　　再比如,"席子上"和"席子里",与方位词"上"结合时,席子一般是不具有形态变化的,常规状态下它不是容器,表面的承载放置功能是突出的。比如:

（14）a.面前,铺着席子,席子上(面)摆着水果、糕点、挂面、罐头、瓶酒,等等。

　　　　b.地上有张草席子,席子上摊着一张宣纸。

　　从动词"铺、摊"也可以想象席子的状态是二维的平面,所以只能和方位词"上"结合。

　　与"里"结合时,席子的形态发生了变化,从非容器变成了容器,因为席子是软的,可以折叠、可以卷铺,在语言表层形式上常常会有一些特定的词语将席子的这种形态变化交代出来。例如:

（15）a.从卷着的席子里露出一根小辫。

　　　　b.车上二人手忙脚乱地将那席子捆扎之物拖拉着往山沟里走。拖拉中席子里露出了一双人脚……

　　　　c.蔡京听罢大笑,另一个立即回答说:"不是,我见在席子里出。"何以故? 因为当时京师运米,是用席子包扎的。

　　上面三个句子中的动词"卷、捆扎、包扎"所表示的动作施加于"席子",会使它产生很强的形态变化:

　　卷:弯转东西━━➤东西被裹成圆筒形

　　捆扎(包扎):把东西包裹、捆在一起━━➤东西由平面、分散的状态变成立体、聚拢的状态

　　正是因为这些动作的施加,席子的形态才发生了变化(可折叠、

可卷铺），由不具空间性的平面变成了具有空间性的容器，所以才能和方位词"里"结合在一起。

3.3　方位词对名词的特征义强迫

有些名词所指称的实体具有一定的内部空间性，如"汽车、椅子"等。同时，这类名词所指的事物通常由不同的部件构成，如"汽车"的基本构造是由底盘、车身、车顶等部件构成，"椅子"一般由靠背、腿儿、面儿、扶手等构件组成。这类名词与不同的方位词结合时，方位词会强迫名词产生某个部件的语义。以"汽车、椅子、抽屉、箱子"为例，比如：

（16）a. 汽车上积了厚厚的一层雪。（上表面）

　　　b. 汽车里有二十个座位。（空间）

（17）a. 椅子上放了一个玩具。（上表面）

　　　b. 他坐进临窗的椅子里。（空间）

（18）a. 每一个抽屉上写有一味草药。（外表面）

　　　b. 文件在写字台左边的抽屉里。（空间）

（19）a. 箱子上贴满了标签。（外表面）

　　　b. 箱子里装满了衣服。（空间）

上面四组例子中，a 句中的方位词"上"主要表示高于某个参考点的位置，通常指外表接触面（廖秋忠，1989）。"汽车"和"椅子、抽屉、箱子"的构成部件中分别有"车顶"和"面"，所以"上"就强迫这些名词产生表面义解读。b 句中的"里"主要表示内部空间或范围，主要针对"体"，所以"里"会强迫这些名词产生内部空间义解读。方位词"上、里"强迫名词产生不同的特征性语义，其实就反映了名词所突显的不同功能：和"上"结合的名词突出了承置功能，和"里"结合的名词突出了容纳功能。

　　此外,"上"强迫与之结合的名词做表面义解读还可以从下面这组例子中看出:

　　(20) a. 她脸上出了汗。/? 她脸出了汗。

　　　　　b. 他头上出了汗。/? 他头出了汗。

　　　　　c. 她脸红了。/她脸上红了。

　　中川正之(1976)指出,a、b 两组中的方位词"上"不能省略,因为"脸"和"头"都是做表面来处理的,所以必须要和"上"结合句子才能成立;而 c 句中的"脸"既可以处理为一个与其他部位相分离的单个物体,也可以处理为表面,所以"上"可用可不用。

　　与"上"相对,名词与"里"组合时,其内部特征被空间化,所以名词一般都理解为物体的内部空间;因此,通常情况下,不具有内部空间的名词就不能和"里"组合,如"*水面里""*石头里"等。但也有例外情况,比如"大门里、窗户里","大门"和"窗户"不具有内部空间,但它们也都能和"里"结合,原因是它们可以被看作是空间的组成部分,是空间分界的事物,在"里"的作用下使它具有空间性特征。例如(引自邢福义,1996):

　　(21) a. 张三站在大门里盯着外面劈柴的李四。

　　　　　b. 她猛一抬头,发现窗外已经漆黑一片,而窗里却明亮如昼。

　　"大门"是空间划界的事物(如室内 vs. 室外),"大门里"是指以大门为参照物的房屋里头;"窗外""窗里"是指以窗子为参照物划分出来的房子外面和房子里头。"大门""窗户"是构成房子这个空间的组成成分,因为它们在这个空间中比较显著(prominence),通过它们才能与外界连通,所以被选用作为划界的事物,"大门、窗户"因为方位词"里"的语义强迫作用具有一定的空间意味。再比如(引自高桥弥守彦,1997):

(22) a. 她那忧郁的、满是皱纹的脸,让我想起我早年<u>夹</u>在书页
　　　里的那些已经枯萎的花。

　　　b. 眼睛落在<u>摊开</u>在地面前的书页上。

上面两句中的名词"书页",与方位词"里"组合时具有空间性,因此,"那些枯萎的花"才可以被"夹"在其中;与方位词"上"组合时具有平面性,因此,才可以"摊开"在地面上。

"上"和"里"分别突出事物的表面和空间,这种性质也会对句子的合格性产生影响。例如(引自储泽祥,2003:251):

(23) a. 积满水的水坑上来了几只各色的蜻蜓。

　　　b. *积满水的水坑里来了几只各色的蜻蜓。

　　　c. 积满水的水坑上来了几只各色的青蛙。

　　　d. 积满水的水坑里来了几只各色的青蛙。

因为"水坑上"指的是水坑的表面,"水坑里"指的是水坑的内部;所以,蜻蜓可以在"水坑上",而不能在"水坑里",而青蛙既可以在"水坑上",也可以在"水坑里"。

另外一个比较有意思的现象是名词"(围)墙"与方位词的组合。孤立地看"(围)墙",它具有点特征、线特征和面特征。例如:

(24) a. 墙上插了一面红旗。(点)

　　　b. 他站在两道围墙之间的空地上。(线)

　　　c. 墙上贴了一张大字报。(面)

但是,当它与方位词"里、(之)内"组合时,在方位词的语义强迫作用下,使得它具有空间性特征。例如:

(25) a. 她一只腿在墙里,一只腿在墙外,与骑马一模一样。

　　　b. 饮茶食瓜,忘尘世之忧,享天伦之乐,感到连头上一片蓝
　　　　天,也在围墙之内,为自家所独有,是四合院一个组成
　　　　部分。

　　上面两句中的"墙里"和"围墙之内"都是以"（围）墙"作为参照物在空间上确定空间范围。在方位词"里、（之）内"的语义作用下，"（围）墙"具有空间性，实际上表达"（围）墙所圈出的内部空间"的意义。

3.4　方位词对事件名词的语义强迫

　　有些名词表现出强时间性的特征，如"雪、雨、晚饭"等，这类强时间性名词往往具有双重语义属性：事件性和实体性。因此，这类名词也被称为"事件名词"（event noun，韩蕾，2004；Wang and Huang，2012）。在生成词库理论体系中，这类名词被称为点对象（dot object）或者复杂类（complex type），同时包含事物和事件两个语义义面（semantic facet）①。当这类事件名词和不同的方位词结合时，会表现出不同的语义义面，即方位词会在语义上强迫名词突显其中一个义面而隐藏另一个义面，从而实现它们在语义上的组合。例如：

（26）a. 我似乎已觉得在<u>大雪</u>前到达特鲁瓦是不可能的了。

　　　　小男孩儿钻进大片大片的纷飞<u>大雪</u>里不见了。

　　　b. <u>雪</u>后一周，北京街头的冰雪还随处可见。

　　　　孩子们乐极了，把小鞭炮一个个插在<u>雪</u>上。

　　　c. <u>雨</u>前备伞。

　　　　脚蹬石头手扒沙，风里<u>雨</u>里走天涯。

　　　d. <u>雨</u>里看西湖，有一种朦胧美。

　　　　<u>雨</u>中看西湖，有一种朦胧美。

---

①　多面体每次只有一个面能够完整地呈现在我们面前，而其他面则只能隐藏。如果把词义看成是一个多面体，那么，所谓"义面"，也就指这个多面体的不同的面，而当一个"义面"突显时，其他"义面"就必然隐含。

    e. 一个年级老了的人，生命就像<u>风</u>前的残烛，瓦上的霜雪，

       受不起风吹日晒。

       忍着病痛，<u>风</u>里雨里跋涉 2000 多千米。

    f. <u>饭</u>前剧烈运动会使食欲减退，饭量减少。

       她把茶水倒进<u>饭</u>里。

    g. 每场<u>电影</u>前播放这部介绍中国文化和旅游的广告片。

       在这部<u>电影</u>里，她充分发挥了自己的表演天才。

    h. 这天晚上没有下雪，落了一阵<u>冰雹</u>后，又下起雨来了。

       拳头大的<u>冰雹</u>里裹着死鱼。

    i. 海河<u>大水</u>前，一直还在抗旱。

       农民们从<u>大水</u>里逃出来了。

    上面句子中画线名词都是事件名词，既包含事物义面，也包含事件义面，具体突显或隐藏哪个义面需要依赖与它们共现的方位词。方位词"前、后"通常要求前面的成分表达事件性的意义，因此，出现在它们之前的名词"（大）雪、雨、风、饭"等都必须表达事件义，意义分别是"下（大）雪、下雨、刮风、吃饭"等。而方位词"上、里"通常要求前面的成分表达事物性的意义，因此，当上述名词出现于它们之前时，突显的是事物义，而将事件义隐藏起来。这种差异可以很明显地从上面每组对比的句子中看出来。需要说明的是，像"雪里、风里、雨里"中的"雪、风、雨"虽然不一定指的是具体的物质，但当它们跟"里"组合时，语义上倾向于解读为占据一定空间的实体，这与事件义的表达很不相同①。所以，我们仍然可以认为它们是突显了事物义面。此外，值得一提的是 d 组两个句子，除了方位词不同外，句子的其他

---

① 高桥弥守彦(1992)认为"里"的这种用法表示周围。比如，"雨里"表示的是"……的周围都是雨"。可见，"里"强迫这类事件名词表示物质义。

成分都相同,但正是不同的方位词造成了两个句子具有不同的语义解读方式:"雨里"倾向于描述一种静态义,将西湖置于雨水所构成的空间之中,造成被雨水包围的静态环境氛围;而"雨中"更倾向于描述一种动态义,将西湖置于下雨这一事件的环境之中,更能让人体会到西湖的灵动之美。

从上面的分析可以看到,当这类事件名词与不同的方位词结合时,方位词在一定程度上可以决定这些名词突显哪一个义面,突显实际上可以被认为是一种强迫,即强迫其中一个义面浮现出来。在Pustejovsky(2006、2011)关于语义生成机制的最新理论中,这种现象被称为强迫利用(coercion by exploitation),即方位词要求所携带成分的语义类型被强加到名词上,而名词的论元结构能够提供这样一种类型来满足方位词的语义要求①。

更加有意思的一个现象是:一个方位词既可以表达空间性,也可以表达时间性,当它们和事件名词结合时,就可能会出现歧义现象,同一个表达形式具有两种不同的意义。此时,需要依赖一定的语境才能将歧义消解。例如:

(27) a. 花前留影

b. 花前成熟期

(28) a. 电话销售流程技巧以及电话前的准备工作

b. 他站在楼梯角下的电话前接电话。

c. 电话前加拨什么?

(29) a. 这种电话里有一个电子线路,连着一个电源开关,叫继

---

① Pustejovsky认为名词的论元结构应该包含名词内部的语义组成要素。比如"雨"有表示事件的下雨和表示物质的雨滴两重语义,它的两个论元就分别是事件和物质。

　　　　电器。

　　　　b. 她在电话里惊喜地叫了一声。

　　(30) a. 饭中还时常配些青豆、火腿丁。

　　　　b. 叫了好几个菜,饭中不时说着笑话。

　　(27)中两个例子都有"花前",但所表达的意义很不相同,a句表达的是"花的前面","前"表达空间义,而b句表达的是"开花之前","前"表达时间义。(28)中的三例都有"电话前",但每个"电话"所表达的意义都不一样:a句中的"电话前"表达的意义是"打电话之前","前"表达时间义;b句表达的是"电话这个东西的前面","前"表达空间义;而c句表达的则是"电话号码的前面","前"表示一种抽象的空间义。在(29)中,a句中的"电话"指的是"电话设备",而b句的"电话"指的则是"打电话这一过程"。在(30)中,a句的"饭"指的是可以吃的东西,而b句的"饭"则表示"吃饭"。由上面四组例子可见,方位词和名词的组合形式在无语境因素的帮助下可能会出现多义性,从而无法确定方位词强迫利用的是名词的哪一个义面;因此,语境对于这类结构的语义理解起了非常重要的作用。

　　此外,还有一种情况值得注意:某些方位词和名词的组合结构中,比较难以确定其中的名词究竟表示的是事物义还是事件义。以方位词"中"和名词"雨、雪"的组合情况为例:

　　(31) a. 雪中的黄山比电影、电视上看到的更美。

　　　　b. 在雪中度新年,亲身感受新疆多姿多彩的民俗风情。

　　　　c. 注意雪中行路安全。

　　(32) a. 雨中游行真惬意。

　　　　b. 雨中漫步

　　　　c. 海南马拉松赛雨中进行,选手频频打破赛事纪录。

　　例(31)中,每个句子的"雪"既可以解读为事件义"下雪",也可以被理解为物质义实体，不同的理解方式取决于我们采取什么样的观察视角。如果采取的是一种静态的视角，那么"雪"就表示物质实体，比如，"雪中的黄山"可以理解为"被雪覆盖下的黄山"，"雪中度新年"可以理解为"在被皑皑白雪覆盖的环境下度新年"，"雪中行路"可以理解为"在被雪覆盖的道路上行走"；如果采取的是一种动态的视角，那么"雪"就表示事件，比如，"雪中的黄山"可以解读为"伴随下雪这一场景下的黄山"，"雪中度新年"就可以理解为"伴随下雪这一场景过新年"，"雪中行路"也可以相应地理解为"在雪花飘落的环境下行走"。同样，(32)中的"雨中"也可以分别采取动态和静态方式进行解读，既可以动态理解为"在下雨的环境中"，也可以静态理解为"在雨所构成的空间实体环境下"。

3.5　方位词对名动词的语义强迫

汉语中有一类特殊的兼类词，它们既具有动词的性质，可以受"不、没"的修饰、可以加体标记"了、着、过"等；也具有名词的性质，可以受数量词修饰。朱德熙(1982:60)称这类词为名动词。名动词和上一节所讨论的事件名词具有某些相同点：一方面可以表达某个具体的动作行为，具有事件性的语义；另一方面也可以表达事物义。但两者之间还是存在根本性的区别，即事件名词的词类范畴是名词，而名动词的词类范畴具有跨界性，兼具名词和动词的特性。所以，我们将名动词单独作为一种情况加以讨论。与方位词和事件名词的语义组合类似，方位词也能对名动词的语义产生强迫作用。以下面的(33)为例：

(33) a. 演讲前，国防大学校长朱敦法上将会见了兰克萨德将军。
　　　同样在这篇演讲里，您还可以看到钱锺书文学批评的另一面。

b. 安徽省在调查分析后认为,今年全年夏粮面积 3100 万亩。

你的分析里有一个十分大的漏洞。

c. 充分发表意见,决定后即共同贯彻执行。

三中全会决定里,就有三处说到"共同发展"。

d. 在决定立案调查前,应当通知有关出口国(地区)政府。

一项调查里说,北京还有月收入二百多元的人。

e. 老师批评后,他不仅不听,还扭脖子,瞪眼睛,顶嘴。

我过去所读到的一些批评里,除了个别的意见认为……

f. 水价调整前 ,北京市政府有关部门结合今年调控计

划……

抓质量,这是调整里最大的一个问题。

上面几例中,"演讲、分析、决定"等名动词具有双重语义,既可以表示某种具体的行为,又可以转指某个抽象的事物。比如,"演讲"可以指演讲的内容,"分析"可以指分析的结果、"决定"可以指决定的内容。

当这些名动词与方位词"前、后"组合时,"前、后"在语义上强迫这些词语突显其行为动作性的义面,即表现为具有时间性;当与方位词"里"组合时,"里"在语义上强迫它们突显事物性的义面,即表现为具有空间性。而这类抽象事物之所以具有空间性,又是因为人们基于对具体事物空间性的感知、体验,通过隐喻认知机制将其移植到抽象名词之上。可见,不同的方位词对名动词的语义会产生强迫作用,并且,这种强迫是利用名动词的双重词类特征加以实现的。

和上一小节事件名词的情况相似,方位词和名动词的组合结构也有可能存在歧义现象,需要依靠搭配词语或语境来确定意义。比如:

(34) a. 布什在这篇演讲中字斟句酌……

　　b. 在这场演讲中, 路甬祥以一名科学家和科技管理工作者
　　　的角度……

　　c. 克林顿在演讲中提到, 必须对萨达姆及其大规模杀伤性
　　　武器做点什么。

(35) a. 事故具体原因, 仍在调查分析中。

　　b. 市委常委、常务副市长王胜在市局一篇分析中做出批示。

　　c. 从抽样调查的分析中, 我们认为应确立以下几个新观念。

(36) a. 在这次调查中, 我们见到了这份充满血泪与恐怖的"报告"。

　　b. 本报去年年底发表并被人广泛引用的一份调查中说: 商
　　　品房价格太高。

　　c. 从调查中, 我们可以得到许多有意义的结论。

　　在上面(34)中, 三个句子都出现"演讲中", 但"演讲"的意义有所
不同。a 句中的"演讲"表示"演讲的内容", 这可以从前面的量词
"篇"看出; b 句中的"演讲"表示"演讲这个活动事件", 这可以从量词
"场"看出; 而 c 句中"演讲"的意义则不好确定, 它既可能表示演讲的
内容, 也有可能表示演讲活动。类似于"演讲"这种情况, (35)和(36)
中的"分析"和"调查"可做同样的分析。

3.6　方位词对载体名词的语义强迫

　　汉语中有些名词并不像事件名词那样同时包含事物和事件两个
语义义面, 而是具体事物和抽象事物的结合, 具体事物一般是抽象事
物的承载体; 有学者称这类名词为信息名词(information noun)或内
容义名词(content noun)(相原茂, 1990; 古川裕, 1989)。不过, 也有
学者将内容义名词看成语义上表示负载言说、文字等信息内容的名
词, 而不一定有物质载体, 如"策略、计划、条例"等(李秉震, 2012)。
因此, 为了避免混淆概念, 我们用"载体名词"(carrier noun)来定义

类似于"书、报纸、日记、唱片、表格、标语"等这类名词。这类名词的
特点是由具体的物质和抽象的信息构成,物质是信息的承载体。比
如,"尽信书不如无书"中的前后两个"书",第一个"书"指抽象的知
识,第二个"书"指具体的物质—书本,书本是知识的承载体;再如"报
纸",可以指抽象的内容信息,如"存储一【版】报纸的点阵信息将近 5
兆位",还可以指信息的载体纸张,如"一【张】报纸"。除了上面这些
词外,汉语中的载体名词还包括:

> 信、布告、布景、文件、画、杂志、磁带、词典、传单、照片、邮票、海
> 报、地图、图章、名片、报告、名单、邮件、电报、电话、词典、协议、
> 遗嘱、合同、屏幕

当这类名词和不同的方位词结合时,方位词会强迫名词突显不
同的语义义面。我们以"书"为例对此加以说明:

(37) a. 书上/里/中/外/内

    b. 书前/后/下

上面两组"书+方位词"的组合中,a 组中的"书"既可以理解为
物质实体,也可以理解为书中的内容。例如:

(38) 书上有字。(物质)

    亲自到实地考察,核实书上的记载。(内容)

(39) 书里夹着信。(物质)

    书里记载着很多故事。(内容)

(40) 书中夹着一张照片。(物质)

    书中描述了地球的形状、大小和海陆分布。(内容)

(41) 书外包着一层牛皮纸。(物质)

    讲讲这些书外的事,未必对读者是无益的。(内容)

(42) 书内有照片插页。(物质)

    书内精选了邓小平从 1920 年到 1994 年间的珍贵照片 39

幅。(内容)

根据认知科学的相关研究,人的视觉系统中有物体方位的感知器(张敏,1998),并根据自身的身体经验建立起空间意象图式。空间关系在人的概念结构中处于最基本的地位,也是最基本的认知域之一,其他关系大部分都是从空间关系衍生出来的,人们对于空间方位的习得相比较其他而言也更加容易。方位词"上、里、中、外、内"等最初表示空间关系,在人们自身与外部世界的交流互动中,很容易将来源于身体经验的空间意象嫁接到其他具体或抽象的事物之上。

表示物质的书是一个具体的事物,具有长、宽、高三维属性,与"箱子、盒子"等具有内部空间性的事物一样,其内部也容易被看成是一个容器,因而被赋予了空间性的特征,可以后接方位词"里、中、内、外"。另一方面,作为容器的书,不管是封面、封底还是所包含的每一张纸,都具有"面"的特征,又可以后接方位词"上"表示事物与面接触的某一点或一片区域。而表示抽象内容的"书"可以后接"上、里、中、内、外",原因是:对于抽象的"书",在我们的认知世界中,依然将它看成是具有空间性或者面特征的实体,而从具体事物到抽象事物的空间性的转移往往牵涉到隐喻(metaphor)分析。Lakoff and Johnson(1980:36—39)曾经指出:隐喻是我们用来理解抽象概念,进行抽象推理的主要机制;它让我们用更具体的、有高度组织结构的事物来理解抽象的或相对无内部结构的事物。隐喻发生在具体域和抽象域之间,所以是跨域性的推理机制。在方位词和抽象事物的组配(collocation)上也有隐喻机制在其中发挥作用。具体对"书"而言,主要就体现为原本不具备三维特征或者面特征的抽象内容也具有了空间性或面特征,因而可以携带"上、里、中、内、外"等方位词。

与(37a)形成对比,在(37b)中,"书"与方位词"前、后、下"组合,只能理解为物质实体。例如:

(43) a. 书下压着一面小圆镜。

　　　b. 书前摆着一面镜子。

　　　c. 现在书前有序、书后有跋已经成为风气。

　　值得注意的是最后一例,"书前有序、书后有跋"中的"书"可能被误解为"书的内容",即内容前有序、内容后有跋,但我们认为这里的"书"还是指物质实体。"前、后"最初表示空间关系,这种空间关系以人体为参照,以人的经验为基础从而得到确定。因为书有页码,页码规定了书的内部有一定的顺序性,表示空间关系的前后就会投射到书上,与书的页码的内在顺序性相对应,结果造成了页码靠前的就是空间关系的前,页码靠后的就是空间关系的后,"以人体投射为参照"这样一种对应关系使得书也具有一定的内部空间性特点[①],也才会有"书前有序、书后有跋"的说法,"前、后"就是以作为物质实体的书的内部空间为参照点(reference)[②]。

　　再比如"海报",它也是载体名词,有两个义面,其中一个指具体的事物,是作为剧目演出信息的具有宣传性的招徕顾客的张贴物;另外一个指传达给人们的有关信息内容,例如,我们常说"海报一般由标题、正文和落款三部分组成"。这两个不同的义面在与方位词的组合上也表现出了差异。比如:

(44) a. 宋建平一个人老老实实站在海报前。(物质)

　　　b. 把笔放在那张海报下。(物质)

　　　c. 海报里有这样一句话……(内容)

　　　d. 在运动衫、球以及海报上签字。(物质)

---

① 所谓"人体参照投射"(储泽祥 2010:19),是指人们根据对自然界事物常态的认知,把属于自己的"前后左右"方位,投射或衍推到这些事物上,让它们也具有认知上比较一致的、较为稳定的"前后左右"方位。

② 所谓"参照点",就是指确定方位或指示方位的标准。

　　e. *海报上是似他非他的一个戏装男人。（内容）*

　　方位词"前、下"在语义上强迫"海报"表示物质义，"里"强迫它表示内容义。而方位词"上"前的"海报"既可以表示物质义，也可以表示内容义，具体表示哪种意义由语境决定。

　　综上所述，某些方位词和（具体事物・抽象事物）名词结合时，会强迫该名词产生合适的语义解读来满足方位词对名词的语义选择，载体名词的两个义面有可能同时满足方位词的语义选择，如"书上""海报上"，也可能只有一个满足，如"书下""海报前"。

3.7　方位词对多义名词的语义强迫

　　名词可能有多个不同的义项，这些不同的义项与方位词的结合情况也不同。换句话说，方位词会强迫多义名词产生适当的语义解读。以"地"为例，它包含陆地和田地两种意义，与不同的方位词结合就会呈现不同的意义：

（45）a. 地上/地下

　　　　b. 地里/地前/地后

　　a 组的"地"只能理解为陆地，而 b 组的"地"只能理解为田地。例如：

（46）a. 雁群降落在芦苇塘或河边草丛间，寻觅水草填肚，也吃地里的庄稼嫩苗。

　　　　b. 那 5 亩地前，已有十几万元家产的李老汉……

　　　　c. 那块庄稼地后住着几户菜农。

　　再如"鸡"，可以做原料名词和成品名词，做原料名词时指可供人类食用的肉类食品，做成品名词时指一种家禽。这种从个体名词衍生出物质名词解读的现象在英语、西班牙语等语言中也存在，有学者称为"动物碾磨"现象（animal grinding，Climent，2001；Pustejovsky，

1995；Copestake and Briscoe，1995）。Pustejovsky（1995：149—157）
利用词汇概念范式（Lexical Conceptual Paradigms，LCP）将这类动
物名词处理为点对象（dotted object），即 ind_animal · food_lcp。以
"鸡"为例，它的词汇概念结构可以表示成下面的（47）：

（47）

$$
\begin{bmatrix}
\text{鸡} \\
\text{ARGSTR} = \begin{bmatrix} \text{ARG}_1 = x\text{：}\textbf{ind\_animal} \\ \text{ARG}_2 = y\text{：}\textbf{food\_stuff} \end{bmatrix} \\
\text{QUALIA} = \begin{bmatrix} \textbf{ind\_animal} \cdot \textbf{food\_lcp} \\ \text{FORMAL} = \text{contain}(x,y) \\ \text{TELIC} = \text{eat}(e,w,y) \end{bmatrix}
\end{bmatrix}
$$

当不同的方位词与"鸡"结合时，会强迫"鸡"在家禽动物（ind_
animal，个体名词）和肉类食品（food，物质名词）之间产生合适的语
义解读。比如：

（48）a. 鸡中

　　　b. 鸡上

　　　c. 鸡里

a 例中与方位词"中"结合的"鸡"只能理解为家禽，如：

（49）根据其表面蛋白质的不同被分为 H1 到 H15 等 15 种类型，

　　　其中在鸡中流行的病毒有 9 种，人类可能感染其它 6 种。

b 例中与方位词"上"结合的"鸡"一般理解为肉类食品，如：

（50）把它放在鲜嫩的鸡上，经过烹烧，辣中有鲜，鲜嫩可口。

c 例中与方位词"里"结合的"鸡"，既可以理解为家禽，也可以理
解为肉类，如：

（51）在斗鸡的场合里，单是从斗胜的鸡里进行选择而加以繁
　　　育。（家禽动物）

　　　鸡里加了宣威火腿。（肉类食品）

四　方位词与名词的语义组合机制

通过上文对方位词和名词组合情况的考察,我们发现不同的方位词对名词的语义存在强迫现象,主要体现在:对名词的数量义强迫;对名词的形状义强迫;对名词的特征义强迫;对事件名词的语义强迫;对名动词的语义强迫;对载体名词的语义强迫;对多义名词的语义强迫。根据生成词库理论所提出的语义组合机制,上述方位词和名词的组合情况可以归纳为下表:

方位词对名词的语义强迫	强迫机制	实例
对名词的数量义强迫	强迫引入①	椅子间 学生中
对名词的形状义强迫	强迫引入	锅上/锅里 席子上/席子里
对名词的特征义强迫	强迫利用 强迫引入	椅子上/椅子里 大门里/窗里/围墙里②
对事件名词的语义强迫	强迫利用	雪前/雪上
对名动词的语义强迫	强迫利用	演讲前/演讲里
对载体名词语义的强迫	强迫利用	书前/书里
对多义名词语义的强迫	强迫利用	鸡中/鸡上/鸡里 地上/地里

---

① 有学者向笔者提出建议:一般情况下一个光杆名词既可以表示复数,也可以表示单数,所以这里的强迫机制改为"强迫利用"可能更合理。但我们认为,光杆名词一般只具有指称实体的功能,而不具备数的概念,汉语和英语中名词的数都必须通过其他一些手段来实现,比如数量短语。另外,姚小平(2011:135)也指出:就汉语的名词而言,没有复数才是通则,有复数反倒是反例;而既然没有复数,也就无所谓单数,就本质而言,汉语的名词并没有语法上的数的范畴。这里,方位词"间、中间"有数的强迫,所以会把数的意义强加到名词之上,从这个角度看,把这里的强迫机制看成强迫引入可能会更合适。

② "大门、窗"本身不具有空间属性,但和方位词"里"结合时,在一定程度上也具有了空间性。由于"大门、窗"具有了空间性,所以我们将其归入对容器名词语义的强迫。

　　上表中,"椅子间""大门里"和"席子里"等结构,方位词通过"强迫引入"机制使前面名词做适当的语义解读,即方位词要求的属性被强加到名词之上,使得名词也具有这样的属性,而这是强迫机制发生作用之前名词所不具备的。比如,"间、中"将数的概念强加于光杆名词,使得光杆名词能表达数的意义;"里"将空间义强加于"大门""席子"这样的原本是非空间性事物上,使得它们在一定程度上也具有空间性。利用 Pustejovsky(2006)的图示法,这种组合过程可以表示成①:

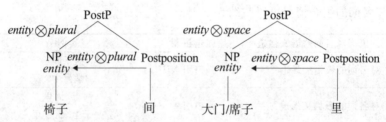

　　事件名词、名动词、载体名词、容器名词以及多义名词和不同方位词结合时,方位词通过"强迫利用"机制使名词产生适当的语义解释,即方位词所要求的属性能从名词那里获得,于是名词就提供一个这样的属性来满足方位词的要求。比如,"雪"既可以表示物质的"雪",也可以表示事件"下雪";与方位词"前"结合时,"前"所要求的事件属性能从表示"下雪"的"雪"那里获得;与方位词"上"结合时,"上"所要求的事物属性能从表示物质的"雪"那里获得。于是,只需抽取"雪"的一个语义就能满足方位词的要求。这种组合过程可以表示成:

---

①　下图中的⊗符号是张量类型构造器(the tensor type constructor),⊗把一种物性关系引入到一个类型,使之成为这个类型的一部分。比如,beer 是自然类 liquid 结合了施成角色 brew、功用角色 drink,就可以表示成 beer:(liquid $\otimes_A$ brew) $\otimes_T$ drink。

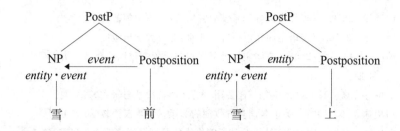

五　小　结

上文通过对现代汉语方位词和名词的组合结构的描写和语义识解的分析,发现:方位词通过强迫引入和强迫利用两种机制使名词的语义产生适当的解读,具体表现为七种不同的情况,分别是:对名词的数量义强迫;对名词的形状义强迫;对名词的特征义强迫;对事件名词的语义强迫;对名动词的语义强迫;对载体名词的语义强迫;对多义名词的语义强迫。通过对汉语方位词和名词组合情况的考察能丰富语义强迫的实质内涵,并为语义强迫机制在语言中的应用提供又一充分的证据。

当然,本文对于方名组合结构的考察是尝试性的,有待进一步深入挖掘的内容还不少。比如,对于名词语义的强迫除了文中提及的七种之外是否还存在其他类型;不同的方位词为什么会强迫名词产生适当的语义,方位词和名词组合选择的机制还有待深入解释;此外,从类型学视野看,其他语言特别是汉语方言中是否也存在方位词强迫现象也是一个有趣的、值得考察的课题。

参考文献

储泽祥　1995　现代汉语名词的潜形态——关于名词后添加方位词情况的考察,《古汉语研究》增刊。

储泽祥　2003　《现代汉语方所系统研究》，武汉：华中师范大学出版社。

储泽祥　2010　《汉语空间短语研究》，北京：北京大学出版社。

储泽祥、王　寅　2008　空间实体的可居点与后置方位词的选择，《语言研究》第
　　4 期。

高桥弥守彦　1992　是用"上"还是用"里"，《语言教学与研究》第 2 期。

高桥弥守彦　1997　关于名词和方位词的关系，《世界汉语教学》第 1 期。

古川裕　1989　"的 s"字结构及其所能修饰的名词，《语言教学与研究》第 1 期。

韩　蕾　2004　现代汉语事件名词分析，《华东师范大学学报》（哲学社会科学
　　版）第 5 期。

李秉震　2012　从隐现和替换看"关于""对于"的语义功能，《中国语文》第 2 期。

廖秋忠　1989　空间方位词和方位参考点，《中国语文》第 1 期。

石定栩　2002　《乔姆斯基的形式句法：历史进程与最新理论》，北京：北京语言
　　文化大学出版社。

宋作艳　2009　《现代汉语中的事件强迫现象研究——基于生成词库理论和轻
　　动词假设》，北京大学博士学位论文。

王　珏　2001　《现代汉语名词研究》，上海：华东师范大学出版社。

相原茂　1990　谈"信息名词"，载于《第三届国际汉语教学讨论会论文选》532—
　　536 页，北京：北京语言学院出版社。

邢福义　1996　方位结构"X 里"和"X 中"，《世界汉语教学》第 4 期。

姚小平　2011　《西方语言学史》，北京：外语教学与研究出版社。

张　敏　1998　《认知语言学与汉语名词短语》，北京：中国社会科学出版社。

中川正之　1993　日语和汉语中的相关性名词，载于《日本近、现代汉语研究论
　　文选》323—335 页，北京：北京语言学院出版社。

朱德熙　1982　《语法讲义》，北京：商务印书馆。

Bisang, Walter. 1993. Classifiers, Quantifiers and Class Nouns in Hmong. *Studies
　　in Language* 17, 1—51.

Climent, Salvador. 2001. Individualization by Partitive Construction in Spanish. In
　　Pierrette Bouillon, Federica Busa (ed.) *The Language of word meaning*, Cam-
　　bridge: Cambridge University Press.

Copestake, Ann and Briscoe, Ted. 1992. Lexical operations in a unification based
　　framework. In J. Pustejovsky and S. Bergler (ed.) Lexical Semantics and
　　Knowledge Representation. *Proceedings of the first SIGLEX workshop*, 101—
　　119. Berkeley, CA, Springer-Verlag, Berlin.

Copestake,Ann and Briscoe,Ted. 1995. Semi-productive Polysemy and Sense Extension. *Journal of Semantics*12,15—67.

Croft,William. 1991. The role of domains in the interpretation of metaphors and metonymies. In Dirk Geeraerts(ed.)*Cognitive Linguistics:Basic Readings*. Berlin:Mouton de Gruyter,2006.(中文译本见邵军航、杨波译《认知语言学基础》,上海:上海译文出版社,2012)

Gordard,D. and Jayez,J. 1993. Towards a Proper Treatment of Coercion Phenomena. *Proceedings of the 6th Conference of the European Chapter of the ACL*,168—177. Utrecht:OTS Utrecht.

Hobbs,Jerry. 1985. Granularity. *Proceedings of the Ninth International Joint Conference on Artificial Intelligence*,432—435. University of California at Los Angeles.

Huang,Chu-Ren and Kathleen,Ahrens. 2003. Individuals,kinds and events:classifier coercion of nouns. *Language Sciences*25,353—373.

Lakoff,George and Johnson,Mark. 1980. *Metaphors we live by*. Chicago:The University of Chicago Press.

Lyons,John. 1977. *Semantics*(Volume2). Cambridge:Cambridge University Press.

Pustejovsky,James. 1991. The Generative Lexicon. *Computational linguistics*17(4),409—441.

Pustejovsky,James. 1995. *The Generative Lexicon*. Cambridge:MIT Press.

Pustejovsky,James. 1998. Generativity and Explanation in Semantics:A Reply to Fodor and Lepore. *Linguistic Inquiry* 29(2),289—311.

Pustejovsky,James. 2006. Type Theory and Lexical Decomposition. *Journal of Cognitive Science* 6,39—76.

Pustejovsky,James. 2011. Coercion in a general theory of argument selection. *Linguistics* 49(6),1401—1431.

Wang,Shan and Huang,Chu-Ren. 2012. Type Construction of Event Nouns in Mandarin Chinese. *Papers of the 26th Pacific Asia Conference on Language,Information and Computation*(PACLIC 26),624—633. Bali,Indonesia.

从生成词库论看汉语词的
逻辑多义性[*]

张秀松

提要 本文运用生成词库论对汉语名词、动词的逻辑多义的形成与消解做出了统一解释。文章认为名词指称对象的物性的不同会导致名词和跟名词搭配的动词的逻辑多义,甚至动词不同的句法表现。但语境因素的调控可以消解这种逻辑多义。

关键词 生成词库论 物性结构 逻辑多义

一 问题的提出

1.1 逻辑多义问题

逻辑多义(logical polysemy),又叫"互补性多义""语境多义",指同一个词语在不同语境中表示不同的、但又彼此关联的多个指谓对象的现象。比如,"联想"既可以指联想电脑,也可以指联想集团,联想电脑与联想集团有密切的联系,前者是后者生产的产品。汉语中名词、动词等很多词类在特定语境中都有一定程度的逻辑多义现象。

---

* 原文载于《北方论丛》2008 年第 3 期。

1.2　名词的逻辑多义问题

汉语中名词常有解读为具体名词还是抽象名词的多义现象。例如，"你的棋"在语境中不仅有"你拥有的棋""你订做的棋""你买的棋"等多种理解，而且"棋"还可解读为抽象名词。试比较：

（1）a. 你的棋借给我们用一下，可以吗？　b. 你的棋下得不错。

例（1a）和例（1b）中的"棋"一个为具体名词，一个为抽象名词。但是，（1b）中的"棋"往往只能、也必须与"下""走"等有限的动词共现，（1a）中的"棋"不受此限。所以，"你的棋"中"你"和"棋"的语义关系至少有两种。第一种是所有关系，即"你"和"棋"之间具有领属关系，不管这种领属关系是现存的，还是将现的。例如：

（2）客家，你的那副棋还没有做好呢？

（3）你的棋是什么牌子的，有我这棋好吗？

第二种，"你"和"棋"，相对于句中动词"下"来说，是施受关系。在下棋这种活动中，"你"是施事，"棋"是受事。区分"你的棋"中"你"和"棋"的这两种关系的方法是加量词。第一种关系的解读可以插入名量词"副""颗"，说成"这副棋""这颗棋"；第二种关系的解读则要加插过程量词"局""步"，说成"这局棋""这步棋"。但不能给第一种解读加插过程量词，给第二种解读加插名量词。这样，（1a）、（1b）在加插量词方面形成了如下对立：

（4）a. 你的这副棋借给我们用一下，可以吗？ /你的那颗棋掉到地上了。

　　b. *你的这局棋借给我们用一下，可以吗？ / *你的那步棋掉地上了。

（5）a. 你的这局棋下得不错。/你的这步棋走得不错。

　　b. *你的这副棋下得不错。/? 你的这颗棋走得不错。

因此，是否只与特定的动词共现或是否只能加插过程量词实际上就是区分"X 的 Y"逻辑多义的一种手段。汉语中类似的名词逻辑多义现象很多。再如：

(6) 他的笑话说也说不完。

　　a.他编的笑话说也说不完。

　　b.他讲的笑话说也说不完。

　　c.关于他的笑话说也说不完。

那么，为什么"我的棋""你的书"会有这种多义，而"我的理想""同学的爸爸""他的心脏"等就不大可能有这种多义？语境因素又是如何调控这些多义解读的消解的？

1.3　动词的逻辑多义问题

汉语中，有些动词在语境中常表现出"制作(make)～使状态改变(cause to change state)"的逻辑多义。例如：

(7) a.他在忙着烤面包呢！　　b.他在忙着烤土豆呢！

(8) a.她炸了几块油饼吃了。b.她炸了一个鸡蛋吃了。

似乎例(7a)、(8a)中的"烤""炸"有"制作"的意义，而(7b)、(8b)中的"烤""炸"却只有"使……变热、使改变状态"义。这种意义差别的形成原因是什么？能否据此把"烤"分成同音的两个词呢？

与此相关的是，朱德熙先生(1979,1999[1985]:81—82)提到的一个现象。朱先生认为，例(9a)成立而(9b)不成立，是因为前者句中"写"含有给予义，而后者句中"写"不含有给予义。

(9) a.我写给他一封信。　　b.? 我写给他一副春联。

据此，朱先生把"写"分成"写₁""写₂"。但是，我们实在看不出"写信"的"写"与"写对联"的"写"表示的概念有什么不同。那么，是什么因素使表示同样动作概念的"写"在(9)中呈现不同的句法表现的呢？

对上述问题,本文拟运用生成词库理论的物性结构说来做出回答。

二　来自生成词库论的解释

生成词库论(generative lexicon theory,详见 Pustejovsky 1995)主张为了揭示词汇的生成性,要对词义做比传统更丰富的语义描写和语义操作。语义描写涉及语义结构系统,语义操作涉及语义运作系统。前者包括论元结构(argument structure,AS)、物性结构(qualia structure,QS)、事件结构(event structure,ES)、词汇承继结构(lexical inheritance,LI)等描写平面;后者包括类型逼迫(type coercion,TC)、类型抽吸(type pumping,TP)、类型转换(type shift,TS)、选择约束(selective binding,SB)、共组(co-composition,CO)等机制。在词义诉诸句法表现时涉及语义向句法的投射,投射过程中遵守核心性原则。与本文关系最大的是物性结构。下面做一下简介。

物性结构是事物的性质结构。它从形式角色(Formal role,FORMAL)、构成角色(Constitutive role,CONST)、功用角色(Telic role,TELIC)和施成角色(Agentive Role,AGENT)四个方面反映物体的性质。形式角色负责把物体与周围事物区别开来。包括物体的方位、数量、形状、维度、颜色等。比如,报纸在形式上表现为承载一定信息(information,info)的纸张,即一种物体(physical object,phys)。因此,"报纸"的形式角色是个物结(dot object),结合了信息和物体两个概念,可以用 info·phys 来表示。在具体语境中被抽吸出 info 或 phys,或两者兼而有之,这叫"类型抽吸"。构成角色不仅说明物体与其构成成分或组成部分之间的关系,即物体是由什么物质(mass)构成的、有哪些部分组成的,还说明物体在更大的范围内是哪些物体的组成部分。比如,"房子"的构成角色为砖头等建筑材料,说明房子是由砖头等物质构成的。又如,"三条腿的桌子"的构成角色就是"三条腿",说明桌子的组成部分之一是三条桌腿。所以,"房子""三条腿的桌子"的构成角色分别可以写成:CONST＝mass,CONST＝physob。功用角色说明物体的功能或用途、施事执行某种行为的目的或某种特定活动的固有功能。比如,"书"的功用角色是供阅读,"打印员"的功用角色是打印文件。施成角色说明物体或某身份的形成或产生。比如,"书"的施成角色是作者写作;"乘客"的施成角色是乘交通工具等,因为是乘交通工具使某人成为乘客。

2.1 对名词的逻辑多义问题的解释

有了生成词库理论的烛照,我们可以发现,造成"X 的 Y"逻辑多义的根本原因是 X 可以作为 Y 的形式角色、构成角色、功用角色和施成角色。如果这四个角色中的任何两个或多个在语境中得到的凸显度相等,或者形式角色是物结,其中的两个子概念得到相同的凸显,造成侧面叠置,就可能导致逻辑多义现象。当然,更多的时候是这四个角色中的某一个在语境中被相关因素所凸显,而其它角色被抑制。例如:

(10) 读者兜里的钱是有数的,买了别的书商的书,就没钱来买我的书,所以要灭掉别人。(王小波《我的精神家园》)

(11) 有些刘邦的书把刘邦写成了个贵族公子。

(12) 弟弟又撕坏了我的书。

(13) 我看我的书,他唱他的歌,我们谁也不惹谁。

(14) 他说:"运动毁掉了我的文学书稿,台湾又不肯出我的书,我只好到香港重新再版。"(石长胜《听沈从文讲课》)

例(10)中"别的书商""买"的调控使得书的形式角色中 phys 侧面——[成本的著作]——被抽吸出来,加以凸显。所以"我的书"倾向于理解为"我拥有的书"。"书"这个概念凸显的义面(semantic facet)是一种人造物(artifact)。"我拥有的书"表示"我"是这个人造物的拥有者;例(11)中"把刘邦写成了个贵族公子"的调控,使得书的形式角色中 info 侧面——[承载信息的纸张装订在一起形成的物体]——被抽吸出来,加以凸显。所以,"刘邦的书"被理解为"关于刘邦的书"。少了或改变了 info 或 phys 中的任何一个,表示的就不再是"书"这个概念了。比如,少了 info,则成了本子。改变了 phys,失去[＋纸张]、[＋成本的]特征,则成了光盘等;例(12)中"撕坏"的调控使得书的构成角色——[书是由承载信息的纸装订成的]——得以凸显。这样,"撕坏了我的书"中的"我的书"倾向于理解为"我的书页"。"书"这个概念凸显的是其组成部分——纸张;例(13)中"看"的调控,使得书的功用角色——[供阅读]——被凸显。这样,其中的"我的书"就倾向于理解为"我阅读的书";例(14)中"书稿""出"和"再版"的调控使得书的施成角色——[书是由作者写出,经出版社出版的成本的著作]——得以凸显。所以,例(14)中的"我的书"倾向于理解为"我写的书"。因此,只要把"书"的物性结构描写全面了,就可以参照语境中的调控因素,再查阅"书"的物性结构描写集来理解"X 的书"在具体语境中到底作何解读。所以,"书"的释义要尽可能照顾到它的物性结构的方方面面。可以这么描写:

形式角色:FORMAL＝x・y　[x＝info;y＝artifact]

构成角色:CONST＝hold(y,z) [z＝a piece of paper]

功用角色:TELIC＝read(e,v,y,z)[v＝reader]

施成角色:AGENT＝write(e',w,y,z)[w＝writer]

同样,如果词典只是简单地把"戏"解释为"戏剧"就不利于说明

"X 的戏"在语境中 X 与"戏"之间的复杂的语义关系。如：

> (15) 哎呀,我的那部戏要泡汤了! 可惜了一张十块钱的戏票了。

> (16) "怎么我的那部戏又要泡汤?"巩俐生气地质问张艺谋,"到底被谁抢去了?"

> (17) 这几年因拍片任务重,而且主席的戏都<u>在穷山沟拍</u>,又苦又累,还因拍<u>不同时期的主席</u>要求不同的体形,催肥、减肥的事常有,节假日回不了家是家常便饭。(殷金娣《众说纷纭的明星出场价》)

例(15)中,语境中的"十块钱""戏票"等要素的调控使得戏的功用角色得以凸显。所以,"我的那部戏"理解为"我要看的那部戏",因为生活常识告诉我们只有看戏才买戏票,演戏不可能要买戏票。例(16)中,巩俐和张艺谋一个是著名女演员,一个是著名导演。这种语境因素就使得戏的施成角色被凸显——戏是演员在导演的指导下演出来的。所以,例(17)中的"我的那部戏"倾向于解读为"我要演的那部戏"。例(17)中,主席是国家领导人,显然不可能是演戏的演员,这就排除了"主席的戏"作"主席(要)演的戏"这种解读的可能。另外,"主席的戏"也不可能解读为"主席看的戏",因为主席看的戏很多,不可能"都是在穷山沟拍的"。而且下文"拍不同时期的主席"已经明示了主席是拍的对象,是戏中人物,而不是看戏人。因此,例(17)中"主席的戏"就只能解读为"关于主席的戏"。结合上面的分析,我们对"戏"的物性结构做如下描写:

形式角色:FORMAL＝x・y.[x＝phys;y＝info]

功用角色:TELIC＝watch(e,v,y,z)[v＝watcher]

施成角色:AGENT＝perform(e',w,y,z)[w＝actor]

所以,1.2 中谈到的名词"棋"做具体名词解读还是抽象名词解读,主要取决于语境调控。语境调控的结果凸显形式角色,则作具体解读;凸显功用角色,则作抽象解读。而"你的棋"一般不可能凸显棋的施成角色,从而被解读为"你造的棋",因为这样的语境很难设定。生活常识告诉我们,世界上专门制造戏剧、电影的人有专名——"演员、导演、制片人、剧作家"等,但是专门制作棋的人却没有一个专名来指称他们,只有短语"造棋人"。而且,人们在看电影、看戏时,尤其在电影首尾现序幕或戏剧报幕时往往会注意到电影或戏剧的主要演员、电影的导演、制片人、戏剧的剧作家等。然而,在下棋时,却很少有人去注意象棋、军棋、围棋等的制造厂商,更不用说去关注一下是哪个人造的这副棋。所以,"棋"的施成角色在语境中很难得到凸显。当然,也并非不可能。例如:

(18)"你的棋造的不错嘛!"厂长拍着棋工小王的肩膀称赞道。

例(18)中"棋"的施成角色硬是被"厂长""棋工"逼出来的。这样的例子在真实文本中并不多见。

综上所述,"X 的 Y"结构中名词 Y 逻辑多义的产生条件是 Y 的物性结构中多个角色在语境中得到同样的凸显或形式角色是物结,其子概念得到同等凸显。而这些角色中最容易凸显的是功用角色和施成角色。现在我们可以回答上文提到的为什么"同学的爸爸""他的心脏"一般没有逻辑多义了。因为它们的中心语指称的都是自然物,所以,没有功用角色、施成角色,也难以分析出其构成角色。故只有形式角色常得到凸显。自然不会产生逻辑多义。

2.2 GLT 对汉语动词逻辑多义现象的解释

1.3 提到"烤₁面包"和"烤₂土豆"中"烤"的意思似乎有些不同,好像"烤₁"有"制作"义,而"烤₂"只有"使……变热"的意思。那么,究竟有几个"烤"? 其实,只有一个"烤"——通过加热使状态改变。

"烤₁"和"烤₂"这种表面上的差异是由与它们搭配的名词的物性结构的不同决定的。当"烤"的宾语是"土豆"时,"状态改变"的解读直接来源于土豆的物性(土豆指一种自然物,不能通过烧烤的方法制作出来)。然而,当其宾语是"面包"时,情况就不一样了。因为在面包(一种人造食品)的物性中施成角色规定了面包是通过烧烤的方法制成的[AGENTIVE = bake_act(e_1, w, y)]。所以,"烤面包"中解读出"制作"义是通过面包的物性和烤的物性的互组形成的。因此,可以说"烤"的基本意义是"加热(致变)",而"制作"义是在语境中生成的。简言之,"烤"的意义只有一个,但由于烤这一动作面临的对象的物性不一样,才导致"烤"表面上似乎有"烤₁""烤₂"之别。当面临的对象是土豆时,由于烤对土豆的作用只能导致物理变化,使土豆的状态发生变化——从生变熟,从硬变软,但不导致其发生化学变化,内部分子构成没变,没有生成新物质,烤前是土豆,烤后还是土豆。因此,"土豆"就是"烤"的对象宾语,"烤"在语境中就无法呈现出"制作"义;当烤这个动作面临的是发酵过的面粉时,由于烤对它的作用会导致化学变化——使面粉的分子结构发生变化,生成新物质——面包。所以,"面包"就是"烤"的结果宾语,"烤"也似乎带上了"制作"义。综上所述,"烤"只表示一个动作,"制作"义是语境生成的,与"烤"本身无关。所以,无所谓"烤₁""烤₂"。语言中还有很多类似的由于与动词搭配的名词表示的事物具有不同物性使得人们误以为动词的词义不同的情况。例如,符淮青(2004:198)运用德国学者 L. Lipka"滋生特征论"证明"看书/画"中"看"的"理解并欣赏其内容"义、"看电影"中"看"的"听到声音"等意义都是语境滋生的。它们是补充的、非固有的。应该合为一个"看",就是"用眼睛注意物体并感受物体"。

　　现在,我们就可以解释朱先生提到的那种现象了。上文例(9a)成立、(9b)不能成立并不是因为(9b)中"写"有没有给予义,而是因为其中介词"给"表示的抽象的给予意义没有被具体化。(9a)中"给"被具体化了,因为例中"信"有个形式角色——被［通过邮局、网络等］寄送给对方的承载有一定信息的文本。"信"中含有的"寄送"使得(9a)中的给予意义被具体化,即通过寄送的方式给予。而"对联"的形式角色中则不含有"寄送"这样的语义元素。使得(9b)中介词"给"表示的给予义无法被具体化,句子就显得别扭。当然,如果把句中的"写"删除,句子又合格了。因为这时"给"是个动词,本身就表示具体的给予动作,而不是像介词"给"表示的是抽象的给予意义。那么,为什么说动词"给"表示的是具体的给予动作,而介词"给"表示的是抽象的给予意义呢?因为动词后可以有很多时体标记,使抽象的动作具体化为某次事件中的动作,而介词后不可能有时体标记。总之,例(9a)、(9b)的不同是与同一个"写"搭配的宾语名词的物性不同造成的,与"写"本身无关。这种不同本质上是"±转移",而不是"±给予"之间的差别?"给予"是从"给"获得的,而"转移"从宾语名词才能获得。所以,例(9b),朱先生给打了个问号,说明它有时可以成立。比如,把这个句子理解为"我替他写了一副对联"的意思,句子就毫无问题。这种"±转移"的差异体现在下面两个句子的对立上:

(19) 你写一封信,寄到社科院语言所。→你写一封信到社科院语言所。

(20) 你写一副对联,贴到门上。→？你写一副对联到门上。

因为"信"能激活"转移"义,而"对联"不能。所以,例(19)中转换可以成立,而例(20)中转换不能成立。朱德熙先生(1979)虽然意识到"写"与"信"组合时跟"写"与"春联"组合时会产生不同的语境意义,前者有"给予"义,后者无"给予"义,但进一步将整个结构中浮现出的"给予"义归为"写"的词义,说"写信"中的"写"有而"写春联"中的"写"没有"给予"义,则似乎欠妥。

参考文献

符淮青　2004　《词典学词汇学语义学文集》,北京:商务印书馆。

郭　锐　2002　《现代汉语词类研究》,北京:商务印书馆。

朱德熙　1979　与动词"给"相关的句法问题,《方言》第 2 期。

朱德熙　1983　包含动词"给"的特殊句式,《中国语文》第 3 期。

朱德熙　1999［1985］《语法答问》,北京:商务印书馆。

Pustejovsky, J. 1995. *The Generative Lexicon*, Cambridge, MA: MIT Press.

协同组合机制下的动词宾语特性[*]

——以汉语微博语料库中的烘焙动词为例

张瑜芸　谢舒凯

提要　在生成词库理论(GLT)里面,协同组合(co-composition)是其中一种生成机制,用来解释动词多义性行为,书中曾以英语中的烘焙动词为例,来阐述动词与宾语由于物性一致化产生共同指定(co-specify)现象。本文将锁定汉语烘焙动词在中文词汇网路(Chinese Wordnet,CWN)里的前两个词义,探讨其多义性问题。实验运用汉语微博语料库并添加语言学提示及常识知识等特性,搭配 SVM 演算法以期能突显出其中的重要特性。从实验结果发现,即使有不少例子的词义皆包含了"改变状态"之意(*change of state* sense)和"造出"之意(*creation* sense),我们仍然能从其中整理出一个粗略但具系统性的汉语词义区分方法。除此之外,我们更进一步发现,在文本中不同的工具及单位量词的使用,也能帮助区分汉语词义。

关键词　生成词库　协同组合　烘焙动词

---

*　英文原文出处:Yu-Yun Chang and Shu-Kai Hsieh. 2013. Features of verb complements in co-composition:A case study of Chinese verb 'bake' using weibo corpus. In *6th International Conference on Generative Approaches to the Lexicon*。

一 前言

在生成词库理论(Generative Lexicon Theory,GLT)中,协同组合理论探讨了关于动词的逻辑多义性的问题,并阐述在某些动词词义交替上,动词论元会影响该动词在组合上的词义解释。这显示出了字词在上下文中的潜在词义在词义区分(word sense disambiguation,WSD)工作上的难度,例如:为了能引导出一个词义,在非算符元素上需要设定一些语义比重。

首先,本实验以协同组合在 GLT 里面所举的英语代表例子——烘焙动词 bake 为主,来探索是否"改变状态"之意(*change of state sense*)和"造出"之意(*creation sense*)也能透过生成机制在汉语烘焙动词"烤"中被引导出,例如:"烤马铃薯""烤蛋糕"。

本文中,我们采用了英语 WordNet 以及汉语 CWN①来做烘焙动词在词义上面的比较。"改变状态"之意和"造出"之意在英语动词 bake 中,其相对应例子 bake a potato 和 bake a cake 在 WordNet②里面分属不同释义;而在汉语动词"烤"的释义中,例子"烤马铃薯"和"烤蛋糕"皆可被置于第一个释义"接近热源利用热能使食物变熟"下,和第二个释义"接近热源利用热能加热造出食物"下。也就是说在不同文本中,以"烤马铃薯"和"烤蛋糕"为例,两者分属不同英语释义,"烤马铃薯"归于"改变状态"之意,"烤蛋糕"归于"造出"之意;然而在汉语释义下,两者皆可属于同一释义 CWN_sense_1 或 CWN_

---

①   http://lope. linguistics. ntu. edu. tw/cwn/.

②   http://wordnetweb. princeton. edu/perl/webwn.

sense_2，且皆可有"改变状态"之意和"造出"之意。

　　汉语除了"烤马铃薯"和"烤蛋糕"以外，还有很多例子也存在着这样的问题。像是"烤土司"，根据协同组合理论，原只带有"造出"之意，但依照不同情境，"烤土司"不只含有 CWN_sense_1 释义也可有 CWN_sense_2 释义，这就造成了词义转变现象，由"造出"之意转变为"改变状态"之意。另一例子"烤豆腐"，其带有"改变状态"之意，本身却含有"造出"之意的一些特性，但只属于 CWN_sense_2。

　　因此，本论文主要想找出一个粗略但具系统性的方法，区分"改变状态"之意和"造出"之意，以及这些意义和 CWN_sense_1 及 CWN_sense_2 之间的对应关系。实验中利用多种语言学暗示，并以 Leidon 微博语料库①为主，以支持向量机（Support Vector Machine，SVM）计算技术来探讨汉语烘焙动词"烤"。

二　协同组合理论

　　物性结构（Pustejovsky，1995），源自于古希腊亚里士多德，以四种本质面貌（构成性的、形式性的、功用性的和施成性的）描述一个物质的诠释及关系（Moravcsik，1975）。尽管不少语义学模型都同意字本身有简单的指称含意（字典中查得到的解释），但对于词汇组合方法仍抱有许多不同观点。有些形式性的模型认为组合方法即是在指称含意为真的情况下，在逻辑推论下做推算；而在 GLT 的观点中，字本身的指称含意在语义上会做转变（包含类型强迫、选择约束和协

---

①　Leidon 微博语料库的资料撷取自中国最流行的微型部落格平台，新浪微博。此语料库为开放获取，附上其网址：http://lwc.daanvanesch.nl/。

同组合），进而生出新意思。因此，在 GLT 理论下，物性结构的应用将会更好地呈现出一个字的意思。

Pustejovsky（1995）提到，在物性结构的四个层次内，一个词项的施成特征含有一个物体如何指涉到某事物，以及解释其如何从一个自然物转变为人造物。因而，这将会是用来评断自然物（例如：马铃薯、红萝卜等）和人造物（例如：饼干、蛋糕、面包等）之间不同的重要方法依据。

此外，当一个词项为名词时，其施成角色会被表示成事件谓语。例如：英语的 potato 和 cake 的施成角色在 bake a potato 和 bake a cake 的例子中皆为事件谓语；并且 bake 在上述例子中是多义的，带有两个意思："改变状态"之意和"造出"之意（Atkins、Kegl and Levin，1988）。由于有不少这种逻辑多义的例子，Pustejovsky（1995）介绍了协同组合理论（原本命名为共同规范（co-specification）（Pustejovsky，1991））来捕捉字的意义。

在协同组合的见解下，英语动词 bake 本身其实并不是多义的，而是动词后面的宾语不只透过施成特征，也经由构成角色衍生其他意思。这现象也可从 Pustejovsky（1995）的例子（51）里面发现：不只是施成特征，构成特征也对烘焙动词有着重要性的影响。换句话说，如果宾语构成特征内的预设论元为物质个体，则其从施成角色可衍生出"改变状态"之意。反之，如果宾语构成特征内的预设论元为一个不可数的个体成分集合，则施成角色会产生"造出"之意。

所以英语动词 bake 本身就是一个事件类型，但带有两种论元，而 bake 语义的选择是由宾语来决定的。potato 是一个自然个体，词义转变过程中只包含了状态的改变，并无任何其他转变情形，故 bake a potato 例子中含有"改变状态"之意；然而，在 bake a cake 的例子里面，cake 是一个从不可数的个体成分集合中创造出来的人造物，其本身的事件类型发生转变，所以拥有"造出"之意。因而，这类宾语的事件类型转变情形才是导致英语动词 bake 成为多义的主要原因，而非动词本身为多义。

Pustejovsky(1995)提出的 VP 协同组合操作机制包含以下几个步骤：

- 管辖动词会影响宾语
- 宾语会共同规范动词
- 当动词和其宾语的施成角色吻合，且其宾语的形式特征和整体 VP 的形式特征也相符合时，该动词的新词义就会从这种所谓的物性一致性机制中产生出。

由于在协同组合过程中，新词义会因为管辖动词和其所接宾语之间的互动而被激发出来，所以对于宾语论旨角色所造成的影响也值得讨论。如同许多学者提及（Gentner，1981；Jackendoff，1987；Tanenhaus、Carlson and Trueswell，1989），论旨角色是构成动词词义的一部分，且可被理解为一个动词的概念组成，即是动词本身和整体事件的关系连结。虽然已有众多语言学家对于论旨分类有不同看法，但其中可整理出六种典型论旨角色：施事者、受事者、客体、终点、工具与方位（Cook，1979；Fillmore，1968）。

本文中将以协同组合理论为依据，针对汉语烘焙动词"烤"，讨论其与宾语之间在文本中的互动，并且也会将工具（其中一个论旨角色）因素的影响一并纳入探究。本研究主要以实证方法来找出影响汉语动词"烤"在选择"改变状态"之意和"造出"之意时的决定性语言学特征。本实验以语料库为主，并以机器学习方法做语料分析。

三 以微博语料库为本的语料分析

3.1 语料搜集

随着新浪微博成为最流行的汉语社交网络部落格平台,近期语料相关研究大多数采用微博作为语料库,以期能够对于最新的语言使用进行探索。由于微博语料库有着开放且方便取得大量语料的好处,让学者在语言学提示研究上能够找出与现况语料最相符合的特征。因此在这篇文章中,我们将采用线上开放的 Leiden 微博语料库(van Esch,2012),并配合 R 软体的使用(拥有语料处理的高效性、统计模组使用的方便性与强大的绘图功能),将其中含有汉语动词"烤"的 9688 篇已断词的文章撷取出来作为实验用语料。

3.2 宾语、语言学特征与常识知识

在撷取出来的"烤"微博语料里面,随机取样了 53 个作为动词宾语的名词,且根据其在动词上所扮演的宾语角色用人工标记成"改变状态"之意或是"造出"之意。最后,将 41 个以人工标记成"改变状态"之意及 12 个以人工标记成"造出"之意的名词当成计算 SVM 方法目标资料。由于宾语会触发 VP 在"改变状态"之意和"造出"之意之间做选择,故推断宾语本身应有某些隐含的讯息(包含语言学暗示与常识知识)引导宾语选择出一个适合 VP 的词义。因此搭配 SVM 方法的使用及相关的隐藏宾语讯息,我们应可粗略地找出影响选择其中一种词义("改变状态"之意或"造出"之意)的可能因素。此外,经由 SVM 分析出来的结果,我们将可进一步发现决定 CWN_sense_1 和 CWN_sense_2 区别的重要隐藏讯息为何。

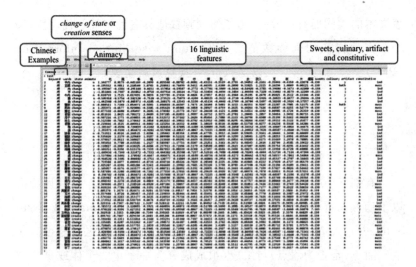

图 1：使用于 SVM 训练方法的资料表格（包含宾语及其相关特征）

　　图 1 为宾语的各种标记特征表格，并尽可能地包含相关的语言学暗示及常识知识，以帮助训练 SVM 方法决定"改变状态"之意或是"造出"之意。

　　在资料表格里面共包含了 16 个语言学特征及 5 个常识特征。其中 16 个语言学特征可分为两大类：搭配词与分类词。由于搭配词一直以来在计算语言学中常被用来呈现其与字之间的关系，故我们将之应用于实验中。以随机挑出的 53 个名词为主，自动抽取其前后三个字词的搭配词并以 Gries(2009) 提及的第一种方法作为运算方法。再者，GLT 理论发现一个动词的词义会受到后面所接的名词影响，因而本研究中分析这些宾语的动词搭配词，并选择了拥有最高词频的 9 个动词搭配词，企图探究 9 个动词之间是否有共同特性。另外，鉴于先前关于分类词的研究，分类词是名词的重要特征之一，因而也可以被广泛运用于分类器里面帮助分析，故本实验也将与宾语常搭配且拥有最高词频的 7 个分类词纳入考量。由于词频数值会随

着文本的不同而有所改变,为了使词频数值具有稳定性及代表性,16
个语言学特征的词频数值皆采用 Point-wise Mutual Information
(PMI)公式(1)并再一次以 Z-score[①] 换算过后呈现。

$$PMI = \frac{P(X,Y)}{P(X) * P(Y)} \quad (1)$$

有别于 16 个从资料自动抽取出来的语言学特征,5 个常识特征
以手动方式新增并做标记,包含有生性或无生性(animacy 或是 in-
animacy)、人造物(人造物或是自然物)、烹饪性(食用之前是否需烹
煮)、甜点(是否为甜点)与组成(组成成分为一个单一个体或是个体
集合)。

3.3   语料训练与测试

本研究为了能够从 21 个特征与 53 个名词的互动中,应用 SVM
方法找出哪些特征能够提供给宾语足够的资讯,来使动词选择一个
"改变状态"之意或"造出"之意,并更进而区分出 CWN_sense_1 及
CWN_sense_2 之间的词义差别。因此,表格中的特征资料以随机取
样方式分成两大类:第一大类为训练模组,包含了 70% 的特征资
料;第二大类为测试模组,包括 30% 的特征资料。此外,由 SVM 方
法所产出的结果皆会再以 F-score 换算,如公式(2),数值范围为 0
(最差)到 1(最好)。

$$F = 2 * \frac{precision * recall}{precision + recall} \quad (2)$$

---

① 经过 Z-score 换算之后,将会根据原资料给不同比重,故资料数值会有正负值。

四　资料分析

本实验透过 SVM 方法算出的 F-score 数值为 0.67。虽然说结果显示只有 67% 的机率能够帮动词"烤"自动选出正确的"改变状态"之意或"造出"之意，当进一步去看特征表格资料时，我们发现 5 个手动标记的常识知识特征对于"改变状态"之意和"造出"之意有不一致性，并会影响着 CWN_sense_1 和 CWN_sense_2 的词义判准。

• 有生性或无生性——虽然大部分无生性的宾语会被标记为"造出"之意，但仍有部分会被标记成"改变状态"之意。

• 甜点——虽然大部分为非甜点的宾语会被标记成"改变状态"之意，但仍有部分标记为"造出"之意。

• 烹饪性——大部分宾语如有特质为食用前不需烹煮，则会标记为"造出"之意，但仍有部分为"改变状态"之意。

• 人造物和组成——从特征表格中发现，人造物与组成特征的标记有一致性。结果标记一致性的原因推测为，当一个物件为人造物时，其组成成分即为个体集合；反之，如一个物件为自然物，其组成成分变为单一个体。此外，也发现大部分宾语特征为人造物且组成成分为个体集合时，会被标记成拥有"造出"之意；但仍有部分会被标记成"改变状态"之意。

从上述特征中，可以看出虽然有些宾语带有"造出"之意的特质，但实质上却是带有"改变状态"之意。这些特征看似难以加以整理，但仍能从其中整合出一个典型带有"造出"之意的宾语所需具备的特色：无生性、一种甜点、食用前不需要烹煮、人造物以及组成成分为个体集合。

如同 GLT 所提到的，在组成特征里面讨论材料组成的不同（单一个体或个体集合）能够帮助确认一个 VP 的词义。因此从 Pustejovsky（1995）里面的例句，我们可以发现，当组成特征为单一个体时，则会带有"改变状态"之意；当组成特征为个体集合时，则拥有"造出"之意。然而在汉语里，可发现有些例句即使呈现"改变状态"之意，但其组成特征却是个体集合。在下面的章节将会列举更多例句，来描述如何从"改变状态"之意及"造出"之意，区分出 CWN_sense_1 和 CWN_sense_2。图 2 为词义区分流程图。

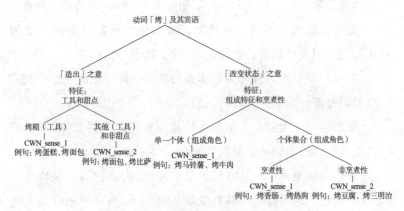

图 2：在"改变状态"之意和"造出"之意下区分
CWN_sense_1 和 CWN_sense_2 之流程图

4.1 "改变状态"之意

4.1.1 组成角色：单一个体

套用组成特征理念，当汉语例子的组成特征为单一个体时，即可判定其词义为 CWN_sense_1。这些含有状态变化为由生变熟的汉语例子，可粗略分成三大类：肉类（烤牛肉和烤羊肉）、海鲜类（烤鱼和烤龙虾）以及蔬菜类（烤马铃薯和烤香菇）。

4.1.2 组成角色：个体集合

在选取出来的资料里面，含有"改变状态"之意但其组成角色为个体集合的例子有：烤豆腐、烤香肠、烤面筋、烤热狗、烤酒、烤春卷、烤包子和烤三明治。

基本上，大部分的上述例子皆可判别其词义为 CWN_sense_2（状态改变由冷变热），但有些例子不只可判断为 CWN_sense_2 也可以是 CWN_sense_1，例如：烤香肠和烤热狗。

下面例句（3）以烤香肠为例做阐述：

（3）回家高速路上的休息站开始卖烤香肠和烤肉丸了。

从例句（3）我们发现，即使香肠的组成角色为集合个体（由很多不同单一个体材料所组成），其词义却是 CWN_sense_1 而非 CWN_sense_2。像是这类例子的区分方法，可加入其中一项手动标记的特征帮忙做更进一步的辨别：食用前是否需要烹煮。也就是，当这类例子如果是需烹煮之后才能食用，即词义即为 CWN_sense_1；反之，如这些例子拥有食用前不需烹煮的特征，则词义为 CWN_sense_2。因此，例子（3）中的烤香肠带有需烹煮才能食用的特征，故其词义为 CWN_sense_1。

4.2 "造出"之意

4.2.1 工具使用：烤箱

在收集到的汉语例子里面，带有"造出"之意的有：烤蛋糕、烤饼干、烤糕饼、烤甜甜圈、烤蛋卷、烤酥饼、烤布丁、烤面包、烤烧饼、烤土司、烤馕和烤比萨。这些例子皆有 CWN_sense_1 词义，且其使用工具皆为烤箱。

以下描述将以烤蛋糕为例：

（4）没注意看烤箱，蛋糕烤过了头。

如例句（4）中所呈现的，当例子含有"造出"之意时，常使用工具为烤箱。也因此当动词烤的例子带有"造出"之意时，使用工具烤箱即变成了一个预设的共有知识。例如在烤蛋糕的例子当中,通常最常使用烤箱来烤蛋糕的人会是烘焙师父,而不是其他人。因而,使用烤箱来烤蛋糕的典型印象即会深植进入脑中,成为一个预设的背景知识。换言之,即使在文本中并未出现工具烤箱,在烤蛋糕的例子当中,仍会带有其预设的使用工具——烤箱,所以其词义仍会是CWN_sense_1,如例句(5)展现的。

　　(5) 我们的家庭生活! 周末烤蛋糕喽。

　　但从搜集到的汉语例子中,仍可发现有些例子的使用工具不只局限于烤箱,也会发现使用工具可以是烤吐司机、烤架等。像是这类例子带有"改变状态"之意且其词义为 CWN_sense_2 的,我们将会在第 4.2.2 的章节里有更多的讨论。

　　总的来说,如果烤箱为唯一使用工具,则其为"造出"之意的经典例子,从语料里面得到,这类例子如下:烤蛋糕、烤饼干、烤糕饼、烤甜甜圈、烤蛋卷、烤酥饼和烤布丁。另外,可以由这些例子更进一步发现,还有一项手动标记特征是他们所共享的:皆为甜点。也就是说,当一个例子含有"造出"之意,加上其本身为一种甜点且甜点制成的使用工具为烤箱,则可以判定词义为 CWN_sense_1。

4.2.2 工具使用:其他

　　从语料里面发现,有些"造出"之意的例子如果本身为非甜点类,则在不同的文本情况下,会转换为"改变状态"之意并且词义为CWN_sense_2,诸如:烤面包、烤烧饼、烤吐司、烤馕以及烤比萨。

　　下面将以烤面包为例:

　　(6) 眼看烤箱里的羊角面包。

　　(7) 转载我用东菱面包机烤面包的配方与步骤。

　　如上例句(6)和(7)所呈现的,面包的工具使用可以是烤箱或是面包机。例句(6)里面的烤面包词义维持不变,一样为"造出"之意且特征为使用烤箱为工具;而例句(7)里面的工具使用已经为非烤箱类(这里转变为面包机),且词义也转移为"改变状态"之意。深入探究后,可发现造成词义由"造出"之意改变为"改变状态"之意的原因为,面包机的主要功能为将面包烤热(状态由冷变热),而非如同烤箱功能为将面包烤熟。

此外,本研究也发现,判断词义由原本的"造出"之意转变为"改变状态"之意的线索不只可由使用工具(烤箱或是非烤箱)做区分,更可藉由分类词在语言学上的特征。

(8) 早餐吃了两片烤吐司。

(9) 他烤 了一 条牛奶吐司。

由上面例句(8)和(9)可知,即使例句里面并未出现任何工具使用,但不同的分类词使用已经将例句(8)判定为"改变状态"之意,而例句(9)为"造出"之意。在例句(8)当中,分类词"片"的使用已经隐含了切片吐司通常会放进面包机里面烤热;而例句(9)的分类词"条",暗示着通常会以烤箱来烤出一整条面包。故词义的区分在"造出"之意下,不只能依据工具使用的不同,也能以分类词的搭配做出区分。

五　总结

在协同组合理论下,本研究动机为以汉语烘焙动词"烤"为例,并以 Leidon 微博语料库为主,搭配 SVM 的计算方法,探讨影响宾语选择"改变状态"之意或是"造出"之意的语言学暗示。

从分析结果中我们发现,动词"烤"的宾语在词义上的选择除了会受到其中两个手动标记的常识知识:甜点和烹煮性的影响之外,也会受到不同工具使用以及组成特征的作用。

在汉语例子里面,动词"烤"的宾语选择"改变状态"之意或"造出"之意,以及带有 CWN_sense_1 或 CWN_sense_2 词义的条件如下:[1]"改变状态"之意:假如宾语的组成角色为单一个体或为食用前需烹煮过的集合个体,则其词义选择为 CWN_sense_1;而当组成角色为集合个体,且该集合个体不需经由烹煮过程方可食用,则词义选择为 CWN_sense_2。[2]"造出"之意:当使用工具为"烤箱"时,则词义判别为 CWN_sense_1;然而当工具的使用不局限于烤箱时,则会选择 CWN_sense_2 的词义。

因此,在"改变状态"之意下,判断词义为 CWN_sense_1 或 CWN_sense_2,可经由其宾语的组成角色和烹饪性的线索进行判准;在"造出"之意下,则可依据其宾语是否为甜点和使用工具的种类做出选择。另外,在句子当中,如果工具的使用并未呈现,则可进一步经由分类词的作用做出词义判断。

从结果中发现,CWN_sense_1 会根据文本的不同而转变为CWN_sense_2。这种情形发生的原因是由于"改变状态"之意在汉语里面包含了两种词义:[1] CWN_sense_1:状态改变由生变熟;[2] CWN_sense_2:状态改变由冷变热。因此大部分的状态改变在汉语里面会由变熟之后根据不同情形再将食物变热。最后,由于本文受到协同组合理论里面探讨英语烘焙动词的启发,我们以此次研究为基石做一个汉语词义消歧的部分前测。未来研究将会扩展此模型,希望能以更多未明示的资讯,例如:运用创造动词和性能动词,探讨其宾语和其他非算符成分之间的协同组合所衍生出的词义。

参考文献

Atkins,B. T. ,J. Kegl and B. Levin. 1988. Anatomy of a Verb Entry:From Linguistic Theory to Lexicographic Practice. *International Journal of Lexicography* 1,84—126.

Cook,W. A. 1979. *Case Grammar：The Development of the Matrix Model (1970V 1978)*. Washington：Georgetown University Press.

Fillmore,C. 1968. *The Case for Case*. eds. E. Bach and R. T. Harms. New York：Holt,Rinehart and Winston.

Gentner,D. 1981. Some Interesting Differences between Nouns and Verbs. *Cognition and Brain Theory* 4,161—78.

Gries,Stefan Th. 2009. *Quantitative Corpus Linguistic with R：A Practical Introduction*. London&Newyourk：Routledge,Taylor&Francis Group.

Jackendoff,R. 1987. The Status of Thematic Relations in Linguistic Theory. *Linguistic Inquiry* 18,369—411.

Moravcsik,J. Michael. 1975. Aitia as Generative Factor in Aristotle's Philosophy. *Dialogue* 14,622—36.

Pustejovsky,James. 1991. The Generative Lexicon. *Computational Linguistics* 17 (4),409—41.

Pustejovsky,James. 1995. *The Generative Lexicon*. Cambridge,MA：The MIT Press.

Tanenhaus,M. K. ,G. N. Carlson,and J. T. Trueswell. 1989. The Role of Thematic Structures in Interpretation and Parsing. *Language and Cognitive Processes* 4,211—34.

Van Esch,Daan. 2012. Leidon Weibo Corpus. http：//lwc. daanvanesch. nl/index. php.

三　词汇语义研究

从两个同级义场代表单字的
搭配异同看语义特征和语义层级 *
——以"锅"和"碗"为例

王洪君

提要　基于聚合上单个最小义场内成员的语义对比而确定义素的分析方法,很难推广到亲属、军衔之外的其他义场,其语言学价值有限。本文尝试对比有低层差异的两个同级实体义场(炊具、盛具)在组合向黏合定中结构中搭配能力的差异(以"锅""碗"为例),确定实体和属性两域的语义层级及彼此之间的关联关系。

关键词　语义层级　语义特征　义素分析法　实体域　属性域

一　对义素分析法的疑惑

将词根义分门别类地放到高低不同的语义层级中,将词根义分析为更小的语义特征(也称"义素"),是半个世纪以来语言学重要的任务,也是至今尚未解决的难点问题。

义素分析法曾被寄予厚望,它用于分析亲属关系、军衔等封闭的

* 原文载于《世界汉语教学与研究》2010 年第 2 期。初稿曾在 2009 年 7 月的语言教学与研究国际学术研讨会暨《语言教学与研究》创刊三十周年庆典大会上宣读。成文后蒙董秀芳、宋作艳提出宝贵意见。

语义场效果不错。但除了这极少数的几个义场，这一分析法却难言成功。比如，得到语义特征的重要方法之一是通过最小义场中成员的对比来确定词的义素。汉语学界常举的一个例子是："穿在脚上的东西"是一最小义场，该义场含"鞋、靴子、袜子"三个成员。对比三个成员的意义可以得出，"鞋"和"靴子"同具［＋着地］特征，而"袜子"为［－着地］；"靴子"和"袜子"同具［＋有鞒］特征，而"鞋"为［－有鞒］（贾彦德，1992:58—59）。

　　面对这样的研究成果不少人都很疑惑。一是，按照这样的分析，需要有多少语义特征？有学者说，语义特征与语音特征性质不同，语义特征的数量相当多（贾彦德，1992:125）。那么，第二个问题是，语言分析真的需要数量如此多的语义特征吗？找出这么多的语义特征对描写语言真有什么好处吗？

二　特征与组合，特征与上级单位的分类

　　我们认为，语义特征与语音特征固然性质不同，但一些大的工作原则却是相同的。这就是，为什么要把单位再分析为更小单位，怎样的分析才是有系统价值的，这些对于任何性质的分析都是相同的。

　　分析为更小的单位的好处是可以以少驭多，因为大单位是由小单位按照一定的结构构造出来的。比如世间万物都是一百多种元素按不同的结构组成，而元素又是由原子核（中子、质子）和核外电子组成。

　　只有真正分析出了有系统价值的小单位，才可以更好地对上级单位进行分类，可以更简明地说明上级单位在整个系统中的活动模式。比如世界万物形态各异，我们也可以按照大小、颜色、形状、轻重、干湿、软硬来分类，但唯有按照其构成的最小化学单位——元

素——进行分类，才能正确预测不同物质在特定条件下会发生什么样的分解或化合。同样，只有把元素分析为电子、质子、中子等更小的单位，找出元素的原子结构成分和结构方式，才能更好地说明各种元素化学性质的成组性(元素周期表)和预测新元素。

任何事物都有多方面的属性，按照一定的自然属性都可以对事物进行分类。比如对于一个班的学生可以按照性别、身高、体重、视力、当前学习成绩、入学成绩、居家的远近等众多不同的特征进行分类。好的分类取决于与分类的目的是否密切相关。比如安排上课时的座位需要考虑性别、身高、视力等而不需要考虑体重、居家远近。对于语言学来说，是否要把某个层面的最小单位分析为更小的特征，采用什么样的属性作为该级单位的特征，取决于是否能够更深层次地揭示语言的系统性，是否能够使语言描写更加简明。

音位可以按照声学、发音生理等不同的自然属性来分析为区别特征，从何种角度分析出的特征才具有更高的语言学价值呢？唯一的标准是——能否很好地反映音位在组合搭配中成组活动的能力。区别特征方案从 1952 年的声学特征方案到 1968 年的发音生理的偶分方案再到 80 年代的基于发音生理的特征几何方案，几次改动都是为了更好地反映音位在组合搭配中的成组活动能力(可参考王洪君 1999/2008《汉语非线性音系学》第三章)。也即，把大单位分析为小单位，把音位分析为区别特征，必须有自然属性上的基础(所以区别特征的聚合也称“自然类”)。但特征分析绝不是为了分析而分析，不是为了更琐碎而分析，而是为了以少驭多，为了更简明地说明上级单位的活动模式——上级单位组合时活动方式的成组性。

对照一下义素分析法找到的语义特征。除亲属、军衔等少数义场外，[±着地]、[±有勒]等语义特征对于说明语素在组词造句时成组活动的能力几乎全无价值，在语言学的研究中能够发挥的作用十分有限。因此我们认为，通过最小义场中成员的语义对比而得到的语义特征，并不是具有语言系统价值的语义特征，这样的义素分析方法不足取。

三　好的语义层级体系

语义场和语义特征需要有高低不同的层级，这跟语汇单位组合向的搭配框架有精度上粗细不同的等级是相对应的。比如，主谓、述宾、定中的搭配是大类的搭配框架，有生主语-不及物动词、制造动词-结果宾语等是次类搭配的框架，烹调动词-食物名词是小类搭配的框架，而"烤-白薯"则是具体词汇的搭配，等等。与之对应，语义场和语义特征也就有名物、动貌、属性等高层义场，有生名物、行为、人造物等次级义场，等等。

各种不同学派的语言学理论，即使是专门着重语法形式分析的理论，也都或多或少地引入了语义特征。比如，生成语法自第二期（修正的标准理论）（Chomsky，1965[原著]/1986[中译]）开始，就在词库中增加了[±有生]、[±人]、[±可数]、[±抽象]等特征。这些特征对于限制不合格句的生成发挥了很大作用。越是层级高，语义特征越少，越能跟句法搭配的大框架发生关联，而且层级低的义场又可自动继承高层义场的特征。比如[＋人]必定[＋有生]，这就保证了低层的小类的组合框架仍然蕴含高层的大类的组合框架。

语义场不仅有层级高低的分别，而且还有相互叠交等复杂关联。比如及物动词和不及物动词都可能有内部有动态持续段（如"读"和"睡"）、没有动态持续段（如"知道"和"塌"）的次类（郭锐，1993）；表人名词既可以是具体的，也可以是抽象的。语义特征的重要性在于，通过语义特征的聚合场，可以揭示由层级高低、相互叠交、动名关联等多种关系而构成的词义网络系统。Wordnet、中国知网（董振东、董强，

1999)等著名的语义系统各有不同的理念,但在这一点上是共同的。

宋作艳(2009)较详细地介绍了美国生成词库学(Pustejovsky, 1995)的理论,从中不难看出,该学派的高层语义场结构与造句时的大类组合框架有很好的关联。该理论把词义首先分为自然、人造、合成 3 大类和实体(≈名词)、事件(≈动词)、性质(≈形容词)三大域,类和域彼此叠交。因为,实体域根据概念所指可以分为自然、人造、合成 3 大类,而事件、性质则可以根据与实体的关联也分为同样的三个域。三个域各分 3 大类,就有了 9 个下级类。下面给出以上中译术语的英语原文、相关词例及三个域所大致对应的词类,再给出 3 大类与 3 大域关系的图示(引自宋作艳,2009):

自然类(natual type,如 water,woman,rabbit,tree; die,walk, rain,put,have; red,large,flat);

人造类(artifactual type,如 knife,chair,beer,husband,dancer; cut,sew,donate,spoil; useful,good,effective);

合成类(complex type,如 book①,university; read,perform; rising,frightend)

实体域(entity,≈名词);事件域(event,≈动词);性质域(quality,≈形容词)

此外,实体等域也还有自己特有的语义层级。比如:

---

① book 兼物质实体(具体)和信息(抽象)这两类。

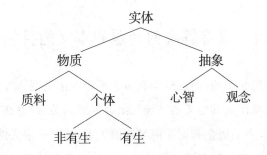

以上是生成词库理论对高层语义场的描述。该理论对低层语义的描写，比如说单个词词义的特征描述，也同样是紧扣词义与组合框架的关联。

比起配价理论，该理论的突出优点在于对名词（实体）同样进行了形式化的动名关联的特征分析，不仅有论元结构的分析，还有"物性结构"（qualia structure）的分析。物性结构主要包括"构成属性"（constitutive quale）、"形式属性"（formal quale）、"终用①属性"（telic quale）、"施成属性"（agentive quale）。构成属性描写一个实体与其组成要素之间的关系，包括它的材料、重量、部件和组成要素。形式属性描写一个实体在更大的认知域内区别于其他对象的属性，包括方位、大小、形状、维度。终用属性描写一个实体与其制作目的和成物后功用的关系，如制作"书"是给人看的。施成属性描写一个实体与其形成或产生的事件的关系，如"书"是通过"写"而产生的。可以看出，这些属性，特别是后两个属性突出了实体与事件的关联。

生成词库理论对于语义特征和语义场层级的描写抓住了词义在组合中的关联，因而语言学的系统价值很高。

---

① telic，宋（2009）的中译是"目的"。该词的本意是"完结"，用来指人造物的制造目的和成物后的功用。为更贴近 telic 的本意，笔者改译为"终用"。

四　有待解决的问题和本文的目标

如上节所介绍的,国内外均有多家不错的语义网络方案,它们都抓住了语义特征及其相关语义场与组合框架的关系,思路是正确的。但是,面对众多的语汇和语汇间复杂的关系,全面的语义网络的建设还远未建设完善。较高层的语义场和实体的语义特征应该说大致有了共识,最下层的一部分词汇也有了较合理的特征矩阵分析。但是,高层和最低层之间的语义层级还问题多多,性质属性是否有层级、如何确定层级也尚未有好的方案。

本文尝试一种新的确定语义特征和语义场层级的方法。作为一种尝试,本文的工作限制在"属性-实体"关系之内的一个很小的范围内。这就是,在相近又有明显差异的两个同级的小义场中各选择一个代表性成员,尽可能地收集它们跟其他成分的最小搭配,同时尽可能地利用已经比较成熟的实体域高层语义层级体系,由此而确定它们语义特征和相关属性特征的异同及其层级关系。

具体来说本文的工作是:1.以"锅"和"碗"这两个单字在两字组和个别使用频率极高的三字组中做后字为条件,全面收集它们分别能跟哪些前字或两字组搭配。2.分析"锅"和"碗"所搭配的前置成分的同与异,参考学界有共识的高层实体域义场,确定属性特征的层级。3.根据"锅""碗"与前置属性的搭配层级,进一步细致讨论实体域的语义层级体系及"锅""碗"的语义类归属。

通过这些考察我们试图揭示:如果我们跳出最小的实体义场,从更宽泛的实体域等级义场去观察;如果我们不但着眼于最小义场内部成员的纯语义的聚合向的对比,也同样重视它们在组合搭配上的对比;就可以发现,不仅实体是分层级的,实体的属性也是分层级的,两个不同域的分层体系通过组合的修饰关系而相互关联。

五　从"锅""碗"与属性的搭配看实体、属性的语义层级

5.1　所用资料来源

本文所用研究实例来自:1.《信息处理用现代汉语分词词表(修订版)》(孙茂松等,2003)中后字为"锅""碗"的所有定中结构两字组和部分高频三字组。2.根据实例1,以内省的方法加以补充,再经互联网验证确定。这样得到的字组并不完全,特别是三字组还只能说是举例性的,但大的搭配类已大致收齐。收集到的字组如下:

大锅、小锅、花锅、紫锅(指紫砂锅)、薄锅、厚锅、扁锅、高锅、套锅、好锅、坏锅、新锅、旧锅、古锅、破锅、洋锅、土锅、粗锅、深锅、浅锅、漏锅、砂锅、陶锅、铁锅、铝锅、铜锅、泥锅、瓦锅、石锅、纸锅、紫砂锅、搪瓷锅、铸铁锅、钢精锅、耳锅、双耳锅、平底锅、夹层锅、复底锅、不粘锅、? 日本锅①、铸锅、空锅、满锅、冷锅、暖锅、热锅、油锅、炒锅、煎锅、蒸锅、炸锅、焖烧锅、蒸煮锅、火锅(兼烹调方式)、汽锅、电锅、高压锅、压力锅、饭锅、奶锅、药锅、面锅(面锅里面煮锅盖)、开水锅、猪食锅、炒菜锅、电饭锅、(电比萨锅、)电炒锅、电煎锅、电火锅、//? 单锅(爆米花机)、? 双锅(爆米花机)、//染锅、(电)锡锅、烧锅、杀菌锅、//白锅(白汤的火锅)、绿锅(有机蔬菜的火锅)、汤锅、酥锅、羊肉汤锅、麻辣锅、鸳鸯锅、罗宋锅、黑锅;

----

① 互联网上查到一例"日本锅",出现在日常对话的实录中。这种说法似乎并不通行。这里及下面的 4 个问号表示拿不准这些例子是否算后字转指。作为爆米花机部件的"锅"和作为宠物饮水器的"碗",只是功用与典型的锅、碗相同或相似,但外形差距很大。

大碗、小碗、黑碗、白碗、紫碗、黄碗、青碗、绿碗、蓝碗、花碗、薄碗、厚碗、扁碗、高碗、套碗、好碗、坏碗、新碗、旧碗、古碗、破碗、洋碗、土碗、粗碗、细碗、深碗、浅碗、海碗、漏碗、瓷碗、泥碗、石碗、铁碗、木碗、金碗、银碗、玉碗、陶碗、纸碗、铜碗、锡碗、白瓷碗、青瓷碗、均瓷碗、象牙碗、玛瑙碗、珐琅碗、玻璃碗、塑料碗、盖碗、高足碗、深腹碗、薄胎碗、青花碗、黄釉碗、双碗(饮水器)、单碗(饮水器)、莲花碗、莲纹碗、蝠纹碗、兽纹碗、(婴戏鸡图碗)、均窑碗、龙泉碗、醴陵碗、邢窑碗、程窑碗、波斯碗、(耀州窑碗)、御制碗、宋碗、明碗、清碗、锡铸碗、空碗、满碗、平碗、饭碗、菜碗、茶碗、酒碗、面碗、水碗、汤碗、粥碗、//?单碗(宠物饮水器)、? 双碗(宠物饮水器)、//冰碗、皮碗。

5.2　从搭配看"锅""碗"属性(前字)的语义层级

"锅""碗"同属"人造器皿"这一层级不高的义场,所以它们共享的搭配前字/字组比较多。下面把这些共享的前置成分也分为高低不同的层级。这其实是参考了它们跟实体域不同层级上其他义场字的搭配能力。比如说,"爱""智"可代表抽象物、心智物,"山""竹"可代表自然物,"水""酒"可代表不可切分物,"人""狗"可代表有生物,"刀"可代表非器皿人造物,等等。属性跟这些高层级实体域成员的搭配能力考察起来相对简单,一般不会有不同的意见,因此下面也就直接列出考察结果,不再说明除"锅""碗"之外所比较的后字。

1) 通用义

收集到的实例中这一类的数量最多,下面按特征与名物搭配的通用性大小为序分列。

实体通用特征:大小

炊具:大锅、小锅

盛具:大碗、小碗

具体物质通用特征:颜色、形状

炊具:花锅、紫锅(指紫砂锅)、薄锅、厚锅、扁锅、高锅

盛具:黑碗、白碗、紫碗、黄碗、青碗、绿碗、蓝碗、花碗、薄碗、厚碗、扁碗、高碗

个体物特征:数量

炊具:套锅

盛具:套碗

抽象物与人造物通用特征(不适用于非人造具体物):好坏、新旧、洋土、质量等

炊具:好锅、坏锅、新锅、旧锅、古锅、破锅、洋锅、土锅、粗锅①

盛具:好碗、坏碗、新碗、旧碗、古碗、破碗、洋碗、土碗、粗碗、细碗

容器特征:深浅等

炊具:深锅、浅锅、漏锅

盛具:深碗、浅碗、海碗、漏碗

人造物特征:质料

炊具:砂锅、陶锅、铁锅、铝锅、铜锅、泥锅、瓦锅、石锅、纸锅、紫砂锅、搪瓷锅、铸铁锅、钢精锅

盛具:瓷碗、泥碗、石碗、铁碗、木碗、金碗、银碗、玉碗、陶碗、纸碗、铜碗、锡碗、白瓷碗、青瓷碗、均瓷碗、象牙碗、玛瑙碗、珐琅碗、玻璃碗、塑料碗

部件特征或特定属性的部件特征:

炊具:耳锅、双耳锅、平底锅、平底锅、夹层锅、复底锅

盛具:盖碗、高足碗、深腹碗、薄胎碗、青花碗、黄釉碗

---

① 这里的"粗"指质量的精度。

特殊属性：

　　炊具：不粘锅

　　盛具：莲花碗、莲纹碗、蝠纹碗、兽纹碗、(婴戏鸡图碗)

产地、品牌、朝代：

　　炊具：? 日本锅

　　盛具：均窑碗、龙泉碗、醴陵碗、邢窑碗、程窑碗、波斯碗、(耀州
　　　　　窑碗)、御制碗、宋碗、明碗、清碗

制造方式：

　　炊具：铸锅、压模锅

　　盛具：锡铸碗、(玻璃铸碗)

临时状态：

　　炊具：空锅、满锅、冷锅、暖锅、热锅、油锅

　　盛具：空碗、满碗、平碗

炊具专用特定功用(下级分类以单斜线隔开)：烹调方式/烹调介质/烹调对象

烹调方式＋对象/烹调介质＋烹调对象/烹调介质＋烹调方式

　　炊具：炒锅、煎锅、蒸锅、炸锅、焖烧锅、蒸煮锅/火锅(兼烹调方
　　　　　式)、汽锅、电锅、高压锅、压力锅/饭锅、奶锅、药锅、面锅
　　　　　(面锅里面煮锅盖)、开水锅、猪食锅、炒菜锅/电饭锅、
　　　　　(电比萨锅)/电炒锅、电煎锅、电火锅

　　盛具：(无)

盛具专用特定功用：盛装对象

　　炊具：(无)

　　盛具：饭碗、菜碗、茶碗、酒碗、面碗、水碗、汤碗、粥碗

2) 后字转指

后字转指跟"锅""碗"形状类似的其他人造物；前字表部件、功

用、质料等,不再细分:

炊具:单锅①(爆米花机)、双锅(爆米花机)、染锅、(电)锡锅、烧锅、杀菌锅

盛具:双碗(宠物饮水器/喂食器)、单碗(宠物饮水器/喂食器)、皮碗(打气筒部件)

3) 整体转指

转指吃食:

炊具:白锅(白汤的火锅)、绿锅(有机蔬菜的火锅)、汤锅、酥锅、麻辣锅、鸳鸯锅、罗宋锅

盛具:冰碗

转指抽象物:

炊具:黑锅

盛具:无

从上面分列的实例可以看出,"锅""碗"所参与的"属性-实体"搭配,其异同大致可以分为三种类型:1. 共享的属性特征一致,共享的具体属性也基本一致。如大小、厚薄、粗细(质量)、好坏、单双、深浅。这些属性的特点一是属于"锅""碗"所共享的实体域高层义场层级的属性,二是属性的下级成员为偶分性的封闭集合。2. 共享的属性特征一致,但对具体属性的选择却有相当大的差异,颜色、部件、产地、质料、制作方式、临时状态等属性属于这一类。比如"锅""碗"都有构成部件,但"锅"有"耳"这个部件,"碗"却没有。这一类属性也用于搭配"锅""碗"所共享的实体域义场层级,但更多的只限于与人造物搭

---

① 典型的"锅""碗"不是隶属于某个更大整体的部件。但通过互联网,我们检索到了"锅""碗"作为部件的三对实例。它们可看作根据"锅""碗"的功用类推到其他物品上的隐喻性用法。

配。为了与第一类区别，姑且称为高中层义场层级的属性吧。另一点区别更为明显，这就是这一类属性的下级成员为多成员的集合，甚至是开放性的集合，而不是偶分型的。3.具体属性的选择完全不同。这就是"锅""碗"的专用特定功能（即"终用属性"）。比如，"锅"的终用属性选择了"烹调方式/烹调对象/烹调介质"三个下级具体属性，而"碗"的终用属性却只选择了"盛装物"一个下级具体属性。"锅"的终用属性的三个下级成员"烹调方式/烹调对象/烹调介质"既可以单独与实体搭配，也可以组合起来与实体搭配。比如"蒸锅"是单选"烹调介质"，"电饭锅/电比萨锅"是复选"烹调介质＋烹调对象"，"电炒锅"是复选"烹调介质＋烹调方式"。"碗"只有"盛装物"一个属性，没有复选的问题。终用属性的个异性极强，具体选择极多，正适合用作低层义场的区别性特征。"锅"和"碗"所分属的不同子义场的差异正是功用属性的差异——前者为"炊"，后者为"盛"。

　　总之，根据搭配，属性可以分为三大类：高层的偶分型普遍属性、高中层的多分型可选属性、低层的终用属性。反过来看，越是普遍性的属性越难用作区分实体事物的区别性属性。所以，个异性最强的终用属性是最常用作实体名词或实体域下层小义场的区别性属性的。

5.3　从搭配看后字"锅""碗"的实体域语义层级

　　上节我们分析了跟"锅""碗"可以搭配的前字和部分字组，从中可以看出属性的不同层级和大类。如前所述，如果反过来进一步考察"锅""碗"所共享的搭配前字跟后字位置上不同层级的其他实体义场代表字（如"爱、智、山、竹、水、酒、人、狗、刀"等）的搭配能力，还可以进一步区分"锅""碗"共享的上级语义场的层级体系。由于这些搭配相对简单，下面只介绍上述思路的考察结果。

已有的研究认为,实体域有两个并行的层级系列,相同的系列中下级义场蕴含上级义场:

实体——物质——个体物——无生物

实体——人造物——用品——器皿——厨房器皿

这两个语义层级是相对独立而又相互关联的,比如人造物既可能是物质物的(比如"锅"),也可能是抽象物的(比如"小说"),既可能是无生的(比如"碗"),也可以是有生的(比如"博士")。

与属性的搭配可以证明区分如上两个实体系列的正确性和必要性。因为,某些属性只跟以上两个实体层级系列中的一个系列的某一个特定层级有固定关联,而放到另一个实体层级体系中就失去了跟某一特定层级的固定关联。比如:

物质——[产地]①

人造物——[评价]、[质料]、[制造方式]、[制作时间]、[制作地点]、[功用]

个体——[有下级部件]

人造物特有的属性特征[评价]、[质料]、[制造方式]等不跟同属一个系列的、同级的"自然物"相搭配,而如果放到"实体——物质/抽象"的系列中,就既可以跟"物质——质料/个体"中的某些小义场搭配、跟另一些小义场不能搭配,也可以跟"抽象——心智/观念"中的某些小义场搭配、跟另一些小义场不能搭配。确定属性所属的实体域系列和层级是十分重要的,因为只有同处一个层级系列的下级义场才能继承上级义场的属性。

---

① 产地与人造物(如"藏刀")、自然物(如"湘竹")、合成物(如"磁州窑碗")都可以联系;与个体物(如"藏刀")和非个体物(如"茅台酒")、有生物(如"华南虎")和无生物(如"湘竹")也都可以联系。

此外，"锅"和"碗"前搭配成分的差异或许也会跟实体义场的层级有关，需要进一步细致分析一下。

"锅"和"碗"前搭配成分的差异主要有如下四种：1.终用属性的差异。2.颜色属性的具体选择差异。作为物质实体，"锅""碗"都有颜色属性。但从搭配看，"锅"的颜色属性很少进入不带"的"的黏合两字组、三字组，这与颜色属性在多定语序列中通常处于外围位置是一致的。比如，受单音颜色字修饰的"白锅""绿锅"，其实都是转指的菜名。"碗"的情况却完全不同，"白碗""绿碗"的的确确是指某种颜色的"碗"。3.作为人造物，"锅""碗"都有制作地、制作年代、品牌等属性。但"锅"的产地、朝代、品牌特征一般不进入黏合两字组、三字组（如不说"韩锅"，而说"韩国的锅"），而"碗"的这些属性却大量进入两字组、三字组，如"均窑碗"，还有本文未收的"磁州窑碗""饶州窑碗""吉州窑碗"，等等。4."锅"的特殊属性较少，我们只收集到了"不粘锅"；而"碗"的特殊属性却非常多，大多是关于碗的图饰的，如"莲纹碗、蝠纹碗、兽纹碗、婴戏鸡图碗"，可以看出，这是一个极为开放的、很特殊的属性集合。

差异 1 在上一节已经有过较详细的分析，它是"锅""碗"所归属的"炊具""盛具"两个小义场的区别性属性的反映。差异 2、3 上一节也有过简单的讨论。虽然具体事物都有颜色属性，人造物都有产地、品牌、制作时间属性；但这些属性都属于多成员或开放性集合，因而不是属性的所有下级成员都能与所属实体义场的所有成员共现。或者说，多成员或开放性属性集合中哪些具体属性可以成为哪些实体的区别性特征，要受到现实世界中属性与实体的实际关联的制约。比如，锅过去一般是黑色的，现在一般是不锈钢或铝的颜色，个异性弱，不足以作为锅的分类特征；而碗，特别是作为古董拍卖的碗，颜色就成了重要的分类特征。锅目前没有著名的产地或品牌；而碗是一种瓷器,中国历史上著名的瓷窑屈指可数,是中国文化重要的组成部分,这样,产地、窑口就成了碗(特别是作为古董拍卖的碗)的分类性区别特征。也即,这些属性与实体的搭配有较大的个体差异,但原因主要在于属性集合的多成员性和开放性。

差异 4,笔者感觉比较独特。"锅"的特殊属性"不粘"与炊具的区别性属性"炊"是密切相关的,而"碗"的"图饰"属性却与盛具的区别性属性"盛"完全没有关联。笔者认为,"图饰"并不是"盛具"的属性,而是艺术品的属性,具有属于第三世界的观念造型上的价值。也就是说,在"自然类/人造类/合成类"的大类区分中,"锅"是单纯的"人造类",而"碗"却似乎是像"书""画"一样属于"合成类"?这是本文写作之前笔者完全没有想过的一个问题,但"属性-实体"的搭配实例却似乎说明了这一点。不过,要确认"碗"属于"合成类",还需要考察述宾等更多类型的搭配,还是留待以后再做结论吧。

六　结语

本文尝试以有低层差异的两个同级实体义场的代表字为例,以两字搭配为基础,探索实体和属性两域的语义层级及彼此之间的关联关系。

根据搭配,我们把属性分为了三大类:高层的偶分型普遍属性、高中层的多分型可选属性和低层的终用属性。

根据搭配,可以证明实体确有两个并行的层级体系:

实体——物质——个体——无生物

实体——人造物——用品——器皿——厨房器皿

根据搭配,还可以确定某些属性只与以上两个实体层级中的某一个层级体系的某一个特定层级有固定关联。比如:

物质——[产地]

人造物——[评价]、[质料]、[功用]、[制造方式]、[制作时间]、[制作地点]

个体——[有下级部件]

总之,从组合搭配着手确定语义特征和语义层级的方法,适用性更广,语言学的价值也更高。从低层级的两个或数个同级义场代表字的搭配差异入手描写语义特征和语义层级,有望补充语义层级模型的中间层级和属性层级体系的许多细节。

参考文献

董振东、董　强　1999　《计算语言学文集》,北京:清华大学出版社。

郭　锐　1993　汉语动词的过程结构,《中国语文》第 6 期。

贾彦德　1992　《汉语语义学》,北京:北京大学出版社。

宋作艳　2009　《现代汉语中的事件强迫现象研究——基于生成词库理论和轻动词假设》,北京大学博士学位论文。

孙茂松、王洪君、董秀芳　2003　《信息处理用现代汉语分词词表(修订版)》,根据国家社科"九五"规划重大项目 97@YY001 结项成果《信息处理用现代汉语分词词表》(孙茂松、王洪君、李行健等)修订,两版均未刊。

王洪君　1999/2008　《汉语非线性音系学:汉语的音系格局与单字音》,北京:北京大学出版社。

Chomsky, N. 1965. *Aspect of the Theory of Syntax*. Cambridge:MIT Press. 中译本《句法理论的若干问题》,黄长著、林书武、沈家煊译,1986,北京:中国社会科学出版社。

Pustejovsky, J. 1995. *The Generative Lexicon*. Cambridge:MIT Press.

名名复合词内部语义关系
多样性的认知理据*

提要 名名复合是汉语中一种重要的构词方式之一,其中以定中结构数量最多。本文以汉语定中结构名名复合词为研究对象,从认知角度讨论在两个名词性成分组合成一个复合结构名词时语义关系呈现多样性的动因。研究表明,构式义对词汇义的压制是定中结构名名复合词内部语义关系多样化的动因;名词具有丰富的本质结构这一概念结构特征是语义压制实现的概念基础;与名词$_1$相关的区域激活是语义压制实现的途径,区域激活要遵循相关度、凸显度、接受度等原则。

关键词 名名复合词 语义压制 本质结构 激活区

引言

在英语、汉语等许多语言中,名名复合词都是多产性的构词方式。根据周荐(2005)的统计,汉语中定中结构复合词约占全部复合

---

* 原文载于《语言教学与研究》2008 年第 6 期。

词的 43％，"名名定中是定中复合词的原型模式，以名词性成分充当定语成分是定中复合词构词的常规选择（董秀芳，2004：130）"。因此，对这类名名复合词的研究对我们认识汉语的构词特点具有重要意义。综观汉语的名名复合词，同一个语素在与不同语素组合时，语义关系复杂多变。例如，"猫鱼"是喂猫的鱼，"猫"和"鱼"是目的关系，"猫眼"是猫的眼睛，"猫"和"眼"是所属关系（"猫眼"作为整体，涉及隐喻，指称"门镜"），"猫步"形容人行走的样态像猫走路的样态，"猫"和"人"是比拟关系，相似性是行走的样态。本文以汉语的定中结构双音名名复合词①为研究对象，以汉语和英语名名复合词的已有研究为基础，探讨这类复合词内部语义关系呈现多样性的原因。

一　内部语义关系多样化：名名组合的语义特征

名名复合词是语言研究领域的经典问题。纵观中外对名名复合词的研究可以看出，核心问题是探讨其简单的形式如何能包容复杂的内部语义关系。为了从错综复杂的内部语义关系中发现规律，Lees(1960)、Levi(1978)等从句法角度，Warren(1978)、Downing(1977)等从语义角度，Ryder(1994)、Benczes(2006)等从认知角度，Murphy(1988)、Wisniewski(1991、1993、1996、1997)、Gagne(1993、2002)、Keane (2001)等从心理学角度，Finin(1980)、Rosario(2001)等从语言处理角度对英语的名名复合词展开了全面的研究。

———————————

① 名名复合词除了定中结构外，还有并置结构（如"父母"）、偏义结构（如"国家"）、离心结构（如"国手"）等。

　　对汉语名名复合词的研究主要采取三种视角,一是对其内部语义关系进行分类,旨在用有限的类型概括无限名名组合的可能性,主要代表有廖庶谦(1946)、陆志韦(1951)、林汉达(1953)、孙常叙(1956)、Li(1971)、Packard(2001)等。他们的分类标准虽不同,但都是从语义角度出发,例如,部分-整体关系("笔架")、处所关系("县官")、时间关系("秋风")、比拟关系("鬼脸")。二是计算语言学视角,宋春阳(2005)将研究定位为对"名名组合的逻辑语义分析",通过提取词的抽象类义来把握名词的语义结构,通过内涵特征来解析名词语义。三是对构词理据的认知解释。刘正光(2004)从认知的角度考察了"cover girl""党棍"等名名复合名词,提出了隐喻识解(包括转喻识解)是其概念合成的一种重要机制。朱彦(2004)将汉语的构词看作简单或复合式框架的成分在语言中映射的结果,分析涉及名名复合词。胡爱萍、吴静(2006)以 Ryder 的理论为基础,分析名名复合词的语法、语义和修辞属性。沈家煊(2006)分析了"墙脚"和"的姐"这两类复合词,认为从概念整合的角度看,汉语构词的重要方式是"糅合"和"截搭",前者与隐喻相关,后者与转喻相关。王军(2008)主要讨论了隐喻、转喻、概念整合等认知语言学理论对名名复合词的解释力。

　　以上的研究表明,学者们都关注汉语名名复合词内部语义关系种类繁多的语言事实,由此主要做了两类工作,一类是试图总结出名名复合词涉及内部语义关系的种类,讨论名名复合的规律,另一类是尝试从认知角度解释人的一般认知能力对理解名名复合词的影响。但问题在于,目前还没有形成对于汉语名名复合词内部语义关系一致性的分类标准,也没有解释造成这种内部语义关系多样性的原因,即即使名名复合词涉及这么复杂的内部语义关系,为什么语言使用者可以轻松解读? 这正是本文研究的目的所在。

二　语义压制：内部语义关系
多样化的动因

　　我们讨论的定中结构名名复合词属于向心结构。"向心"和"离心"的概念由 Bloomfield(1933)最早提出来,向心结构涉及中心词的位置问题。不同语言中复合词的中心词位置有别,汉语、英语、德语等语言中的复合词是右中心的,希伯来语等是左中心的,法语等是中心不确定的,武鸣状语、岭南瑶语等一些中国少数民族的语言也是被修饰语在前、修饰语在后的左中心结构。Langacker(1987:291)认为,一个复合结构(composite structure)与其组成结构(component structure)的关系有三种类型,一种情况是成分结构的凸体确定者(profile determinant)就是复合结构的凸体确定者,例如,carrot juice 是一种 juice,也就是我们讨论的向心结构复合词;第二种情况是成分结构同等地决定复合结构的凸体,他们都不是、也不涉及凸体决定者(只有当成分结构不对称平行时,才涉及凸体决定者的问题)。例如,puppy dog 既是 puppy,又是 dog;第三种情况是复合结构不同于成分结构的凸体,此时,成分结构也不为凸体决定者,这类复合词是离心结构的,例如,pickpocket 不是指 pick,也不是指 pocket,而是转指有这种惯常行为的人。在汉语中,当名词$_1$和名词$_2$组合成定中向心结构复合名词(名词$_3$)时,三者的关系具体表现为,名词$_2$是中心成分(因为汉语的复合词是右位中心),决定名词$_3$的所指,具有自主性,名词$_1$是修饰成分,决定名词$_3$凸显的特征,具有相关性。由名词$_1$和名词$_2$构成的名词$_3$是一个依存-自主构式(dependent-autonomous construction)。名词的主要功能是指称,这个构式的构式义是指称一个实体(entity)①。问题在于,名词₁和名词₂原本各指称一个实体,为什么在组合成名词₃时还是指称一个实体,而非两个实体?

这是复合结构的构式义压制成分结构的词汇义的结果②。Panther and Thornburg(1999)在讨论构式义和词汇义的互动关系时分析了涉及这类语义压制(semantic coercion)的现象。例如,以动词开头的祈使句是动作构式(action construction),其构式义是采取某种动作,例如,Wash the dishes! 这类构式中的动词往往都是动作动词,那么,Be ready by 5 p.m. 也是采用相同的构式,为什么这个句子中的动词是状态动词而非动作动词呢? 他们的解释是,这个句子的构式义对词汇义进行压制,压制实现的途径是结果转指动作(RESULT FOR ACTION)的转喻,对 be ready 的理解是,采取某种行为(action),以致达到 Be ready by 5 p.m. 的结果(result)。

对于我们讨论的定中结构名名复合词而言,名词₃指称一个实体的构式义对名词₁和名词₂的词汇义进行压制,压制的结果是名词₂保留其指称功能,(因为汉语的复合词是右中心的结构),名词₁发生由指称向描述(述谓)的功能转变,所以才会出现大多数两个名词性成分组合后保持一个指称对象的现象。例如,"山轿"的指称对象是对名词₂指称对象的保留,而名词₁"山"在这里不再指称"地面上由土、石形成的高耸的部分",而是发挥描述的功能,表示名词₃"轿"使用的

---

① 认知语言学中讨论的实体(entity)不是狭义地指物体(physical object),而是指我们识解的对象,例如,物体、关系、处所、感知、距离等。(参照 Langacker,1991:16)

② 名名复合词涉及的语义压制主要有三种类型,除了本文谈到的构式义对词汇义的压制之外,还有构式义和词汇义双向压制、词汇义对构式义反压制这两种情况,因篇幅有限,将另文论述。

地方、场合,即(旅游时)山上的乘坐用具。从本质上讲,通过名词$_1$的修饰,名词$_3$所指对象是对名词$_2$所指对象某一个特征进行细化(specification)。"山轿"(名词$_3$)作为"轿"(名词$_2$)的一种,与普通的、常见的轿子的区别是,它把椅子绑在杠子上由轿夫抬起而行进,目的是为适应轿夫在"山(名词$_1$)"路上行走。这种特征细化的结果是,出现了只属于复合词的浮现意义(参见 Fauconnier 和 Turner 的概念整合理论)。那么,名词$_1$为什么能发生功能转变呢?

三　概念结构:压制实现的基础

名词具有丰富的概念结构,这是语义压制实现的概念基础。一个名词就涉及与之相关的百科知识集合。不同学者用框架(frame)(Fillmore)、理想化认知模型(ICM)(Lakoff)、域(domain)(Langacker)等界定这个知识集。例如,对"mother"的概念化和理解就涉及出生域(BIRTH)、遗传域(GENETIC)、养育域(NURTURANCE)、婚姻域(MARITAL)、谱系域(GENEALOGICAL)五个不同的 ICM(Lakoff,1987:74)。汉语中由"母"构成的复合词激活的是这几个 ICM 中的一个或几个。例如,"母校"主要激活养育域,"母树"主要激活遗传域,"母带"主要激活谱系域,"母体"主要激活出生域。

同样采取语义的百科知识观,Pustejovsky(1995)用解构的视角分析名词的概念结构。他认为名词具有本质结构(qualia structure),可分解为四种本质角色(qualia roles),即组成的(constitutive)、形式的(formal)、功用的(telic)和施事的(agentive),他们分别包含与名词相关的组成部分(constituent parts)、分类关系(taxonomic relations)、功用(functions)和生成方式(modes of creation)四

方面的信息,即(Pustejovsky,1995:85):

(1) 组成的(CONSTITUTIVE):关于事物和其组成成分的关系,例如,材料、重量、部分和组成成分;

(2) 形式的(FORMAL):词项所指事物从属于哪个更大的域或范畴,例如,方位、大小、形状、维度、颜色、位置;

(3) 功用的(TELIC):事物的用途和功能;

(4) 施事的(AGENTIVE):事物的来源或产生,例如,生产者、人造物、自然物、因果链。

例如,"小说"的本质结构可表示为:

$$
\begin{bmatrix}
小说 \\
QUALIA = \begin{bmatrix} CONST = 叙述性的 \\ FORMAL = 书 \\ TELIC = 阅读 \\ AGENT = 写作 \end{bmatrix}
\end{bmatrix}
$$

Pustejovsky 的"本质结构"概念表明,一个词就是一个关于这个词所指称事物或动作的百科知识集,这一概念对我们分析名词的概念结构具有一定的解释力。例如,根据我们对"花"的理解,"花蕾""花蕊""花瓣""花冠"等复合词涉及的是花的整体-部分关系这一组成角色方面的信息,而"花茶""花环""花圈""花饰"等涉及的是花作为材料这一功用角色方面的信息。

四　区域激活：压制实现的途径

那么,既然名词具有丰富的概念结构,语义压制是怎样实现的?如何决定名名复合词的名词$_1$发生功能转变时凸显的本质角色?

区域激活(zone activation)是语义压制实现的途径,是名词$_1$本质角色凸显的操作方式。"激活区"（active zone）是 Langacker （1987:272）提出的概念，他指出，实体通常有多个侧面，只有部分侧面与某一具体的域互动（interact），凸显的侧面叫激活区。例如，(1) 的激活区是球员的头部，(2)的激活区是球员的腿部，(3)的激活区是球员的面部（眉头）。

(1) The footballer headed the ball.

(2) The footballer kicked the ball.

(3) The footballer frowned at the referee.

名名复合词呈现多样化的内部语义关系，原因在于，以名词丰富的概念结构为基础，我们在创造和理解名名复合词时可以激活（activate）与名词相关的不同区域（zone）。汉语中组成名名复合词的两个名词，尤其是名词$_1$，只是一种符号，是我们激活相关区域的途径。Langacker（1987:292）在谈到复合结构的整体与成分关系时指出，"对复合结构的概念化是一个统一的、完整的过程，包含表达式的完整内容。成分结构仅代表这个内容（content）的有限块（chunks），这些块作为代码（code）从整体分离（dissociate）出来。"

就汉语的名名复合词而言，名词$_1$作为一个参照点（reference point），为我们理解名词$_3$时所需要的与名词$_1$相关的具体目标区域提供心理通道（mental access）。Langacker（2004:2）指出。"语法具有转喻性，在使用一种语言表达式时，语言形式明示的信息本身并不能建立起说话者和听话者理解的具体联系。语言形式只为具有潜能、能够通过某些具体方式联结的成分提供心理通道。"定中名名复合词中名词$_1$意义建构的过程与 Panther 提出的转喻作为意义建构方式的模式具有很大的相似性，如图 1 所示（Panther and Thornburg, 2005:42）。

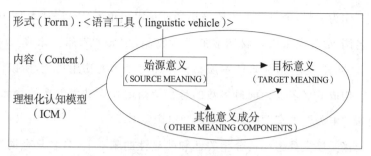

图 1：基本的转喻关系

说明：—— 表示能指和所指的关系；——▶ 表示临近关系；┄┄▶ 表示未被激活的转喻连接

因此，当名词₁出现时，它激活其所指称事物的本质结构中某一个角色。例如，"水鸟"中，"水"激活的是水域作为动物生活场所的功用角色，"水车"中，"水"则激活作为动力的功用角色，"水箱"中，"水"作为生活中一种重要物质，激活的是"水"表种类的形式角色。表 1 显示，因凸显本质结构的不同方面，同一个名词在与不同名词搭配时呈现不同构词模式。

那么，如何决定名词₁激活的是与之相关的哪个区域呢？名词₁微型义的确定要遵循以下三个原则：相关度（relatedness）、凸显度（salience）和接受度（acceptability）。

相关度主要指名词₁所激活的目标区域在与名词₂进行语义搭配时的兼容程度。相关度高的名词₁和名词₂进行组合的可能性才越大。例如，根据我们对"木"的理解，它作为一种材料，不可能像"地"一样具有表空间方位的功能，不能与指称空间方位的名词₂搭配，所以有"地窖""地洞""地秤"，却没有相应的"木 X"，"木"不可能像"水"一样具有表示动力的功能，不能与指称由某种动力启动的事物名词₂搭配，所以有"水车""水枪"，却没有相应的"木 X"。

凸显度主要指名词₁所激活目标区域的本质结构的显著程度。本质结构显著的概念往往更容易与与之兼容的名词₂搭配。例如，

"木"作为材料,最显著的本质结构特征是组成角色,所以与"木"搭配的名词₂常常表示由木材制成的某种物品,例如,"木船""木桌""木琴"。同样,"电"最显著的本质结构是作为动力的功用角色,所以由"电"构成的名名复合词最多数的是表示由电作为动力创造的物品,例如,"电刀""电车""电灯""电炉""电扇"。

接受度主要指在符合相关性和凸显性的基础上,名名复合词符合已有构词模式的程度。名名复合词内部语义关系遵循一定的规律,多产的类型形成一定的结构模式,这些模式已存在于人们头脑中,影响人们对名名复合词的创造和在线理解。Langacker(1987:194)指出,"意义具有非客观性……连贯的心智经历参照先前经历而建构,一个先前已建构的认知范式被激活,作为标准 S(standard),与作为当前经历的目标 T(target)进行比较,以至于 S>T 接近于零,这个比较是认识(recognition),目标被看作标准的一个示例。"例如,由"海"构成的名名复合词多产的模式是"处所/栖息地-事物"和"来源-事物",由此模式分别产生"海狗""海象""海龟""海鱼"和"海菜""海产""海货"等。

表 1：名名复合词内部语义关系分类示例

复合词	名词₁本质结构	名词₁被激活的区域	示	例		
水 X	功用角色₁	动力	水车	水碓	水磨	水碾
	功用角色₂	处所	水鸟	水杉	水稻	水军
	形式角色	种类	水渠	水库	水箱	水井
马 X	组成角色	整体(-部分)	马蹄	马鬃	马掌	
	功用角色	事件	马刀	马灯	马褂	马靴
	形式角色	种类	马厩	马鞭	马鞍	
手 X	组成角色	整体(-部分)	手臂	手掌	手心	手背
	功用角色₁	对象	手链	手炉	手袋	手表
	功用角色₂	方式	手语	手锣	手球	手枪

复合词	名词₁本质结构	名词₁被激活的区域		示　例		
花 X	组成角色	整体(-部分)	花茎	花冠	花瓣	花蕊
	功用角色₁	材料	花茶	花环	花圈	
	功用角色₂	对象	花会	花市	花展	花坛
	形式角色	种类	花纹	花砖	花墙	

　　从表 1 可以看出,以"水""马""手""花"为名词₁构成不同的复合名词时,凸显的名词₁的本质结构有差别,名词₁被激活的区域也不同,这是形成名名复合词多样性内部语义关系的源泉。例如,"马＋X"的构词模式可激活我们对马身体结构的认识,指称其不同身体部位,如"马蹄""马鬃"等;因马具有被乘骑的功能,"马＋X"可激活我们对骑马事件的认识,指称相关的事物,如"马刀""马靴"等;也可激活其作为动物种类的知识,指称相关的事物,如"马厩""马鞭"等。

　　此外,以上汉语构词的特点充分体现出范畴化的认知规律。例如,我们对"车"这个基本范畴的再分类往往以其动力来源为标准,故形成了"火车、电车、汽车、马车"等下位层次范畴,这些词在英语中的表达分别为 train,electric car/tramcar,automobile,carriage。根据我们对"手"的组成部分的分类,形成了"手臂、手掌、手指"等下位层次范畴,这些词在英语中的表达分别为 arm,palm,finger。这种用"X＋基本层次范畴"或"基本层次范畴＋X"表达下位层次范畴概念的方式充分体现了汉语构词以复合为主的特点,这与英语词的以派生为主的构词方式存在较大差异。

五　结语

　　通过本文的研究可以看出,透过错综复杂的内部语义关系类型,我们可以发现汉语向心结构名名复合词的构词规律。同一个名词₁

在与不同的名词₂搭配时,因区域激活涉及的本质结构角色不同,导致在语义压制作用下名名复合词呈现不同的内部语义关系。汉语名名复合词充分体现了概念化、转喻思维等主观性因素在语言理解过程中的重要作用,建构名词₁的概念网络依赖于百科知识的事实彰显了语言能力和人的一般认知能力之间的互动关系。

参考文献

董秀芳　2004　《汉语的词库与词法》,北京大学出版社。

胡爱萍、吴　静　2006　英汉语中 N+N 复合名词的图式解读,《语言教学与研究》第 2 期。

黄　洁　2008　汉英隐转喻名名复合词语义的认知研究,《外语教学》第 4 期。

廖庶谦　1946　《口语文法》,上海读书出版社。

林汉达　1953　名词的连写问题(上),《中国语文》第 5 期。

林汉达　1953　名词的连写问题(下),《中国语文》第 6 期。

刘正光、刘润清　2004　N+N 概念合成名词的认知发生机制,《外国语》第 1 期。

陆志韦　1951　《北京话单音词词汇》,人民出版社。

潘文国、叶步青、韩　洋　2004　《汉语的构词法研究》,华东师范大学出版社。

沈家煊　2006　"糅合"和"截搭",《世界汉语教学》第 4 期。

宋春阳　2005　《面向信息处理的现代汉语"名+名"逻辑语义研究》,学林出版社。

孙常叙　1956　《汉语词汇》,吉林人民出版社。

王　军　2008　英汉复合名词的非语义特征及相关认知阐释,《外国语》第 2 期。

王文斌　2001　汉语并列式合成词的词汇通达,《心理学报》第 2 期。

朱　彦　2004　《汉语复合词语义构词法研究》,北京大学出版社。

周　荐　2005　《汉语词汇结构论》,上海辞书出版社。

Benczes, Réka. 2006. *Creative Compounding in English*. Amsterdam/Philadelphia：John Benjamins Publishing Company.

Bloomfield, L. 1933/2001. *Language*. Beijing：Foreign Language Teaching and Research Press.

Downing, P. 1977. On the creation and use of English compound nouns. *Language*

(53),810—842.

Finin, T. 1980. *Semantic Interpretation of Compound Nominals.* PhD Dissertation: Univerity of Illinois, Urbana Champaign.

Gagné, Christina L. 2002. The Competition-Among-Relations-In-Nominals Theory. *Journal of the Experimental Analysis of Behavior* (78),551—565.

Goldberg, Adele E. 1995. *Constructions: a construction grammar approach to argument structure.* Chicago: University of Chicago Press.

Keane, M. T. and Costello, F. J. . 2001. Setting limits on analogy: Why conceptual combination is not structural alignment. In D. Gentner, K. J. Holyoak, and B. Kokinov (Eds.), *The Analogical Mind : A Cognitive Science Perspective.* Cambridge, MA: MIT Press.

Lakoff, G and Johnson, Mark. 1980. *Metaphors We Live By.* Chicago: The University of Chicago Press.

Langacker, R. W. 1987. *Foundations of Cognitive Grammar, Vol. 1. Theoretical Prerequisites.* Stanford: Stanford University Press.

Langacker, R. W. 2004. Metonymy in Grammar. *Journal of Foreign Languages* (6),2—24.

Lees, Robert B. 1960. *The grammar of English nominalizations.* Bloomington : Indiana University.

Levi, J. 1978. *The Syntax and Semantics of Complex Nominals.* New York: Academic Press.

Li, Charles N. 1971. S*emantics and the structure of compounds in Chinese.* PhD Dissertation, University of California, Berkeley.

Murphy, Gregory L. 1988. Comprehending Complex Concepts. *Cognitive Science* (12),529—562.

Packard, Jerome L. 2001. *The Morphology of Chinese : A Linguistic and Cognitive Approach* . Beijing: Foreign Language Teaching and Research Press.

Panther, Klaus-Uwe and Linda Thornburg. 1999. Coercion and metonymy: The interaction of constructional and lexical meaning, In Lewandowska-Tomaszczyk, B. (ed.), *Cognitive Perspectives on Language.* Frankfurt am Main: Peter Lang, 37—52 .

Panther, Klaus-Uwe and Linda Thornburg. 2005. Inference in the Construction of Meaning: The Role of Conceptual Metonymy. In Elzbieta Gorska and Gunter

Radden (eds), *Metonymy-Metaphor Collage*. Warsaw: Warsaw University Press.

Pustejovsky, James. 1995. *The Generative Lexicon*. Massachusetts: The MIT Press.

Rosario, Barbara. 2001. Classification of the Semantic Relations in Noun Compounds. http://people.ischool.berkeley.edu/~rosario/projects/NC_ling181.pdf.

Ryder, Mary Ellen. 1994. *Ordered Chaos: the Interpretation of English Noun-Noun Compounds*. Berkeley/Los Angeles/London: University of California Press.

Warren, B. 1978. *Semantic Patterns of Noun-Noun Compounds*. Gothenburg Studies in English 41. Gothenburg: Actr Universitatis Gothoburgensis.

Warren, Beatrice. 2003. The role of links and/or qualia in modifier-head constructions. In Nerlich, Brigitte and Zazie Todd (eds), *Polysemy: Flexible Patterns of Meaning in Mind and Language*. Berlin/New York: Mouton de Gruyter.

Wisniewski, E. J. and Gentner, Derel. 1991. On the Combinatorial Semantics of Noun Pairs. In Simpson, Greg B. (ed), *Understanding Word and Sentence*. North-Holland: Elsevier Science Publishers B. V.

Wisniewski, E. J.. 1996. Construal and similarity in conceptual combination. *Journal of Memory and Language* 5, 434—453.

汉语双名词复合词中的物性修饰：
跨语言的考察*

李智尧　谢舒凯

提要　分析复合词的组成时，必须考虑到其内部句法结构以及语意关系。在语意关系的层次上，生成词库理论提供了一套模型来解释复合词中的物性修饰关系，该模型也适用于自然语言处理。本文主要探讨汉语、德语、西班牙语、日语与意大利语之双名词复合词中的物性修饰。在简短讨论复合词可能呈现的构式后，我们便将焦点放在双名词所构成的名物复合词上。我们以生成词库理论分析复合词组成之间的语意关系，说明物性结构赋予复合词组合性解读之可能。再者，我们试着检验是否所有语意核心之修饰语都能被归为四种物性特征（quale）中的一种。文末揭示了以物性为基础来分析双名词复合词的潜力与限制，并提供后续研究的方针。

关键词　汉语复合词　物性修饰　生成词库理论

---

* 英文原文出处：Chih-yao Lee and Shu-kai Hsieh. 2010. Qualia modification in noun-noun compounds：A cross-language survey. In *Proceedings of the 22nd Conference on Computational Linguistics and Speech Processing*（*ROCLING - 2010*）,379—390。

一   绪论

复合是一种广泛运用的构词方式,特别是对于像汉语这样缺乏曲折变化的分析语而言(Arcodia,20007)。以词法与句法的界面来说,复合词内部的构词组成,在句法层次会有相应的结构。以汉语为例,"寻求证据"这个动词加上名词的句法构式,也能够以"求证"这个复合词呈现。根据核心原则(Headedness Principle)(Packard,2000),除了上述动词加上名词的结构之外,汉语的复合词还可以有名词加上名词、名词加上动词以及动词加上动词等内部结构。

Packard(2000)依照语法关系提出了一套系统来分类汉语的复合词。根据他的分类,"求证"这个复合词可以拆解成动词加上宾语,"主顾"可视为主语加上述语。然而,很少有论著将组成复合词之单纯词的个别语义纳入考虑。本文遂以汉语以及数个当今强势语言为例,以生成词库理论重新检视传统上视为双名词组成的复杂名物词(complex nominals)。

二   双名词复合词的语义分类

以英文和汉语双名词复合词(NN compounds)来说,最常见的分析是中心语的前方加上了修饰语。例如,"bookstore"这个词是由修饰语"book"跟中心语"store"所组成;"砂糖"是由修饰语"砂"跟中心语"糖"所组成。然而这样的分析单以句法为本,完全没有考虑到组成成分的语义。由于本文着重于语义的面向,因此在接下来的分析当中,我们会看到修饰语出现在中心语之前,也会看到修饰语出现在中心语之后的分析。

当我们选择用来分析的例子时,排除了看似为复合词,但实为一个单纯词加上词缀这样的构词。例如，有些汉语的双名词复合词就可以拆解成一个词跟一个词缀，像是"桌子"的"子"就是一个词缀的成分。我们并不考虑这样的复合词，因为词缀无法单独成词，也就不符合双名复合词的标准。

此外，在我们所看的其他语言当中（尤其是罗曼语族的语言），会发现跟中英文都不相同的双名词复合词。以意大利文来说，双名词复合词是由中心语加上介词以及修饰语而成的，像"柠檬汁"为"suc-co di limone"（果汁-介词-柠檬）；而法文的"白咖啡"为"café au lait"（咖啡-介词-牛奶），也呈现了中心语加上介词以及修饰语的构词。在上述的罗曼语当中，中心语通常出现在介词之前。换言之，复合词中的介词有标示中心语位置的功用，然而这样的标示是汉语所欠缺的。

Gagne 与 Shoben（1997）针对英文名词性复合词的语义分析，提出了一套题旨关系（thematic roles），并表示这套关系涵盖了大多数英文双名词复合词之修饰语及其中心语的语义关系。请参见以下表格 1：

表 1：语义关系（Gagne et al. 1997）

relation	example
head *causes* modifier	flu virus
modifier *causes* head	college headache
head *has* modifier	picture book
modifier *has* head	lemon peel
head *makes* modifier	milk cow
head *made of* modifier	chocolate bird
head *for* modifier	cooking toy
modifier *is* head	dessert food
head *uses* modifier	gas antiques
head *about* modifier	travel magazine
head *located* modifier	mountain cabin
head *used by* modifier	servant language
modifier *located* head	murder town
head *derived from* modifier	oil money

然而经过细究,会发现这种对于所有语意组成的列举法(enumera-
tive approach),无法解释在不同脉络下的特殊用法。在下一节中我
们便介绍生成词库理论,一个对于复合词意义具有完备形式阐述的
词汇语义理论。

三 生成词库理论的物性结构

3.1 概要

沿袭自亚里士多德的形上解释传统,Pustejovsky(1995)在他所
发展的生成词库理论中,提出了一个将词汇与概念网络联系起来而
赋予词汇的关系表达能力的一种结构表征,称之为"物性结构"。简
单地说,物性结构指明了一个词汇意义的四种本质面貌(或称物性
(qualia)):构成(constitutive)、形式(formal)、功用(telic)与施成(a-
gentive)。我们认为应用物性结构,对于传统上视为双名词的复合词
能得到新的诠释。以下列出 Pustejovsky 所提出的物性结构与例示:

a.构成(constitutive):对象与其组成部分之间的关系

(ⅰ)材料(material)

(ⅱ)重量(weight)

(ⅲ)部分和组成成分(parts and component elements)

b.形式(formal):描写对象在更大的认知域内区别于其它对象
的属性

(ⅰ)方位(orientation)

(ⅱ)大小(magnitude)

(ⅲ)形状(shape)

(ⅳ)维度(dimensionality)

(ⅴ)颜色(color)

（ⅵ）位置（position）

c.功用（telic）:描写对象的用途和功能

（ⅰ）施事者在从事行为活动时所怀的目标

（ⅱ）指涉特定活动的内建功能或标的说明

d.施成（agentive）:描写对象怎样形成或产生的,如创造、因果关系

（ⅰ）创造（creator）

（ⅱ）人造（artifact）

（ⅲ）自然类（natural kind）

（ⅳ）因果关系（causal chain）

让我们来看几个修饰语在前、中心语在后的英文例子,这些例子展现了双名词复合词中的物性结构。

在"glass door""chocolate cake"跟"oil painting"中,前方的修饰语都是后方中心语的材料,展现构成（constitutive）这种特征。在"history book"中,"history"将它所修饰的"book"与"chemistry book"等其他类的"book"区别开来;在"horror movie"中,"horror"将它所修饰的"movie"与"action movie"等其他类的"movie"区别开来;在"noun phrase"中,"noun"将它所修饰的"phrase"与"verb phrase"等其他类的"phrase"区别开来;在"college student"中,"college"将它所修饰的"student"与"high-school student"等其他类的"student"区别开来。以上四个例子所展现的是形式（formal）这种特征。

在"jewelry box"中,"jewelry"表明了"box"的用途,即"box"是用来装"jewelry"的;在"bookstore"中,"book"表明了"store"具有贩卖"book"的功能;在"operation knife"中,"operation"表明了"knife"是用于"operation";在"drinking water"中,"drinking"表示"water"为"drinking"所用。以上的例子所代表的是功用（telic）特征。

在"adenovirus pneumonia"中，"adenovirus"为导致"pneumonia"发生的原因；在"steamboat"中，"steam"为"boat"驱动力的来源；在"turtle egg"中，"turtle"为"egg"的生产者。以上的例子展现了施成（agentive）的特征。

3.2　物性结构的基础模型

在生成词库理论的架构下，一个词项编织了四个彼此互动的语义讯息表达层次：1.论元结构：表征的是逻辑论元的数量与类型说明，以及它们如何透过句法手段实现出来。2.事件结构：说明词项与词组的事件类型定义。包括状态、历程与转变，而事件内部可以有子事件结构。3.物性结构：解释模式，如前所述包含了形式、组成、功能与施成角色。4.词汇承继结构：一个词汇结构如何在一个类型网格（type lattice）中和其他的结构相互关连，以及它如何对于整体词库系统的组织做出贡献。在形式表征式上，生成词库理论采用了类似Carpenter（1992）的类型化特征结构（typed feature structures）。类型系统有两个部分：类型阶层本身，以及运作于类型之上的限制系统（constraint system）。物性结构与其他层次的运作细节，以及这些结构化的表达如何与语义生成机制搭配以得到不同语境下的组合解释，限于篇幅则不在本文的讨论范围内。图1可以看出物性结构如何嵌入类型化特征结构的表达式中。

$$
\begin{bmatrix}
\alpha \\
\text{ARGSTR} = [\text{ARG}_1 = x : \tau] \\
\text{QUALIA} = \begin{bmatrix}
\text{CONSTITUTIVE} = \\
\text{FORMAL} = x \\
\text{AGENTIVE} = R(e', x) \\
\text{TELIC} = R(e, x)
\end{bmatrix}
\end{bmatrix}
$$

图 1：物性结构的基础模型

更细地看,以下为构成特征的表示法:

$$\begin{bmatrix} \textbf{glass door} \\ \text{ARGSTR}=[\text{ARG}_1=\textbf{phys\_obj}] \\ \text{QUALIA}=[\text{CONSTITUTIVE}=\textbf{glass}] \end{bmatrix}$$

图 2:构成特征的表达

Pustejovsky 将形式特征分为两类:(一)单纯类型(Simple Typing):形式角色的值与分类类型(sortal typing)相同。(二)复杂类型(Complex Typing):形式角色的值定义了不同论元之间的关系。以下为形式特征的基础模型:

$$\begin{bmatrix} \textbf{college student} \\ \text{ARGSTR}=[\text{ARG}_1=\textbf{human}] \\ \text{QUALIA}=[\text{FORMAL}=\textbf{college\_level}] \end{bmatrix}$$

图 3:形式特征的表达

功用特征则有两种基础模型:直接功用(Direct Telic):直接作用于某物;间接功用(Purpose Telic):用于辅助特定活动的事物,如下所示:

$$\begin{bmatrix} \textbf{operation knife} \\ \text{ARGSTR}=[\text{ARG}_1=\textbf{tool}] \\ \text{QUALIA}=[\text{TELIG}=\textbf{operate(surgery)\_act}] \end{bmatrix}$$

图 4:间接功用(Purpose Telic):用于辅助特定活动的事物

而施成特征有以下的基础模型:

$$\begin{bmatrix} \textbf{steamboat} \\ \text{ARGSTR}=[\text{ARG}_1=\textbf{phys\_object}] \\ \text{QUALIA}=[\text{AGENTIVE}=\textbf{power\_act}] \end{bmatrix}$$

图 5:施成特征的表达

在下一节当中,我们将逐一检视以上的物性结构模型,使用跨语言的语料来讨论其适用性。

四   物性修饰

　　前几节当中,我们分别讨论了汉语双名词复合词,并简要介绍了生成词库理论。而此节将两者合并来看,检视物性修饰是否也适用于解释汉语的复合词。在该节的结尾,我们将发现生成词库理论所提出的物性修饰,能够提供连接修饰语与中心语的语义连结。

　　Packard(2000)的核心原则(Headedness Principle)提出了两种核心(headedness),一种以句法为本,另一种以语意为本。例如,"钢琴键盘"在结构上以"键盘"为中心语,以 Pustejovsky(1995)的物性结构来说,即是形式特征。然而语义上而言,"钢琴"跟"键盘"都可以做为中心语:如果拿"钢琴"做中心语,其呈现的为构成的物性结构;如果拿"键盘"做中心语,其物性结构便属于形式类。简言之,中心语与修饰语之间的语义关系,并非如其句法关系一样非黑即白。而我们将选择与整个复合词所表达之语义相对而言比较相关的组成词,作为复合词的语义中心。

4.1   构成特征之物性修饰

　　具构成特征之名词性词组或复合词当中,修饰语用来指示中心语的次要部分或是组成成分。以"皮鞋"为例,"皮"表示了"鞋"的材质:

$$
\begin{bmatrix}
\text{PiXie} \\
\text{ARGSTR} = [\text{ARG}_1 = \textbf{phys\_obj}] \\
\text{QUALIA} = [\text{CONSTITUTIVE} = \textbf{part\_of}]
\end{bmatrix}
$$

图 6:构成特征的表达模型

表 2 有更多汉语的例子，而表 3 有数个强势语言的例子：

表 2

tiĕ-lù	铁路	iron-road	'railroad'
cǎo-méi-dàn-gāo	草莓蛋糕	strawberry-cake	'strawberry cake'
bōlí=mén	玻璃门	glass-door	'glass door'

表 3

ITALIAN			
	porta a vetri	door-glass	'glass door'
	seni al silicone	breast-silicon	'silicon breast'
JAPANESE			
	味噌汁	miso-soup	'miso-soup'
	花瓣	flower-petal	'petal'
	咖哩飯	curry-rice	'curry rice'
FRENCH			
	café au lait	coffee-milk	'white coffee'
GERMAN			
	Käsekuchen	cheese-cake	'cheese cake'
	Türknopf	door-knob	'door knob'
SPANISH			
	pastel de queso	cake-cheese	'cheese cake'
	puerta de vidrio	door-glass	'glass door'
	sopa de maiz	soup-corn	'corn soup'
	tenedor de plastico	fork-plastic	'plastic fork'
	casa de madera	house-wood	'wooden house'
	casa de ladrillo	house-brick	'brick house'

4.2 形式特征之物性修饰

在形式特征之复合词当中，修饰语在比复合词所表还要大的认知域内，相对于其他对象的属性将中心语区别出来。以"兰花"为例，"兰"这性质将"兰花"与其他种类的"花"区别开来。其形式特征可用以下模型表示之：

$$\begin{bmatrix} \text{LanHua} \\ \text{ARGSTR} = [\text{ARG}_1 = \textbf{plant}] \\ \text{QUALIA} = [\text{FORMAL} = \textbf{flower}] \end{bmatrix}$$

图 7：形式特征的模型

　　表 4 有更多汉语的例子,而表 5 有数个强势语言的例子:

表 4

shǒu-biǎo	手表	hand-watch	'watch'
huǒ-chē-biàn-dang	火车便当	train-lunchbox	'lunchbox sold on trains'
pí-zhěn	皮疹	skin-rash	'rash'
xīn-bìng	心病	heart-disease	'mental disorder'

表 5

ITALIAN			
	cibo spazzatura	food-junk	'junk food'
	fermata del taxi	stop-taxi	'taxi stop'
JAPANESE			
	中學校教師	middle-school-teacher	'middle school teacher'
	模型飛行機	model-aircraft	'model aircraft'
	螢光燈	fluorescent light	'daylight lamp'
	指輪	finger-ring	'fingerring'
	庭石	garden-rock	'gardenrock'
FRENCH			
	professeur de lycée	teacher-middle school	'middle school teacher'
GERMAN			
	Samstagnachmittags	Saturday-afternoon	'Saturday afternoon'
	Familienname	family-name	'last name'
	Ladentisch	store-table	'counter'
	Düsenflugzeug	nozzle-airplane	'jet'
	Rindfleisch	cow-meat	'beef'
	Schweineflesich	pig-meat	'pork'
	Fleischfresser	meat-eater	'carnivore'
	Mittagessen	noon-food	'lunch'
	Abendessen	evening-food	'dinner'
	Arbeitszeit	work-time	'working time'
SPANISH			
	comida chatarra	food-scrap	'junk food'
	partido de futbol	party-football	'soccer game'
	cancha de tennis	court-tennis	'tennis field'
	arbol de manzanas	tree-apples	'apple tree'

4.3　功用特征之物性修饰

　　在具功用特征之复合词当中,修饰语说明了中心语的用途。以

"菜刀"为例,"菜"表示了"刀"的用途:

$$\begin{bmatrix} \textbf{CaiDao} \\ \text{ARGSTR} = [\text{ARG}_1 = \textbf{tool}] \\ \text{QUALIA} = [\text{TELIC} = \textbf{cut\_act}] \end{bmatrix}$$

图 8:功用特征的模型

表 6 有更多汉语的例子,而表 7 有数个强势语言的例子:

表 6

cài-dāo	菜刀	vegetable-knife	'cleaver'
shuǐ-guǒ-dāo	水果刀	fruit-knife	'fruit knife'
fàn-wǎn	饭碗	rice-bowl	'rice bowl'
yóu-jǐng	油井	oil-well	'oil well'
yǎn-jìnghé	眼镜盒	eyeglasses-box	'glasses case'

表 7

ITALIAN			
	coltello da pane	knife-bread	'bread knife'
	bicchiere da vino	glass-wine	'wine glass'
JAPANESE			
	映畫館	movie-building	'cinema'
	電話賬	telephone-notebook	'telephone book'
	文具店	stationery-store	'stationery'
	桌球台	ping-pong-table	'pingpong table'
	道路標識	road-sign	'road sign'
	サングラス	sun-glasses	'sunglasses'
	本箱	book-box	'book box'
FRENCH			
	couteau de cuisine	knife-kitchen	'kitchen knife'
	boîte à bijoux	box-jewelry	'jewelry box'
	salle de bain	room-bath	'bathroom'
GERMAN			
	Lebensmittelgeschäf	foodstuff-store	'grocery store'
	Briefmarke	letter-mark	'stamp'
	Buchhandlung	book-action	'book store'
SPANISH			
	cuchillo de cocina	knife-kitchen	'kitchen knife'
	plato de arroz	plate-rice	'rice plate'
	vaso de vino	glass-wine	'wine glass'
	manguera de agua	hose-water	'water hose'
	bus escolar	bus-school	'school bus'

4.4　施成特征之物性修饰

施成特征代表事物的来源。在有这样物性修饰的复合词中,修饰语说明了中心语的形成或产生的来源。以"鸡蛋"为例,"鸡"表示了"蛋"的生产者,可以下图表示之:

$$
\begin{bmatrix}
\textbf{JiDan} \\
\text{ARGSTR}=[\text{ARG}_1=\textbf{phys\_obj}] \\
\text{QUALIA}=[\text{AGENTIVE}=\textbf{give\_birth}]
\end{bmatrix}
$$

图 9:施成特征的模型

表 8 有更多汉语的例子,而表 9 有数个强势语言的例子:

表 8

niú -nǎi	牛奶	cow-milk	'milk'
zhí-wù-yóu	植物油	plant-oil	'oil from plants'
yú-luǎn	鱼卵	fish-egg	'roe'
hǎi-yán	海盐	sea-salt	'sea salt'
hǎi-ní	海泥	sea-mud	'mud'
gōng-chǎng-fèi-qì	工厂废气	factory-exhaust	'exhaust from a factory'
huǒ-chē	火车	fire-car	'train'
diàn-chē	电车	electric-car	'tram'
zhēngqì-chuan	蒸汽船	steam-boat	'steam boat'
níngméng-zhī	柠檬汁	lemon juice	'lemon juice'
jǐng-shuǐ	井水	well-water	'water from a well'

表 9

ITALIAN			
	foro di pallottola	hole-bullet	'bullet hole'
	succo di limone	lemon-juice	'lemon juice'
JAPANESE			
	蜂蜜 (はちみつ)	bee-honey	'honey'
	烏魚子 (からすみかなこ)	mullet-roe	'mullet roe'
FRENCH			
	jus de citron	juice-lemon	'lemon juice'
	arc-en-ciel	arch-sky	'rainbow'
	pomme de terre	apple-earth	'potato'
GERMAN			
	Hühnerei	chicken-egg	'egg'
	Meersalz	sea-salt	'sea salt'
	Dampfschiff	steam-boat	'steam boat'
SPANISH			
	jugo de limón	juice-lemon	'lemon juice'
	carne de cerdo	meat-pig	'pork'
	aceite de oliva	oil-olive	'olive oil'

五　讨论

在前几节当中，我们选择了与整个复合词所表达语义比较相关的词，作为复合词的中心语。虽然在我们的例子当中，句法和语义的中心语大部分是相同的，但是还是存在着不相同的例子。以"浪花"来说，如果当位于右方的"花"是句法中心的话，语义上反而"浪"比较像是中心语，因为"浪花"并非一种"花"，而是一种"浪"。类似的例子还有"火花""蛋花""雪花"及"水花"。

再者，也存在着任何一个特征都无法解释的例子。以"山脚"来说，如果"脚"是语义中心的话，"山"跟"脚"之间的语义关系的判断不是那么的清楚。

六　结语与后续研究方针

本文只着重在双名词复合词的讨论，然而尚有许多其他复合词的构词法待讨论，像是名词加上动词、动词加上名词以及动词加上动词的复合词。后续探讨物性修饰之于复合词的研究，可以考虑研究上述其他类的构词法。

再者，使用大规模的计量研究方法，可让像本文这样的研究更臻完善。如有对于特征分布情形适切的统计，我们便能检视特征间是否存有显著的频率差异。而这样的研究可应用于自然语言处理及信息检索/抽取，有助于像是自动分类名词性成分之间的语义关系这样的任务。使用人工标示的训练语料，我们目前也致力于开发能借由核对物性结构，而自动预测复合词语义的系统。

参考文献

C. L. Gagne and E. J. Shoben. 1997. Influence of thematic relations on the comprehension of modifier-noun combinations. *Journal of Experimental Psychology Learning Memory & Cognition 23(23)*, 71—87.

G. F. Arcodia. 2007. Chinese: A Language of Compound Words? Proceedings of the 5th Décembrettes: Morphology in Toulouse, ed. Fabio Montermini, Gilles Boyé, and Nabil Hathout, 79—90. Somerville, Giorgio Francesco.

J. L. Packard. 2000. The Morphology of Chinese. New York: Cambridge University Press.

J. Pustejovsky. 1995. The Generative Lexicon. Cambridge: The MIT Press.

M. Johnston and F. Busa. 1996. Qualia Structure and the Compositional Interpretation of Compounds. Waltham, Brandeis University.

类词缀与事件强迫 *

宋作艳

提要 现代汉语中有些类词缀黏附在名词性成分 N 后构成名词，其中隐含谓词，在理解和释义中需要重建一个事件。本文基于生成词库理论，把这种现象归为一种事件强迫，给出了统一的解释，从而解决了之前研究中一些尚存的问题。研究发现：1）能触发事件强迫的类词缀都是后置的，形式上表现为既能黏附在名词性成分 N 后，也能黏附在动词性成分 V 后，语义上与事件活动密切相关，包括指人、指物和指情状三类。其中前两类构成的多是施事名词，不能是受事名词，而且这些施事名词倾向于是高度范畴化的恒常性名词、人造类名词。2）除了少数例外，隐含的谓词基本上是名词性成分 N 的功用角色、施成角色或规约化属性，具体选择哪种角色受类词缀语义的制约，也与 N 的语义类有关。

关键词 类词缀 生成词库理论 事件强迫 功用角色 施成角色

* 原文载于《世界汉语教学》2010 年第 4 期，收入本书时修正了术语的翻译，并略作补充。本文得到国家社科基金项目"汉语句法语义接口研究"（10CYY032）的资助。诚挚感谢《世界汉语教学》匿名审稿专家提出的宝贵意见和建议。

○ 引言

本文要讨论的是这样一种现象,现代汉语中有些类词缀既可以与动词性成分 V 搭配,也可以与名词性成分 N 搭配,如:

X 热:考托热、读书热、炒股热、投资热、旅游热、下海热、

托福热、西服热、足球热、汉语热、汽车热、琼瑶热

但与名词性成分搭配时往往隐含着动词,如"托福热"中隐含着"考"。也就是说,"考托热"和"托福热"都涉及事件"考托福",只是一个是显现的,另一个是隐含的,需要在理解和释义中重建。

很多研究中都提到过有些词缀既可以黏附在动词性成分上,也可以黏附在名词性成分上(李宇明,1999;王希杰,2002;李华,2003;王茂春,2005;曹大为,2007;赵国,2007 等)。就笔者所看到的文献,较早把类词缀的这两种分布联系在一起、发现黏附成分是名词性的时候隐含谓词的是于根元主编的《现代汉语新词词典》(1994:731),其中明确提到"名词+热"的形式中隐含着动词,并对此做了初步分析,发现这些不露面的动词"多为及物性动词,语义上能支配露面的名词"。有的在一定上下文中能看出来,如"电话热"的上下文中会出现"装";有的是已经定型、默认的,如"(考)托福热、(过)生日热、(下)围棋热、(搓)麻将热、(办)公司热、(开设)新专业热、(研究)中医中药热"。而且《现代汉语新词词典》中收录的"N 热"在释义中都包含动词,如"辞典热"指"许多人热衷于编辑、出版各类辞书的潮流或情绪,也指许多各类辞书竞相编辑、出版的热潮"。李宇明(1999)也发现"N 热"与"V 热"之间存在一定的转化关系。在此基础上,杨可人(2006)进一步指出,"-热"表述的是事件,"X 热"是突显陈述性语义特征的类词缀框架,进入这个框架的成分都陈述某一事件,突显它们

的陈述性语义特征。不只是动词成分有陈述性语义特征,如"购书热",名词性成分也有,如"托福热"中的"托福"就表陈述性语义特征,可以激活一个动作"考",进而激活整个事件"考托福"。文章对"X热"做了个案分析,并提到,突显陈述性语义特征的类词缀还有"-员、-人、-风、-者、-手、-徒",开始对这个问题有了较全面的考察。

　　前人的研究已经触及了这一现象的一些核心问题,但还只限于对"X热"的个案分析,而且研究中还存在一些尚待解决的重要问题,主要有两点:

　　1）"-热"这样的类词缀还有哪些? 为什么这些类词缀与名词性成分搭配会隐含谓词?

　　2）隐含的谓词有什么共同特点? 如何在理解和释义中重建隐含的事件?

并不是能支配名词的及物动词都可以被隐含。例如,与"围棋"有支配关系的动词除了"下",还有"造""买""卖""拿"等,为什么"围棋热"中隐含的不是这些动词? 于根元(1994:731)、杨可人(2006:20)认为隐含的动词是其中一些固定、默认、普遍的支配动词,但这样的解释较笼统,如何证明"下"比其它几个动词更固定,更具有普遍性?

　　为了解决这两个问题,本文引入了生成词库理论,尤其是其中的事件强迫机制和类型构建,把这种类词缀与事件强迫现象联系在了一起。文章首先简单介绍了这一理论,在此基础上,对上述两个问题做了深入分析并给出了解释。

一　生成词库理论简介

　　生成词库理论(Pustejovsky,1991、1995)是基于计算和认知的自然语言意义模型。其核心思想是,词项的意义是相对稳定的,到了句子层面,在上下文中,通过一些生成机制可以获得延伸意义。生成词库主要包括两大部分,一是词项的词汇语义表达,二是句法层面的语义生成机制。

1.1　词项的词汇语义表达

词项的词汇语义表达包括四个层面:论元结构、事件结构、物性结构和词汇类型结构。最有特色的就是引入了物性结构(qualia structure),这一结构最早源于亚里士多德的"四因说"(Aristotel four causes):质料因、动力因、形式因和目的因。描写词项所指对象由什么构成、指向什么、怎样产生的以及有什么用途或功能。分别对应四种角色:构成角色(constitutive role)、形式角色(formal role)、功用角色(telic role)和施成角色(agentive role)。

1) 构成角色:描写对象与其组成部分之间的关系。包括材料、重量、部分和组成成分。

2) 形式角色:描写对象在更大的认知域内区别于其它对象的属性。包括方位、大小、形状和维度等。

3) 功用角色:描写对象的用途(purpose)和功能(function)。

4) 施成角色:描写对象怎样形成或产生的,如创造、因果关系等。

以"小说"为例,它的构成角色是"故事"等,形式角色是"书",功用角色是"读",施成角色是"写"。不是每个词都包含所有的角色。物性结构实际上是说明与一个词项相关的事物、事件和关系,表达的是一个词项中典型的谓词和关系。

物性结构的引入,尤其是功用角色的引入,直接影响了整个语义类型体系的构建。根据物性结构,生成词库理论把名词分为自然类、人造类和合成类(Pustejovsky,2001、2006)。

1) 自然类(natural types):与物性结构中的形式角色和/或构成角色相关的原子概念,从上位类继承形式角色,是其它类的基础。例如:兔子、石头、树、水、老虎、女人。

2) 人造类(artifactual types):增加了功能概念,从上位类继承功用角色,是结合了物性结构中施成角色和功用角色信息的基础类型。自然类和人造类之间最大的区别是后者有"意图"(intentionality)。例如:书、刀、啤酒、医生、老师。

3) 合成类(complex types):由自然类和人造类组成,从两三个自然类和/或人造类继承角色。如"午饭"既指事件(午饭开始了),也指具体的食物(美味可口的午饭)。

1.2　语义生成机制

生成词库理论提出了三种基于论元选择的语义生成机制(Generative Mechanisms of Argument Selection)(Pustejovsky, 2006; Asher and Pustejovsky, 2005、2006):

1) 纯粹类型选择(pure selection):函项(function)要求的类型能被论元直接满足。

2) 类型调节(type accommodation):函项要求的类型能从论元继承。

3) 类型强迫(type coercion):函项要求的类型被强加到论元上。
事件强迫就是一种类型强迫,最典型的例子是(1c):

(1) a. John began writing/reading the book.(纯粹类型选择)

　　b. John began to write/read the book.(纯粹类型选择)

　　c. John began the book.(类型强迫)
begin 是个事件动词(eventive verb),要求其补足语(complement)是

个事件论元,句法上通常表现为动词短语 VP(read the book/write the book),(1a)和(1b)能满足这种语义选择(s-selection),是纯粹类型选择;而(1c)在句法层面却实现为一个指事物的名词短语 N(the book),导致类型不匹配(type-mismatch),因此 begin 就会强迫(coerce)这个 N 进行类型转换(type shift),变成了事件类型①,这一过程是通过名词 book 物性结构中的施成角色 write 或功用角色 read 实现的。

本文认为,"-热"与 begin 类似,也能触发事件强迫:如果前面的成分 X 是名词性的 N,就会强迫这个 N 在释义和理解中重建一个与之相关的事件,N 的施成角色或功用角色②可以使这个事件具体化。例如:

X 热:做某事的热潮

围棋热:下围棋的热潮

"下"是"围棋"的功用角色。

接下来,需要找出还有哪些类词缀能触发事件强迫并解释其背后的原因,即这些类词缀有什么共同的特点,也就是要回答文章开头提出的第一个问题。

二 与事件强迫相关的类词缀

2.1 形式、语义特点

事件强迫是由类型错配造成的:类词缀激活一个含谓词的语义模式,如果 X 是动词性成分 V,正好填到谓词的位置;如果 X 是名词

---

① N 不是真的变成了事件类型,只是协助事件重建。

② 准确地说,是 N 中核心名词的物性结构。

性成分 N,就会出现类型错配,需要在理解和释义时重建一个与 N 有关的 VP。与事件强迫相关的类词缀具有以下两个特点:

(I) 与事件活动密切相关,释义中常常含有事件义;

(II) 形式上表现为既可以附加在动词性成分 V 上,也可以附加在名词性成分 N 上,而且后者在理解和释义时需要重建一个与 N 相关的事件。

根据这两个条件,我们考察了一些常见的类词缀(参考李华,2003;董秀芳,2004:99—101;邱立坤,2007;宋作艳,2007;曾立英,2008 等),发现与事件强迫相关的类词缀大都是后置的①。这些类词缀根据语义可以分成指人、指物、指情状三类:

1) 指人:-家、-手、-师、-员、-工、-匠、-夫、-族、-迷、-民、-鬼。

2) 指物:-机、-器、-计、-仪、-场、-室、-法、-术。

3) 指情状:-热、-风。

这些类词缀都满足第一个条件,与事件活动相关,释义中往往含有事件义,有些比较明确,有些则比较隐晦,如:

【-计】测量或计算度数、时间等的仪器。②

【-手】擅长某种技能的人或做某种事的人。

【-师】掌握专门学术或技艺的人。

"技能""技艺"里隐含着动词,表现在(2a)可以说,而(2b)不可以说:

(2) a.弹钢琴是一种技能。

b. *钢琴是一种技能。

前人的研究中也提到了部分类词缀中的事件义,如"-族""往往指经

---

① 个别类前缀也与事件强迫有关,如"防 X"的语义模式是"防止某种不好的事情发生",其中隐含着"发生"类非宾格动词。实际上,"防 X"是从"防止……"简缩而来,随着这一格式的大量使用,"防"变成了类词缀。

② 未注明出处的释义都引自《现代汉语词典》(1996)。

常从事词根所表示的相应活动的人"(赵国,2007),"-迷""用来表人时强调人们对于某事的痴迷和狂热爱好"(李华,2003),"-民、-鬼"与之类似。指物的类词缀要么指工具,要么指处所,都与事件活动密切相关。"X 热"是"……的热潮"的压缩形式。"……"的位置通常①必须是谓词性成分,而不能是体词性成分。如:

抢购黄金的热潮——*黄金的热潮

考托福的热潮——*托福的热潮

这是由"热潮"的词汇语义决定的:

【热潮】形容蓬勃发展、热火朝天的形势。

"形势"只可能与事件、状态有关,而不是事物。"X 风"的情况类似。

这些类词缀也都满足第二个条件,前附成分 X 既可以是 V,也可以是 N,前人的研究中已经详细描写过(李华,2003;杨可人,2006;赵国,2007 等)。例如:

V 民:渔民、牧民

N 民:股民、网民、烟民

V 夫:耕夫、挑夫、屠夫

N 夫:车夫、船夫、马夫

V 鬼:捣蛋鬼、赌鬼

N 鬼:酒鬼、烟鬼、鸦片鬼

V 法:切法、读法、讲法、写法

N 法:刀法、枪法、剑法

V 术:驯马术、骑术、战术

N 术:马术、剑术、枪术、棍术

---

① 有个别例外,如北京大学现代汉语语料库中的例子:在东瀛掀起了前所未有的足球热潮。

当 X 是 N 时，都隐含与之相关的动词，如"（炒）股民、（赶、拉）车夫、（喝）酒鬼"。

2.2　构词特点

为什么上述类词缀与事件强迫相关？或者说带有事件义呢？指情状的"-热、-风"比较容易理解，必然与事件相关。值得注意的是，同样是指人、指物的类词缀，有些却倾向于黏附在动词性成分 V 后，没有事件强迫的用法或者很少有这样的用法①，例如"-人、-者、-狂、-物、-品"。仔细比较会发现，与事件强迫相关的指人、指物类词缀有如下几个特点。

首先，这些类词缀黏附在 V 后构成的词都是施事名词或者处所名词，不能是受事名词。施事名词表示的是执行动作的人或物，如"收藏家"是"收藏"的施事。指人的类词缀都可以使一个动词变成施事名词，如"收藏家""狙击手""驯兽师""服务员"；"洗碗机""计算器"也可以看作是施事名词。即使黏附在 N 后，名词也是重建的 VP 的施事，如"钢琴家"是"弹钢琴"的施事。"X 场""X 室"是处所名词。有些类词缀黏附在 V 后面，构成的名词是动作支配的对象或结果，可以称之为受事名词，如"X 品""X 物"：

X 品：作品、产品、制品赠品、食品、用品、印刷品、消费品、纪念品、展览品

X 物：创作物、编织物、参照物、读物、食物、玩物、证物、饰物

这里的 X 基本上都是 V，这个 V 可能是名词的施成角色，也可能是功用角色，前者如"作品""编织物"，后者如"食品""读物"。X 是 N 的比较少，即使有也是构成角色，如"丝绸"是"丝绸品"的构成角

---

① 　如：电影人、马克思主义者、唯物论者、手工业者。

色。因此"-物、-品"没有事件强迫的用法。

　　其次,与事件强迫相关的类词缀倾向于是人造类。名词有人造类与自然类之分,名词性的类词缀也有相应的区分,人造类词缀构成的名词都是人造类名词。指物的类词缀都是人造类,一定有功用角色,所指的事物都是人们为某种目的而专门造的,比如"榨汁机"是造来榨汁的,"榨汁"是"榨汁机"的功用角色,"豆浆机"是专门用来打豆浆的,"足球场"是专门造来踢足球的。指人的类词缀中,除"-迷、-族、-民、-鬼"外,"-家、-手、-师、-员、-工、-匠、-夫"都是人造类,构成的名词通常表人所从事的事业、职业或职业内部的分工①,一定有某种特定的功能,比如"钢琴家"的功能是"弹钢琴","歌唱家"的功能是"歌唱"。"-人、-者、-客"则是自然类,构成的名词通常是自然类,所指人不是为了某个特定功能而造,而是根据其行为进行的临时分类,如"演唱者"所指的人并没有特定的功能"演唱",只要演唱就会成为"演唱者"。人造类必然有功用角色,也就必然与一个事件相关,因此,相关的动词不一定要出现在表层,可以通过事件强迫在理解和解释中重建。自然类本身没有功用角色,所以 X 通常是V,来明确其所指人的行为特点,也就很少有事件强迫的用法。当然,这只是相对而言,部分"X 人""X 者"已经表职业,成为人造类名词,如"主持人""记者"。

　　最后,与事件强迫相关的类词缀倾向于构成恒常性名词。施事名词有恒常性名词(individual-level nominal)和瞬时性名词(stage-level nominal)之分,恒常性名词表"类"概念,指一种长久的角色,多

---

① "-家"是多义的,有时是表示经营某种行业的人家或具有某种身份的人,如"酒家、船家、农家"等(马庆株,1998:174—178);有些与职业、事业无关,如"空想家"(郭良夫,1983)。这些都不在本文的讨论范围之内。

表职业和身份，与功用角色相关；瞬时性名词表达的是一种临时角色，与施成角色相关（Pustejovsky,1995:229—230）。前者如"收藏家"，指一种比较固定的身份，"收藏"是"收藏家"的功用角色；后者如"收藏者"，是一种临时角色，"收藏"是"收藏者"的施成角色。一个人只要收藏了某个东西，就会成为这个东西的收藏者，但不一定就是收藏家。与事件强迫相关的类词缀构成的名词倾向于是高度范畴化的恒常性名词。人造类名词"X家、X手、X师、X员、X工、X匠、X夫"都是恒常性名词；"X族、X迷、X民、X鬼"虽然不是人造类名词，但也是恒常性名词，都涉及人长时间的行为特点、习惯。如"开宝马"是"宝马族"的日常行为，"读书"是"书迷"的行为特点，"炒股"是"股民"的行为特点，"吸烟"是"烟鬼"的行为特点。前者都是后者的规约化属性（conventionalized attributes），即与事物相关的常规活动，规约化属性属于广义的物性结构（参见 Pustejovsky and Jezek,2008）。相比之下，"X人、X者、X客"则主要是瞬时性名词，如"证明人""乘车者""乘客"，都与具体的语境相关，离开了语境这些身份、角色就不复存在了，如离开一个具体的事件，"证明人"的身份也就没有了，下了车就不再是"乘车者"和"乘客"。同样，并非所有的"X者""X人"等都是瞬时性名词，前面提到的"主持人""记者"已经用来表职业，成为恒常性名词。"主持人"可能是长久的职业，也可能是临时性的角色，"她是这台晚会的主持人"并不意味着"她是一名主持人"，在前面的例子中，"主持人"代表的是一种临时分工、临时角色，是瞬时性名词，而在后面的例子中，则是恒常性名词。有时候为了加以区分，会换用"职业主持人"。构成瞬时性名词的类词缀更倾向于附加在 V后，大概是因为作为一种临时分工、临时角色，需要一个 V 来明确其具体职能。如果 X 是 N，通常都是恒常名词，如"马克思主义者"比"信仰马克思主义者"的范畴化程度高。换言之，只有高度范畴化的词才倾向于把动词隐含起来。

　　人造类名词/自然类名词与恒常性名词/瞬时性名词的区分基本上一致。可见，人造类与自然类的区分在范畴化中起关键作用，一个名词越倾向于人造类，范畴化程度就越高。有些名词天生就是恒常性名词，如"钢琴家""照相机"；而有些则需要一个固化、范畴化的过程，其中关键的一步就是这个范畴是否被赋予了某种特定的功能，如果是，就会成为一个恒常性名词，如表职业的"主持人""记者"。

　　此外，能否附加在 N 上，也与类词缀的能产性有关。同样是恒常性名词，"X 狂、X 生、X 士"中的 X 一般都是动词性成分，如"结婚狂""接线生""助产士"，大概因为这些类词缀是新兴的，能产性还不强，范畴化程度还不高，需要动词性的 V 来明确其属性、分工。另外，由亲属称谓名词转化来的类词缀"-哥、-嫂、-姐、-妹、-弟、-爷"以及"-徒"（宋培杰，2002；李华，2003）也较少有这种用法，大概因为多与单音节语素搭配，能产性受限制。

　　综上所述，能触发事件强迫的类词缀都是后置的，形式上表现为既能黏附在动词性成分 V 后，也能黏附在名词性成分 N 后，释义中常常含有动词，包括指人、指物和指情状三类。其中前两类构成的名词基本上是施事名词，不能是受事名词，而且这些施事名词多是高度范畴化的恒常性名词、人造类名词。

三　基于物性结构的释义

　　下面来讨论文章开始提出的第二个问题，即隐含的动词有什么共同特点？如何在理解和释义中重建隐含的事件？第 1 节中已经简单提到，隐含动词来自名词性成分 N 的物性结构，是其功用角色或施成角色。据此,可以对存在事件强迫的名词进行自动释义:类词缀激活一个含谓词的语义模式,N 通过自己的功用角色、施成角色或规约化属性提供一个具体的动词,使隐含的事件具体化。例如:

　X 热:做某事的热潮

围棋热:下围棋的热潮　　　围棋[功用角色:下]

公司热:办公司的热潮　　　公司[施成角色:办]

这解释了为什么"围棋热"中隐含的不是"买""卖""拿"等,而是"下",因为后者是"围棋"的功用角色。但无法解释为什么隐含的不是施成角色"造",也无法解释为什么"围棋热"隐含的是"围棋"的功用角色,而"公司热"中隐含的是"公司"的施成角色。因此,我们需要进一步探讨两个问题:功用角色和施成角色能否满足所有的释义要求? 物性角色的选择受哪些因素影响? 为此,我们逐类考察了与事件强迫相关的类词缀,限于篇幅,下文将分别从指人、指物、指情状类词缀中选择一个进行详细分析,其它的只是简单提及。

3.1　指人的类词缀

从语义上看,"N 家"中的 N 主要有四类。

1)N 指某学科,形式上表现为"……学"。"N 家"指专门研究某学科的专家,隐含的动词都是"研究",是 N 的功用角色,重建的 VP 是整个"N 家"的功用角色,如"研究"是"数学"的功用角色,"研究数学"是"数学家"的功用角色。

2)N 指乐器。这一类是用乐器来指称与之密切相关的演奏活动。"N 家"指演奏某种乐器并取得很大成就的人。隐含的动词是"演奏"或者其下位词"弹""拉""吹"等,是 N 的功用角色。"钢琴"有两个功用角色,"演奏"是从"乐器"继承来的功用角色,"弹"是"钢琴"自身的功用角色,如图 1 所示:

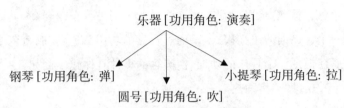

图 1：乐器类名词的功用角色继承

"N 家"都可以转换成"N 演奏家"，反之则不一定：

钢琴家——钢琴演奏家

小提琴家——小提琴演奏家

? 笛子家——笛子演奏家

? 长号家——长号演奏家

表 1 是我们从北京大学现代汉语语料库中找到的"演奏"不出现和出现的频次比较：

表 1："乐器十家"中"演奏"不出现和出现的频次对比

钢琴家/钢琴演奏家	338/56
小提琴家/小提琴演奏家	130/49
笛子家/笛子演奏家	0/9
长号家/长号演奏家	0/3

从中可以看出，越是常见的乐器名词后面越容易直接加"家"。可见"X 家"是一种高度范畴化的形式，能否生成不仅受语义限制，还受 N 所指事物在现实生活中地位的影响，范畴化程度越高，动词越倾向于不出现，只有高度范畴化的形式才会采用"N 家"的模式。非"N 演奏家"的形式不能压缩成"N 家"，如"钢琴教育家""钢琴制造家""钢琴经销家"都不能压缩成"钢琴家"。

　　3）X 是文学体裁等艺术形式。如"小说家、戏剧家、散文家、漫画家、国画家、油画家、舞蹈家、雕塑家、电影家"。

这类"N 家"指从事某种创作并取得很大成就的人，重建的 VP 是"N

家"的功用角色,其中的动词 V 则是 N 的施成角色,如"写小说"是"小说家"的功用角色,"写"则是"小说"的施成角色。范畴具有层级性,可分为上位范畴(superordinate category)、基本范畴(basic level category)和下位范畴(subordinate category)(Taylor,1989:46—51)。基本范畴层级的概念比较容易被人们感知,能与人们的基本生活经验相联系,具有直观的、功能的完形(Rosch *et al.*,1976)。"家具——椅子——长椅"分别属于这三个层级。显然,"椅子"的功能是最明确的,其功用角色是"坐"。动词与名词之间的层级具有一定的对应关系(Taylor,1989:47—48),由此可以推断,处于基本层级的名词,其施成角色和功用角色也是基本层级的,比较明确,处于上位抽象层级的名词,其施成角色和功用角色也是上位抽象层级的。如"艺术"的施成角色是"创作","画""小说"的施成角色分别是"画"与"写",是"创作"的下位词:

艺术家:从事艺术创作并取得很大成就的人　艺术[施成角色:创作]

画　家:画画并取得很大成就的人　　　　　画[施成角色:画]

小说家:写小说并取得很大成就的人　　　　小说[施成角色:写]

"电影家"多指导演,"导演"是"电影"的一个重要施成角色。如:

(3)前些时候,上海几个青年批评家对张艺谋的电影又做了几乎是愤怒的冷嘲热讽,说中国似乎只剩下张艺谋这一个电影家了。

"舞蹈家"通常既要会舞蹈表演,也要会舞蹈创作。也就是说"舞蹈"有两个施成角色,一个是"创作",一个是"表演"。如:

(4)真正的舞蹈家必须自己能够创作。

4)N 是比较抽象的名词,大部分 N 可以出现在"__活动"位置,如"体育家、政治家、军事家、外交家"。

这类"N 家"只能释义成"从事 N 活动并且取得很大成就的人",N 无法提供一个具体的动词,因为这些名词比较抽象,在范畴层级中处于比较高的位置,没有一个明确的施成角色或功用角色。这一类"N家"与"探险家""航海家"这样的"V家"非常相似,其中 V 的动词性不强,表现在基本上都是双音节,且是名动词,大部分可以说"V 活动",如"探险活动、航海活动"。

综上,重建的 VP 都是"N 家"的功用角色,隐含谓词可能是 N 的功用角色,也可能是 N 的施成角色。表面上看起来选择哪种物性角色取决于 N 的语义类,实际上受制于"-家"的语义,重建的 VP 必须表示需要专门学习的知识和技能。N 的范畴层级会影响释义,有些 N 是比较抽象的上位范畴,没有明确的功用角色和施成角色,无法提供具体的谓词。

3.2　指物的类词缀

有些类词缀所指的事物功能比较单一,X 多是 N,重建的事件中的动词是由类词缀提供的,最典型的就是"X 计""X 仪";有些类词缀所指事物的功能不确定,X 多是谓词性的 V,而且多是动宾结构,由此来明确事物的具体功能,最典型的就是"X 机""X 器"。由此可见,是否采用隐含事件的形式,还要取决于表义的明确性。

"X 计"中的 X 多是 N,其中隐含的动词都是"测量",这个动词不是 N 提供的,而是"-计"提供的,是"计"的功用角色。"N 计"的释义模式是"测量 N 的仪器"。如:

N 计:测量 N 的仪器

高度计:测量高度的仪器

压力计:测量压力的仪器

"X 机""X 器"中的 X 绝大多数都是谓词性的 V,X 是体词性 N[①]

---

① 有些"N 机"中的 N 表达的是动力来源,与事件强迫无关,如"柴油机"。

的比较少,N 多是饮食类,隐含的动词带有"制作"义,是 N 的施成角色,重建的 VP 通常是"N 机"的功用角色。如"包"是"饺子"的施成角色,"包饺子"则是"饺子机"的功用角色,"发送"和"接受"是"电报"的规约化属性。

饺子机:包饺子的机器　　　　饺子[施成角色:包]

号码机:打印号码的机器　　　号码[施成角色:打印]

幻灯机:放映幻灯的机器　　　幻灯[施成角色:放映]

电报机:发送和接收电报的机器　电报机[规约化属性:发送、
　　　　　　　　　　　　　　　　接收]

"面包机、面包器、蛋糕机"的功能多是"烤",也有的功能比较齐全,包括从和面到烤的整个制作过程,为了明确其功能,动词往往要出现,如"烤面包机""烤面包器"。

3.3　指情状的类词缀

"N 热"中隐含的动词可能是功用角色,也可能是施成角色,具体视 N 而定。但并不是所有 N 中的核心名词都可以提供一个具体的动词,重建一个具体的事件,只有那些典型的人造类名词才可以。如:

X 热:做某事的热潮

西服热:穿西服的热潮　　西服[功用角色:穿]

烤鸭热:吃烤鸭的热潮　　烤鸭[功用角色:吃]

足球热:踢足球的热潮　　足球[功用角色:踢]

汉语热:学习汉语的热潮　汉语[功用角色:学习]

公司热:办公司的热潮　　公司[施成角色:办]

中国热:　　　?

孔繁森热:学习孔繁森的热潮　孔繁森→榜样[功用角色:学习]

其实,"N 热"隐含的可能不止一个事件,而是所有与 N 所指事物相关的事件,具体的事件需要在上下文中来重建,但上述解释至少可以提供核心的事件,没有这个事件,其它事件都不存在。如"足球热"的核心事件是"踢足球",还涉及衍生事件"看足球比赛""学习踢足球"等。杨可人(2006)早就观察到,"汉语热"在具体的上下文中可以体现为"办汉语班""举行汉语教学讨论会"等事件,但这些事件的核心都是"学习汉语"。其实,即使是"V 热",也不只表达一个事件,例如"考托热"也不只是表现为考托福,还包括上托福班、买托福资料等。"中国"不是人造类名词,没有明确的施成角色和功用角色,因此"中国热"没有一个默认解释,需要上下文确定。可能指"到中国旅游的热潮",如例(5),也可能是"了解中国的热潮",如例(6)。

(5)问起中国热的原因,有人说,人们旅游的钱少了,选择也会更加谨慎,中国自然是最值得去的地方之一。

(6)越来越多的芬兰人希望了解中国,江主席的来访无疑将推动这场"中国热"。

如果 N 是人名,首先要指向一个普通名词,才可以大致了解与这个人相关的事件。如只有知道"孔繁森"是"榜样",才会理解"孔繁森热"隐含的事件主要是"学习孔繁森",因为"榜样"的功用角色是"学习"。其实,只要 N 所指的事物在人们的生活中受到极大关注或变得越来越重要,就可以进入"X 热"格式,"X 热"是个比较开放的格式,非常能产。

"N 风"与"N 热"类似,隐含的动词可能是 N 的施成角色,如"(办)车展风",也可能是 N 的功用角色,如"(穿)旗袍风"。但有些不容易补出出具体的动词,如"概念风、3G 风、奥运风、DV 风"。

3.4　小结

表 2：部分类词缀释义中涉及的物性角色

类词缀	物性角色		例词
	隐含谓词是 N 的	重建的 VP 是名词的	
N 家	功用、施成	功用	数学家、钢琴家、小说家
N 手	功用	功用	吉他手、篮球手、机枪手
N 师	施成、功用	功用	面包师、糕点师、钢琴师
N 员	规约化属性:负责	功用	行李员、资料员、警员
N 匠	功用、施成、规约化属性	功用	木匠、鞋匠、泥水匠
N 迷	功用	规约化属性	书迷、京剧迷、电视迷
N 族	功用	规约化属性	咖啡族、宝马族、西服族
N 鬼	功用	规约化属性	酒鬼、烟鬼、鸦片鬼
N 计	规约化属性:测量	功用	温度计、湿度计
N 机	施成、规约化属性	功用	豆浆机、号码机
N 场	功用、施成、规约化属性	功用	足球场、会场、机场
N 法	功用	功用	刀法、枪法、笔法
N 热	功用、施成	?	西服热、公司热
N 风	功用、施成	?	旗袍风、车展风

表 2 总结了部分类词缀释义中涉及的物性角色。从中我们可以得到以下结论：

1) 隐含谓词基本上可以从 N 的功用角色、施成角色或规约化属性获得，说明物性结构中的信息在释义中是很有效的，可以提供默认解释。有些具体的隐含事件需要上下文来明确，如"中国热"。

2) 不同的类词缀倾向于选择 N 的不同角色，说明类词缀的语义对释义有制约作用，如类词缀"-计"可以直接提供一个动词"测量"，"N 器、N 机"倾向于选择施成角色，而"N 手、N 迷、N 族、N 鬼"倾向于选择功用角色。不同的类词缀对隐含动词的约束力不同，如"-家、师"要求重建的 VP 是某种技能，相比之下，"-族""-热"则没有具体的要求。

3) 同一个类词缀也可能选择不同的角色，因 N 的语义类而定。

不管是什么角色,关键是要满足类词缀的语义要求,还与规约化有关。虽然"弹"和"写"分属"钢琴"和"小说"的不同角色(功能角色和施成角色),"弹钢琴"和"写小说"都是一种技能,符合"-家"的语义模式。"读"是"小说"的功能角色,"读小说"没有什么技术含量,不算一种技能,所以不能隐含,所以不是"小说家"中隐含的事件;"造"是"钢琴"的施成角色,"造钢琴"也是一种技能,但在社会中的地位没有"弹钢琴"高,所以"钢琴家"中隐含的不是"造钢琴"。

4)对人造类词缀而言,重建的 VP 多是名词的功用角色,如"弹钢琴""写小说"分别是"钢琴家""小说家"的功用角色。非人造类指人类词缀重建的 VP 是名词的规约化属性,如"读书""吸烟"分别是"书迷""烟鬼"的规约化属性。

四　结论

基于生成词库理论,本文把部分类词缀的用法与事件强迫联系起来,并对此做了全面、系统的分析,从而把前人提到的一些零散现象做了统一的解释,并进一步解决了两个尚存的问题。说明什么样的类词缀与谓词隐含有关,隐含的谓词从哪儿来。研究结果显示:

1)能触发事件强迫的类词缀大都是后置的,形式上表现为既能黏附在动词性成分 V 后,也能黏附在名词性成分 N 后,语义上与事件活动密切相关,包括指人、指物和指情状三类。其中前两类构成的多是施事名词,不能是受事名词,而且这些施事名词倾向于是高度范畴化的人造类名词、恒常性名词。

2)隐含的谓词基本上是名词的功用角色、施成角色或规约化属性,具体选择哪种角色受类词缀语义的制约,也与前附名词性成分 N 的语义类有关。

　　本文主要考察了与事件强迫相关的类词缀，其实，这一方法可以进一步扩展应用到"名＋名"复合词或者短语的释义中，如"N 桌（书桌、台球桌）""N 具"（茶具、烟具）、"N 刀（水果刀、指甲刀）""N 车（煤车、货车）""N 厂（化肥厂、服装厂）"等。本文只是一个初步的尝试，希望能起到抛砖引玉的作用，推进生成词库理论在汉语构词、语义研究中的应用。

参考文献

曹大为　2007　"族"的类词缀化使用分析，《山东社会科学》第 5 期。

董秀芳　2004　《汉语的词库与词法》，北京：北京大学出版社。

郭良夫　1983　现代汉语的前缀和后缀，《中国语文》第 4 期。

李　华　2003　现代汉语表人名词后缀、类后缀考察，北京语言文化大学硕士学位论文。

李宇明　1999　词语模，载邢福义主编《汉语法特点面面观》，北京：北京语言文化大学出版社。

吕叔湘　1979　《汉语语法分析问题》，北京：商务印书馆。

马庆株　1998　《汉语语义语法范畴问题》，北京：北京语言文化大学出版社。

宋培杰　2002　浅析"亲属称谓名词"的类词缀化及构成新词的特点，《语言研究》特刊。

王洪君、富　丽　2005　试论现代汉语的类词缀，《语言科学》第 5 期。

王茂春　2005　现代汉语后缀"者"构词规律的初步研究，四川大学硕士学位论文。

王希杰　2002　"X 热"和"中国的 X"，《柳州职业技术学院学报》第 4 期。

杨可人　2006　现代汉语类后缀的语法语义研究，北京语言大学硕士学位论文。

尹海良　2007　现代汉语类词缀研究，山东大学博士学位论文。

于根元主编　1994　《现代汉语新词词典》，北京：北京语言学院出版社。

曾立英　2008　现代汉语类词缀的定量与定性研究，《世界汉语教学》第 4 期。

赵　国　2007　"X 族"的语言学分析，《云南师范大学学报》第 6 期。

中国社会科学院语言研究所词典编辑室编　1996《现代汉语词典》（修订版），北京：商务印书馆。

Asher, Nicholas and James Pustejovsky. 2005. Word meaning and commonsense metaphysics. Unpublished manuscrip. http://semanticsarchive. net/Archive/ TgxMDNkM/asher-pustejovsky-wordmeaning. pdf.

Asher, Nicholas and James Pustejovsky. 2006. A type cmposition logic for generative lexicon. *Journal of Cognitive Science* 7(1), 1—38.

Pustejovsky, James. 1991. The generative lexicon. *Computational Linguistics* 17 (4), 409—441.

Pustejovsky, James. 1995. *The Generative Lexicon*. Cambridge, MA: MIT Press.

Pustejovsky, James. 2001. Type construction and the logic of concepts. In Pierrette Bouillon and Federica Busa (eds.), *The Language of Word Meaning*, 91— 123. Cambridge: Cambridge University Press.

Pustejovsky, James. 2006. Type theory and lexical decomposition. *Journal of Cognitive Science* 6, 39—76.

Pustejovsky, James and Elisabetta Jezek. 2008. Semantic coercion in language: beyond distributional analysis. *Italian Journal of Linguistics* 20(1), 181—214.

Rosch *et al.* 1976. Basic objects in natural categories. *Cognitive Psychology* 8, 382—439.

Taylor, John. 1989. *Linguistic Categorization: Prototypes in Linguistic Theory*. Oxford: Clarendon Press.

生成词库理论的类型系统建构*

——以事件名词为例

王珊　黄居仁

提要　在生成词库理论中,自然类与非自然类有显著的差异。本文以事件名词为例,通过探讨自然类与非自然类这大两类的子类,首次完善了生成词库理论的类型系统。该研究表明自然类可以细分为自然型和自然复合型,非自然类可以细分为人工型和人工复合型。这一新的分类体系不但丰富了生成词库理论的类型系统,而且有助于探索不同类型事件名词的属性。

关键词　生成词库　类型系统　事件名词

---

* 英文原文出处:Shan Wang and Chu-Ren Huang. 2012. Type construction of event nouns in mandarin Chinese. In *Proceedings of the 26th Pacific Asia Conference on Language, Information and Computation(PACLIC 26)*,582—591。收入本书时略有修订。本文是王珊的博士学位论文的一部分,感谢 James Pustejovsky 教授在王珊赴美国 Brandeis University 做访问科学家期间对其论文提出的建议。文中疏漏,由作者负责。

一　引　言

　　事件名词一直是汉语研究的热点(马庆株,1995;王惠、朱学锋,2000;储泽祥,2000;韩蕾,2010b;Wang and Huang,2011a、2011b、2011c、2012a、2012b、2012c、2012d、2012e、2013a、2013b、2013c)。但是目前对事件名词分类的研究主要是基于其语义类(刘顺,2004;韩蕾,2004;王彦卿,2010;钟鸣,2010;韩蕾,2010a)。这样的分类掩盖了不同类别事件名词的共同特征,不利于探讨其共性。

　　由于自然类和非自然类在诸多方面有显著的差异(Pustejovsky,2001、2006;Pustejovsky and Jezek,2008),本文拟以事件名词为例,通过探讨自然类和非自然类的子类来完善生成词库理论的类型系统。

　　本研究收集的语料主要来自"中研院"平衡语料库[①](Chen et al.,1996)和中文十亿字语料库(Huang,2009),并通过汉语词汇速描系统[②](Huang et al.,2005)来访问这两个语料库。个别语料则是通过搜索引擎谷歌和百度从网上收集所得。

二　相关研究

　　Pustejovsky(2001、2006)和 Pustejovsky and Jezek(2008)建立了基于三个上层概念的类型系统,它们分别是实体(entity),事件(event)和性质(quality)。通过物性结构特征,每个概念被分成三

---

① 　http://db1x.sinica.edu.tw/kiwi/mkiwi/

② 　http://wordsketch.ling.sinica.edu.tw/

种类型。实体包括三类:(a)自然类:谓项(predication)来自物质领域,指向形式角色或构成角色;(b)人工类:谓项指向施成角色或功用角色;(c)复合类:由点事物构成的笛卡尔型。同样,关系域(事件)和属性域(性质)也包括三类:(a)自然事件:谓项或关系的论元只来自物质域,如形式角色和构成角色;(b)人工事件:至少一个谓项或关系的论元是函数类型,如指向施成角色或功用角色;(c)复合事件:谓项或关系的至少一个论元是复合型,如由点事物构成的类型。

Pustejovsky(2006)进一步利用三种语言诊断模式来区分自然类与非自然类:(a)名词谓项(Nominal Predication):普通名词做谓项的情况;(b)形容词谓项(Adjectival Predication):修饰名词的形容词如何解释;(c)强迫上下文的解释(Interpretation in Coercive Contexts):含普通名词的名词短语在强迫上下文中如何解释。如表1所示,这些诊断显示出自然类与非自然类有着根本的区别。

表 1:自然类与非自然类的诊断

类型	诊断模式	自然类	非自然类
名词谓项	单独做谓项	是	是
	名词共同谓项	否	是
	and-therefore 构式	是	是
形容词谓项	形容词修饰	修饰名词中心语时无歧义	修饰名词中心语的某个方面而不是事物,有歧义
强迫上下文的解释	强迫上下文中对名词短语的选择	名词短语无先验信息来进行类型强迫	名词短语在强迫的上下文中有默认的解释

Pustejovsky(2006)的研究只对自然类与非自然类的实体名词进行了测试,下面我们用这些诊断模式来测试自然类与非自然类的事件名词,如(1)—(4)所示。

（1）a. 这是地震。

　　　b.！这是地震和海啸。

　　　c. 这是地震，所以是自然灾害。

（1）显示了自然类事件名词作谓项的情况。(a)中"地震"单独做谓项时句子合法。(b)中两个自然类事件名词同时做谓项，出现了互相矛盾的情况，因而不合法，这与 Pustejovsky（2006）讨论的实体名词的情况相同，即需要谓项唯一。(c)中"地震"是"自然灾害"的子类，所以(c)是可以接受的。

（2）a. 这是婚礼。

　　　b. 这是婚礼和宴会。

　　　c. 这是婚礼，所以是社会活动。

（2）显示了非自然类事件名词做谓项的情况。这类词可以单独做谓项或联合做谓项，如(2a)和(2b)所示。(2a)告诉我们这是什么活动，(2b)可以理解为有婚礼和宴会功能的活动。(2c)中"婚礼"是"社会活动"的子类，因此用"所以是"来连接他们时，该句子合法。

（3）a. 猛烈的地震

　　　b. 很长的早餐

（3）显示了形容词修饰自然类与非自然类事件名词的情况。(3a)中形容词"猛烈"修饰地震的强度，没有歧义；(3b)中形容词"长"既可以指吃饭的时间，也可以指食物本身的尺寸长（这种理解显得不大自然），所以(3b)有歧义。

（4）a.！他们开始了风。

　　　b. 他们开始了体操比赛。

（4）显示了自然类与非自然类事件名词在强迫性上下文中的不同。(4a)中，自然类事件名词"风"没有先验信息进行类型强迫，所以句子听上去很奇怪。(4b)中，非自然类事件名词"体操"通过施成角色抽取获得了表演体操的解读。

（1）—（4）的例子表明事件名词在自然类与非自然类的区分上存在显著的差异，与实体名词的情况相同。然而，Pustejovsky（2006）对名词共同做谓项和形容词修饰作用的描述不够全面。首先，我们看看名词共同做谓项的情况。尽管非自然类名词可以共同做谓项，但并不是任何该类名词都具有这一特性，如（5）所示。

（5）！这是钢笔和桌子。

笔是又长又细的书写工具，桌子是有光滑的平板、由腿或其它支撑物固定起来的家具。很难想象存在这样一个物体：同时拥有笔和桌子的外形或功能。所以名词共同做谓项的基础是几个名词从不同的角度描写同一事物的不同形状（形式角色）或功能（功用角色）。这一结论对事件名词也同样适用，如（6）所示。

（6）！这是战争和海水浴。

战争是各方长期的暴力斗争，而海水浴是一种在海水中洗澡的方式。这两个人工类事件的差异之大使它们难以共同做谓项来描述同一个社会事件。

其次，并不是所有情况下自然类在受形容词修饰时，都没有歧义，如（7）所示。

（7）大雨

（7）中形容词"大"可以指自然类的雨滴，也可以指下雨的事件。这是因为"雨"是复合类，它本身具有歧义性。

另外，形容词对非自然类的修饰并非一定会导致后者出现歧义，如（8）所示。

（8）白色的墙

（8）中形容词"白色"修饰人工类"墙"，表达的意思是墙是白色的，这里没有歧义。

基于上述分析,我们对 Pustejovsky(2006)中关于名词共同做谓项和形容词修饰的条件做了修正。(a)非自然类的名词共同做谓项:要求这些名词都具有被描述事物的某一特征,比如其形式角色、功用角色。(b)形容词修饰复合型自然类名词时,该构式可能存在歧义,如(7)所示。当形容词修饰非自然类名词时,该构式不一定有歧义,如(8)所示。

本节的研究显示出自然类和非自然类有不同的特征。在此基础上,下一节将以事件名词的自然类和非自然类为例,利用平衡语料库,讨论生成词库理论的类型系统。

三 生成词库理论的类型系统
(以事件名词为例)

以前对事件名词的分类常以语义范畴为标准,分为自然现象、战争、会议、竞赛、娱乐、庆典类等(刘顺,2004;韩蕾,2004;王彦卿,2010;钟鸣,2010;韩蕾,2010a)。然而此分类掩盖了不同事件名词的共同属性。比如,战争、会议、比赛都是非自然类,它们比自然类事件名词有更多的共同属性。本部分将以事件名词的自然类和非自然类为例,讨论生成词库理论的类型系统。

3.1 自然类:自然型和自然复合型

虽然直觉上许多自然类事件都有事物表现形式,但是这些形式未必会在语言上表现出来。例如地震是由地壳释放能量的地震波引起的,但表 2 - 表 4 的语料显示,在实际的语言表达中,地震只有作为事件的解读,而作为事物表现形式的地震波解读并不存在。

首先,地震受量词修饰的情况。表 2 归纳了在"中研院"平衡语料库中地震受量词修饰的所有情况。所有这些量词都是事件量词,而事件量词是只能选择事件名词的（Huang and Ahrens，2003；Wang and Huang，2011c），因而地震在此处具有的都是事件解读。

表 2："中研院"平衡语料库中修饰"地震"的量词

classifier	Frequency	Salience
次	59	39.04
级	5	16.16
场	3	9.15
起	1	4.44

其次，地震做主语时，能做其谓语的词的情况。表 3 是地震做主语时，在"中研院"平衡语料库中频率大于或等于 2 的谓语情况。

表 3："中研院"平衡语料库中"地震"做主语时的谓语（频率≥2）

Subject_of	Frequency	Salience
发生	18	22.29
造成	19	21.71
模拟	5	17.06
继续	9	15.48
引致	2	12.47
破坏	4	11.87
释放	2	9.4
停止	2	7.54
导致	2	6.5
影响	2	4.1
来	2	2.3

由表 3 可见，第一个动词"发生"是"地震"最显著的谓语，它是一个选择事件做主宾语的动词（如表 4 所示：该表总结了"发生"的主语分布情况，它们或者本身是事件名词，或者通过类型强迫带来事件解读。如"事件""事故""车祸"本身就表示事件，"问题"虽然是实体名词，但当它与"发生"结合时，通过类型强迫有了事件解读）。因此，表 3 中"发生"的主语是地震时，"地震"有事件解读，而不是地震波的解读。

表 4："中研院"平衡语料库中"发生"的主语(频率≥5)

Subject	Frequency	Salience
事件	52	27.38
地震	18	21.78
事故	13	20.53
事情	27	20.36
悲剧	11	19.24
情形	23	18.39
事	29	16.42
车祸	6	14.18
意外	7	12.12
现象	11	11.81
情况	11	10.49
案	5	8.83
状况	6	7.81
问题	12	6.36
行为	5	5.96

　　与"发生"相同,表 3 中的谓语"造成、继续、引致、破坏、停止、导致、来"只选择"地震"表示事件这一解读,而不是地震波。谓项"模拟、释放、影响"既可以选择事件,也可以选择地震波做主语,所以它们的选择状态不确定。

　　再次,"地震"做宾语时,能做其谓语的词的情况,如表 5 所示。

表 5："中研院"平衡语料库中"地震"做宾语时的谓语

Object_of	Frequency	Salience
发生	10	19.07
触发	2	13.58
观看	2	10.58
引发	2	8.47
等	2	8.09
经过	2	6.93
造成	2	5.75

　　这些动词大多数是事件选择性动词,如"发生、触发、引发、经过、

造成"。它们预示其宾语"地震"表达事件。虽然"观看"可以选择实体名词,但地震波不可见,所以它不可能选择地震波,只能选择事件解读。

综上所述,上文提供了三个证据来显示"地震"的具体解读即事件或实体。(a)"地震"的量词都是事件量词;(b)"地震"做主语时,它的谓项除了"模拟、释放、影响"既可选择事件也可选择实体外,其他谓语都是事件选择性动词;(c)"地震"做宾语时,除了"等"既可选择事件又可选择实体外,其他也都是事件选择性动词。这些证据表明没有动词仅仅只能选择"地震"的地震波解读,而不可选择其事件解读。因而从语言表现上看,"地震"虽然作为自然类,但在实际的语言表达上事件的解读更加显著。

与地震不同的是,自然现象"雪"在语言表现上既可以表示事件,也可以表示实体,如表 6 表 8 所示。

首先,让我们看看适用于"雪"的量词。表 6 是"雪"在"中研院"平衡语料库中的全部量词情况。最右边一列我们标注了量词对"雪"的语义的选择。

表 6:"中研院"平衡语料库中修饰"雪"的量词

Classifier	Frequency	Salience	雪
场	5	16.84	event
堆	2	11.36	physobj
次	2	7.37	event
捧	1	7.17	physobj
团	1	6.64	physobj
把	1	6.43	physobj
重	1	6.17	physobj
层	1	5.86	physobj
片	1	5.36	physobj

事件量词"场"和"次"显示"雪"表达事件。而"堆、捧、团、重、层、片"都是个体量词,选择实体,因此显示的是"雪"的实体解读,即"雪花"。

其次,"雪"做主语时,可以作其谓语的动词的情况,如表 7 所示。最右边一列我们标注了动词对"雪"的语义的选择。

表 7:"中研院"平衡语料库中"雪"做主语时的谓语(频率≥2)

Subject_of	Frequency	Salience	雪
纷飞	4	20.95	physobj
落下	3	15.8	physobj
停	3	13.13	event
下	4	12	event
停止	3	11.43	event
覆盖	2	10.81	physobj
埋	2	10.36	physobj
来临	2	10.17	event
封	2	9.03	physobj
来	3	4.83	event

"纷飞、落下、覆盖、埋、封"描写的是"雪"作为实体"雪花"的解读,而"停、停止、下、来临、来"描写的是"雪"作为"事件"的解读。

再次,"雪"做宾语时,可以作其谓语的动词,如表 8 所示。最右边一列我们标注了动词对"雪"的语义的选择。

表 8:"中研院"平衡语料库中"雪"做宾语时的谓语(频率≥2)

Object_of	Frequency	Salience	雪
赏	12	27.33	event · physobj, or physobj
下	9	19.27	event
玩	6	15.74	physobj
看	9	12.42	event · physobj, or physobj
躲避	2	11.43	event
夹	2	9.89	physobj
冒	2	9.87	event
降	2	9.86	event
避	2	9.82	event
落	2	9.68	event · physobj
像	2	5.15	physobj
无	2	4.94	event · physobj, or physobj

"玩、夹、像"指向的是"雪"作为实体"雪花"的解读,而"下、躲避、冒、降、避"指向的是"雪"作为"事件"的解读。"落"描写的是"雪"作为点事物"下雪·雪花"的解读。"赏、看、无"既可以指向点事物"下雪·雪花",也可以只指"雪花"。另外,"雪"作为事件和实体的解读可以同时在一个句子中呈现,如(9)。

(9) 这场下了三天三夜的大雪覆盖了整片森林。

该句子中事件量词"场"显示"雪"是事件,而"覆盖"通常选择实体,如(10)所示。该句子中"杂草"是实体而不是事件。因此,可以推断"覆盖"选择"雪"作为"雪花"的解读。

(10) 豆苗被杂草覆盖。

上述三个证据表明从语言表现上看,"雪"既可以指"下雪"的事件,也可以指"雪花"这一实体。具体情况如下:(a)修饰"雪"的量词既有事件量词,又有个体量词;(b)"雪"做主语时,其谓语既可以指向"下雪"的事件,也可以指向"雪花";(c)"雪"做宾语时,其谓语选择"下雪""雪花"或点事物"下雪·雪花"。像"雪"这样在一个自然类的词中包含多种解读的词,我们把它们归为自然复合型。

综上所述,自然类可以分为自然型和自然复合型两类。现代汉语中,从语言运用来看,"地震"只指事件,所以是典型的自然型,而"雪"既可以指事件也可以指实体,所以是自然复合型的例子。

3.2　非自然类:人工型和人工复合型

本部分以表示社会活动的词为例来谈非自然类。某些社会活动如战争、比赛是人工型,如(11)、(12)所示。

(11) 这场 *旷日持久* 的 <u>战争</u> 不仅造成严重的人员伤亡和财产损失,而且成为影响俄社会稳定与安宁的重要因素。

(12) 马拉松式的 <u>比赛</u> 及火热气温是球员体力和球技的大考验。

(11)中"旷日持久"修饰"战争",(12)中"马拉松式"修饰"比赛",这两个修饰语分别指"战争"的时长和"比赛"的时长,证明"战争"和"比赛"都是事件名词(Wang,2012;Wang and Huang,2012)。其他的一些社会活动,比如演讲(事件·信息)、音乐会(事件·音乐)、早餐(事件·实体)、分析(过程·结果)有多种解读,所以都是复合型。例如,(13)中"场"是事件量词,显示了"演讲"是事件,而"很有意义"指的是"演讲"的信息,所以"演讲"是点事物"事件·信息"。

(13) 这*场演讲*很有意义。

综上所述,非自然类事件名词可以分为人工型和人工复合型。比如"战争"只有事件解读,所以是人工型;"演讲"既有事件解读,也有信息解读,所以是人工复合型。

3.3　识别复合型的结构

Pustejovsky and Jezek(2008)认为,共同做谓项是复合类的特征。除此之外,本文认为关联词也可以用来识别汉语的复合型,比如既……又……,不但……而且……,(虽然)……但是……,又……又……等。

(14)、(15)分别是自然复合型和人工复合型的例子。(14)中"密"指的是"雪"的"雪花"的解读,"急"暗示"雪"的解读是"下雪"。关联词"又……又……"将这两个解读连在一起,所以"雪"是自然复合型。(15)中"冗长"指"早餐"的解读是"吃早餐"这一事件,"好吃"指的是"早餐"的"食物"实体的解读。连接词"虽然……但是……"把它们联系在一起,证明"早餐"是人工复合型。

(14) 好大的*雪*,又密又急。

(15) 这次*早餐*虽然很冗长,但是很好吃。

尽管共同做谓项是复合型的重要特征,但它并不是必要特征。

(16)是 Pustejovsky(2005)的例子：

　　(16) appointment(Event・Human)

　　　　a. Your next appointment is at 3:00 pm.

　　　　b. Your next appointment is a blonde.

Appointment 在(16a)中指的是事件，在(16b)中指的是人。这两个解读不能共同做谓项。

四　结论

通过运用语料库对事件名词的研究，本文发现自然类可以分为自然型和自然复合型，非自然类可以分为人工型和人工复合型，如表9所示。

表9：事件名词分类

事件名词	Natural Kinds 自然类	Natural Types 自然型
		Natural Complex Types 自然复合型
	Non-Natural Kinds 非自然类	Artifactual Types 人工型
		Artifactual Complex Types 人工复合型

表9亦可以表10的方式来展示，以适应 Pustejovsky(2001,2006)and Pustejovsky and Jezek(2008)的三分式。表10中事件名词分为自然型、人工型和复合型（包括自然复合型和人工复合型）。

表10：事件名词的三分式类型系统

Event Nouns 事件名词	Natural Types 自然型	
	Artifactual Types 人工型	
	Complex Types 复合型	Natural Complex Types 自然复合型
		Artifactual Complex Types 人工复合型

表10显示同一语义类的事件名词可以属于不同的生成词库类型系统。例如表示自然现象的事件名词可以是自然型也可以是自然复

合型,表示社会活动的事件名词可以是人工型也可以是人工复合型。

　　本研究将生成词库理论类型系统中的复合型进一步区分为自然复合型和人工复合型。这一发现首次丰富了生成词库理论的类型系统,不仅解决了"自然类和人工类"与"复合类"存在交叉的情况,而且有助于进一步研究不同类型事件名词及类型系统中其他词类的特点。

参考文献

储泽祥　2000　名词的时间适应性情况考察,《面临新世纪挑战的现代汉语语法研究:'98 现代汉语语法学国际学术会议论文集》。济南:山东教育出版社。

韩　蕾　2004　现代汉语事件名词分析,《华东师范大学学报》(哲学社会科学版)第 5 期。

韩　蕾　2010a　事件名词的界定,香港:第十六次现代汉语语法学术研讨会。

韩　蕾　2010b　试析事件名词的词类地位,《宁夏大学学报》(人文社会科学版)第 1 期。

刘　顺　2004　普通名词的时间性研究,《语言教学与研究》第 4 期。

马庆株　1995　指称义动词和陈述义名词,《语法研究和探索》(七)(139—152页)。北京:商务印书馆。

王　惠、朱学锋　2000　现代汉语名词的子类划分及定量研究,《面临新世纪挑战的现代汉语语法研究:'98 现代汉语语法学国际学术会议论文集》。济南:山东教育出版社。

王彦卿　2010　时量成分与事件名词的组配研究(硕士学位论文),武汉:华中师范大学。

钟　鸣　2010　汉英事件名词比较(硕士学位论文),南昌:南昌大学。

Chen, Keh-Jiann, Chu-Ren Huang, Li-Ping Chang, and Hui-Li Hsu. 1996. Sinica corpus: Design methodology for balanced corpora. In B.-S. Park and J.-B. Kim (Eds.), *Proceedings of The 11th Pacific Asia Conference on Language, Information and Computation* (PACLIC-11) (Vol. 167, pp. 167—176). Kyung Hee University, Seoul.

Huang, Chu-Ren. 2009. Tagged Chinese Gigaword Version 2.0. from http://

www. ldc. upenn. edu/Catalog/catalogEntry. jsp? catalogId＝LDC2009T14

Huang, Chu-Ren, and Kathleen Ahrens. 2003. Individuals, Kinds and Events: Classifier Coercion of Nouns. *Language Sciences*, 25(4), 353—373.

Huang, Chu-Ren, Adam Kilgarriff, Yiching Wu, Chih-Ming Chiu, Simon Smith, Pavel Rychly, Ming-Hong Bai, and Keh-Jiann Chen. 2005. Chinese Sketch Engine and the extraction of grammatical collocations. *Proceedings of the Fourth SIGHAN Workshop on Chinese Language Processing* (pp. 48—55). Jeju Island, Korea.

Pustejovsky, James. 2001. Type construction and the logic of concepts. In Pierrette Bouillon and F. Busa (Eds.), *The Language of Word Meaning* (pp. 91—123). New York: Cambridge University Press.

Pustejovsky, James. 2005. *A survey of dot objects*. Technical report. Brandeis University.

Pustejovsky, James. 2006. Type theory and lexical decomposition. *Journal of Cognitive Science*, 7(1), 39—76.

Pustejovsky, James, and Elisabetta Jezek. 2008. Semantic coercion in language: Beyond distributional analysis. *Distributional Models of the Lexicon in Linguistics and Cognitive Science*, *special issue of Italian Journal of Linguistics/Rivista di Linguistica*.

Wang, Shan. 2012. *Semantics of Event Nouns*. (Ph. D), The Hong Kong Polytechnic University, Hong Kong.

Wang, Shan, and Chu-Ren Huang. 2011a. Compound event nouns of the 'modifier-head' type in mandarin Chinese. In H. H. Gao and M. Dong (Eds.), *Proceedings of The 25th Pacific Asia Conference on Language*, *Information and Computation* (*PACLIC* —25) (pp. 511—518). Nanyang Technological University, Singapore.

Wang, Shan, and Chu-Ren Huang. 2011b. Derived event nouns in mandarin Chinese. Paper presented at the The 7th LSHK Postgraduate Research Forum on Linguistics (PRFL—7), City University of Hong Kong.

Wang, Shan, and Chu-Ren Huang. 2011c. Event classifiers and their selected nouns. Paper presented at the The 19th Annual Conference of the International Association of Chinese Linguistics (IACL—19), Nankai University, Tianjin, China.

Wang, Shan, and Chu-Ren Huang. 2012a. A constraint-based linguistic model for event nouns. Paper presented at the Forum on "Y. R. Chao and Linguistics",

Workshop of The 20th Annual Conference of the International Association of Chinese Linguistics (IACL—20), The Hong Kong Institute of Education, Hong Kong.

Wang,Shan,and Chu-Ren Huang. 2012b. Light verbs and their selected nouns. Paper presented at the XIX Biennial Conference of the European Association of Chinese Studies (EACS—19),Paris,France.

Wang,Shan,and Chu-Ren Huang. 2012c. A preliminary study of an event-based noun classification system. In Y. He and D. Ji (Eds.), *The 13th Chinese Lexical Semantics Workshop (CLSW—13)* (pp. 4—9). Wuhan University,China.

Wang,Shan,and Chu-Ren Huang. 2012d. Qualia structure of event nouns in mandarin chinese. Paper presented at the The Second International Symposium on Chinese Language and Discourse,Nanyang Technological University,Singapore.

Wang,Shan,and Chu-Ren Huang. 2012e. Temporal properties of event nouns in mandarin Chinese. Paper presented at the The 57th Annual International Linguistic Association Conference (ILA—57),Borough of Manhattan Community College,City University of New York,New York,USA.

Wang, Shan, and Chu-Ren Huang. 2013a. Aspectualizers and their selected nouns. Paper presented at the The 21st Annual Conference of the International Association of Chinese Linguistics (IACL—21), Taiwan Normal University, Taiwan.

Wang, Shan, and Chu-Ren Huang. 2013b. The semantic type system of event nouns. In S. Z. Jing (Ed.), *Increased Empiricism:Recent Advances in Chinese Linguistics* (Vol. 2,pp. 205—221). Amsterdam/Philadelphia:John Benjamins Publishing Company.

Wang,Shan, and Chu-Ren Huang. 2013c. Towards an event-based classification system for non-natural kind nouns. In D. Ji and G. Xiao (Eds.),*Chinese Lexical Semantics* (pp. 381—395). Berlin Heidelberg:Springer.

Wang,Shan, Chu-Ren Huang, and Hongzhi Xu. 2012. Compositionality of NN compounds:A case study on [N_1 + Artifactual-Type Event Nouns] *Proceedings of The 26th Pacific Asia Conference on Language, Information and Computation (PACLIC—26)* (pp. 70—79). Bali:Faculty of Computer Science,Universitas Indonesia.

四　资源建设

汉语名词物性结构的描写
体系和运用案例*

袁毓林

提要 本文首先介绍生成词库理论为词项设计的四种语义表达平面(论元结构、事件结构、物性结构、词汇继承结构),着重讨论了其中的物性结构,追溯物性角色的哲学渊源(即亚里士多德的"四因说")。然后,根据汉语名词在文本中基本的组合方式、搭配习惯和语义解释,提出了一种汉语名词的物性结构的描述体系,定义了十种物性角色(形式、构成、单位、评价、施成、材料、功用、行为、处置和定位),并且给出名词"水、椅子"的物性结构的描述样例。最后,展示了用名词的物性结构知识来分析汉语复杂的句法、语义现象的五个研究案例(隐含谓词、有价名词、中动句、话题结构、准定语句)。文末还附录了亚里士多德三种著作对于四因(质料因、形式因、动力因、目的因)的论述。

关键词 生成词库理论 语义表达平面 物性结构 物性角色 亚里士多德的四因说

---

* 原文载于《当代语言学》2014 年第 1 期。本课题的研究得到国家社科基金重大招标项目《汉语国际教育背景下的汉语意合特征研究与大型知识库和语料库建设》(批准号:12&ZD175)的资助,还承周韧教授跟我多次讨论,谨此致以诚挚的谢意。

一　生成词库理论的物性结构
及其哲学渊源

　　物性结构(qualia structure)作为一种语言知识的表达平面,源于 Pustejovsky(1995)等倡导的生成词库理论(generative lexicon theory)。生成词库理论通过为词项建立多层面的语义表达和语义分类系统,尝试来回答下列经验上的难题①:

　　(1)词怎样能够在不同的语境中具有不同的意义(meanings)?

　　(2)新的义项(senses)怎样能够在组合时浮现出来(emerge)?

　　(3)语义类型怎样可预测地映射到语言的句法形式上?

　　为了解释词的不同意义及其在上下文中的创新用法,生成词库理论为词项设计了下列四种语义表达平面②:

　　(1)论元结构(argument structure):指定逻辑论元的数目和类型以及如何实现到句法平面;

　　(2)事件结构(event structure):定义一个表达的事件类型及其子事件结构,说明哪个事件是核心事件、事件发生的先后顺序;事件类型有状态(state,比如"like")、过程(process,比如"run")和转变(transition,比如"build")等;

　　(3)物性结构(qualia structure):指出一个词项的述谓意义的结构差别,主要描写词项所指对象(object,下面简称:物体)由什么构成、指向什么、怎样产生的以及有什么用途和功能(或目的);

　　(4)词汇继承结构(lexical inheritance structure):识别一个词

---

① 　详见 Pustejovsky(1998),p. 289。

② 　根据 Pustejovsky(1995、1998)的相关内容综合而成。

汇结构怎样跟类型网格(type lattice)中的其他结构相联系,并对整个词库系统的组织做出贡献。

这种静态的语义结构系统是为动态的语义运作系统服务的,一组生成机制连接这四个平面,为语境中的词提供组合性解释。这些机制包括类型强制(type coercion)、次级选择(subselection)和共同组合(co-composition)。

物性结构是词库中各种生成属性的核心,它为造成带有连接性质的越来越特定的概念提供了一般的策略。生成词库理论假定词的意义是基于下列这四个生成因素(即物性特征[qualia],或称物性角色[qualia roles])建构起来的,这些因素抓住了人类怎样理解世界上的事物和关系,并为词项的语法表现提供了最简解释[①]:

[1] 形式[角色](formal):在一个更大的领域中辨认出一个物体的基础范畴,它描写物体在更大的认知域中区别于其他物体的属性,包括物体的大小(magnitude)、形状(shape)、维度(dimensionality)、颜色(color)和方位(orientation)等;藉此,可以把一种物体跟周围的其他物体区别开来;

[2] 构成[角色](constitutive):描写一个物体跟其各构成部分的关系,包括材料(material)、重量(weight)、部分和组成成分等;也描写物体在更大的范围内构成或组成哪些物体。比如,house 的构成角色说明房子由砖头等物质构成,hand 的构成角色说明手是身体的一部分;

[3] 功用[角色](telic):描写物体的用途(purpose)和功能(function),有两种:(1)直接功用(direct telic),人可以跟某种物体发

---

① 根据 Pustejovsky (1995、1998)、袁毓林(2008)、张秀松等(2009)和宋作艳(2011)等的相关内容综合而成。

生直接的联系；比如，啤酒是供人喝的，beer 的功用角色是 drink，可以直接构成述宾结构 drink beer；(2)间接功用(indirect telic,or purpose telic)，指某个物体可以用来协助完成某个活动，比如 knife 的功用角色是 cut，可以通过介词引导来连接，如：cut with a knife；功用角色还描写人的社会功用，表人词语的功用角色说明其指称对象有什么社会功用；比如，角色定义型名词"打印员"的功用角色说明打印员是专门提供打印服务的人；

[4]施成[角色](agentive)：涉及物体的来源或产生的因素，说明物体是怎样形成的，如创造、因果关系等；比如，书是作者写出来的，那么 book 的施成角色为写；场景定义型名词"乘客、原告"的施成角色就分别是乘车或乘机活动和控告活动，是这些具体场景下的活动使某人成为乘客或原告。

值得注意的是，早期理论中的"词汇继承结构"，旨在说明一个词项的语义结构如何在语义类型网格中跟其他词项的语义结构相关联，并最终对其语义产生影响。其中，一个词可以有多个上层继承特征。比如，dictionary(词典)在类型网格中继承了 reference(参考书)的功用角色 consult(参考)，继承了 compiled_matter(编纂物)的施成角色 compile(编纂)，还继承了 book 的形式角色 hold(physical_object hold information)，但却未继承其功用角色 read(读)，倒是 play(剧本)继承了这一角色。比如，consult a dictionary 和 read a play 是自然的表达形式，而 read a dictionary 和 consult a play 是不自然的表达形式。词汇继承还指支配成分从被支配成分的物性中临时获得一些意义，以推导出整个格式义的过程。比如，a good knife 中 good 从 knife 的 TELIC 中继承了 for cutting 义。但是，在后期理论中，把"词汇继承结构"改为"词汇类型结构"(lexical typing structure)。主要根据物性结构中的功用角色，把词汇(名词、动词、形容词,等等)的类型分为自然类(natural types)、人造类(artifactual types)和复合类(complex types),从而形成三分的概念网格[1]。

生成词库理论还提出了形式化的词义描写框架和与之相配套的可计算的词义表达式,这特别有利于应用到面向内容计算的语义资源的建设工程上。例如:

利用物性结构,可以把一个词项α的简单的图式描写,展示如下[2]:

$$
\begin{bmatrix}
\alpha \\
\text{ARGSTR} = [\text{ARG}_1 = x] \\
\cdots \\
\text{QUALIA} =
\begin{bmatrix}
\text{CONST} = \textbf{what } x \textbf{ is made of} \\
\text{FORMAL} = \textbf{what } x \textbf{ is} \\
\text{TELIC} = \textbf{function of } x \\
\text{AENTIVE} = \textbf{how } x \textbf{ came into being}
\end{bmatrix}
\end{bmatrix}
$$

利用这种图式结构,可以把 book 的词义结构描述如下[3]:

$$
\begin{bmatrix}
\textbf{book} \\
\text{ARGSTR} =
\begin{bmatrix}
\text{ARG}_1 = \textbf{y:info} \\
\text{ARG}_2 = \textbf{x:phys\_obj}
\end{bmatrix} \\
\text{QUALIA} =
\begin{bmatrix}
\textbf{info} \cdot \textbf{phys\_obj} \\
\text{FORM} = \textbf{hold(x,y)} \\
\text{TELIC} = \textbf{read(e,w,x.y)} \\
\text{AGENT} = \textbf{write(e',v,x.y)}
\end{bmatrix}
\end{bmatrix}
$$

可以粗略地翻译为下面的逻辑表达式:

$$
\lambda x \cdot y \; \exists e' \exists v \; [book \; (x : \text{phys\_obj} \cdot y : \text{info}) \wedge hold(x,y) \wedge \lambda w \; \lambda e \; [read(e,w,x \cdot y)] \wedge [write(e',v,x \cdot y)]]
$$

---

① 详见 Pustejovsky (2001、2006)、宋作艳(2011)。
② 见 Pustejovsky (1998),p. 295。
③ 见 Pustejovsky (1998),p. 299。

　　我们侧重于描写汉语名词的物性结构,反映汉语名词在文本中基本的组合方式、搭配习惯和语义解释;因此,不单独设立论元结构、事件结构、词汇继承结构,而是把相关的语义知识统统包含在物性结构中,特别是分别融入有关物性角色的描述中。这样,我们的物性角色的数量和类型也将不同于 Pustejovsky 的生成词库理论。

　　具体地说,生成词库理论的物性结构源于亚里士多德的"四因说"(Aristotle's four causes of knowledge):质料因、形式因、目的因和动力因①。在亚里士多德看来,"求知是人类的本性"②,"智能就是有关某些原理与原因的知识"③;哲学(philosophy)作为一门关于智慧(-sophy)的学问,其任务就是说明事物产生和运动变化的原因,弄清楚事物的"为什么"这一问题(why-question)。在其《物理学》(*Physics*)第二卷第三、七章、《工具论・后分析篇》(*Posterior Analytics*)第二卷第十一章④和《形而上学》(*Metaphysics*)第一卷第三章中,亚里士多德发展出了说明性因素类型论(即"四因说");假定存在着有限的(即四个)解释性因素(explanatory conditions and factors)⑤,说明具体的事物的产生和运动变化都是基于下列四种原因⑥:

　　(1)质料因(material cause)。事物所由产生的并在事物内部始终存在着的那种东西,即构成事物的原始质料,就好比造房屋的砖

---

① 　参考 Huang, et al. (ed.) (2010),p.130。
② 　《形而上学》,吴寿彭译本,p.1。
③ 　《形而上学》,吴寿彭译本,p.3。
④ 　在有的版本中是第一卷第十三章。
⑤ 　参考 Von Fraassen (1980)的中译本,p.167。值得注意的是:"四因"的界定在亚氏的不同著作中略有不同,在不同的中译本中对"四因"的名称和界定有不同的翻译。详见本文附录。
⑥ 　以下内容根据亚氏《物理学》《后分析篇》和《形而上学》中的相关内容综合而成。

瓦、做床的木料、雕塑铜像的青铜,等等。

(2)形式因(formal cause)。事物内在的或本质的结构形式,构成事物的样式和原型,就好比造房屋的图纸或者建筑师头脑里的房屋原型、床的结构模样、塑像的构形或轮廓,等等。

(3)动力因(efficient or moving cause)。那个使被动者运动的事物,或引起变化者变化的事物;即推动质料变成形式的力量,就好比把砖瓦变成房屋的建筑师、做床或雕像的匠师及其制作或雕塑行为,等等。

(4)目的因(final cause)。事物产生和运动变化所追求的目的,即事物"最善的终结";就好比建房屋是为了居住、做床是为了睡觉、雕像是为了欣赏,等等。

在这四因中,质料因是形成事物的基础。但是,质料因本身是消极被动的,只有在形式因所需要的一定的动力的作用下,并根据形式因所规定的目的,质料才能变成形式①。这样,形式因似乎包含了动力因和目的因。因此,亚里士多德又把他的四因说只归结为质料因和形式因②。亚里士多德认为他的这种学说能够解释一切事物的原因,因而自诩这一学说是他自己最大的功绩③。

四因说是亚里士多德《形而上学》的核心内容,展示了人类理性对于事物最普遍的面向和终极的原因的探索。对于语言意义的研究来说,无疑具有重要的指导意义。但是,在汉语名词的物性角色的数

---

① 亚里士多德说:"这物质'底层'本身不能使自己演变;木材与青铜都不能自变,木材不能自成床,青铜不能自造像,这演变的原因只能求之于另一事物。找寻这个,就是找寻我们所说的第二原因——动因。"(《形而上学》,吴寿彭译本,p.9)
② 详见后附亚氏《物理学》第二卷第七章的译文和《形而上学》中译者吴寿彭先生的"译后记"。
③ 此处参考了"百度百科"等多种网络资料。

量和定义等具体的技术问题上，我们完全可以根据自己的研究目标和应用需要而调整和重设。

二　汉语名词物性结构的描述体系

我们借鉴生成词库理论关于词项的语义表达，特别是物性结构的有关学说，但是根据汉语名词在文本中基本的组合方式、搭配习惯和语义解释，并且从服务于汉语国际教学和中文信息处理这种应用需求出发，来设计汉语名词的物性结构的描述体系。具体地说，我们不单独设立论元结构、事件结构、词汇继承结构，而是把相关的语义知识统统包含在物性结构中，特别是分别融入有关物性角色的描述中。

我们的汉语名词的物性结构描述体系主要包括"物性角色"和"句法格式"两个部分，前者用以描述名词所指的事物（简称"事物"）的语义结构特性，后者用以反映词项的物性角色在句法组合方面的特点。这样，我们希望名词的物性结构能够成为名词的句法-语义接口（interface），能够充分反映名词在实际语言中跟动词、形容词和其他名词等的搭配组合和语义表达特点；并且，对于传统的以动词为中心的描写体系有所补充和修正。

2.1　名词的物性角色的定义和说明

我们在语料调查的基础上，为汉语名词的物性结构设立十种物性角色，定义和例子如下：

（1）形式（formal，简写为 FOR）：名词的分类属性、语义类型和本体层级特征。比如，"石头"是"有形物质、自然物"，"兔子"是"小动物、哺乳动物"，"沙滩"是"空间、处所、陆地、滩地"，"细菌"是"微生物、原核生物","椅子"是"家具、坐具","手"是"人体、上肢、身体构件","合同"是"抽象事物、法规、契约、文书",等等。

(2) 构成(constitutive,简写为 CON):名词所指的事物的结构属性,包括:构成状态、组成成分、在更大的范围内构成或组成哪些事物、跟其他事物的关系,也包括物体的大小(magnitude)、形状(shape)、维度(dimensionality)、颜色(color)和方位(orientation),等等。比如,"石头"的构成是"矿物;可以根据下列颜色、形状、作用等属性进行分类:彩色、黑色、红色、褐色、白色、圆形、柱形、棱角分明、保健,等等";"细菌"的构成是"用显微镜才能看见的微生物,是原核生物的一个大类;形状有球形、杆形、螺旋形、弧形和线形等多种,一般都用分裂繁殖;在自然界中分布很广,存活在空气、水、土、植物和动物中;有的细菌对人类有利";"椅子"的构成是"一般有靠背、腿儿、面儿、扶手等构件;可以根据颜色进行分类:白色、黄色、黑色、红色,等等";"书"的构成是"一般由纸张、文字、图画,内容、信息等物质和文化因素组成;可以根据科目、内容或功能进行分类:语文、数学、历史、地理、化学、物理、生物、外语、经、兵、农、医、历、纬、佛、禅、辑佚、必读、参考,等等;也可以根据颜色进行分类:白色、黄色、绿色、黑色、红色、褐色、棕色,等等"。

(3) 单位(unite,简写为 UNI):名词所指事物的计量单位,也即跟名词相应的量词;包括:(i)个体量词(简称个体),如:"本[书]、张[纸]、头[牛]、匹[马]、支[枪]、棵[树]、颗[珍珠]、把[斧子]、根[萝卜]、面[红旗]、粒[药丸]、顶[轿子]、只[狐狸]、个[孩子]、条[木板]、件[衣服]、管[钢笔]、项[工程]";(ii)集合量词(简称集合),如:"双[筷子]、胎[猪仔]、套[家具]、群[学生]、批[钢材]、对[夫妻]、串[珍珠]、排[梧桐]、捆[柴火]、包[炸药]、种[药材]、类[现象]、伙[强盗]、帮[乞丐]、系列[问题]、部分[人口]";(iii)度量量词(简称度量),如:

"尺[头绳]、寸[钢丝]、斤[白酒]、两[香油]、斗[高粱]、升[米]、里[水路]、亩[农田]、公斤[化肥]、丈[绸布]、米[玻璃]";(iv)不定量词(简称不定),如:"点儿[事情]、些[问题]";(v)容器量词(简称容器),如:"碗[饭]、锅[汤]、口袋[面粉]、书架[书]、桌子[菜]、屋子[稻谷]、杯[酒]、盘[炒菜]、盆[衣服]、篮[蔬菜]、瓶[可乐]、罐[煤气]、缸[酱油]、桶[啤酒]、车[木料]",(vi)动量词(简称动量),如:"[打一]下[拍子]、[去两]趟[内地]、[看三]次[电影]、[叫一]声[爸爸]、[念儿]遍[符咒]、[走儿]步[棋子]、[跳儿]圈[舞蹈]、[瞥儿]眼[旁人]、[说一]口[杭白]、[打一]巴掌[人]、[看一]场[电影]、[演四]幕[话剧]、[下一]场[暴雨]";(vii)时量词(简称时量),如:"[一]会儿[工夫]、[儿]秒钟[时间]、[两]年[工资]、[三]天[时间]、[四(个)]星期[时间]、[一(个)]世纪[时间]、[休了一个]月[产假]、[浪费了几个]月[时光]"。

(4)评价(evaluation,简写为EVA):对名词所指事物的主观评价、情感色彩。比如,对"水"的评价有"清、清澈、清洁、脏、浑、浑浊",对"医生"的评价有"好、坏、伟大、著名、知名、成名、杰出、优秀、平庸、(第)一流、二流、三流"等。

(5)施成(agentive,简写为AGE):名词所指的事物是怎样形成的,如创造、天然存在、因果关系等。比如,"椅子"的施成是"制作、做、加工、编制"等,"医院"的施成是"办、盖、建立、创建、创办、开办、开设、设立"等,"石头"的施成是"形成、天然形成、变成"等,"沙滩"的施成是"淤积成、形成、天然形成、变成"等。

(6)材料(material,简写为MAT):创造名词所指的事物所用的材料。比如,"椅子"的材料是"木头、竹子、藤子、木、竹、藤、钢、铁、塑料、硬板"等,"书"的材料是"帛、竹、纸草、羊皮、竹皮、树叶、木板、石头、人皮、钢片、纸版、电子"等。

(7) 功用(telic,简写为 TEL):名词所指的事物的用途和功能。比如,"椅子"的功用是"坐"等,"食品"的功用是"吃、吞食、享用、品尝、消费"等,"水"的功用是"喝、饮、用、饮用,解渴、洗涤、洗澡、浇(地/蔬菜)、灌溉(庄稼/农田)"等,"洞"的功用是"通风、藏身、储物"等,"手"的功用是"拿、抓、捧、捏、握、摸、摘、抹、揉、搓、拍、掰、卷、揭、解、放、搁、提、举、推、拉、扯、拖、牵、托、抬、搬、拔、搭、铺、摆、扶、抱、搂、打、敲、摇、擦、砸、扔、抛、摔、投、丢、甩、捉、采、编、开、关、挖、埋、按、贴、压、挂、挑、拨、拾、拣、指、鼓掌"等。

(8) 行为(action,简写为 ACT):名词所指的事物的惯常性的动作、行为、活动。比如,"水"的行为是"流、流动、奔腾、翻滚、滴、淌、流淌"等,"树"的行为是"生长、枯萎、老朽、死亡、折断、倒地、腐烂"等,"月亮"的行为是"出来、下去、上山、下山、挂(在天空/天边/空中/东边/西边/树梢/柳梢头)、运行、运动、自转、公转、(绕地球)旋转、消瘦、(阴晴)圆缺、盈亏(变化)、圆了又缺、爬上来、洒下清辉"等,"首脑"的行为是"(进行)会晤、聚会、访问、开会、出席(会议)、表态、赞同、强调、发表(声明)、讨论(问题)、洽谈(事务)、静观其成"等,"作家"的行为是"学习、读书、出书、获得稿酬、获奖、了解社会、体验生活、教育群众、鼓励人民、描述事件、抒发感情、发表议论"等。

(9) 处置(handle,简写为 HAN):人或其他事物对名词所指的事物的惯常性的动作、行为、影响。比如,对"水"的处置是"打、舀、取、蓄、洒、放、排、倒、喷、泼、玩儿"等,对"石头"的处置是"拿(起)、捡(起)、搬(起)、放(下)、抱(着)、抬、碰、扔、砸、凿、打、抛、投掷、携带、裹着、摸着、用、铺、砌、堆、垒、发射、运输"等,对"树"的处置是"砍、伐、砍伐、锯、爬、攀援"等,对"妈妈"的处置是"找、寻找、等待、盼望、催促、协助、告诉、缠着、回报、报答、想念、呼唤、瞒着、欺骗、献给、劝告、告慰、看望、相信、陪伴"等。

（10）定位（orientation，简写为 ORI）：人或其他事物跟名词所指的处所、时间等的位置、方向关系。比如，对"沙滩"的定位是"在、到、位于"等，对"医院"的定位是"在、往、从、到"等，对"宋朝"的定位是"在、往、从、到、向"等，对"昨天"的定位是"在、到、从、过了"等。

2.2　建构与标注物性角色的一般原则

从方法论上说，名词的物性结构是一种关于名词的句法-语义特点的理论模型，即以名词为事实观察和理论建构的基点，根据名词在文本中基本的组合方式、搭配习惯和语义解释，来搭建一种关于名词的语法特点的理论性的、生成性（而非描写性）的概念化模型（conceptualization）①。其中，上文所定义的十种物性角色（形式、构成、单位、评价、施成、材料、功用、行为、处置和定位），是物性结构这种概念模型的最为基本的理论构件（theoretical constructs）。因此，有必要介绍一下我们在建构和设立名词的物性角色时所遵循的一般原则：

一般原则一：在一个具体的包含名词的组合中，围绕这个名词，不能给两个不同的论元成分指派相同的物性角色，除非这两个论元成分之间有并列、包含或嵌套等特殊的关系。

一般原则二：在一个具体的包含名词的组合中，尽可能使一种物性角色只有一个句法位置；如果一个物性角色可以自由地同时出现在名词前和名词后，其结构类型可能不同（偏正-主谓、主谓-述宾，比如：好医生-医生好、手摇-摇手）。

一般原则三：在一个具体的包含名词的组合中，相对于这个特定的名词，一个论元成分不能同时具有两种物性角色。如果两个或两

---

① 　参考 Gu（2009：444—5）§4.1 及其所引用的相关文献。

个以上的名词共有一个论元成分,则不受本条规则的限制。

一般原则四:给一个论元成分指派什么样的物性角色,应依据该论元所指的事物跟相应名词所表示的事物的实质性关系,并且这种关系在实际的话语搭配上能够表现出来,而不是论元所指的事物跟相应名词所表示的事物潜在的各种可能的关系。

一般原则五:同一个名词的同一个义项上的各论元成分的物性角色应该一致,不能因为论元成分的语义特征不同而给它们指派不同的物性角色。

当语言描写者根据物性结构这种理论模型,来对实际的语言现象(跟名词有关的语言成分)进行区分、判定和标注(annotation,即贴上物性角色标签)时,上述原则就是一种标注规范(specifications),用以确定跟某个名词相关的什么语言成分应该属于什么物性角色。

三　汉语名词物性结构的描述框架及其样例

汉语名词物性结构的描写框架分为三个部分:

(一) 词目音义,包括:(1)词条及其义项编号,(2)词条的拼音,(3)词条的词类(即名词)和名词的评价色彩,评价色彩有"褒义、积极、中性、消极、贬义"5种;(4)释义,根据《现代汉语词典》等工具书。例如:

石头 shí·tou〈名词,中性〉构成地壳的坚硬物质,是由矿物集合而成的。

细菌 xìjūn〈名词,消极〉一种非常小的微生物。

妈妈 mā·ma〈名词,积极〉称呼人对生养他/她的人的称呼。

意见02 yìjiàn〈名词,消极〉对人、对事认为不对因而不满意的想法。

(二) 物性角色,包括:(1)角色名称及其英语简称,(2)对这个角色的说明及其实例。当然,不同的名词所拥有的物性角色的数量和种类可能不同。但是,"形式 FOR"和"构成 CON"这两种物性角色是必有的。对于名词的形式角色(即语义类别)的描述和定性,主要参考北京大学计算语言学研究所《现代汉语语义词典》的语义分类体系(http://klcl.pku.edu.cn:8080/seek/ccl_index.php)。语义分类特征标注最低层次的,如:机构(←团体←人)、乐器(←器具←人工物)等,也可以加上编制者认为重要的分类属性。

(三) 句法格式:主要列举该名词跟其相关物性角色的句法组配方式,包括偏正(定中)结构、主谓结构、述宾结构,等等。按照物性角色部分的排列次序,逐步列出句法格式。

下面是两个名词的物性结构的描述框架的实例:

水01 shuǐ〈名词,中性〉江河、湖泊、海洋中的液体,是人和动物所喝的。

〔1〕物性角色:

形式FOR:有形物质、液体;

构成CON:最简单的氢氧化合物,化学分子式为 H_2O;无色、无味、无臭的液体;在标准大气压下,冰点为 $0°C$,沸点为 $100°C$;也可以根据下列实际呈现出的颜色进行分类:白色、黄色、黑色、红色,等等;

单位UNI:个体:滴,等等;集合:滩、汪、泓,等等;度量:斤、公斤、吨、立方(米),等等;不定:点儿、些,等等;容器:杯、壶、桶、瓶、罐子、捧、潭、湖,等等;

评价EVA:清、清澈、清洁、脏、浑、浑浊,等等;

施成AGE:存在、(天然)有、形成、变成、溶化成,等等;

功用TEL:喝、饮、用、饮用,解渴、洗涤、洗澡、浇(地/蔬菜)、灌溉

（庄稼/农田），等等；

行为ACT：流、流动、奔腾、翻滚、滴、淌、流淌，等等；

处置HAN：打、舀、取、蓄、洒、放、排、倒、喷、泼、玩儿，等等。

〔2〕句法格式：

S1：＿＋的＋CON

如：～的(化学)分子式｜～的颜色｜～的味道｜～的气味｜～的冰点｜～的沸点

S2：CON＋的＋＿

如：彩色的～｜黑色的～｜红色的～｜褐色的～｜白色的～

S3：Num＋UNI＋＿

如：一滴～｜一滩～｜一汪～｜一泓～｜一斤～｜两百斤～｜五十吨～｜

一些～｜一点儿～｜几壶～｜一瓶～｜一捧～｜一潭～｜一湖～｜

一桶～｜一屋子～

S4：EVA＋(的＋)＿

如：清(的)～｜清澈的～｜清洁的～｜浑(的)～｜浑浊的～｜白色的～｜

黄色的～｜黑色的～

S5：AGE＋＿

如：存在～｜(天然)有～｜形成～｜变成～｜溶化成～

S6：TEL＋＿

如：喝～｜饮～｜用～｜饮用～

S7：(用＋)＿＋TEL

如：(用)～解渴｜(用)～洗涤｜(用)～洗澡｜(用)～浇地｜(用)～浇蔬菜｜(用)～灌溉庄稼｜(用)～灌溉农田

S8：＿＋ACT

如：～流｜～流动｜～奔腾｜～翻滚｜～滴｜～淌｜～流淌

S9：HAN+＿＿

如：打～｜舀～｜取～｜蓄～｜洒～　｜放～　｜排～｜倒～｜喷～｜泼～｜玩儿～

椅子 yǐ·zi〈名词,中性〉有靠背的坐具,主要用木头、竹子、藤子等制成。

〔1〕物性角色:

形式FOR:家具、坐具;

构成CON:一般有靠背、腿儿、面儿、扶手等构件;可以根据颜色进行分类:

白色、黄色、黑色、红色,等等;

单位UNI:个体:把、个、只,等等;集合:对、排、种、溜,等等;不定:些,等等;容器:屋子、教室、车厢,等等;

评价EVA:大、小、新、旧、破、宽大、普通、特殊、漂亮、实用、舒适、简陋、豪华,等等;

施成AGE:制作、做、加工、编制,等等;

材料MAT:木头、竹子、藤子、木、竹、藤、钢、铁、塑料、硬板,等等;

功用TEL:坐,等等;

处置HAN:移、拉、拿、放、排、搁、搬、挪、扔,等等。

〔2〕句法格式:

S1:＿＿(+有/的)+CON

如：～有靠背｜～有腿儿｜～有面儿｜～有扶手｜～的靠背｜～的腿儿｜

～的面儿｜～的扶手｜～靠背｜～背儿｜～腿儿｜～面儿｜～扶手

S2:CON+(的+)＿＿

如:彩色(的)~|黑色(的)~|红色(的)~|褐色(的)~|白色(的)~

S3:Num+UNI+__

如:一把~|一个~|一只~|一排~|一对~|一种~|一些~|一屋子~|一教室~|一车厢~

S4:EVA+(的+)__

如:大(的)~|小(的)~|新(的)~|旧(的)~|破(的)~|宽大的~|普通的~|特殊的~|漂亮的~|实用的~|舒适的~|简陋的~|豪华的~|

S5:AGE+__

如:制作~|做~|加工~|编制~

S6:MAT+(AGE+)(的+)__

如:木头/竹子/藤子/钢/铁/塑料制作的~|木头/竹子/藤子/钢/铁/塑料做的~|木头/竹子/藤子/钢/铁/塑料的~|木头/竹子/藤子/塑料~|木/竹/藤/钢/铁~|硬板~

S7:TEL+(在)__(上)

如:坐~|坐在~上|躺在~上|骑(坐)在~上|缩在~上|瘫在~上

S8:HAN+__

如:移~|拉~|拿~|放~|排~|搁~|搬~|扔~

这样,我们通过物性角色集合来为名词的语义建立概念结构模型,通过句法格式集合来为名词跟其相关物性角色的组合方式和配置格局建立句法结构模型;最终,使得这种物性结构的描写体系成为关于名词的语言学知识的一种透明、直观的句法-语义接口。

从上面的描写样例可见,名词的物性结构框架近似于计算机科学技术上面向对象的(object oriented,简称OO)数据库结构模型①。这种OO模型把世界(现实的和非现实的)看作是由具有某些属性(attributes)和按照某些方式运动(behave)的对象(object)组成的。其中,一种对象会跟其他对象互相作用,发生一系列的关系(比如,继承、依存、构成、部分-整体,等等)。对应到语言中来,这"对象"就是词②,在我们这里就是名词;这"属性、运动、构成关系"等就是由形容词、动词、名词、量词和介词等构成的物性角色,诸如"形式、构成、单位、评价、施成、材料、功用、行为、处置和定位",等等。

四　名词的物性结构知识在语法分析中的运用

名词的物性结构及其描写框架,可以为解释汉语中一些复杂的句法、语义现象提供理论支持。下面,我们讨论运用名词的物性结构知识来分析和说明汉语特殊现象的五个案例。

4.1　名词性结构中隐含的谓词和名词的物性角色

袁毓林(1995)指出,在"名词/动词＋的＋名词"结构中,往往隐含了谓词。例如:

(1) 红木的家具 → 红木制造的家具

(2) 跳舞的场地 → 跳舞使用的场地

(3) 战争的故事 → 讲述战争的故事

---

① 在面向对象的数据库盛行之前,主流的是面向关系的(relation oriented)数据库模型;之后,又兴起面向主体的(agent oriented)数据库模型,详见 Gu (2009:445—9)§4.2 及其所引用的相关文献。

② 参考 Gu (2009:444—5)§4.1 及其所引用的相关文献。

（4）前进的力量 → 推动前进的力量

并且，"名词/动词＋的＋名词"结构如果隐含不同的谓词，那么就会造成歧义。例如：

（5）今天的报纸 → 今天出版/送来的报纸

（6）拉斐尔的画像 → 拉斐尔画的画像/画拉斐尔的画像

但是，这种谓词隐含学说无法直接从"名词/动词＋的＋名词"结构或其构成成分上，有效地预测或限定其中所隐含的谓词的范围。只能推诿给万能的百科知识，比如说：在我们的日常知识中，家具是人制造出来的，场地是供人活动使用的，等等。其实，按照认知语言学的观点，百科知识跟语言知识并无截然分明的界限。更何况，零碎散漫的百科知识是可以在一个有效的理论模型中，转化为结构严整的语言知识的。当时，由于缺少合用的理论支撑，我们只能对怎样预测或限定"名词/动词＋的＋名词"结构中隐含的谓词避而不谈。现在，有了物性结构这种语言知识的表示平面和描写框架，我们就可以有根有据地说：名词"家具"的施成角色是"制造"，"场地"的功用角色是"使用"，"故事"的施成角色是"讲述"、功用角色也是"讲述"，"力量"的功用角色是"推动"，"报纸"的施成角色是"出版"、处置角色是"送来"，"画像"的施成角色是"（画家）画（对象）"，"拉斐尔"正好既可以充当画的主体（画家）、又可以充当画的对象。

这样，我们就可以把"名词/动词＋的＋名词"结构中隐含的谓词，限定到作为中心语或修饰语的名词的有关物性角色上，从而为谓词隐含现象给出简单、整齐的语言学解释。

值得一提的是，袁毓林指导研究生魏雪用名名组合（如：体操奶奶、婴儿奶粉）中某个名词的施成角色（如：跳［体操］）或功能角色（如：吃［奶粉］）作为释义动词，来揭示这两个名词之间的语义关系（如：跳体操的奶奶、婴儿吃的奶粉）；据此构建汉语名名组合的释义模板库,并且在这种数据库的基础上初步实现了一个汉语名名组合的自动释义程序,其自动释义的准确率达 94.23%。[①]

4.2　用物性角色为有价名词建立概念结构

袁毓林(1992)指出:"意见"类名词表示"某人对某事物的某种看法",涉及某人和某事物两个论元(如:厂长对这件事的意见、诗人对故乡的感情),所以是二价名词。袁毓林(1994)指出:"爸爸、妻子"等亲属名词、"弹性、脾气"等属性名词、"胳膊、尾巴"等部件名词,通常要求另一个名词作为配价成分与之共现(如:[小明的]爸爸批评了他、李小明[脾气]很倔、[小明的]胳膊摔断了),所以是一价名词。引入了配价的概念,为解释有价名词的一系列句法语义现象提供了方便。但是,对于有价名词这种句法语义特点的概念基础一直缺少某种结构性的表达手段。现在,有了物性结构知识,我们就可以通过有价名词的构成角色来刻画其概念结构,并且把它直接跟句法格式相关联,从而形成透明的句法-语义接口。例如:

意见01 yìjiàn〈名词,中性〉对事情的一定的看法或想法。

〔1〕物性角色:

形式FOR:抽象事物、认识、精神现象;

构成CON:"意见"是一种内容性名词,带有一个降级述谓结构<某人(x)+对+某事(y)>,"某人(x)"是"意见"的降级施事(即产生意见的人);"某事(y)"是"意见"的降级受事(即意见所针对的事情);可以根据意见所针对的下列事件进行分类:处理、整顿、改革、整改、实施、修正、纠正、补充、裁决、咨询、评审、验收,等等;

---

① 详见魏雪(2012)和魏雪、袁毓林(2013)。

〔2〕句法格式：

S1：(x＋对＋y＋的＋)CON＋__

如：评审～｜纠正～｜补充～｜对违章驾驶的处理～｜对乱收费现象的整改～｜国家对建设高水平大学的实施～｜科技部对纳米新材料研制工程的验收～

妈妈mā·ma〈名词，积极〉称呼人对生养他/她的人的称呼。

〔1〕物性角色：

形式FOR：亲属称谓；

构成CON：称呼人(x)是被称呼人(y)的直系晚辈(即子女)，被称呼人(y)是称呼人(x)的直系长辈，并且是女人(即母亲)，被称呼人(y)生养了称呼人(x)；通过比喻、借用等引申途径，这种人类的子女—母亲之间的亲子关系的称谓，也可以用作动物的子代(x)跟雌性亲代(y)之间的亲子关系的称谓；可以根据下列属性分类：单亲、未婚、准、动物、熊猫、(老)虎、(老)鼠、海豚、艾滋、非典，等等；

〔2〕句法格式：

S1：x＋的＋__

如：我的～｜李明的～｜那个孩子的～｜他同学的～

S2：CON＋__

如：单亲～｜未婚～｜准～｜动物～｜熊猫～｜(老)虎～｜(老)鼠～｜海豚～｜艾滋～｜非典～

从上面的举例可以看出，我们把名词的论元结构融入构成角色中；并且，只刻画在表层句法上跟名词共现和有依存关系的论元(如：意见〔某人，某事〕、妈妈〔称呼人，被称呼人〕)。而摒弃生成词库理论那种亚词汇的(sub-lexical)论元结构，比如，认为 book(书)有 phys_obj(有形物体)和 information(信息)两个论元，它们之间有一种hold(容纳)关系。

4.3　从主语名词的物性角色看中动句的语义联系

分析句子的句法和语义,动词中心论是最根深蒂固的观念。但是,这种研究思路在分析所谓的中动句时碰到一些困难。例如:

(1) 这辆车开起来很快。

(2) 这把刀用起来挺顺手的。

(3) 这种自行车骑起来很轻松。

(4) 那种建筑效果图画起来很不容易。

(5) 那几个小家伙跑起来可真是比羚羊还快啊。

(6) "开支"的时候,工资袋里薄薄的一叠钱,数起来很省事。

这种句子由句首名词性成分(NP)、中动短语(V-起来)、形容词性评述语(AP)三个部分组成。从句法上看,NP 是主语,"V-起来＋AP"是谓语;其中,中动短语"V-起来"是状语,评述语 AP 是谓语核心。从动词中心观的角度看,主语名词 NP 是"V-起来"中动词 V 的受事;但是,中动词 V 跟 AP 没有论旨角色关系;并且,作为句法语义中心的动词 V 又处于谓语的辅助成分(状语)中。这种种在句法、语义上的扞格不通之处,其实都是跟我们以动词为中心这种单一的观察角度有关的。

现在,我们如果换一个角度,从句首话题中核心名词的角度看,那么可以说:中动词 V 是主语 NP 中核心名词(N)的施成角色(如:画[图])、功用角色(如:骑[自行车])、活动角色(如:[小家伙]跑)或处置角色(如:数[钱]);评述语 AP 中的核心形容词是主语核心名词 N 的直接的评价角色(如:[车]快、[刀]顺手),或者是核心名词 N 从其施成角色、功用角色、活动角色或处置角色上继承来的、间接的评价角色(如:[骑-自行车]轻松、[画-图]容易、[小家伙-跑]快、[数-钱]省事)。这样转换视角来看,整个中动句的各个构成成分(主语核心-状语核心-谓语核心)之间在语义上联系紧密、协调自洽,而且文气贯注。

4.4　从名词的物性角色看话题结构的语义联系

话题结构(主要是主谓谓语句)是汉语比较有特色的句子形式，其中的无根话题(dangling topic)跟述题部分往往没有直接的句法、语义联系，这给我们分析这种句子的句法、语义联系带来了极大的困扰。例如：

(1) <u>大象</u> 鼻子长。

(2) <u>水果</u>，我最喜欢香蕉。

(3) <u>这种豆子</u>，［卖］五块钱一斤。

(4) <u>这场大火</u>，幸亏消防队到得早。

(5) <u>电脑使用知识</u>，我们打算办一个短期班。

(6) <u>今晚的获奖电影</u>，你们得多准备几个加座。

上面句子中画直线的部分是话题，它们跟后面述题中的核心谓词(包括动词和形容词)没有句法、语义上的选择限制关系。这样，话题和述题好像是各自为政、没有关联的两个部分。但是，我们在阅读这些句子的时候，分明能够感觉到这些所谓的"无根话题"跟后面的述题是根茎相连、血脉相通的。原因就在于传统的理论观察的基点是谓词中心论，这种单向度、粗粒度的描写体系抓不住无根话题句的结构机理。

现在，有了名词的物性结构理论，我们就可以充分地观察、描写和解释这种无根话题句的结构机理。比如，(1)的述题中的主语"鼻子"是话题"大象"的构成角色，(2)的话题"水果"是述题中宾语"香蕉"的形式角色；(3)的述题"五块钱一斤"隐含了动词"卖"，这个隐含的动词"卖"是话题"这种豆子"的处置角色；(4)的述题部分的主语"消防队"的功用角色是"救火、防火"，话题"这场大火"是动词性成分"救火、防火"的受事性成分；(5)的述题中的宾语"短期班"的功用角色是"教/讲授知识"，话题"电脑使用知识"是动词性成分"教/讲授知识"的受事性成分；(6)的述题中的宾语"加座"的功用角色是"坐着[乘车、看电影]"，话题"今晚的获奖电影"是动词性成分"坐着[乘车、看电影]"的受事性成分。可见，名词的物性结构知识，对于分析复杂句子的句法、语义关系、对于说明复杂句子的语义推理和理解的机制，都有很强的解释力量。

4.5　从名词的物性角色看准定语句的合格性条件

朱德熙(1982:146)发现，准定语修饰名词然后做主语形成的句式(简称:准定语句)，跟相关的主谓谓语句和动词重复句具有变换关系。例如:①

(1) 他[打]篮球打得很好 → 他的篮球打得很好

(2) 他[打]太极拳打得好 → 他的太极拳打得好

(3) 他[当]老师当得不错 → 他的老师当得不错

(4) 他[当]部长没有当成 → 他的部长没有当成

在上例中，定语"他的"修饰中心语"篮球、老师"等，但是两者之间并不是领属关系；不同于一般的定中式偏正结构，所以称之为准定语(quasi-attributives)。

如果上述变换关系具有双向性和排他性，那么可以用来说明准定语句的派生过程和合格性条件:只有从动词重复句上省略重复动词形成的主谓谓语句，可以在大主语和小主语之间插入助词"的"，重新分析和组织成单一的主谓结构句(即准定语句)。但是，动词重复句和省略重复动词形成的主谓谓语句并不都能变换为准定语句。例如:

(5) 他[打]篮球打得很兴奋 → *他的篮球打得很兴奋

---

① 　为了整齐，我们对朱德熙(1982)的例子进行了改编。

(6) 他［打］太极拳打得很累 → *他的太极拳打得很累

(7) 他［当］老师当得很灰心 → *他的老师当得很灰心

(8) 他［当］部长当得很开心 → *他的部长当得很开心

对比一下例(1—4)和(5—8)，可以发现，它们的差别在于：前者谓语中核心动词的补语（"好"等）是陈述整个主语［所表示的事件］（由谓词性成分"他［打］篮球"及其名词化形式"他的篮球"等来表达）的；而后者谓语中核心动词的补语（"兴奋"等）是陈述主语中的施事等主体性论元（"他［打］篮球"和"他的篮球"中的"他"）的。

进一步往下看，谓语中核心动词的补语陈述整个主语［所表示的事件］及其名词化形式的句式，也不一定都能变换为准定语句。例如：

(9) 他［拣］篮球拣得很快 → *他的篮球拣得很快

(10) 他［看］拳击赛看得多 → *他的拳击赛看得多

(11) 他［跟］老师跟得很紧 → *他的老师跟得很紧

(12) 他［找］部长没有找到 → *他的部长没有找到

对比一下例(1—4)和(9—12)，可以发现，它们的差别在于：前者谓语中核心动词及其拷贝动词（"打"等）是其宾语名词的施成角色（"篮球、太极拳"这两种运动是通过"打"来造成的，"老师、部长"这两种社会角色是通过"当"来成就的）；而后者谓语中核心动词及其拷贝动词（"拣"等）不是其宾语名词的施成角色（动词"拣、看、跟、找"分别是名词"篮球、拳击赛、老师、部长"的处置角色）。

这样，我们可以大概地总结出准定语句的派生过程和合格性条件：只有核心动词及其拷贝动词是其宾语名词的施成角色，并且核心动词的补语是陈述整个主语［所表示的事件］的动词重复句，其省略重复动词形成的主谓谓语句，才可以在大主语和小主语之间插入助词"的",重新分析和组织成单一的主谓结构句(即准定语句)。也可以直截了当地说,准定语句的谓语有特定的句法语义约束:(i)核心动词必须是主语中的核心名词的施成角色,(ii)补语必须是陈述整个由准定语修饰名词构成的主语。如果把动词重复句及其省略形式记作 S1:"NP1+[V+]NP2+V-C";那么,准定语句就可以记作 S2:"NP1+的+NP2+V-C"。于是,可以这样来重新表述准定语句特定的句法语义约束:(i)V 必须是 NP2 的施成角色,(ii)C 必须是陈述整个"NP1+的+NP2"的;其中,"NP1+的+NP2"可以看作是"NP1+V+NP2"的自指性名词化形式。可见,名词的物性结构知识,对于分析复杂句子的派生过程和合格性条件(或句法、语义约束),在目前的研究水平上,具有不可或缺、无法替代的作用。

　　从上面的五个研究个案可见,名词的物性结构知识是对动词、形容词等谓词的论元结构知识的一种有力的补充,把这两种知识结合起来[①],就基本可以说明句子中词语之间最根本性的组合方式及其语义解释。特别是对于谓词隐含、词项缺省等动词与形容词的句法-语义知识够不着的场合,名词的物性结构知识更是起到枢纽和支点的作用,可以帮助说明句子中词语之间的意合方式和运作机制(paratactic mechanism)。

---

①　在数据库建构方面,我们初步的体会是:面向关系的数据库模型比较适合于为动词、形容词等表示事物的属性值、行为或关系的谓词性成分建立论元结构(论旨角色关系或配价结构)等句法-语义接口模型;面向对象的数据库模型比较适合于为名词等表示事物(或物体)的体性成分建立物性结构等句法-语义接口模型;而想要把关于谓词性成分的论元结构和关于体性成分的物性结构关联起来,则需要尝试面向主体的数据库模型。这方面,可以参考 Gu (2009:446—9)§4.2.1—4.2.4 对于椅子、坐(椅子)、就坐等的建模实验。

参考文献

宋作艳　2011　生成词库理论的最新进展,《语言学论丛》第 44 辑。

魏　雪　2012　《面向语义搜索的汉语名名组合的自动释义研究》,北京大学中文系硕士论文。

魏　雪、袁毓林　2013　基于语义类和物性角色建构名名组合的释义模板,《世界汉语教学》第 2 期。

亚里士多德　1959　《形而上学》,吴寿彭译,北京:商务印书馆。

亚里士多德　1990　《工具论·后分析篇》,余纪元译,见苗力田主编《亚里士多德全集》第一卷,第 243—349 页,北京:中国人民大学出版社。

亚里士多德　1991　《物理学》,徐开来译,见苗力田主编《亚里士多德全集》第二卷,第 1—262 页,北京:中国人民大学出版社。

亚里士多德　1993　《形而上学》,苗力田译,见苗力田主编《亚里士多德全集》第七卷,第 25—338 页,北京:中国人民大学出版社。

袁毓林　1992　现代汉语名词的配价研究,《中国社会科学》第 3 期。收入袁毓林(1998),第 72—102 页,题目改为《现代汉语二价名词研究》。

袁毓林　1994　一价名词的认知研究,《中国语文》第 4 期。收入袁毓林(1998),第 103—125 页。

袁毓林　1995　谓词隐含及其句法后果——“的”字结构的称代规则和“的”的语法、语义功能,《中国语文》第 4 期,第 241—255 页。收入袁毓林(1998),第 166—193 页。

袁毓林　1998　《语言的认知研究和计算分析》,北京:北京大学出版社。

袁毓林　2008　面向信息检索系统的语义资源规划,《语言科学》第 1 期。

张秀松、张爱玲　2009　生成词库理论简介,《当代语言学》第 3 期。

朱德熙　1982　《语法讲义》,北京:商务印书馆。

Fellbaum, Christiane. 1997. Reviewed Work: *The Generative Lexicon* by James Pustejovsky. *Language*, 73(3), 597—600.

Fodor, A. Jerry, Ernie Lepore. 1998. The Emptiness of the Lexicon: Reflection on James Pustejovsky's *The Generative Lexicon*. *Linguistic Inquiry* 29(2), 269—288.

Gu, Yueguo. 2009. From real-life situated discourse to video-stream data-mining. *International Journal of Corpus Linguistics* 14(4), 433—466.

Huang, Chu-Ren et al. (ed.) 2010. *Ontology and the Lexicon: A Natural Lan-*

guage Processing Perspective. Cambridge：Cambridge University Press.

Pustejovsky，James. 1991. The generative lexicon. *Computational Linguistics* 17 (4)，409—441.

Pustejovsky，James. 1993. Type coercion and lexical selection，In J. Pustejovsky ed. ，*Semantics and the Lexicon*，73—94. Dordrecht：Kluwer Academic Publishers.

Pustejovsky，James. 1995. *The Generative Lexicon*，Cambridge. Massachusetts：The MIT Press.

Pustejovsky，James. 1998. Generativity and explanation in semantics：a reply to Fodor and Lepore. Linguistic Inquiry29(2)，289—311.

Pustejovsky，James. 2001. Type construction and the logic of concepts. In P. Bouillon and F. Busa，ed. ，*The Language of Word Meaning*，91—123. Cambridge：Cambridge University Press.

Pustejovsky，James . 2005. A survey of dot objects. Brandeis University. Technical Report.

Pustejovsky，James. 2006. Type theory and lexical decomposition. *Journal of Cognitive Science* 7(1)，39—76.

Pustejovsky，James&Elisabetta Jezek. 2008. Semantic coercion in Language：beyond distributional analysis. *Distributional Models of the Lexicon in Linguistics and Cognitive Science*，*special issue of Italian Journal of Linguistics/ Rivista di Linguistica*.

Rumshishy，Anna&James Pustejovsky. 2011. Generative lexicon theory：theoretical and empirical foundations. 2011 年北京大学语言学暑期班演讲 PPT。

Von Fraassen，Bas C. 1980. *The Scientific Image*. New York：Oxford University Press.(B. C.范・弗拉森《科学的形象》，郑福祥译，上海：上海译文出版社，2005。)

附录：亚里士多德"四因说"的
三处译文和一处评述

为了帮助大家了解亚里士多德的"四因说"，我们摘录相关译文及评述。

1.《物理学》(*Physics*)第二卷第三、七章

【3】进行了上面的分析之后，我们就应该进而考察原因，研究它们的性质和数量。因为，既然我们的事业是为了获取知识，而在发现每一事物的为什么，即把握它们的最初原因之前，是不应该认为自己已经认识了每一事物的，那么显然，我们就应该研究生成和灭亡以及所有的自然变化，并引向对它们本原的认识，以便解决我们的每一个问题。

所谓的原因之一，是那事物由之生成并继续存留于其中的东西，如青铜对雕像、白银对酒杯以及诸如此类东西的种。另一种原因是形式和模型，亦即"是其所是"的原理及它们的种，如八音度中二与一的比例，一般而言的数目以及原理中的各部分。再一个就是运动或静止由以开始的本原，如策划者是行动的原因，父亲是孩子的原因，以及一般而言，制作者是被制作物的原因，变化者是被变化物的原因。最后一个原因是作为目的，它就是"所为的东西"，例如健康是散步的原因。因为若问他为什么散步，我们回答说，是为了健康。这样说了，我们就认为是已经指出了原因。还有一些来自其他运动者的东西，成为达到目的的中介，如减肥、清泻、药剂和器械就都是达到健康的中介。因为所有这些都是为了达到目的，虽然由于有些作为动作，有些作为器械而互不相同。（徐开来译本，第

37—38 页）

【7】显然，原因存在着，它们的数目就是我们所说的那么多。这些数目的原因就是对于"为什么"的回答。因为，对不能被运动的对象来说，"为什么"归根到底要归结为"是什么"（例如在数学中，最终要归结到直线、可约数以及其他什么的定义）；或者归结为最初的运动者（例如，"他们为什么要打仗？"回答说："因为别人进攻了"）；或者是为了什么（如为了统治）；或者用在生成的事物中，指质料。

显然，原因就是这么多类别，也就是这么多数目。既然原因有四种，那么自然哲学家就应该通晓所有的这些原因，并运用它们——质料、形式、动力、"何所为"来自然地回答"为什么"的问题。后面三种原因在多数情况下都可以合而为一。因为所是的那个东西和所为的那个东西是同一的，而运动的最初本原又和这两者在种上相同。……所以，要说明事物的为什么，就必须追溯到质料、追溯到是什么，追溯到最初的运动者。因为考察生成原因的最为主要的方式，就是研究什么在什么之后生成，什么最初动作或承受，而且，在每一阶段上都总是这样。（徐开来译本，第 49—50 页）

2.《工具论·后分析篇》(*Posterior Analytics*) 第二卷第十一章

只有当我们知道事物的原因时，我们才认为具有了关于它的知识。原因有四类："是其所是"、必然条件、最初的动因以及"何所为"或目的因。（余纪元译本，第 328 页）

3.《形而上学》(*Metaphysics*) 第一卷第三章

而所谓科学显然应该是对开始原因的知识的取得，当我们认为认知了最初原因的时候，就说是知道了个别事物。原因有四种意义，其中的一个原因我们说是实体或是其所是①（因为把为什么归结为终极原因时，那最初的为什么就是原因和本原）；另一个原因就是质料和载体；第三个是运动由以起始之点；第四个原因则与此相反，它是何所为或善，因为善是生成和全部这类运动的目的。（苗力田译本，第32—33页）

　　显然，我们应须求取原因的知识，因为我们只能在认明一事物的基本原因后才能说知道了这事物。原因则可分为四项而予以列举。其一为本体亦即"怎是"，（"为什么"既旨在求得界说最后或最初的一个"为什么"，这就指明了一个原因与原理）〈本因〉；另一是物质或底层〈物因〉；其三为动变的来源〈动因〉；其四相反于动变者，为目的与本善，因为这是一切创生与动变的终极〈极因〉。（吴寿彭译本，第67页）

4.《形而上学》译者吴寿彭的"译后记"之§2.2：亚里士多德的思想体系

　　（23）四因。亚氏在"物学"中曾标举了四因也就是四理或四源：(1)物因(底因)，(2)式因(本因)，(3)动因(效因)，(4)极因(善因)。他把"动变渊源"与"终极目的"两项加之于上述"物质"与"形式"两

---

① 亚里士多德哲学中有个词组形式的词汇 to on hei on（作为存在的存在）早已为人所共识，但还有另外一个同样的词汇，由于简单化、现代化的翻译，至今鲜为人知。这就是 to ti en einai，这一词汇亚里士多德经常和 ousia（实体）相通用。此处很显然不是指质料和载体意义下的实体，而是指形式或本质意义下的实体。一旦被简单化、现代化为一个单词（本质），就失去了亚里士多德原来用法的古朴风采和深邃内涵。这一词组是从日常生活而来，它就是要回答：何以事物是如此如此的样子。能使事物成为如此如此样子的原因，当然只能是实体。……"作为存在的存在"表现存在的普遍性，"是其所是"则显示实体的先在性（所以用过去未完成时态 en——引案），两者都是亚里士多德哲学精髓的结晶。——译者注

项,凭这四项,解释一切事物与其演变。卷 A 对于诸先哲批评的要点就在说自然哲学家们只见到"物因",后起的思想家如柏拉图则又只见到了"式因",而忽于阐明动变渊源;阿那克萨哥拉的理性类似"动因",但他生平未曾把"理性"交代清楚;其他各家也都没有省识到宇宙有止于至善的终极目的。亚氏在本书各卷中随处列示四因,于 A 卷中又特举了宇宙的总动因,也论到了"善"这重要题目。但旧书目中所记亚氏"论善"的专篇现已失传。四因在应用上有时将式因、动因、极因三者合并为一类,以与物因相并称,这样,四理仍又还原为"物质与通式"两理。(第 377 页)

基于语义类和物性角色
建构名名组合的释义模板 *

魏雪　袁毓林

提要　本文以现代汉语(特别是网络搜索词)中名名组合的语义关系及其解释为主要研究对象,尝试在《现代汉语语义词典》中名词的语义分类和"生成词库理论"中物性角色思想的指导下,通过搜集和分析语料、人工总结,来建立名名组合的语义类组合模式,进而发现两个名词之间所隐含的谓词;藉此揭示和表示这两个名词之间的语义关系,构建名名组合的释义模板,并且汇集成一个汉语名名组合的释义模板库。正是在这个数据库的基础上,我们初步实现了一个汉语名名组合的自动释义程序。

关键词　名名组合　释义模板　语义类　物性角色　施成角色功能角色

---

*　原文载于《世界汉语教学》2013 年第 2 期。本课题的研究得到国家社科基金重大招标项目《国际汉语教育背景下的汉语意合特征研究与大型知识库和语料库建设》(批准号:12&ZD175)和国家语委"十二五"规划项目《面向计算的文本蕴涵型式库的研究和建设》(编号:YB125—47)的资助,谨此致以诚挚的谢意。

一　研究背景

社会、科技发展日新月异,新事物不断涌现,新事物的名称也大量出现。此所谓"名随物出,词从事来"。用名词加名词来构成新的名词性结构,是一种对事物命名的重要手段。名词加名词构成的组合往往具有歧义,可能会形成不同类型的结构——主谓结构、定中结构、同位结构以及联合结构等。其中,定中结构的名名组合内部语义关系很丰富,存在着语义压缩现象,名词和名词之间常常隐藏了谓词;当谓词不出现时,名名之间的语义关系就不明显①。例如,"木头桌子"(其语义是"木头做的桌子")、"爱情故事"(其语义是"讲述/关于爱情的故事")②、"钢材仓库"(有歧义,可以表示"存放钢材的仓库"和"用钢材制造的仓库")等③。很多以名名组合为研究对象的文章都指出,获取定中式名名组合中隐含的谓词是理解偏正式名名组合意义的关键。本文打算以定中式名名组合为主要研究对象,探索一种自动获取其中所隐含的谓词的方法;并且利用这种隐含的谓词来揭示和表示这两个名词之间的语义关系,构建名名组合的释义模板,为开发汉语名名组合的自动释义程序提供数据资源。

定中式名名组合在各种语言里都广泛存在,它具有"衍生能力强、组成方式简单但是歧义性高"④的特点,这些特点使得定中式名名组合在语言学和计算语言学中都成为一个研究热点。王萌等

---

① 有的定中式名名组合甚至还隐藏了其他名词,如"封面女郎"(照片上了封面的女郎)等。

② 关于汉语名名组合中隐含谓词的思想,详见袁毓林(1995)。

③ 详见周韧(1997),第10页。

④ 见王萌等(2010),第3页。

(2010)指出,研究定中式名名组合的语义解释"对信息检索、问答系统、机器翻译等诸多自然语言处理任务(都)有所帮助"①。下面,我们简要地说明搜索引擎的工作过程与名名组合分析之间的关系。

我们知道,一个基本的搜索过程分成这样几步:提交搜索请求→发送→筛选分类→查找索引→选择网页→结果排名→呈现结果。谷歌搜索研究团队曾指出:"一个搜索请求会被分发到数千个数据中心,然后根据关键词进行匹配,再根据数百个指标对得到的数据进行排名。这个复杂的过程通常在一秒内完成,但平均每个谷歌搜索的关键词往返于用户电脑和数据中心的距离约为 2400 公里(1500 英里)。"②也就是说,用户检索看起来是一个简单的秒级行为,其实背后隐含了很多分析工作。理想的检索系统的后台操作程序可以分为高层和低层两个部分:高层是对用户搜索意图(search intention)的分析,是一种自上而下的分析;低层则是对搜索词语自身结构、语义的分析,是一种自下而上的分析。真正意义上基于语义理解的搜索引擎,其核心的技术就是设法把上述两种意义分析工作巧妙地结合起来。

当用户提交的搜索词语是名名组合时,我们如果能够对名名组合进行自动语义解释,找出其中所隐含的谓词,那么就可以进一步理解名名组合的本体意义(ontological meaning),并且为发现用户的搜索意图提供参考。例如,当用户输入的检索词为"蔬菜大王"时,我们猜想其搜索意图是要检索跟"蔬菜大王"这个人物相关的新闻报道,因此我们首先要弄清楚"蔬菜大王"的本体意义是什么。我们给这个检索短语补充出它所隐含的谓词后,发现它是有歧义的:既可以

---

① 见王萌等(2010),第 4 页。
② 引自 2012 年 3 月 12 日的新浪科技报道,http://www.sina.com.cn。

指"买/卖蔬菜的大王",也可以指"种植蔬菜的大王",还可以指"吃蔬菜的大王"。当我们弄清楚"蔬菜大王"多种可能的语义解释之后,就可以为用户提供不同语义解释下的搜索结果来供用户选择了。由此可见,找出名名组合所隐含的谓词、对名名组合进行自动释义,可以进一步为自动获取搜索意图提供帮助。

基于以上应用背景,我们打算借鉴《现代汉语语义词典》的语义分类体系和"生成词库理论"中关于名词的物性角色的思想,来探索自动发现名名组合中所隐含的谓词的方法。

我们从 2010 年 9 月至 2011 年 4 月的百度新闻热搜词和前人研究文献以及一些小说、散文中搜集了一批由两个名词构成的定中式名名组合,总共得到 850 个组合。我们希望通过对这 850 个定中式名名组合的语义关系的分析来获取名名组合的语义组合关系的数据,从而为基于规则的自动发现名名组合的隐含谓词以及自动生成名名组合的释义短语提供数据基础。

二　名词的语义分类体系

《现代汉语语义词典》(*the Semantic Knowledge-base of Contemporary Chinese*,简称为 SKCC)是北京大学计算语言学研究所与中科院计算所自 1994 年联合开发"汉英机器翻译模型系统"开始,就着手研制的面向汉英机器翻译的语义词典。截至 2006 年,词典规模已达到 6.6 万余词条,不仅给出了每个词语所属的词类、语义类,而且以义项为单位详细描述了它们的配价信息和多种语义组合限制;可以为包括机器翻译在内的多种中文信息处理系统中的语义自动分析提供强有力的支持,同时对于汉语词汇语义学和计算词典学研究也具有重要的意义。一般来说,应用语义知识应着重于解决那些仅靠语法规则难以解决的问题。该词典的语义分类就是在词的语法分类基础上进行的,并且只对名词、动词、形容词等实词进行语义分类描述。

我们主要使用《现代汉语语义词典》中的名词库。其中,名词的语义分出了事物、过程、空间、时间四大类,然后再细分小类。具体的语义类分析体系,如下所示:

1 事物

1.1 具体事物

1.1.1 生物

1.1.1.1 人

1.1.1.1.1 个人

1.1.1.1.1.1 人名

1.1.1.1.1.2 职业

1.1.1.1.1.3 身份

1.1.1.1.1.4 关系

1.1.1.1.2 团体

1.1.1.1.2.1 机构

1.1.1.1.2.2 人群

1.1.1.2 动物

1.1.1.2.1 兽

1.1.1.2.2 鸟

1.1.1.2.3 昆虫

1.1.1.2.4 鱼

1.1.1.2.5 爬行动物

1.1.1.3 植物

1.1.1.3.1 树

1.1.1.3.2 草

1.1.1.3.3 花

1.1.1.3.4 庄稼

1.1.1.4 微生物

1.1.2 非生物

1.1.2.1 人工物

1.1.2.1.1 建筑物

1.1.2.1.2 衣物

1.1.2.1.3 食物

1.1.2.1.4 药物

1.1.2.1.5 化妆品

1.1.2.1.6 创作物

1.1.2.1.7 计算机软件

1.1.2.1.8 计算机硬件

1.1.2.1.9 钱财

1.1.2.1.10 票据

1.1.2.1.11 证书

1.1.2.1.12 符号

1.1.2.1.13 材料

1.1.2.1.14 器具

1.1.2.1.14.1 用具

1.1.2.1.14.2 交通工具

1.1.2.1.14.3 武器

1.1.2.1.14.4 家具

1.1.2.1.14.5 乐器

1.1.2.1.14.6 电器

1.1.2.1.14.7 文具

1.1.2.1.14.8 运动器械

1.1.2.2 自然物

1.1.2.2.1 天体

1.1.2.2.2 地理

1.1.2.2.2.1 地表物

1.1.2.2.2.2 水域物

1.1.2.2.3 气象

1.1.2.2.4 矿物

1.1.2.2.5 元素

1.1.2.2.6 基本物质

1.1.2.3 排泄物

1.1.2.4 外形

1.1.3 构件

1.1.3.1 身体构件

1.1.3.2 非生物构件

1.2 抽象事物

1.2.1 属性

1.2.1.1 量化属性

1.2.1.2 模糊属性

1.2.1.2.1 人性

1.2.1.2.2 事性

1.2.1.2.3 物性

1.2.1.3 颜色

1.2.2 信息

1.2.3 领域

1.2.4 法规

1.2.5 生理

1.2.6 心理特征

1.2.6.1 情感

1.2.6.2 意识

1.2.7 动机

2 过程

2.1 事件

2.2 自然现象

2.2.1 可视现象

2.2.2 可听现象

3 空间

3.1 处所

3.2 方位

4 时间

4.1 绝对时间

4.2 相对时间

在该体系下，名词"语义分类的深度与广度取决于语法分析的需要"①。正是基于这个特点，我们选择《现代汉语语义词典》的名词库作为分析的依据，并在它的基础上来构建名名组合的释义模板、发现释义动词。

三　名词的物性角色：施成与功能

生成词库理论（generative lexicon theory，GLT）是由 Pustejo-vsky（1995）正式提出的，它在语言学界和自然语言处理学界都产生了很大的影响。该理论提出了一种基于计算和认知的自然语言意义模型，其基本主张是：词汇学既要研究词语指谓什么，又要研究它如何指谓；词库并非是静态的，而是具有生成性的。该理论希望通过对词语的语义结构作多层面的详尽描写和构建数量有限的语义运作机制，来解释词义在语境中的具体实现。

生成词库理论对词义的描写分为论元结构、物性结构（qualia structure）、事件结构和词汇继承结构（lexical inheritance structure）四层，这些静态的语义结构系统是为动态的语义运作系统服务的。其中，论元结构规定了论元的数量、类别和句法实现；物性结构从形式角色（formal role）、构成角色（constitutive role）、功能角色（telic role）②和施成角色（agentive role）四方面说明事物的性质；事件结构指的是广义事件结构（extended event structure），包括事件集合、复

---

① 王惠、俞士汶、詹卫东（2003b）指出："例如，动词'吃'的客体是'可食物'，原语义词典中'苹果、面包、青霉素、强心剂'都是'可食物'，但我们只能说'吃苹果、吃面包'，而不能说'*吃青霉素、*吃强心剂'。因此，需要把'药物'类独立出来，作为单独的一类。"（第 353 页）

② 也有人翻译为"目的角色"或"功用角色"，见袁毓林（2008a），宋作艳（2010），张秀松（2010）。

合事件中子事件间的关系、整个事件的核心三部分；词汇继承结构用于说明词汇结构是如何在类型网格中跟其他结构相关联并对整个词库系统的组织做出贡献的。

生成词库理论引入了物性结构这一词汇语义表达手段，用以描写词汇所指对象由什么构成、指向什么、怎样产生以及有什么用途或功能。这种思想最早源于亚里士多德的"四因说"（Aristotle's four causes of knowledge，质料因、动力因、形式因和目的因）。生成词库理论的物性结构包括四种角色，其中形式角色（formal role）用于描写对象在更大的认知域内区别于其他对象的属性（包括方位、大小、形状和维度等）；构成角色（constitutive role）用于描写对象与其组成部分之间的关系（包括材料、重量、部分和组成成分）；功能角色（telic role）用于描写对象的用途和功能；施成角色（agentive role）用于描写对象是怎样形成或产生的（如创造、因果关系等）。词项的物性结构实际上说明了跟一个词项相关的事物、事件和关系等知识，这为我们描写和预测汉语名名组合的语义解释提供了概念结构和形式手段。

通过研究，我们发现：名名组合 n1＋n2 里所隐含的谓词，基本上是 n1 或 n2 的功能角色或施成角色；以 n1 和 n2 的功能角色和施成角色为核心，能够帮助我们发现名名组合的语义解释规律；并且，可以据此建立起名名组合的释义模板库①。

四　名名组合得以成立的认知基础

从认知上看，每个名名组合 n1＋n2 的背后都隐含了一个事件（我们称之为"背景事件"）。概念层面的事件在语言层面上通常对应

---

① 宋作艳（2010）指出，名名组合中隐含的谓词也可以通过 n1、n2 的功能角色或施成角色来获得，但是具体的情况还需要进一步考察和归纳。（第 456 页）

为具体的谓词及其所支配的论元角色,而 n1 和 n2 则充当着这个谓词的不同的语义角色。以"红木家具"为例,它背后隐含的事件是"用红木制作家具",其中"红木"充当着"制作"所使用的"材料"这种语义角色,而"家具"充当着"制作"所生成的"成品"这种语义角色。再如"体操奶奶",它背后隐含的事件是"奶奶做体操",其中"奶奶"是"做"的施事,"体操"则是"做"的结果。

概念层面上的事件在语言层面上通常表示为陈述形式,如果说话人想要强调事件中的某个名词性成分(某种语义角色),他可以采用"NP1+V+的+NP2"或者"V+NP1+的+NP2"等(简称:带"的"字的结构)这种分析性的指称形式来表达,也可以采用名名组合"n1+n2"这种紧缩性的指称形式来表达。当采用带"的"字的结构来表达时,说话人要强调的名词性成分作为"的"字结构的中心语,谓词、谓词的其他论元角色(名词性成分)则降级嵌入"的"字结构的定语中,比如"(用)红木制作的家具""做体操的奶奶"等。当采用名名组合来表达时,说话人要强调的是名名组合中作为中心语的名词和作为修饰语的名词,至于连接名词性成分的谓词则被压缩为零形式了。比如,用制作"家具"的材料"红木"做修饰语,形成名名组合"红木家具";又如,用"奶奶"从事的活动"体操"来做修饰语,形成名名组合"体操奶奶"。

听话人在理解名名组合时,是将其放在相应的背景事件中进行解读的。人们一般根据常识来重新建构名名组合的背景事件。因此,我们对名名组合进行解释的过程正好跟上述过程相逆;我们需要根据名名组合中两个名词的语义类来还原它们在事件中充当的语义角色(或情境角色),进而找出支配这些语义角色的谓词,从而比较完整地还原这个背景事件。于是,找出连接两个名词性成分的谓词[1],

---

① 参考袁毓林(1995)中关于"谓词隐含"的讨论。

便成了对名名组合进行释义的关键。

　　针对不同的名名组合所隐含的谓词及其所表示的不同的事件类型,我们通过对名名组合实例进行归纳,总结得出了不同的释义模板。这些释义模板基本上可以表示不同的事件。

　　我们通过对 850 个汉语偏正式名名组合的考察和分析后发现,名名组合里所隐含的谓词基本上是 n1 或 n2 的功能角色或施成角色。例如"摩托妈妈",它的语义解释是"骑/坐/造/修摩托的妈妈",语义类组合关系是"人造物＋亲属关系",其中"骑/坐"是 n1"摩托车"的功能角色,"造/修"是 n1"摩托车"的施成角色;又如"司机餐馆"的语义解释是"(专门供)司机吃饭的餐馆",语义类组合关系是"职业＋建筑物/机构",谓词"吃饭"是 n2 的功能角色,"大理石雕像"的语义解释是"(用)大理石雕刻的雕像",语义类组合关系是"材料＋创作物",谓词"雕刻"是 n2 的施成角色。我们在释义模板中标明了补充进去的隐含动词的相关角色,同时在名词知识库中记录了名词的施成角色和功能角色。这样,我们就为自动发现名名组合中所隐含的谓词建立了基于语言学分析的数据模型。

　　下面介绍我们对名名组合语料的处理方法和通过总结得出的关于名名组合的一些语义解释规律。

五　名名组合的语料处理方法和语义解释规律

5.1　名名组合的语料处理方法

　　针对我们搜集到的 850 个名名组合,我们总的处理方法如下:

　　(1) 利用切词软件,将所有的名名组合的实例都拆分成 n1＋n2 这种词类序列。

（2）查找所有的 n1 和 n2 在《现代汉语语义词典》中的语义类，用这两个名词的语义类别来建立名名组合的语义类组合模式；以期把数量众多的名名组合实例归并为数量有限的类型；并且用名名组合中两个名词的语义类别来约束和预测整个名名组合中可能的隐含性谓词（即释义动词）。

由于《现代汉语语义词典》收词有限，因而在遇到未登录词时，由人工来判定该词的语义类。

（3）针对每一个名名组合，以释义动词为核心来构建名名组合的释义模板，并标明模板里动词的相关角色——到底是 n1 还是 n2 的物性角色，这个物性角色到底是施成角色还是功能角色。如果是 n1 的物性角色，那么记作 v1；如果是 n2 的物性角色，那么记作 v2。

（4）所有的名名组合都对应一个 n1 和 n2 的语义类组合模式以及含有谓词（即释义动词）的释义模板，我们对这些名名组合的语义类组合模式和释义模板进行归并，得到一个名名搭配数据库。

5.2　名名组合的语义解释规律和释义模板

我们总共得到 326 个名名组合的语义类组合模式和 208 个释义模板。经过用新语料随机抽查试验，我们发现：这些语义类组合模式和相应的释义模板对名名组合具有很高的覆盖率。

这些语义类组合模式和其相应的释义模板可以分为两类：（1）其中每个语义类组合模式对应的释义模板都是单一的，（2）其中每个语义类组合模式都对应两个或者两个以上的释义模板。

5.2.1　释义模板单一的语义类组合模式及其相应的释义模板

我们总共得到该类语义类组合模式 212 个，释义模板 62 个。下面我们随机选取 10 例，列举如下：

1）当 n1 的语义类是"用具"，n2 的语义类是"意识"时，释义模板是"（通过）＋n1＋表现＋的＋n2"，其中动词"表现"可以看作是 n2 的施成角色，如"瓷器爱国主义"等，相应的释义短语是"（通过）瓷器表现的爱国主义"等。

2）当 n1 的语义类是"相对时间"，n2 的语义类是"领域"时，释义模板是"n1＋产生＋的＋n2/产生于＋n1＋的＋n2"，此时，n1 表示 n2 产生的时间。如"当代文学"等，相应的释义短语是"当代产生的文学/产生于当代的文学"等。

3）当 n1 的语义类是"机构"，n2 的语义类是"处所"时，释义模板是"n1＋建立＋的＋n2"，"建立"可以看作是 n2 的施成角色。如"网易养猪场"等，相应的释义短语是"网易建立的养猪场"等。

4）当 n1 的语义类是"职业"，n2 的语义类是"机构"时，释义模板是"供＋n1＋v2＋的＋n2"，其中 v2 是 n2 的功能角色（如"读书""上学"等）。如"民工学校"等，相应的释义短语是"供民工读书/上学的学校"等。

5）当 n1 的语义类是"生理"，n2 的语义类是"微生物"时，释义模板是"引起＋n1＋的＋n2"。如"流感病毒"等，相应的释义短语是"引起流感的病毒"等。

6）当语义类组合模式是"领域＋事件""物性＋抽象事物""物性＋人工物"时，释义模板是"是＋n1＋（性＋）的＋n2"。对应的例子分别是"历史机遇""战略项目""基础设施"等，相应的释义短语分别是"是历史（性）的机遇""是战略（性）的项目""是基础（性）的设施"等。

7）当语义类组合模式是"用具＋人工物""职业＋人群""职业＋团体"时，释义模板是"由＋n1＋构成＋的＋n2"。对应的例子分别是"电脑网络""工人阶级""义工组织"等，相应的释义短语是"由电脑构成的网络""由工人构成的阶级""由义工构成的组织"等。

8) 当语义类组合模式是"人名＋关系①""人名＋情感②"时,释义模板是"n1＋拥有＋的＋n2"。对应的例子分别是"汪峰女儿""梁咏琪恋情"等,相应的释义短语分别是"汪峰拥有的女儿""梁咏琪拥有的恋情"等。

9) 当语义类组合模式是"建筑物＋材料""食物＋药物"时,释义模板是"v1＋n1＋用＋的＋n2",其中 v1 是 n1 的施成角色(如"修建""制作"等)。对应的例子分别是"建筑钢材""食品添加剂"等,相应的释义短语分别是"修建建筑用的钢材""制作食品用的添加剂"等。

10) 当语义类组合模式是"处所＋化妆品""处所＋排泄物""处所＋食物""处所＋用具"时,释义模板是"产自＋n1＋的＋n2",n1 表示 n2 产生的处所。对应的例子分别是"法国香水""南海珍珠""信阳毛尖""景德镇瓷器"等,相应的释义短语分别是"产自法国的香水""产自南海的珍珠""产自信阳的毛尖""产自景德镇的瓷器"等。

5.2.2 释义模板不单一的语义类组合模式及其相应的释义模板

我们又把这一类分成两种情况:(1)同种语义类组合模式对应 2 个释义模板,(2)同种语义类组合模式对应 3 个及以上释义模板。

5.2.2.1 同种语义类组合模式对应 2 个释义模板

我们总共得到该类语义类组合模式 88 个,释义模板 100 个。下面我们随机选取 4 例,列举如下:

1) 当 n1 的语义类是"事件",n2 的语义类是"处所"时,有 2 个释义模板,分别是:(1)"发生＋n1＋的＋n2";(2)"有＋n1＋的＋n2"。n2 表示 n1 发生的场所。如"交通路口"等,相应的释义短语是"(1)发

---

① 其中 n2 多为表示亲属称谓等人际关系的一价名词,n1 刚好符合 n2 的配价要求。

② 其中 n2 多为表示情感的二价名词,n1 刚好满足 n2 的配价要求;道理很直观:情感需要以人作为依托物。

生交通的路口;(2)有交通的路口"等。

2)当 n1 的语义类是"药",n2 的语义类是"动物"时,有 2 个释义模板,分别是:(1)"喂了+n1+的+n2";(2)"吃了+n1+的+n2"①。其中,n2 这种动物类名词的语义类包括:兽、鸟、鱼、昆虫、爬行动物等。如"瘦肉精羊"等,相应的释义短语是"(1)喂了瘦肉精的羊、(2)吃了瘦肉精的羊"等。

3)当语义类组合模式是"人名+创作物""人名+事件""身份+创作物"时,有 2 个释义模板,分别是:(1)"n1+v2+的+n2",其中 v2 是 n2 的施成角色,如"发表""发明、表演""写"等;(2)"关于+n1+的+n2"。此时,充当 n2 的名词都是内容义名词,释义模板(1)表示的含义是:n1 是 n2 的创作者或发起者;释义模板(2)表示的含义是:n1 是 n2 的相关内容。对应的例子分别是"鲁尼声明""刘谦新魔术""小学生日记"等,相应的释义短语分别是"(1)鲁尼发表的声明、(2)关于鲁尼的声明""(1)刘谦发明/表演的新魔术、(2)关于刘谦的新魔术""(1)小学生写的日记、(2)关于小学生的日记"等。

4)当语义类组合模式是"机构+人群"②"机构+身份""团体+人群"时,有 2 个释义模板,分别是:(1)"在+n1+工作+的+n2";(2)"属于+n1+的+n2"。对应的例子分别是"企业员工""委员会成员""消防队人员"等,相应的释义短语是"(1)在企业工作的员工、(2)属于企业的员工","(1)在委员会工作的成员、(2)属于委员会的成员",

---

① 动物不会主动去吃药或添加剂,因此当药类名词作为 n1 时,n1 和 n2 之间不是一种主动进食的关系,而是被动喂食的关系。但是,通过语义推演关系(entailment):X 喂了 YZ→Y 吃了 Z,"喂了+n1+的+n2"可以推演出:"吃了+n1+的+n2"。参考袁毓林、王明华(2009,2010)。

② 机构通常都是人为建立的,具有一定的社会职能;因此,它里面的成员都有"工作"的性质,同时跟机构具有隶属关系。

"(1)在消防队工作的人员、(2)属于消防队的人员"等。

可见,上述两种释义模板反映了名名组合语义解释的两种情况:(1)歧义:两个释义模板揭示了某种语义类组合的不同实例(甚至同一个实例)有不同的语义解释,如例 3 所示;(2)同义:两个释义模板从不同的方面、或者用不同的精细化程度,刻画了某种语义类组合的实例的语义解释,如例 1—2、4—5 所示。

5.2.2.2 同种语义类组合模式对应 3 个及以上释义模板

我们总共得到该类语义类组合模式 26 个,释义模板 46 个。下面我们随机选取 4 例列举如下:

1)当 n1 的语义类是"机构",n2 的语义类是"抽象事物"时,有 3 个释义模板,分别是:(1)"n1+v2+的+n2",其中动词 v2 是 n2 的施成角色(如"创造""设计"等);(2)"n1+拥有+的+n2",此时 n1 是 n2 的领有者,领有关系是由释义模板(1)中 n2 的施成角色造成的;(3)"供+n1+使用+的+n2"。如"国家财政""央视新台标"等,相应的释义短语是"(1)国家制定的财政,(2)国家拥有的财政、(3)供国家使用的财政","(1)央视设计的新台标、(2)央视拥有的新台标、(3)供央视使用的新台标"等。

2)当 n1 的语义类是"食物",n2 的语义类是"事件"时,有 3 个释义模板[①],分别是:(1)"v1+n1+的+n2",其中 v1 是 n1 的功能角色(如"吃"等);(2)"n1+引起+的+n2";(3)"关于+n1+的+n2"。如"兴奋剂事件""年终饭热潮""板栗大战"等,相应的释义短语是

---

① 这三个释义模板对名名组合解释的精细化程度不同,它们对语义充盈(Semantic Enrichment)的贡献由多到少,第一个模板中通过补充 n1 的功能角色能够让我们了解到事件的具体内容,第二模板只能让我们知道事件是由 n1 引起的,但无法确切知道具体是如何引起的,第三个释义模板只能让我们知道事件跟 n1 相关,但无法得知具体是如何相关的。

"(1)吃兴奋剂的事件,(2)兴奋剂引起的事件,(3)关于兴奋剂的事件",
"(1)吃年终饭的热潮;(2)年终饭引起的热潮;(3)关于年终饭的热潮",
"(1)吃板栗的大战;(2)板栗引起的大战;(3)关于板栗的大战"等。

　　3)当语义类组合模式是"处所＋职业""空间＋职业"时,有 3 个
释义模板,分别是:(1)"来自＋n1＋的＋n2";(2)"在＋n1＋v2＋的＋
n2",其中 v2 是 n2 的功能角色(如"工作""教书"等);(3)"在＋n1＋工
作＋的＋n2"。n1 既可以表示 n2 的来源地,也可以表示 n2 工作的
处所。对应的例子分别是"上海工人""中学教师"等,相应的释义短
语分别是"(1)来自上海的工人、(2)在上海上班的工人、(3)在上海工作
的工人","(1)来自中学的教师、(2)在中学教书的教师、(3)在中学工作
的教师"等。

　　4)当 n1 的语义类是"领域",n2 的语义类是"抽象事物"时,有 6
个释义模板,分别是:(1)"关于＋n1＋的＋n2",其中,n1 表示 n2 的内
容。例如"法律常识"等,对应的释义短语是"关于法律的常识"等;
(2)"在＋n1＋领域/方面内＋存在＋的＋n2"。例如"政治把柄"等,
相应的释义短语是"在政治领域/方面存在的把柄"等;(3)"v2＋n1＋
的＋n2",其中 v2 是 n2 的功能角色(如"经营"等)。例如"化工行业"
等,相应的释义短语是"经营化工的行业"等;(4)"n1＋(上＋)使用＋
的＋n2"。例如"工业技术"等,相应的释义短语是"工业上使用的技
术"等;(5)"由＋n1＋组成＋的＋n2"。例如"社会环境"等,相应的释
义短语是"由社会等诸因素组成的环境"等;(6)"考虑＋n1＋的＋
n2"。例如"政治头脑"等,相应的释义短语是"考虑政治(方面问题)
的头脑"等。该语义类组合模式歧义较多,对应的释义模板数较多,
这主要是因为领域和抽象事物类的名词的词义都比较抽象、词义外
延比较模糊,所以能进入释义模板的释义动词很难确定,有时有多个
动词可以填入,有时又难以找到一个确定的动词填入。

可见,上述三种释义模板反映了名名组合语义解释的两种情况:
(1)歧义:三个释义模板揭示了某种语义类组合的不同实例(甚至同一个实例)有不同的语义解释;(2)同义或部分同义:三个释义模板或其中的两个释义模板从不同的方面、或者用不同的精细化程度,刻画了某种语义类组合的实例的相同的语义解释。

六　结语

通过以上分析,我们得到了一个名名组合的释义模板库。利用这个数据库,我们又展开了名名组合的自动释义研究。我们主要通过利用其他语言资源(如《知网》)来探索自动发现每个名词的施成角色和功能角色的方法,从而初步实现了一个名名组合的自动释义程序。经过测试,这个自动释义系统的准确率达 94.23%。[1]

参考文献

董振东、董　强,《知网》,网站 http://www.keenage.com。

李晓明、闫宏飞、王继民　2005　《搜索引擎——原理、技术与系统》,北京:科学出版社。

宋作艳　2009　《现代汉语中的事件强迫现象研究——基于生成词库理论》,北京大学中文系博士论文。

宋作艳　2010　类词缀与事件强迫,《世界汉语教学》第 4 期。

谭景春　2010　名名偏正结构的语义关系及其在词典释义中的作用,《中国语文》第 4 期。

王　惠、詹卫东、俞士汶　2003a　现代汉语语义词典规格说明书,*Journal of Chinese Language and Computing* 13(2):159—176。

---

[1]　详见魏雪(2012)§7.2:试验结果和分析。

王　惠、詹卫东、俞士汶　2003b　《现代汉语语义词典》(SKCC)的新进展,见孙茂松、陈群秀主编《语言计算与基于内容的文本处理》,第351—356页,北京:清华大学出版社。

王　惠、詹卫东、俞士汶　2006　《现代汉语语义词典》的结构及应用,《语言文字应用》第1期。

王　萌、黄居仁、俞士汶、李　斌　2010　基于动词的汉语复合名词短语释义研究,《中文信息学报》第24卷第6期。

王　萌　2010　《面向概率型词汇知识库建设的名词语言知识获取》,北京大学计算语言学研究所博士论文。

魏　雪　2012《面向语义搜索的汉语名名组合的自动释义研究》,北京大学中文系硕士论文。

袁毓林　1995　谓词隐含及其句法后果——"的"字结构的称代规则和"的"的语法、语义功能,《中国语文》第4期。

袁毓林　2008a　面向信息检索系统的语义资源规划,《语言科学》第1期。

袁毓林　2008b　《基于认知的汉语计算语言学研究》,北京:北京大学出版社。

袁毓林、王明华　2009　文本蕴涵的类型层级和推理机制,《中国语言学论丛》第3期。

袁毓林、王明华　2010　文本蕴涵的推理模型与识别模型,《中文信息学报》第2期。

张秀松、张爱玲　2009　生成词库理论简介,《当代语言学》第3期。

周　韧　1997　信息量原则与汉语句法组合的韵律模式,《中国语文》第3期。

Pustejovsky, James. 1995. *The Generative Lexicon*. Cambridge, Massachusetts: The MIT Press.

Rumshishy, Anna & James Pustejovsky. 2011. Generative Lexicon Theory: Theoretical and Empirical Foundations. 2011 年北京大学语言学暑期班演讲 PPT。

五 跨领域研究

汉字所表达的知识系统：
意符为基本概念导向的事件结构 *

黄居仁　　洪嘉馡　　陈圣怡　　周亚民

提要　《说文解字》以意符作为汉字的构字要件并发展成部首分类基础。本文以《说文解字》意符的意义作为造字时所表达的基本概念，分析原意符与其所衍生的汉字的意义关系，建构一个完整的知识体系；并在亚里士多德的经验架构及后续 Pustejovsky 的"衍生词汇理论"的基础上，验证此假设。本研究厘清《说文解字》"艹"、五官类意符（目、耳、口、鼻、舌）与其所有从属字间的概念关系，建构"艹""五官类"基本概念带领的个别意符知识系统。本文研究显示以"艹"为意符的知识系统，所从属词汇与其性质相关；以"五官类"为意符的知识系统皆具共通性，并与五官类单字词的现代词义系统相符。

关键词　意符　知识本体　汉字　词汇语义

* 原文载于《当代语言学》2013 年第 3 期。本文为黄居仁"中研院"深耕计划奖助之研究成果。陈圣怡进行本研究时任职于"中研院"语言学研究所，目前已经不在该单位服务。

一　汉字系统与知识的关联性

1.1　语言的共有知识:知识本体与其应用

语言是人类用来传达知识、讯息,与彼此沟通概念的最佳且最主要的工具。在运用语言作为传达、沟通知识的媒介,人们的知识将在共同的认知前提下,达到讯息系统化,也唯有如此,人们的知识才得以跨越时间、空间的交替而传承、保存。黄居仁(2009)提及使用同一语言的人,用该语言作为表达、传递,并共享知识的架构。因此,该语言背后所依赖的概念与知识架构,必须是所有会讲该语言的人都共有的,也就是现今许多学者所重视的知识语言,也就是知识本体(ontology)。而所谓的"知识本体"无法表达细部知识,只能表达概念结构。知识本体的架构越抽象、层次越高,其所涵盖的知识范围越广;但相对的,它离实用的知识层次越远,能表达的实际知识越少。语言涵盖了所有人类所能表达的知识,因此,任何语言都有其内涵的知识本体,所有讲这个语言的人,都不自觉地在使用这个隐含的约定俗成系统(黄居仁等,2010a)。

从汉字意符的概念与特质出发,厘清汉字意符与其所从属部件之间复杂的关系,以知识本体架构的观点,来探讨汉字内涵的知识系统。在本研究中,我们试图藉由这样的知识本体框架来传达汉字所要表达其内涵的知识系统。

1.2　由汉字意符出发的知识体系架构

语言的主要功能,就是传递和表达讯息.而当这些讯息经过系统化成为知识,语言也自然成为承载知识的主要媒介。从知识本体的研究中,我们看出,承载知识的表达系统,本身必然也有严谨的知识体系(黄居仁等,2010a)。换句话说,语言之所以能作为有效的沟通工具,是因为使用同一语言的人,必须同时接受该语言内涵的知识系统。在这个前提下,知识系统语言间的接口,变得十分重要,这也是黄居仁等(Huang et al.,2010a)一书所代表的新研究方向,称为"本体-词汇接口"(OntoLex interface)。在这个研究方向中,核心的议题是如何发现并运用语言中约定俗成的知识系统。

汉字书写系统是非常值得深入研究的数据,汉字的构字特性乃是以意符所表达的基本概念为中心,汉字书写形式和字义大半皆可由意符概念而衍生。因此,意符表达的知识系统是汉字书写系统的核心。周亚民、黄居仁(2005)提出,汉字与其他书写系统相比,最大的差异是汉字有很好的表意能力,字符(glyphs)与概念的连结强,有时候不一定要知道发音,也可以从字符知道大概的意义,本身就构成一个知识结构,但拼音文字和音节文字与概念的连结,是透过发音对应到意义,字形与概念的连结弱,汉字的表意特性来自于字符结构中的表意符号,而且这些意符的表意能力,历经数千年后仍保存得相当好。

此外,黄居仁等(Huang et al.,2008a、2008b)以及陈圣怡等(Chen et al.,2008),透过对于汉字意符所要表达的基本概念与其衍生意义,他们皆对汉字书写系统的架构有深入的探讨,使我们更能理解汉字书写系统的完整性与科学性,并能理解汉字意符与其从属字之间的关系连结性。

汉字表达的意义都与所使用的意符有概念上的联系,而大部分汉字的意义,都是意符所表达概念的延伸,或是词义的扩展或缩小,因此,如果掌握意符的知识结构,等于掌握了大部分汉字意义,我们希望建立的是整体的知识架构,而不是个别意符的片断。我们尝试以《说文解字》的 540 个部首作为汉字的基本意符,分析部首作为意符时所表达的概念,并运用 IEEE"建议上层共享知识本体"(Suggested Upper Merged Ontology,SUMO)表达并呈现意符的知识系统。

二　共享上层架构的知识表达:SUMO

为了追求语言知识架构的丰富性,我们采用 SUMO。由于不同知识系统对各种概念与名词,可能有不同的定义与定位,无法完全兼容。因此知识系统之间的沟通,需要一个共有的上层知识系统,IEEE 于是成立一个工作小组——标准上层知识本体工作小组,并建立了一个 SUMO(Niles and Pease,2001)。SUMO 采用"标准上层本体知识交换格式"(Standard Upper Ontology Knowledge Interchange Format,SUO‐KIF)来描述概念间的关系。

上层知识本体是将一般性、后设性(meta)、摘要性以及哲学类词汇的概念指出,所以特殊领域词汇的概念可由其中的概念所涵盖,但特殊领域概念的知识本体则期许由各领域自行制订(Niles and Pease,2001、2003)。目前 SUMO 已经和英语词汇网络 WordNet 1.6 及 2.0 版本连结,使得任何领域的知识都可以借助词汇的连结,建立正确的知识本体位置。完整的 SUMO 数据库,可以在其官方网页 http://www.ontologyportal.org 上检索或下载。

SUMO 的中文化,最初是依据 SUMO 2002 年版的数据进行系统接口及概念节点的中文化,由"中研院"语言所中文词网小组完成,内容主要参考 WordNet1.6 的英中对译。之后,于 2004 年进行 termformat 及 format 的中文翻译修正。"中研院"中英双语知识本体词网(The Academia Sinica Bilingual Ontological WordNet,Sinica BOW http://bow.sinica.edu.tw,Huang et al.,2004、2010b)已进

一步将中文词汇、WordNet 和 SUMO 之间建立连结。因此,我们可在 Sinica BOW 上直接以中文词汇查询相对的 SUMO 知识本体概念。

三 汉字知识本体

汉字书写系统的特殊性,在于其以"意符"为中心的构字方式。因此,我们认为汉字的意符代表了汉字知识系统中的基本概念,整个汉字意符的系统表现出来的即是一个知识分类的体系。早在公元121 年,许慎的《说文解字》就将汉字依照意符分为 540 个类别,一般称为 540 个部首。虽然,当时的许慎并无知识本体的概念,但他所建立的 540 个部首,确实在一定程度上反映了造字时所表达的基本概念。

汉字意符的知识结构是什么,至今仍然没有找出完整的结构,最主要的问题是缺乏一个可以作为不同语言知识结构比较的共同知识体系。但是近年来上层知识本体(upper ontology)的建立,给我们提供了研究汉字意符知识结构的可能。周亚民的博士论文(2005)将《说文解字》540 个部首的本义与 IEEE SUMO 对应,建立了表达汉字意符知识概念的基础结构。此外,周亚民、黄居仁(2013)对于汉字知识本体的架构、建构步骤以及汉字意符知识结构的建立,皆有详尽的探讨。我们即以其研究成果作为建构"汉字知识本体"的基础,探讨汉字意符知识系统。

四 意符是汉字的构字要件

《说文解字》(许慎 2000 [121])更以意符作为汉字部首分类的基础。近年计算词汇语意学的研究中,已尝试将汉字意符的语意分类系统与词网或知识本体结合(如 Wong and Pala,2002;Hsieh,2006等)。这些相关研究中,又以周亚民(2005)最为完整,他将《说文解字》540 个部首的本义与 SUMO（Pease and Niles，2001）对应，建立了表达汉字意符知识概念的基础结构。而后并发展成有描述汉字历史演变的能力系统（周亚民、黄居仁，2006），在这一系统的基础上，周亚民、黄居仁（2005）进一步观察到汉字意符具有与衍生词汇（Pustejovsky，1995）相似的衍生能力。

　　本文遵循意符代表基本概念这个主张，并希望透过进一步的分析，将所有从属字与这个基本概念间的关系厘清，以建构成一个由该基本概念带领的知识系统。每一个意符知识系统可看成一个由该基本概念领头的领域知识本体。

　　单一意符所代表的基本概念要如何透过概念衍生而形成一个完整的知识体系？其知识衍生的架构为何呢？希腊哲学家亚里士多德曾提出知识的经验架构（qualia），近来为 Pustejovsky（1995）的“衍生词汇理论”所引用。此理论指出人类知识的衍生，主要是由物质（formal）、组成（constitutive）、功用（telic）与产生（agentive）等四个面向而来。本研究根据实际分析的结果，进一步将汉字意符的衍生面向，归纳为物质、组成、功用、事件（participating）、参与者（partici-pant）、描述状态（descriptive）与产生七大类。

　　本研究以同属于 SUMO“躯体部件”类别下的意符：“艹”“五官类：目、耳、口、鼻、舌”等为研究对象，尝试建构其概念衍生结构，藉以观察类别性质相似的意符，其概念衍生方向的特色与异同。此外，更进一步将“艹”“五官类”意符的概念衍生结构与这些单字词在中文词汇网络（Chinese WordNet）中词的现代词义对照，以观察汉字意符的知识结构与其现代词义之间的相关性。

五　意符知识系统介绍

　　本研究的主要工作接口是“中研院”词网小组开发的意符知识系

统。意符知识系统是一套表达汉字基本概念与其从属字之间关系的知识本体架构。本系统延伸周亚民(2005)将《说文解字》540个部首本义与 IEEE SUMO 对应的基础结构,根据进一步的概念衍生分析结果,表达每个部首的知识架构体系。

5.1　部首查询

"意符知识系统"提供两种部首查询方式:

(1) 依 SUMO 概念分类查询。选取特定 SUMO 概念,则包含此概念的下层 SUMO 概念也会出现供使用者查询。例如选"动物"类,会出现下层的"哺乳类""脊椎动物""动物"等概念部首以供查询。

(2) 依部首字形查询。输入字形,可直接查询该部首数据。

5.2　基本概念

依照《说文》对部首的释义及本研究对部首下从属字的分析结果,可归纳出部首意符的基本概念及其下层的衍生概念。例如"羊"的基本概念为"有蹄哺乳动物"。"目"的基本概念为"身体器官";下层衍生概念为"视觉"。

5.3　汉字意符衍生概念分类

根据《说文解字》释义,本架构将从属字与部首基本概念的关联依照分类表达出来。本研究以 Pustejovsky(1995)衍生词汇理论的"环境-经验"(qualia)为基础,再加上对部首从属字的实际分析结果,将汉字意符的衍生面向,区分为七大类。

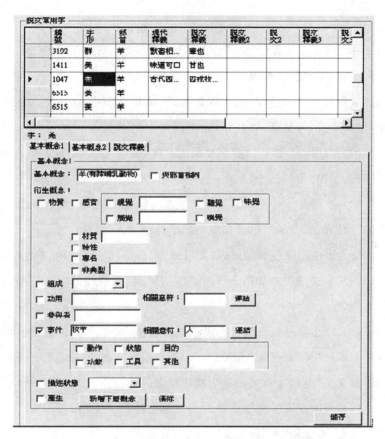

图1：汉字意符衍生概念例示："羌"的事件是"牧羊"

（1）物质。物质下分为"感官、材质、特性、专名、非典型"五类。"感官"下又分为"视觉、听觉、嗅觉、味觉、触觉"五个类别。凡释义对从属字的描述是来自感官经验的,皆归属于"感官"类。基本概念作为从属字材质的,归属于"材质"类。描述从属字特性的,归属于"特性"类,例如"骏,马之良材者。"释义为名称的归属于"专名"类。例如"骦,马名。"与基本概念没有办法直接产生连结的,归于"非典型"类。例如"驴,驴兽。似马,长牙。"驴在马部底下,却不属于马的一种,于是归属"非典型"类。

（2）组成。下有"部位""分子""整体"三个类别。车部的"辑"释义为："辑，车舆也。"车舆是车的一个部位，归属于"部位"类。马部的"骉"字释义为："骉，众马也。"以数量、整体观点来看，众马是马的整体，也就是说，马是众马的一部分，归于"分子"类。

（3）功用。车部的"输"字释义为："输，委输也"。运输是车的功用，归属于"功用"类。

（4）参与者。可表现出与释义描述内容相关的参与者。例如马部的"驱"释义为"驱马也。"在驱马的事件中，"人"是参与者。

（5）事件。依照事件形态，又可分为"动作、状态、目的、功能、工具、其他"六个细类。如图 1 所示，"羊"是"羌"所描述的"牧羊"事件的对象之一。

（6）描述状态。依照状态形态又细分为"动态"与"静态"两类。例如马部的"驯"释义为"马顺也。"归类为描述状态的"静态"；马部的"骏"释义为"马摇头也。"归类为描述状态的"动态"。

（7）产生。从属字与意符的关系来自生产关系的，归于"产生"类。例如：羊部的"羍"释义为"五月生羔也。"

5.4　相关意符连结

"功用"与"事件"的类别下，有"相关意符"的字段，可表示出与衍生概念相关的意符，并将二者作连结。例如羊部的"羌"释义为"西戎牧羊人也。"牧羊表现的是一个事件，"人"作为牧羊事件的参与者，在"羌"的构字中，也可看出"人"是其相关意符。系统将"羌"与其相关意符"人"作连结，可供查询时交互参考之用。

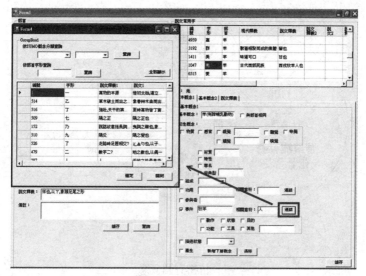

图 2：汉字"羌"的相关意符连结是"人"

六　意符的概念衍生架构与特色

6.1 "艹"意符

6.1.1 "艹"意符的概念衍生架构

周亚民和黄居仁(Chou and Huang,2010)在汉字意符的研究中提到,意符"艹"的衍生字和衍生概念有植物的专名、描述植物的部位、描述植物的属性和外观,以及描述植物的功用,如图 3 所示,这个知识体系符合由 Pustejovsky 提出的"衍生词汇理论",这个理论说明了词汇衍生的环境-经验结构,此结构可分为四个面向:物质、组成、功用、产生,由意符"艹"的衍生概念来看,正好符合物质(植物)、组成(植物的部分)、功用(植物的利用),而植物非人造物,所以没有"产生"此面向的衍生概念。由研究结果来看,Chou and Huang(2010)所建立的意符概念结构可以证明意符具有与衍生词汇相似的衍生能力。

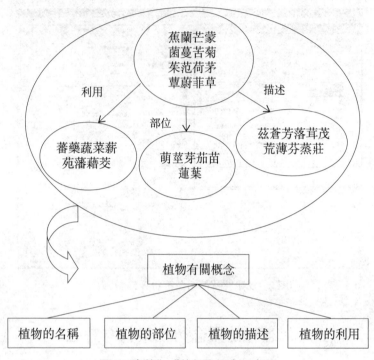

图 3：意符"艹"的衍生概念示意图

6.1.2 "艹"意符的衍生与现代词义

以"艹"为意符的分析,我们发现透过"衍生词汇理论",与植物有关的概念,可分为:植物名称、植物的部位、植物的描述、植物的利用。例如,在"植物的部分",所衍生出来的词汇就是在植物不同位置出现的物质,有"茎、芽、苗、叶……"等字,因此,我们在教学应用上,就可以教导学习者,植物的主干,下部与根连结,上部有花、果、叶,就是"茎";植物的初生苗,就是"芽";植物的一部分,生在枝干上,专营吸收、蒸发等作用,就是"叶"。"植物的描述",是描述与植物相关的状态,进而衍生到描述一般事物或一般状态,"茂"指的是植物繁盛、旺盛,衍生为繁多,后引申为丰富优美的事物或状态;"芳、芬"本指植物的气味，衍生为香气，再引申为指美好的事物。"艹"意符的汉字教学应用，先以"艹"意符为出发，透过经验结构的衍生，达到了解相关词汇的词义。除了具有科学性、系统性的教学应用，也提供学习者一套具有关联性的汉字学习系统，以了解相关联性来理解汉字，取代以死背的方式来学习汉字。

以"药"为例，"药"是一个常用，又不是很容易学的字，可以表示"药物"，也可以表示"火药"，两者的原始义皆表示其材料取自与"艹"相关的物质，并利用这些与"艹"相关的物质加工、改制而成，因此，根据图 3 所示，"药"的归类，就是在以意符"艹"的衍生字与衍生概念的"利用"这一类。

6.2 "五官类"意符

何谓"五官类"？"五官"这个词被使用得很广，在佛教、中医、面相学等不同领域中，对"五官"亦各有不尽相同的定义。进一步查阅辞典，商务印书馆的《现代汉语词典》(2005 年第 5 版)对"五官"的解释则是："指耳、目、口、鼻、舌"。"耳、目、口、鼻、舌"正是脸上的五个主要器官，可合称为"五官"。耳主听觉，目主视觉，鼻主嗅觉，舌主味觉，口则与饮食和言语有关。这五个器官是人类认识世界、与世界互动、沟通的重要媒介。本研究即以《说文解字》意符中的"耳、目、口、鼻、舌"五个意符为研究对象，分析"五官类"意符在产生从属字时的概念衍生方向，以建构"五官类"意符知识系统的架构，并从而探讨在语言中呈现的"认知"概念体系。

6.2.1 "五官类"意符的概念衍生架构

以下逐一分析"耳、目、口、鼻、舌"等意符与其从属字间的关系，并透过概念图的形式，建构并表达其知识系统的架构与特色。

6.2.1.1 "目"部

"目"部经过分析后,其从属字的概念衍生面向涵盖了物质、组成、描述状态、事件、功用等五大类,其中又以由功用衍生出的下层概念"视觉活动"的比例最高,其概念衍生图见图 4。

(1) 属于"物质"类的从属字,大多是对眼睛外观的描述。例如:"睅,大目也",描述眼睛的大小;"盼,白黑分也",则是描述眼睛黑白分明的样貌。我们分析时将他归在"视觉"下的"形状"。

(2)"组成"类的从属字,为眼睛可被分析出的相关组成部位。例如:"眦,目匡也";"睫,目旁毛也";"睑,目上下睑也"。

(3)"描述状态"类,主要是描述眼睛的静态或动态状态。例如:"眊,目少精也"(眼睛昏浊,看不清楚),"睦 1,目顺也"(目光祥和),属于眼睛的静态描述。而"盱,一曰张目也。""瞋,开阖目数摇也。"皆描述了眼睛的动态。

(4) 属于"参与者"的从属字,描述了事件的参与者。例如:"辫,小儿白眼也。"参与者为小儿。

(5)"事件"类,皆是与眼睛相关的事件。例如:"瞑,儿初生蔽目者。""瞑"字的概念衍生方向同时来自"参与者"和"事件"两类。参与者为"儿";事件为"初生蔽目",即刚出生时,眼睛遮蔽眼睑。

(6) 属于"功用"类的从属字共有 49 个,在《说文解字》目部中比例最高,约占 41%。其从属字所描述的对象是"视觉活动"而非"眼睛"本身。因此,我们特别将这一类独立成目部的"下层概念",以与"目"作为躯体部件的基本概念区隔。由于眼睛首重于"功能"的特性,其下层概念也发展出参与者、事件与描述状态三大类的概念衍生方向。例如:"睨,邪视也",描述视觉活动的动作方式;"眛,目不明也",则描述了视觉活动的结果是不清晰的。

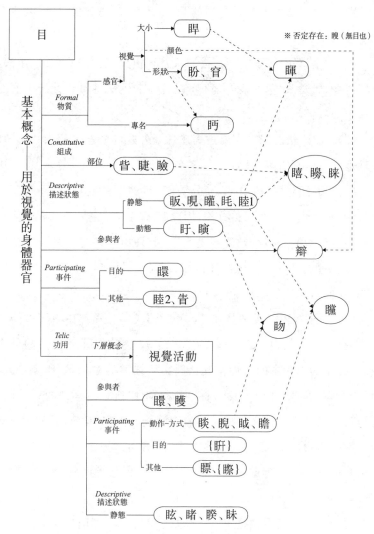

图 4：汉字"目"的概念衍生架构示意图

6.2.1.2 "耳"部

"耳"部的分析结果，其从属字的概念衍生面向涵盖了物质、描述状态、事件、功用四大类，且有隐喻的概念衍生方向。在这些概念衍生类别中，又以由“功用”衍生出的“听觉活动”所占比例最高，其概念衍生图如图 5。

(1)“耳”部中属于“物质”类的从属字很少，仅有“专名”的用法。例如：“聵，吴楚之外，凡无耳者曰聵也”。本研究将属于方言用法的字归于“专名”类。

(2)“描述状态”类，主要是描述耳朵外观的状态。例如：“耽，耳大垂也”；“耿，耳箸颊也”。

(3)“事件”类的从属字，又分属于“目的”与“其他”两小类。例如：“聑，堕耳也”，耳朵为目标物，因此归于“目的”。另外，“联，连也。从耳，耳连于颊。从丝，丝连不绝也”。此乃由耳朵与脸颊相连的特性，而进一步引申出表“相连”的抽象词义。凡引申义皆归于“事件”下的“其他”。

(4)属于“功用”类的从属字，在《说文解字》耳部中占了一半以上，共有 18 字，为耳部字整体的 55%。反映出与耳朵相关的概念中，以听觉功能为主的特性。其从属字所描述的对象是“听觉活动”而非“耳朵”本身。因此，我们将“听觉活动”独立为耳部的“下层概念”，与“耳”作为躯体部件的基本概念区隔。由“听觉活动”的下层概念也发展出物质、事件与描述状态等三大类的概念衍生方向。例如：“声，音也”，声音由听觉而来。而，“闻，知声也”(听见)；“聋，无闻也”(听不见)。听见、听不见，皆为听觉活动的结果，我们将之归于描述状态的静态类。最后，“圣(圣)，通也”“聪，察也”等引申义归入事件中的“其他”。

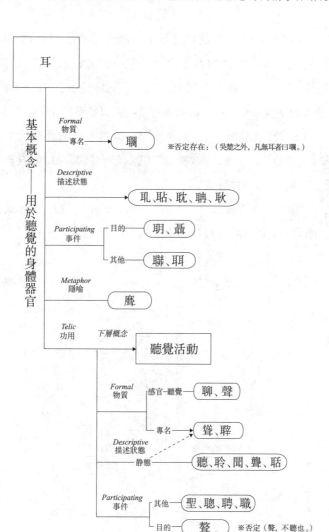

图 5:汉字"耳"的概念衍生架构示意图

6.2.1.3 "口"部

"口"部的分析结果,其从属字的概念衍生面向涵盖了物质、组成、描述状态、事件、功用等五大类,且有隐喻的概念衍生方向。口与目、耳部相同,以"功用"衍生出的从属字所占比例最高,其概念衍生图见图 6。

(1) 由图 6 可知,口部的概念衍生结构为:以作为身体器官的"口"为基本概念;另外由"口"的两个主要功能——言语和饮食,分别衍生出两个下层概念。且属于下层概念"言语"功能的字有 61 个,而属"饮食"功能类的从属字有 20 个,两者加起来共占口部字的 47%,将近一半。

(2) "口"部基本概念下的"物质"类,描述了口的外观的大小,例如:"哩,大口也"。另外,"叫,嘑也","嘑,号也",都与口部发声有关,则归类于"物质"下的"听觉"。

(3) "组成"类的从属字,为"口"可被分析出的相关组成部位。例如:"吻,口边也"(嘴唇);"咙,喉也";"喉,咽也"。

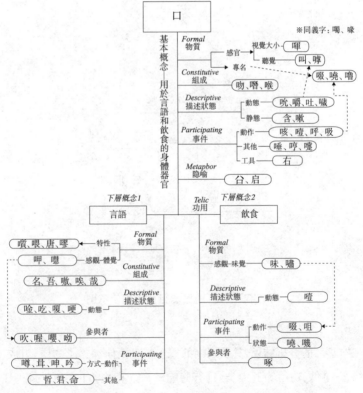

图 6:汉字"口"的概念衍生架构示意图

（4）"描述状态"类,主要是描述嘴巴的静态或动态状态。例如:"嚼,啮也","吐,写也"（使东西从口里出来）,描述了口部动作的状态。而"含,嗛也","嗛,口有所衔",则为口中含着东西的静态描述。

（5）属于"事件"类的从属字,又可细分为动作、工具与其他三类。例如:"含,嗛也","呼,外息也","吸,内息也",皆是与口部动作有关的事件。而"右,助也,从口又"（手口相助也）。口在"手口相助"的事件中,扮演工具的角色。"唾,口液也","嚏,悟解气也",这些都是与口部事件有关的物质,暂归于"其他"。

（6）"谷,山间陷泥地";"启,开也"。无论是"山间凹陷的泥地"或者"开启"的意义,都与作为身体器官的"口"无直接关系。这两个字皆是透过隐喻而产生出缺口或开口的概念。

（7）作为"口"的"言语功能"的下层概念,又发展出物质、组成、描述状态、参与者、事件五个衍生方向;而另一个下层概念"饮食功能",也发展出物质、描述状态、参与者、事件四个概念衍生方向。

6.2.1.4 "鼻"部

"鼻"部下的从属字很少,仅有 4 个字:"齅,以鼻就臭也",以鼻子接近气味,这应该是描述"以鼻子闻气味"的动作;"鼾,卧息也","齂,卧息也","鼾、齂"皆表示睡觉时以鼻呼吸;"齆,病寒鼻窒也",则是生病时鼻塞不通的事件。由前述可知,鼻部从属字的概念衍生方向皆是由事件而来,而且不论是呼吸或是嗅觉的事件,皆与鼻的功能有关。

6.2.1.5 "舌"部

"舌"部的从属字更少,仅有 2 个字。虽然"舌"的从属字很少,我们无法建构其意符的知识结构。然而,《说文解字》释义"舌,在口所以言、别味者也",则清楚地说明了舌的功能,这一点与其他五官类意符相同。

6.2.2 "五官类"意符知识系统的特色

经由以上对"目、耳、口、鼻、舌"等意符的分析,大致可了解每个意符的概念衍生方向。然而,"鼻""舌"部从属字的数量和"目、耳、口"落差太大,也由于字数太少而难以建构其意符概念衍生架构。因此,本文以五官类中的"目、耳、口"这三个概念衍生能力较强、概念发展较完整的意符知识架构为主要讨论对象;鼻、舌则作为辅助参考。以下即将各意符之间的概念衍生架构互相比较,可归纳出"五官类"意符知识系统的特色。

(1)"五官类"意符概念衍生架构十分相似,目、耳、口的衍生概念架构类似,皆是以"身体器官"做为基本概念,再依其各自不同的功能,而进一步衍生出视觉、听觉、言语及饮食等下层概念。

(2)"五官类"意符以"功用"类的从属字比例最高,除了鼻、舌部的从属字太少,较难观察其从属字的概念衍生类别比例之外,耳部的"功用"类的从属字有 18 个,为耳部字整体的 55%。而目部"功用"类的从属字,共有 49 个,在《说文解字》目部中比例最高,约占 41%。最后,口部的"功用"类从属字又分为:言语及饮食两大类,属于"言语"功能的字有 61 个,而属"饮食"功能的字有 20 个,两者加起来共81 字,占口部字的 47%。由上述可知,耳、目、口部的"功用"类从属字,皆约占整体的一半,比例最高。

(3)《说文解字》释义与概念衍生方向相符。"目,人眼也。象形。重童子也。"许慎对人眼睛的解释,由外观切入,他描述眼睛的外观,像是层层包覆的瞳子。另外,对耳、口的释义分别是:"耳,主听者也。象形";"口,人所以言食也。象形"。比较前述耳、目、口的说文释义,我们发现一个现象,即"耳""口"皆针对其"器官功能"释义;而唯独"目"是由描述眼睛的"外观"来释义。在分析其从属的字的衍生概念后,也发现"目"部在针对器官的外观、动作、状态的从属字比例,确实较"耳"部、"口"部高。由此也可看出,人类对眼睛外观的观察较多、认识也较深。

(4) 意符可以表达隐喻的字义衍生。在"耳、口"部的从属字中,我们发现《说文解字》已有透过"隐喻"衍生而来的概念。例如:"耳"部有"䤩,乘舆金耳也",意即天子乘车上的金饰车耳;"口"部则有"启,开也",从户从口,表示门有"开口"的概念。

6.2.3 "五官类"意符的概念衍生与现代词义

"目、耳、口、鼻、舌"等单字词,在现代中文的使用中,皆拥有一个以上的丰富词义。这几个词的词义的来源与衍生,是否与其在造字之初的基本概念有密切的关连?本文试图将"五官类"意符的概念衍生结构与这些单字词的现代词义对照,以观察两者间有何关连性。

6.2.3.1 "五官类"意符的现代词义

在中文词汇网络(Chinese WordNet,CWN,黄居仁等,2010b)中,除了"目"之外,"耳、口、鼻、舌"都已做过词义分析。我们将"耳、口、鼻、舌"的分析结果整理如表1。

由表1中的现代词义整理可知,"口"的词义数最多,有13个;"耳""鼻"各3个;"舌"2个。现代词义数和意符衍生词义数,都以"口"为最多。其共同特点归纳如下:

(1) 皆以"身体器官"与"器官功能"为主要词义。

(2) 皆有隐喻的词义。例如:"形状像舌头的物品""形状像耳朵的物体""内外相通的出入处"等。

(3) 虽然有《说文解字》未收入的新词义,但意义衍生的方式,都在意符知识系统架构描述的范围内。例如,"口"在现代出现了许多量词的用法,是较特殊的一点。但有意思的是,这些量词的意义衍生,来自"口"所参与的事件,符合意符"口"原有的词义衍生机制。

表1：中文词汇网络(CWN)词义分析结果

	中文词汇网络(CWN)词义分析结果
耳	0100 普通名词。动物的听觉器官。常用接尾词。 0101 整个听觉器官,包括内部构造。 0102 耳朵表面。 0200 普通名词。动物的听觉。 0300 普通名词。接尾词。形状像耳朵的物体。
口	0100 普通名词。动物的口腔。 0101 普通名词。动物的饮食器官。 0102 普通名词。动物的发声器官。 0103 普通名词。脸部上,口腔表面外型的部分。 0200 位置词。容器供内容物进入的地方。 0300 位置词。江河注入湖海的地方。 0400 位置词。内外相通的出入处。 0500 计算人数的单位。 0600 计算棺材数量的单位。 0700 计算牲畜数量的单位,主要用于"猪"。 0800 计算有大开口器物的单位,常用于"缸""瓮""钟"。 0900 计算刀、剑的单位。 1000 计算从地面开挖,且可取水或存水的地方的单位,常用于"井"。 1100 计算每次口腔动作所含的量,常用于"食物""饮料"。 1200 计算牙齿的集合单位。 1300 准量词。计算言谈的集合单位。
鼻	0100 普通名词。动物呼吸和嗅觉的器官,位于脸部的正中央。 0101 通指整个呼吸和嗅觉的器官。 0102 专指鼻子表面外形的部分。 0200 普通名词。动物的嗅觉。 0300 形容像鼻子一样位于物体最前端的。
舌	0100 普通名词。动物口腔中辨别味道、帮助咀嚼和发音的味觉器官。 0101 整个舌头,包括其内部组织。 0102 舌头表面外型的部分。 0200 普通名词。接尾词。形状像舌头的物品。

6.2.3.2 "五官类"意符的概念衍生结构与现代词义

比较意符"耳、口、鼻、舌"的概念衍生结构与"耳、口、鼻、舌"的现代词义,发现以下几个特点。

（1）两大主要概念：身体器官与功能。意符耳和口的概念衍生架构，皆是以"身体器官"为基本概念，而"器官功能"为下层概念。其从属字就依循着这两个主要概念衍生、开展。我们也发现，耳、口、鼻、舌的现代词义也兼含了身体器官和功能这两大概念。例如耳（0200 动物的听觉。例如：老人的〈耳〉很背，当我大声说要走时她总是过来摸摸我的头。）；鼻（0200 动物的嗅觉。例如：我的〈鼻〉很灵，要找材料也会快点。）；耳、鼻皆独立出表"感官功能"词义。另外，从词义分析的结果也可看出"口"的现代词义除了是身体器官之外，亦兼具饮食和发声功能等两个重要概念。

（2）现代词义有更丰富的隐喻用法。在意符"耳、口"部的从属字中，我们发现《说文解字》已有透过"隐喻"衍生而来的概念，例如："𨏭，乘舆金耳也"；"启，开也"。这几个单字词发展至现代，已经具有更多由隐喻衍生出来的词义。例如："口"就有三个"位置词"的用法（容器供内容物进入的地方；江河注入湖海的地方；内外相通的出入处），以上三个不同的位置皆可称为"口"，这三个不同的词义，皆透过"口"的隐喻衍生而来。

（3）量词用法的出现。"五官类"意符的从属字，在《说文解字》阶段尚未出现"量词"的概念。而在现代词义中，我们发现"口"的量词用法十分丰富，既可以作为计算具体的人数或大开口器物的单位，亦可作为计算抽象言谈的集合单位。

七　结论

本文从汉字意符系统所蕴含的语言知识出发，发现意符与衍生字族，表现的其实是一个完整的知识系统。这个研究，不但可以提供汉字知识系统完整的描述，其实也为人们将知识系统化的过程提出了最直接的证据纪录。未来的研究中,我们希望能通过更多其他类别意符的分析,以观察不同类别意符在知识结构上的特性与共性,以期能更系统化地建立出汉字意符的知识结构,并提供汉字驱动知识工程与语义运算的基础架构。

本研究主要的贡献是建立汉字新的分类架构,突破了传统文字学对汉字的分类限制,建立了意符的知识架构,并发现意符具有与衍生词汇类似的概念衍生能力。未来我们将会建立不同断代的概念结构,以本研究为基础,进一步比较不同时间的概念变化。

以汉字知识本体系统分析汉字意符的概念,根据 Pustejovsky (1995)提出的"衍生词汇理论"而发展出的"经验结构"概念所得到的结果,从意符的本义、衍生到引申词义,相关联性的汉字系统,由汉字意符的概念取代传统以部件、偏旁、结构为主的概念,是具有科学、理据、系统的汉字表征知识系统(洪嘉馡、黄居仁,2012)。此外,基本原理的知识本体架构有助于建立一个语义的网络,虽然这个方法之前曾经被批评有太多的人工标注,但是我们的经验结构知识本体架构的研究方法可以帮助我们建立一个正确的语义相关性连结。

对于建立汉字知识系统,未来亦可在周亚民(2009)研究的基础上,发展出以数字化系统,结合知识本体的讯息与"衍生词汇理论"的经验结构的概念,由计算机数字化的辅助,提供大量且相关的汉字讯息和语言知识。此外,亦可在这个汉字知识系统的架构下,提供不只是当代的字形、字音、字义和构词,也包含不同时代的字形、字音、字义、异体字的变化。

总的来说,本研究在汉字意符知识结构的基础之上,进一步以同类别的意符进行类别化的比较研究,由此也发现同类意符在概念衍生结构上,确实具有相似的特性。通过知识本体与词汇语意的研究,也验证了"功用"是驱动基本概念衍生的重要关系。今后,我们希望能透过更多其他类别意符的分析，以观察不同类别意符在知识结构上的特性与共性，以期能更系统化地建立出汉字意符的知识结构，并提供汉字驱动知识工程与语意运算的基础架构。

参考文献

洪嘉馡、黄居仁 2012 以汉字知识本体为出发的汉字教学系统，第十三届汉语词汇语义学研讨会(CLSW 2012)论文集。

黄居仁 2009 从词汇看认知：词汇语意学研究的趣味，《语言与认知》，台北：台大出版中心。

黄居仁、陈圣怡、周亚民 2010a 语言的知识与知识的语言：由《说文解字》出发的知识本体研究，《研究之乐：庆祝王士元先生七十五寿辰学术论文集》，上海：上海教育出版社。

黄居仁、谢舒凯、洪嘉馡、陈韵竹、苏依莉、陈永祥、黄胜伟 2010b 中文词汇网络：跨语言知识处理基础架构的设计理念与实践，《中文信息学报》第 2 期。

许　慎撰，崔枢华、何宗慧编 2000[121]《说文解字》，北京：北京师范大学出版社。

周亚民 2005 汉字知识本体——以字为本的知识结构与其应用示例，台湾大学博士学位论文。

周亚民 2009 汉字知识本体在汉字教学的应用，《华语文教学研究》第 1 期。

周亚民、黄居仁 2005 汉字意符知识结构的建立，第六届词汇语义学研讨会，厦门。

周亚民、黄居仁 2006 汉语文字和词汇知识在计算器的表达——历史变迁的观点，《山高水长：丁邦新先生七秩寿庆论文集》，南港："中研院"。

周亚民、黄居仁 2013 汉字知识的形式表达，《当代语言学》第 2 期。

Chen, Sheng-Yi(陈圣怡), Huang, Chu-Ren(黄居仁) and Yang, Ya-Jun(杨雅君) 2008. The knowledge system of radicals: A study on the representation and cultural implications of *yu 4*(jade) and *shi 2*(rock). Presented at the 4th International Conference on Literature and Information Technology (ICLIT 2008). Hong Kong: City University.

Chou, Ya-Min(周亚民) and Huang, Chu-Ren(黄居仁) 2010. Hantology: Conceptual system discovery based on orthographic convention. *Ontology and the*

Lexicon, 122—143.

Huang, Chu-Ren, Calzolari, Nicoletta, Gangemi, Aldo, Lenei, Alessandro, Oltra-mari, Alessandro and Prrvot, L. 2010a. *Ontology and the Lexicon: A Natural Language Processing Perspective*. Cambridge: Cambridge University Press.

Huang, Chu-Ren, Chang, Ru-Yng(张如莹), and Li, Shiang-Bin(李祥宾)2004. Sinica BOW (bilingual ontological wordnet): integration of bilingual wordnet and SUMO. *Proceedings of the 4th LREC*. Lisbon, Portugal.

Huang, Chu-Ren, Chang, Ru-Yng(张如莹), and Li, Shiang-Bin(李祥宾)2010b. Sinica BOW: a bilingual ontological wordnet. *Ontology and the Lexicon*, 201—211. Cambridge: Cambridge University Press.

Huang, Chu-Ren, Chen, Sheng-Yi, Hsieh, Shu-Kai, Chou, Ya-Min, and Kuo, Tze-Yi. 2008a. Linguistically conventionalized ontology of four artifact domains: A study base on Chinese radicals. Presented at the Workshop on Linguistic Studies of Ontology, the 18th International Congress of Linguists. Seoul, Korea.

Huang, Chu-Ren, Yang, Ya-Jun and Chen, Sheng-Yi. 2008b. An ontology of Chinese radicals: concept derivation and knowledge representation based on the semantic symbols of four hoofed - mammals. *Proceedings of the 22nd Pacific Asia Conference on Language, Information and Computation (PACLIC 2008)*, 189—96.

Hsieh, Shu-Kai. 2006. *Hanzi, Concept and Computation: A Preliminary Survey of Chinese Characters as a Knowledge Resource in NLP*. Ph. D. Diss. Germany: Universität Tübingen.

Niles, Ian and Pease, Adam. 2001. Toward a standard upper ontology. *Proceedings of the 2nd International Conference on Formal Ontology in Information Systems*, 2—9. Maine: Ogunquit.

Niles, Ian. and Pease, Adam. 2001. 2003. Linking lexicons and ontologies: mapping WordNet to the Suggested Upper Merged Ontology. *Proceedings of the IEEE International Conference on Information and Knowledge Engineering (IKE 2003)*, 412—416. Nevada: Las Vegas.

Pustejovsky, James. 1995. *The Generative Lexicon*. Cambridge, MA: MIT Press.

Wong, Shun Ha Sylvia. and Pala, Karel. 2002. Chinese characters and top ontology in EuroWordNet. *Proceedings of the First Global WordNet Conference 2002*, 224—233. Karnataka: Mysore University.

浅谈物性结构对汉语儿童语言习得的影响*

——以名词修饰结构为例

刘兆静　陈咏珊

提要　本文在生成词库理论(Generative Lexicon Theory,Pustejo-vsky 1995)框架下,对汉语儿童习得名词修饰结构(noun-modifying construction)的发展情况进行了研究。我们从 CHILDES 中的"Zhou2"语料库中抽取了由 135 名 3—6 岁儿童产出的 1034 个名词修饰结构,对其中心语和修饰语之间的物性结构(qualia structure)①进行了分析。分析结果表明:(i)表达中心语形式特征的名词修饰结构产出最多,习得最早;之后是表达构成特征的名词修饰结构;最后则是表达功用特征和施成特征的名词修饰结构;(ii)关系从句型名词修饰结构,或者与非关系从句型名词修饰结构在同一阶段出现,或

---

*　英文原文出处:Zhaojing Liu and Angel Wing-shan Chan. 2012. The role of qualia structure in Mandarin children acquiring noun-modifying constructions. In *Proceedings of the 26th Pacific Asia Conference on Language*, *Information and Computation*(*PACLIC 26*),632—639。这种名词修饰结构的形式可概括为"修饰语+的+(中心语)"(Modifier+*de*+(Noun)),包括传统意义上的关系从句(relative clause)。

① 物性结构包含四种主要特征,分别为形式特征(formal quale)、构成特征(constitutive quale)、施成特征(agentive quale)和功用特征(telic quale)。

者晚于同类型的非关系从句型名词修饰结构出现(见表达构成特征的名词修饰结构);(iii)大多数表达施成特征和功用特征的名词修饰结构,其修饰语都为关系从句,而表达形式特征和构成特征的名词修饰结构,其修饰语多为非关系从句。

关键词　儿童语言习得　名词修饰结构　物性结构

一　引　言

1.1　从语义及语用角度来看亚洲语言中的名词修饰结构
(Comrie, 1996、1998、2002; Matsumoto, 1997、2007)

近来,针对日语、韩语和汉语等亚洲语言的关系从句,出现了新的类型学理论观点。该理论认为,亚洲语言中的关系从句,不需包含句法空位或者句法移位,可以分析为名词修饰结构的一个子类型(subtype)(Comrie,1996、1998、2002)。与其它类型的名词修饰结构一样,关系从句也是通过修饰语和中心语之间的语义-语用联系,将一个修饰结构附接在中心语上。

汉语的名词修饰结构具有"多产性",这类结构中都是一个修饰成分附接在中心语上,修饰语和中心语之间没有句法关系的连接。例如:例句(1)的中心语"鞋子"和例句(2)中的"声音"并不是修饰句中动词的论元,而只是和修饰句有着语义和语用的联系。

(1) 上学的鞋子

(2) 我弹钢琴的声音

Comrie (1996、1998、2002) 认为,像例句(1)和(2)是很难与传统意义的关系从句(3)和(4)加以区分的。

(3) 我 买　的　鞋子

(4) 我 听到　的 声音

　　按照 Comrie(1996、1998、2002)的观点,汉语、日语和韩语等亚洲语言中的关系从句和例句(1)、(2)这种名词修饰结构并没有句法的差异。相反,这些语言中存在一种广义的名词修饰结构,其修饰从句和中心语通过两者之间的语义-语用关系结合在一起。这种名词修饰结构也被称为关系从句、补足语从句或修饰性从句(Huang,2008)。据此,汉语的关系从句也可以被分析为名词修饰结构的一个子类型,其修饰语和中心语通过语义-语用关系而连接。

　　按此理论观点,汉语的名词修饰结构的认知加工和习得过程,需要一种语用和语义的观点来进行分析。例如,Matsumoto(1997、2007)在已有框架语义学(frame semantics)(e. g. Fillmore,1977、1982;Fillmore & Atkins,1992)的基础上,提出了一套语义框架理论来阐释日语的名词修饰结构。在此框架下,对日语名词修饰结构的分析是根据"中心语或修饰语其中一个成分所表示的概念,和另一个成分所'唤起'的语义框架,所形成的语义联系而进行的"(Matsumoto,1997:166)。此外,对这种结构的解读,还会依赖于语境的信息和解读者所掌握的相关知识而进行(Matsumoto,1997:166—167、2007:132)。今后的研究,也可以使用类似的语义及语用框架,来探讨汉语关系从句和其他名词修饰结构的习得与认知加工的问题。

1.2　中心语和修饰语的语义关系:物性结构(Pustejovsky,1995)

　　为了从语义角度探讨汉语儿童对名词修饰结构的习得,我们首先尝试描述汉语名词修饰结构中修饰语和中心语的语义关系。

　　生成词库理论(Pustejovsky,1995)可以说是目前最有影响力的语义学理论之一,其核心架构是物性结构的观点。生成词库为我们如何处理复合词中的语义物性结构关系,提供了有效的工具(Lenci et al.,2000)。而汉语的名词修饰结构,是由修饰语和中心语复合而成的,由此我们可以推知,在修饰语和中心语两者之间也存在物性结构关系。因此,我们尝试利用物性结构关系作为理论架构,来分析汉语名词修饰结构中,修饰语和中心语之间的语义关系类型。

词汇的物性结构关系,包括四种特征(Pustejovsky,1995;可参阅 Lenci 等,2000):

1) 形式特征(formal):主要涉及物体的形态特征,例如:方向、大小、形状、维度、颜色、位置等。例如"漂亮的舞蹈演员(beautiful dancer)""白色的纸(white paper)"等复合结构中,修饰语修饰了中心语的形式特征。

2) 构成特征(constitutive):主要涉及物体的整体和其部分。例如:构成材料、重量、组成部分、构成元素等。例如"玻璃门(glass door)""沉重的石头(heavy stone)"等复合结构中,修饰语修饰了中心语的构成特征。

3) 施成特征(agentive):描述物体最初的来源特征。例如:出处、制造者、人工物、自然物、致使、因果关系等。例如"弹孔(bullet hole)""柠檬汁(lemon juice)"等复合结构中,修饰语修饰了中心语的施成特征。

4) 功用特征(telic):描述物体的目的和功能特性。例如"猎枪(hunting rifle)""赛车(race car)"等复合结构中,修饰语修饰了中心语的功用特征。

二 结果分析

2.1 语料来源

本文中所有自然语料来自 CHILDES(MacWhinney 2000)中的儿童自然语料库"Zhou2"(可由以下网址下载:http://childes.psy.

cmu. edu/data/EastAsian/Chinese/)。语料库"Zhou2"由周兢(华东师范大学)于 2007 年创建,该语料库包涵了生活在中国南京的 140 对母子的自然对话和互动,并有文本转写。儿童的性别分布平均,分属 7 个年龄组(3 岁至 6 岁,见表 2),每组大约有 20 名儿童(每组分别包括 16 至 22 名儿童不等)。

2.2 儿童话语中名词修饰结构所表达的物性结构

本研究的儿童语料中,共出现了 1034 个"修饰语＋的＋(中心语)"这样形式的名词修饰结构,其中心语有的是出现的,有的是被省略的;其修饰语可以是词语,也可以是一个句子。这些结构中,包括传统意义上的关系从句(称为"关系从句型名词修饰结构")和非关系从句(称为"非关系从句型名词修饰结构")。非关系从句型名词修饰结构的特征是,中心语和修饰语之间,不存在如空位或者移位等句法关系,修饰语中没有空位能与中心语具有同指关系。

我们按照物性结构的四种特征类型,分析了这些名词修饰结构中,修饰语和中心语之间的语义关系。例如表 1 所示。

表 1:语料中各种名词修饰结构举例

结构类型	物性结构特征	举例
非关系从句 (non-RC)	形式特征 (Formal)	大大的眼睛(年龄①;3;00)
		尖尖的嘴(年龄;5;06)
	构成特征 (Constitutive)	兔子的脚(年龄;3;00)
		玻璃的(杯子)(年龄;6;00)
	施成特征 (Agentive)	宝宝的声音(年龄;3;06)
		吃跳跳糖的声音(年龄;5;06)
	功用特征 (Telic)	好玩的东西(年龄;3;06)
		你的电话(年龄;6;00)

---

① 年龄:3;00 表示 3 岁 0 个月; 5;06 表示 5 岁 6 个月。

续表

结构类型	物性结构特征	举例
关系从句 (RC)	形式特征 (Formal)	跟这个一样的(颜色)(年龄:3;00) 像玩具的(东西)(年龄:6;00)
	构成特征 (Constitutive)	剩下来的香蕉(年龄:4;00) 剩下的一只皮皮鼠(年龄:6;00)
	施成特征 (Agentive)	我搭的这个球(年龄:3;06) 我做的楼梯(年龄:6;00)
	功用特征 (Telic)	我看过的书(年龄:4;00) 我最喜欢的玩具(年龄:6;00)

　　表 2 列出了表达不同物性特征的名词修饰结构在各个年龄组别的分布情况;同时,表 3 中也列出了表达不同物性特征的关系从句型名词修饰结构在各个年龄组别的分布情况。

表 2:儿童话语中不同物性特征的名词修饰
结构在各年龄组的分布

年龄	3;00 (20)①		3;06 (21)		4;00 (16)		4;06 (19)		5;00 (22)		5;06 (16)		6;00 (21)	
物性结构	数量	百分比	数量	百分比	数量	百分比	数量	百分比	数量	百分比	数量	百分比	数量	百分比
形式特征 (Formal)	88	68.8	109	75.2	88	56.8	74	61.7	93	52.2	70	50.0	93	55.4
构成特征 (Constitutive)	26	20.3	22	15.2	43	27.7	30	25.0	51	28.7	39	27.9	45	26.8
施成特征 (Agentive)	11	8.6	4	2.8	5	3.2	5	4.2	15	8.4	24	17.1	17	10.1
功用特征 (Telic)	3	2.3	10	6.9	19	12.3	11	9.2	19	10.7	7	5.0	13	7.7

---

① 括号内的数字是该年龄组中,其话语样本中有出现名词修饰结构的儿童的数量。

表3：儿童话语中不同物性特征的关系从句型（RC type）名词修饰结构在各年龄组的分布

年龄	3;00 (20)		3;06 (21)		4;00 (16)		4;06 (19)		5;00 (22)		5;06 (16)		6;00 (21)	
物性结构	数量	百分比	数量	百分比	数量	百分比	数量	百分比	数量	百分比	数量	百分比	数量	百分比
形式特征 (Formal)	4	23.5	5	31.3	6	20.0	6	30.0	7	17.1	7	20.6	3	11.1
构成特征 (Constitutive)	0	0.0	0	0.0	1	3.3	0	0.0	0	0.0	0	0.0	3	11.1
施成特征 (Agentive)	10	58.8	3	18.7	4	16.7	3	15.0	15	36.6	21	61.8	10	37.0
功用特征 (Telic)	3	17.7	8	50.0	18	60.0	11	55.0	19	46.3	6	17.6	11	40.8

表2的结果分析显示：

1) 各个年龄组儿童所产出的名词修饰结构中，表达形式特征的数量最多，例如，3;00组和3;06组中，表达形式特征的名词修饰结构占三分之二以上，其它五个年龄组也占一半以上。

2) 各个年龄组儿童所产出的名词修饰结构中，表达构成特征的数量仅次于形式特征，例如，4;00至6;00这一阶段，表达构成特征的名词修饰结构约占总体数量的四分之一左右。

3) 各个年龄组儿童所产出的名词修饰结构中，表达施成特征或功用特征的数量相对都比较少。

在对每个儿童的数据做进一步个体分析之后，我们发现其结果和上述基于对产出总量和产出频率的分析所得出的发展模式基本一致，具体表现为：

1) 3;00至6;00每个年龄组，都有超过80％的儿童，在其语料样本中，至少产出过1个表达形式特征的名词修饰结构；

2) 3;06及其之后的每个年龄组，超过50％的儿童，在其语料样本中，至少产出过1个表达构成特征的名词修饰结构；

3) 5;00 及其之后的每个年龄组,超过 40％的儿童,在其语料样本中,产出过至少 1 个表达施成特征的名词修饰结构;

4) 5;06 及其之后的年龄组,接近 40％的儿童,在其语料样本中,产出过至少 1 个表达功用特征的名词修饰结构。

综合以上结果,可以得出,儿童最先习得表达形式特征的名词修饰结构,其次是表达构成特征的名词修饰结构,最后是表达施成特征或功用特征的名词修饰结构。根据这些发展数据,儿童对于名词修饰结构的习得顺序可以概括为:形式特征＞构成特征＞施成特征＝功用特征("＞"表示"先于";"＝"表示"同时")。

表 3 的分析结果显示,儿童产出的名词修饰结构中,关系从句类型的只占 17.8％(184/1034)。在这些儿童语料的样本中,关系从句型名词修饰结构,或者跟其它非关系从句型名词修饰结构一起出现,或者晚于非关系从句型名词修饰结构出现(如,四种语义类型的名词修饰结构中,表达构成特征的名词修饰结构,其关系从句类型的出现晚于非关系从句类型)。此外,综合表 2 和表 3 的结果可以看出,表达施成特征或功用特征的名词修饰结构,大多数是关系从句类型(RC type),而表达形式特征或构成特征的名词修饰结构,大多数属于非关系从句类型(non-RC type)。

三 讨论

对于所观察到的这些发展性规律,我们该如何解释呢?下面我们主要从物性结构的语义性质及其复杂性、成人输入的特点以及结构上的复杂性这三个方面进行讨论。

3.1 物性结构的语义性质及其复杂性

Pustejovsky(2001、2006)提出,在物性结构的四种特征中,形式特征和构成特征属于事物最基本（basic）的语义特征，称为自然类型（natural type）；而施成特征和功用特征则属于衍生性（derived）特征，是在形式特征和构成特征基础上衍生出来的，并常常具有事件性（eventive），因此语义概念也更复杂。我们在儿童习得这四类名词修饰结构的发展数据中，也发现了一致的模式，其习得顺序符合生成词库的理论假设。

3.2　成人输入的性质

我们进一步分析了语料库"Zhou2"中，母亲跟这些儿童对话时的成人输入语料样本中，成人所产出的3053个名词修饰结构。表4列出了其具体的分布模式。在这对应的分析中，我们发现，儿童习得名词修饰结构的顺序，与成人输入中使用此结构的分布模式相似。成人输入中，表达形式特征的名词修饰结构的使用也是数量最多的，其次是构成特征，再次是施成特征和功用特征。由此可见，在儿童对名词修饰结构的习得中，成人的输入对儿童在这一结构上的发展顺序具有一定影响。

表 4. 成人输入中不同物性特征的名词修饰
结构在各儿童年龄组的分布

组别 物性结构	3;00 (20)		3;06 (21)		4;00 (16)		4;06 (19)		5;00 (22)		5;06 (16)		6;00 (21)	
	数量	百分比	数量	百分比	数量	百分比	数量	百分比	数量	百分比	数量	百分比	数量	百分比
形式特征 （Formal）	307	57.2	294	56.0	256	54.1	223	51.6	218	53.0	133	55.0	190	45.9
构成特征 （Constitutive）	148	27.6	142	27.0	118	24.9	107	24.8	101	24.6	65	26.9	119	28.7
施成特征 （Agentive）	40	7.4	56	10.7	53	11.2	64	14.8	61	14.8	28	11.6	64	15.5
功用特征 （Telic）	42	7.8	33	6.3	46	9.7	38	8.8	31	7.5	16	6.6	41	9.9

3.3　结构复杂性

如前所述,表达施成特征或功用特征的名词修饰结构,通常都具有事件性,因此也倾向以从句(clausal)的形式表述,于是它们在结构上,可能会比表达形式特征或构成特征的名词修饰结构要复杂,也就更难被儿童习得。

不过,在普通话中,表达施成特征或功用特征的名词修饰结构,其修饰语也能以非从句(non-clausal)形式表达。例如"婴儿的哭声"中,"哭声"是"婴儿"发出的,因此是表达施成特征的名词修饰结构。但是其修饰语"婴儿"在结构上是非从句(non-clausal)形式的。由此可见,表达施成特征或功用特征的名词修饰结构,其在结构上并不一定总是比表达形式特征或构成特征的名词修饰结构更复杂。这类修饰语为非从句(non-clausal)形式的、表达施成特征或功用特征的名词修饰结构,在这些儿童早期的语料样本中都有出现,尽管数量不多。

此外,有些表达形式特征的名词修饰结构,其修饰语也会以从句(clausal)的形式出现,结构也会相应复杂些。尽管如此,修饰语为从句(clausal)形式的、表达形式特征的名词修饰结构,在这些儿童早期的语料样本中也有出现,虽然在现有的语料样本中出现频率不多(见表1中例句)。

不过,需要强调的是,我们这里的讨论并非要下结论说,句法结构的复杂性对儿童习得名词修饰结构,没有影响或影响不显著。要想澄清这个问题,我们还需要利用如诱发任务(elicited production)和模仿任务(imitation task)的方法,通过实验性的研究来系统地考察儿童习得表达不同物性特征的名词修饰结构的情况,并在表达每一类物性特征的名词修饰结构中,通过变化其结构的复杂性(如修饰语为从句(clausal)形式与非从句(non-clausal)形式对比),来全面评估句法结构复杂性对习得名词修饰结构的影响。

四 结论

传统上,对关系从句的研究大多从结构方面入手,很少有研究关注关系从句和其它名词修饰结构的关系。不过近年来,Comrie(1996、1998、2002)和 Matsumoto(1997、2007)等学者提出了新的观点,他们认为一些亚洲语言的关系从句,可以被看作是名词修饰结构的一个子类型,这种结构是修饰语和中心语通过某种语义和语用的关系,连接在一起而构成的。

本文是从语义角度,对普通话儿童习得名词修饰结构进行的探索性研究。我们首次在生成词库理论框架下,考察了儿童产出的名词修饰结构中,修饰语和中心语之间的语义关系类型。

本文的尝试有可能是第一次将生成词库理论应用于儿童语言习得的研究。研究所获得的数据和我们所观察到的儿童习得模式,希望能激发和引导我们在今后利用更多的实验性研究及更广泛的跨语言研究,从语义角度来考察儿童对名词修饰结构的习得。这些跨语言研究的结果,可能可以从语义的角度,揭示出儿童习得名词修饰结构中的一些普遍性的现象及规律。

参考文献

Comrie B. 1996. The unity of noun-modifying clauses in Asian languages. *Proceedings of the 4th International Symposium on Pan-Asiatic Linguistics*, 1077—88.

Comrie B. 1998. Rethinking the typology of relative clauses. *Language Design*, 1:
59—85.

Comrie B. 2002. Typology and language acquisition: The case of relative clauses.
In Giacalone Ramat (ed.) *Typology and Second Language Acquisition*. Ber-
lin: Mouton de Gruyter.

Diessel H. 2007. A construction-based analysis of the acquisition of East Asian
relative clauses. *Studies in Second Language Acquisition*. 29 (2). pp 311—
320.

Fillmore C. J. 1977. Topics in lexical semantics. In *Current Issues in Linguistic
Theory*. R. Cole. (ed.), 76—138. Bloomington: Indiana University Press.

Fillmore C. J. 1982. Frame semantics. In *Linguistics in the Morning Calm*. C. J.
Fillmore (ed.), 111—138. Linguistic Society of Korea. Seoul: Hanshin Publishing
Co.

Fillmore C. J. & Atkins B. T. 1992. Toward a frame-based lexicon: the semantics
of RISK and its neighbors. In *Frames, Fields, and Contrasts*. A. Lehrer and E.
F. Kittay (eds), 75—102. Hillsdale, NJ: Lawrence Erlbaum Assoc.

Huang S. -F. 2008. Rethinking the relative clause construction in spoken Chinese:
a typological perspective. Talk Presented at the Department of Linguistics and
Modern Languages of the Chinese University of Hong Kong. 8 Dec 2008.

Lenci A. et al. 2000. *SIMPLE Work Package 2, Linguistic Specifications, De-
liverable D 2 1*, The Specification Group.

MacWhinney B. 2000. *The CHILDES Project: Tools for Analyzing Talk*. Third
Edition. Mahwah, NJ: Lawrence Erlbaum Associates.

Matsumoto Y. 1997. *Noun-Modifying Constructions in Japanese: A Frame-Se-
mantic Approach*. Amsterdam: John Benjamins.

Matsumoto Y. 2007. Integrating frames: complex noun phrase constructions in
Japanese. In *Aspects of Linguistics: In Honor of Noriko Akatsuka* (Gen-
gogaku no Syosoo: Akatsuka Noriko Kyoozyu Kinen Ronbunsyuu), S. Kuno,
S. Makino & S. Strauss (eds), 131—154. Tokyo: Kurosio Publishers.

Pustejovsky J. 1995. *The Generative Lexicon*. Cambridge, Massachusetts: The
MIT Press.

Pustejovsky J. 2001. Type construction and the logic of concepts, in P. Bouillon and F. Busa（eds.）*The Syntax of Word Meaning*，Cambridge University Press，Cambridge.

Pustejovsky J. 2006. Type theory and lexical decomposion，*Journal of Cognitive Science*，1，p. 39.

术语表

A Generative Lexicon Markup Language(GLML)	生成词库标记语言
action	行为
action construction	动作构式
activate	激活
active zone	激活区
activity	活动
adjectival predication	形容词谓项
agentive	施成、主事性的、主事者的、主事的、施事的、产生
agentive quale	施成特征、施成属性
agentive role	施成角色
Aktionsarten	动相、行为方式
alternation	变换、交替变化、交替式
analytic expression	分析型表达
animacy	有生性
animate agent	有生命的主事者
annotation	标注
argument alternation	论元变换
argument inversion	论元倒置
argument structure	论元结构
argument type	论元类型

Aristotle's four causes	亚里士多德的"四因说"
Aristotle's four causes of knowledge	亚里士多德的"四因说"
artifactual type	人造类、人工型
aspect	体貌、体
aspectual predicates	体貌述词
aspectually underspecified	体貌未决的
atelic	无界的、非功用的
atomic semantic type	原子语义类
attribute	属性
ATTRIBUTIVE	属性复合词
backgrounding	后景
basic level category	基本范畴
behavioral profile	行为侧影
binding	约束
Brandeis Semantic Ontology(BSO)	布兰代斯语义本体
Brandeis Shallow Ontology,BSO	布兰代斯浅层本体
canonical syntactic form(csf)	常规句法形式
category mismatch	范畴误配、范畴错配
causal chain	因果链、因果关系
causative	使役
causative predicate	致使述词
causative relation	使役关系、致使关系
causative verb	致使动词
causatives	致使动词
Chinese Gigaword Corpus	中文十四亿字语料库
Chinese Word Sketch	中文词汇特性速描系统
Chinese Wordnet(CWN)	中文词汇网络
co-composition	协同组合、共同组合、共组
coercion	强迫、逼迫、诱迫、压制
coercion by exploitation	强迫利用
coercion by introduction	强迫引入
coercion of causative Subject	致使主语强迫
coercion type	强迫类型
cognate construction	同源构造
cognitive model	认知理论模型、认知模型

collocation	组配
complement	宾语、补足语
complement coercion	宾语强迫
complement type coercion	宾语类型强迫
complex nominal	复杂名物词
complex type	合成类、复杂类、复合类
complex typing	复杂类型
component structure	组成结构
composite structure	复合结构
composition link element(CompLink)	组合链接成分
compositional	组合性的
compositional history	组合历史
compositional mechanism	组合机制
compositional operation	组合运算关系
compositional rule	组合规则
compositionality	组合性
conceptualization	概念化模型
concordance	索引
constitutive	构成、组成、构成性的、组成的
constitutive quale	构成特征、构成属性
constitutive role	构成角色
constraint	制约、限制、约束
constraint system	限制系统
container	容器
content noun	内容义名词
contextual modulation	上下文调制
contrastive	对立
control	控制
control verb	控制动词
conventionalization	规约化
conventionalized attribute	规约化属性
COORDINATE	并列复合词
co-predication	联合谓项
core event	核心事件
Corpus Patterns Analysis(CPA)	基于语料库的模式分析

co-selection	互选
co-selectional	搭配
co-specify	共同指定
Davidsonian	戴维森主义者、戴维森式的
default argument	缺省论元、预设论元
default causative relation	缺省性致使关系
demote	降级
denominal verb	名源动词
dependent-autonomous construction	依存-自主构式
development cycle	开发周期
deverbal noun	动源名词
direct compositonality	直接组合
direct telic	直接功用
direct telic role	直接功用角色
distribution	分布
dot object	点对象、物结
dotted object	点对象
durative adverbial	时段状语
DVANDVA compounds	并列复合词
dynamic	动态的
efficient or moving cause	动力因
encyclopedia	百科知识
endocentric compound	向心复合词
entail	蕴含
entity	实体
entity type	实体类型
event	事件
event coercion	事件强迫
event headedness	事件核心
event noun	事件名词
event related potential	事件关联电位波
event semantics	事件语义
event structure	事件结构
event tree structure	事件树状结构
event type	事件类型

event type coercion	事件类型强迫
event-internal attribute	事件内部属性
eventive	事件性
eventive verb	事件动词
event-token classifier	事件实例量词
event-type classifier	事件类别量词
exhaustive ordered overlap	穷尽的有序迭合、穷尽有序交叠
exocentric compound/bahuvrihi	离心复合词/性状复合词
exploitation	选用
extended event structure	扩充的事件结构、广义事件结构
eye-tracking	眼动追踪
feature structure	特征结构
feature transcription	特征转写
final cause	目的因
first-order entity	一阶实体
foregrounding	前景
formal	形式、形式性的、物质
formal cause	形式因
formal quale	形式特征、形式属性
formal role	形式角色
frame semantics	框架语义学
function	功能、功用、函项
Function Application with Coercion	类型强迫作用下的泛函贴合运算
Function Application with Qualia Unification	带有物性合并作用的函数应用
function mismatch	功能错配
functor	功能算符
generality	生成性
generative	生成、衍生
generative feature	生成性特征
Generative Lexicon Theory(GLT)	生成词库理论、生成词库论
Generative Lexicon(GL)	生成词库
generative mechanisms in semantics	语义生成机制
Generative Mechanisms of Argument Selection	基于论元选择的(语义)生成机制

generative property	生成性特征
Generative Semantics	生成语义学
generic	类属
genericness	类属性
governing verb	管辖动词
government	管辖
ground type	基础类
Headedness Principle	核心原则
ICM	理想化认知模型
imperfective	非完成貌
inanimacy	无生性
inchoatives	起始动词
indirect telic	间接功用
indirect telic role	间接功用角色
individual-level nominal	恒常性名词
Inference Role Semantics(IRS)	推理作用语义学
instance	实例
intentionality	意向性、意图
interact	互动
interface	接口、界面
lexical accomplishment	完结性词汇
Lexical Concepts and Cognitive Models Theory(LCCMT)	词汇概念和认知模型理论
lexical conceptual paradigm(lcp)	词汇概念范式、词汇概念聚合、词汇概念范例
lexical inheritance structure	词汇继承结构
lexical representation	词汇表征
lexical structure	词汇结构
lexical subordination	词汇从属
lexical typing structure	词汇类型结构
lexicalization	词汇化
lexicalization parameter	词汇化参数
lexico-syntactic template	语型模板
light verb specification	轻动词规范、轻动词限定
logical metonymy	逻辑转喻

principles of semantic recoverability (PSR)	语义可获取性原则
profile	侧影
profile determinant	凸体确定者
projection Principle	投射原则
proposition	命题
pure selection	纯粹类型选择
purpose telic	间接功用
purpose telic	目的性功用角色、间接功用角色
quale	物性特征
qualia modification	物性修饰
qualia roles	物性角色、本质角色
qualia saturation	物性饱和
qualia structure	物性结构、本质结构
qualia unification	物性特征合并
qualia value	物性结构值
quantification	量化
quasi-attributives	准定语
raising	提升
RC type	关系从句类型
referentially opaque noun	指涉不透明的名词
referentially transparent	指涉透明
relatedness	相关度
relational structures	关系结构
Role and Reference Grammar(RRG)	角色指称语法
root morpheme	字根
rules of agreement	对协规则
salience	凸显度
selectional requirement	选择要求
selective binding	选择约束、选择性约束
semantic coercion	语义压制
semantic constraint	语义约束
semantic facet	义面
semantic function	语义功能
semantic head	语义核心

semantic lexicon	语义学词库
semantic potential	语义潜力
semantic preference	语义偏好
semantic prosody	语意韵律
semantic type shifting	语义类型转换
semantic type system	语义类型系统
semantic underspecification	语意诠释待决
semantically well-formed	语意正确
sense	义项
Sense Enumeration Lexicon(SEL)	意义列举词库
sense inventories	义项目录
sequence of event	事件序列
shadow arguments	影子论元
simple typing	单纯类型
sortal typing	分类类型
source noun	源名词
source type	源类型
specification	细化、规范
specification language	描述语言
specifications	标注规范
specifier	指示语词
s-selection	语义选择
stage-level nominal	瞬时性名词
stative predicate	状态述词
strict partial order	严格偏序（关系）
strong compositionality	强组合性
strong view of semantic selection hy-potheses	语义选择假设的激进观
strongly coercive verbs	强强迫性动词
structural linguistic operations	结构化的语言学运算
subevent	子事件
subeventual structure	子事件结构
sub-lexical event information	次词汇事件信息
subordinate category	下位范畴
SUBORDINATING	从属复合词

subtype	子类型
subtype coercion	小类强迫、次类型强迫、次类强迫
subtyping	子类型、子类化
superordinate category	上位范畴
Support Vector Machine(SVM)	支持向量机
synonym	同义词
syntactic category	句法范畴
synthetic compound	综合复合词
synthetic expression	综合型表达
target type	目标类型
taxonomic relations	分类关系
telic	功用、功用性的、终用、有界
telic event	有界事件
telic quale	功能物性、功用特征、终用属性
telic role	功用角色、功能角色
tensor type	张量类型
the extended qualia structure	广义的物性结构
the Generative Lexicon Mark-up Language(GLML)	生成词库标注语言
the principle of compositionality	组合原则
the tensor type constructor	张量类型构造器
the Theory of Norms and Exploitations	常态与拓展理论
thematic role	题旨关系、题旨角色
transition	转移、转变、转态
Tripartite Concept Lattice	三分的概念网络
True adjunct	饰语（附加语）论元、真附接语
True argument	真实论元、真论元
true complement coercion	真宾语强迫、真性补足语强迫
tuple	元组
type	类型、类
type accommodation	类型调节
type coercion	类型强迫、类型诱迫、类型逼迫、类型强制
type Constructor	类型构造器

type domain	类型域
type error	类型错误
type frequency	类型频率
type lattice	类型网格
type matching	类型匹配
type mismatch	类型不匹配、类型误配
type pumping	类型抽吸
type shift	类型移变、类型转换
type shifting	类型转换
type template	类型模板
type-changing operation	类型变化运算
typed feature structures	类型化特征结构
unaccusative	非宾格
unergative	非作格
unity of mental space	心理空间一致性
unity of selection	选择一致性
upper ontology	上层本体知识
utterance	话语
well-defined types	完备定义类型
well-formedness	良构性、合适性
word sense disambiguation(WSD)	词义区分

后　记

　　2013 年年初，我们萌生了选编一本《生成词库理论与汉语研究》论文集的想法，旨在促进生成词库理论在汉语研究中的应用。这一想法得到了各方面的鼓励和支持，年底，这一工作正式启动。历时三年多，终于付梓。

　　论文的选编不求全，主要照顾"面"，旨在展示多角度的研究，启发思路，抛砖引玉。这些研究成果视角和方法不尽相同，但都很有开创性和启发性，也带有一定的试验性。其共同特点是从汉语事实出发，运用生成词库理论，力图对一些老问题做出新的解释。当然，不是简单地套用理论，而是在理论照亮事实的基础上，立足汉语事实，修正并改进了这一理论。各篇文章中英文术语的翻译不尽相同，不同的翻译显示了作者们对相关理论和概念的不同理解，有利于理论的探讨。因此，除了译文，我们并没有统一术语翻译，而是附了术语表，列出了各家的翻译，供读者参考。

　　衷心感谢各位作者赐稿并配合翻译、编辑等工作，还要感谢译者的帮助。特别感谢袁毓林教授、王洪君教授和谢舒凯教授荐稿、审稿并惠赐大作，袁老师还亲自写信推荐出版。论文集得以顺利出版，要特别感谢商务印书馆周洪波先生和责编文学春老师、朱俊玄老师的大力支持与帮助。本书得到北京师范大学 985 工程二期项目资助，衷心感谢北京师范大学文学院语言学与应用语言学所所长孙炜老师和荣晶老师的支持。还要感谢研究生赵青青、胡金莎和关越同学认真协助校稿。

　　因为论文集的容量和版权等问题，有些好文章无法收入。而且这三年间，相关研究也有了长足的发展，出现了不少富有启发性的研究成果，也不能一一收入。也许还有些很有代表性的文章我们没有看到，有漏收的情况。经验不足，水平有限，不当之处敬请读者见谅并指正。

宋作艳　黄居仁

2016 年 3 月 12 日